HOTEL FOOD & BEVERAGE MANAGEMENT

호텔 식음료 경영론

머 / 리 / 말

    최근 들어 호텔 레스토랑을 이용하는 고객들은 고품격 서비스, 음식의 고급화, 건강을 추구하는 음식 그리고 메뉴의 다양성을 추구하기 때문에, 이를 모두 충족시키기 위해서는 전문화된 서비스 인력과 능동적으로 대처할 수 있는 직원양성이 요구된다. 따라서 이 책은 호텔 식음료 경영에 관련한 영업장 경영의 전반적인 기초이론과 각각의 호텔 식음료 영업장에서 일어나는 영업상의 특성 및 기능중심의 실무적인 접근방법에 근거한, 실현가능한 서비스를 중심으로 저술된 '호텔 식음료 경영 입문서'라고 할 수 있다.

    무엇보다도 이 책은 호텔 식음료부서 직원들이 갖추어야 할 기본 개념을 통하여, 식음료 경영과 실무 능력을 겸비한 전문가로서의 자질 향상에 기여할 수 있기를 바라는 마음으로 저술하였다.

    이 책은 크게 일곱 부문으로 구성하였으며, 각각의 구성을 살펴보면 다음과 같다. Part 1에서는 호텔 식음료의 일반적인 이해를 돕기 위하여 호텔 식음료의 이해, 식음료 서비스 조직과 직무에 대하여 소개하였으며, Part 2에서는 호텔 레스토랑에 대한 전반적인 설명을 위하여 호텔 레스토랑의 분류, 레스토랑의 접객 서비스 실제, 메뉴관리에 대하여 소개하였으며, Part 3에서는 호텔 연회장 경영을 중심으로 호텔연회의 개요, 호텔 연회 서비스와 예약업무, 연회서비스 실무를 설명하였다. 또한 Part 4에서는 호텔 주장경영에 관한 것으로 호텔 주장조직 및 직무분석, 음료의 정의 및 분류, 칵테일 서비스, 와인 서비스에 대하여 설명하였으며, Part 5에서는 호텔 식자재 관리 및 위생관리를 중심으로 호텔 식자재 관리, 위생 및 식품 안전관리에 대하여 설명하였다. 그리고 Part 6에서는 호텔 식음료 마케팅을 중심으로 호텔 식음료의 마케팅 개요와 식음료 마케팅 전략에 대하여 설명하였으며, 마지막 Part 7에서는 호텔 식음료직원의 인적관리를 설명하기 위하여 호텔 식음료의 인사관리, 호텔 식음료부서 직원의 교육훈련에 대하여 설명하였다.

이 책을 저술한 이후 강의하면서 느낀 점은 그 동안 20년 이상의 특급호텔 실무경험과 호텔 식음료를 강의하였음에도, 급변하는 환경에 부합하는 자료정리의 어려움과 지속적인 노력의 필요성을 다시 한번 느꼈으며, 체계적으로나 내용면에서 미약한 부분을 여러 번 수정하였음에도 완성된 내용을 위해서는 더 많은 보완의 필요성이 제기된다.

　끝으로 이 책이 나오기까지 적극적으로 도움을 주신 한올출판사 임순재 사장님과 최혜숙 실장님 그리고 편집부 직원에게도 감사를 드립니다.

저자　박영기·하채헌

차 / 례

PART 1

호텔 식음료의
일반적 이해

CHAPTER 1 호텔 식음료의 이해

제 1 절 호텔 식음료의 개요

1. 호텔 식음료의 발전과정

식음료의 발전은 고대 도시 문명의 발달과 함께 성장되었다고 할 수 있다. 물론 숙박시설이 생기기 이전부터 생각해 볼 수 있는데, 초기의 유목생활을 하면서 늘어나는 사람들의 수는 일정지역에 거주할 수밖에 없는 상황에 이르러 도시 형태로 발전하게 되었다. 이러한 도시에서 일어나는 수많은 일에는 분업화가 일어났고, 그 중 하나가 음식을 판매하는 것이었다. 즉 음식을 판매하는 업은 더 발전되어 음식을 전문으로 판매하는 시설물이 생겨났는데, 이러한 시설물에서는 단지 식재료를 조리하여 음식을 판매하는 것뿐만 아니라, 술 판매도 하여 요리와 분위기를 즐기는 현대적 의미의 식음료 사업과 차이가 없었다. 그러므로 오늘날의 식음료사업은 고대문명 때부터 시작하여 거듭되면서 발전된 것이라 할 수 있다.

호텔 식음료의 발전과정을 살펴보기 위해서는 숙박시설의 발전과정을 살펴볼 필요가 있다. 숙박시설의 시작은 고대에서 찾아 볼 수 있는데, 물물교환과 같은 교역을 위한 여행지에서 숙박시설은 자연적으로 발전하게 되었다. 초기의 원시적인 숙박시설은 16C~18C에 교역을 목적으로 한 여행 또는 성직자들의 순례여행, 특권층의 여행을 대상으로 시작 되었다고 할 수 있다. 18C 후반에 영국에서는 여인숙이라 할 수 있는 Inn이 생겨났으며, 이후 19C초 현대적인 호텔의 틀과 유럽풍의 목욕탕과 부대시설을 갖춘 "바디셔 호프(Badischer Hof)"가 독일의 바덴바덴이라는 도시에 생겼다.

하지만 호텔의 발전을 가져오게 된 것은 1794년 미국 뉴욕에 생긴 'City Hotel'이라 할 수 있는데, 73개의 객실을 갖춘 이 호텔은 3만 인구인 이 지역의 사교 중심지가 되었다. 물론 호텔의 주 기능은 숙박이었으며, 호텔수입은 객실 수입의 비중이 대부분이었으므로 식음료 수입은 수익성에 그다지 영향을 미치지 못하였다. 따라서 1850년경부터 호텔 숙박료에 식음료 요금까지 포함시킨 아메리칸 플랜(American Plan)이 도입되었고, 이후 식음료 판매 수입이 호텔수입에 차지하는 비중이 커지면서 호텔 식음료가 부각되기 시작되었다. 그러므로 오늘날의 거대한 식음료사업은 오랜 역사를 거치면서 현재 이르게 되었는데, 당시의 호텔 식음료는 고객을 위하여 간단히 제공되는 것이지 고객을 유치하기 위한 식음료 상품으로서의 성격은 아니었다. 그러나 숙박시설이 주 기능이었던 호텔의 다수가 등장하면서 경쟁우위를 점하고, 수익을 창출하기 위하여 식음료를 상품화시켜야만 했다.

2. 호텔 식음료의 개념

호텔에서 판매되는 상품으로는 객실상품과 식음료상품으로 크게 양분될 수 있는데, 식음료라는 상품은 음식(food)과 음료(beverage)를 합한 합성어이며, 고객의 식욕을 충족시켜주는 호텔의 핵심 상품이다. 특히 음식과 달리 음료는 마실 수 있는 것을 총칭하는 것으로 알코올성이 내포된 주류와 비 알코올인 음료 모두를 포함하여 마실 수 있는 모든 것을 총칭하여 음료로 표현한다. 따라서 호텔 내의 모든 레스토랑에서 판매되는 다양한 음식과 라운지 또는 바(bar) 등에서 판매되고 있는 모든 주류와 음료를 합하여 식음료(food & beverage)라 정의할 수 있다.

제2절 호텔 식음료 부문의 역할과 성공요소

1. 호텔 식음료 부문의 기능

호텔에서 식음료 부문의 기능을 살펴보기 위해서는 먼저, 호텔에 대한 전반적인 기능을 살펴보고, 식음료 부문의 기능을 보는 것이 이해가 빠를 것이다. 호텔의 근본적인 기능은 숙식을 제공한다는 것이다. 즉 고객이 투숙할 수 있는 객실 부문과 호텔에 머무르며 음식이나 음료를 즐길 수 있는 식음료 부문이다. 이렇게 호텔경영하면 크게 양분될 수 있음에도 초기의 호텔경영에서는 전체매출에 객실부문의 비중이 크기 때문에, 식음료 부문은 그다지 중요하지 않게 여겨졌다.

이후 호텔산업의 발전은 호텔의 기능이 다변화되고 있음을다음과 같이 보여주고 있다. 즉, 수면과 휴식을 취하는 숙박기능, 식음료를 판매하는 음식기능, 각종 모임이 이루어지는 집회기능, 교육과 문화 예술을 담당하는 문화서비스 기능, 스포츠 기능, 쇼핑을 할 수 있는 상업적 기능, 헬스와 미용을 할 수 있는 건강관리 기능, 회의와 전시를 할 수 있는 비즈니스 서비스 기능과 같이 세분화 된 기능으로 나눌 수 있는데, 이장에서의 주제인 식음료 부문은 식당, 주장, 연회장 등 시설물로 보다 더 세분화하여 일반대중이 좀 더 편안하게, 많이 방문함을 목표로 영리를 추구하는 사업으로 변하였다. 현재 식음료 부문은 객실수입과 함께 호텔수익에 있어 그 지위를 굳히게 되었다.

2. 호텔 식음료 부문의 역할

앞에서 살펴본 바와 같이 호텔의 다양한 기능 중 식당, 주장, 연회장과 같은 식음료 부문의 기능을 통하여 고객은 부가적으로 또 다른 것을 원한다. 즉 호텔 식음료 부문을 이용하는 고객은 호텔 밖을 이용하는 일반 식음료 고객과 달리 호텔이기 때문에 식사나 음료를 마실 수 있는 영업장도 쾌적하고, 맛이 있으며, 직원의 서비스가 좋고, 편안하면서 안락한 시간을 보내게 될 것이라는 생각을 통하여 나름대로 기대치가 높다고 할 수 있다. 뿐만 아니라 호텔에서 제공되는 음식은 신선한 재료를 이용함으로서 잃었던 원기를 회복하고자 하는 마음을 갖게 된다. 따라서 식음료 부문은 이러한 욕구를 가진 고객을 만족시킴으로서 그 대가를 받는 역할을 하는 장소가 호텔 식음료 부문이라 할 수 있다.

3. 호텔 식음료 부문의 성공 요소

초기에 호텔 식음료는 객실 고객을 위한 부대시설로 간주되어, 호텔매출에 특별한 영향을 미치지 못하였기 때문에 식음료의 경영목표도 손익분기점 유지 또는 최소의 손실에 목표를 두고 있었다. 이유는 객실영업 실적에 비해 상대적으로 낮기 때문에 경영자 측면에서도 큰 관심을 받지 못했다. 그러나 오늘날 호텔의 대중화, 외식문화의 발달, 라이프스타일의 변화로 호텔에 투숙하지 않고 호텔 레스토랑이나 바를 이용하거나 연회장을 이용하는 고객이 증가하여 호텔의 식음료 매출은 객실 매출과 큰 차이가 나지 않고 있는 것이 실정이다. 또한 호텔 식음료 매출증가의 또 다른 요인에는 소득수준이 향상되고, 주5일 근무제를 이용한 소비자들의 문화적 욕구 수준이 향상되어 외식생활이 보편화됨에 따라 호텔 식음료 부문에도 많은 관심을 증가되고 있는 것이 현실이다.

호텔 상품 중 한정되어 제약을 받는 정적인 객실상품에 대별되는 식음료상품은 영업상황에 따라 신축성이 강한 동적인 상품으로 호텔수익을 보다 더 올릴 수 있는 중요한 요인이라 할 수 있다. 즉, 정해진 객실판매는 한정되어 있지만, 재창조 가능성이 무한한 식음료 판매에 의존도가 높아지고 있는 실정으로 호텔 매출에도 영향을 미치고 있기 때문이다. 실제로 우리나라 특급호텔의 수년 동안 식음료 판매실적이 객실판매 총액에 육박하는 것으로 나타났다. 하지만 호텔 식음료 영업의 성공적인 운영을 위해서는 다음과 같은 5G's 의 요소들이 서로 유기적으로 결합을 해야만 한다.

1) 훌륭한 식음료(good food & beverage)

호텔의 식음료 업장을 성공적으로 이끄는 가장 핵심적인 것은 훌륭한 음식과 음료라 할 수 있다. 오늘날 음식의 맛 하나만으로 성공하기에는 한계가 있다. 그러므로 좋은 음식이란 먼저 음식을 눈으로 보고 판단하는 시각적인 맛과 냄새로 맛을 보는 후각적인 맛, 음식을 먹어서 느끼는 미각적인 맛 등에 의해 판단된다. 따라서 식음료 영업의 성공을 위해서는 좋은 재료로 맛있게 요리한 음식, 바텐더의 조주 기술에 의한 음료판매와 함께 레스토랑 나름대로 추구하는 이미지나 분위기, 직원의 친절한 인적서비스가 수반될 때 고객들로부터 높은 평가를 받게 될 것이며, 결국은 좋은 식음료 제공만이 경쟁력으로 이어질 것이다.

2) 훌륭하고 친절한 서비스(good friendly service)

친절한 서비스란 직원의 헌신적인 서비스와 신속한 서비스제공으로, 고객들로 하여금 최고의 서비스로 환영받는 다는 느낌이 들게 하는 것이다. 이러한 요소가 호텔 식음료 부문의 성공요소라 할 수 있는데, 직원의 외모가 아름답고 인테리어가 훌륭하다고 좋은 서비스라고 할 수 없다. 또한 매니저의 태도와 역량은 직원들이 좋은 서비스를 하는데 영향을 미칠 수 있으므로, 매니저들의 예의바른 행동이 직원들로 하여금 훌륭한 서비스를 해야겠다는 마음을 들게 하고, 고객은 좋은 서비스를 받았다는 생각이 들 것이다. 모든 면에서 적극적인 서비스 정신이 결여되어 있으면 훌륭한 서비스가 나올 수 없다. 그러므로 직원의 환대한다는 서비스 정신이 진심에서 우러나오는 서비스라는 것을 고객을 인식할 것이다.

그러므로 좋은 서비스 제공을 위한 직원 교육이 요구되는데, 일반 교육담당자는 일정 수준의 스킬이 필요한 식음료 업장에서의 직접적인 교육은 한계가 있으므로, 각 식당에 맞는 서비스 매뉴얼을 통한 교육이 요구된다. 무엇보다도 중요한 것은 고객의 중요성을 인식하는 직원들의 자세가 필요하며, 친절한 서비스가 항상 제공될 수 있는 직원 교육이 요구된다.

3) 훌륭한 환경(good environment)

호텔 식음료가 성공하기 위해서는 외부적인 환경과 내부적인 환경 조성을 통하여 좋은 이미지가 조성되어 있어야 한다. 즉, 외부적으로는 식음료 업장 주위 환경과 청결, 실외 조명시설 그리고 주차관리가 영업장 환경에 영향을 미칠 수 있은 요인이 될 수 있으며, 특히 식음료 업장에서 보이는 수영장, 야경, 정원과 같은 외부환경도 중요한 요소라 하겠다. 내부적으로는 특색 있는 메뉴, 인테리어, 실내 조명시설, 에어컨이나 히터와 같은 냉·난방설비, 직원의 유니폼, 식사 제공에 필요한 접시, 기물, 린넨 등과 함께 직원의 서비스가 조화를 잘 이루어져야 할 것이다.

4) 훌륭한 가치(good value)

훌륭한 가치는 고객이 식사 후 제공받은 식음료 서비스가 얼마나 만족하느냐에 따라, 그 식사를 위해 소비할 만한 가치가 있는지를 측정하는 것을 말한다. 이를 위해 한번 방문한 고객이 재방문하는지를 측정하는 것이 중요하다. 만약 방문했던 고객이 재방문한다면 그 식음료 영업장은 고객의 마음속에 어느 정도 각인되어 있기 때문에 훌륭한 가치를 제공하고 있다는 것으로 볼 수 있다.

식음료의 훌륭한 가치가 형성되는 요인으로는 음식의 질, 맛, 가격, 직원 서비스, 실내 분위기, 청결, 경쟁업체와의 비교, 내·외부 환경, 주차시설, 접근성 등 다양한 요인에 의해 영향을 받는다. 그러나 때로는 방문했던 고객 이름을 불러주는 간단한 서비스만으로도 단골고객으로 될 수도 있다. 따라서 방문하는 모든 고객을 위한 커다란 서비스를 제공해야 한다는 생각보다는 작은 미소와 따뜻하게 전하는 인사한마디에 고객을 감동을 받을 수 있기 때문에 식음료를 서비스 하는 직원의 서비스 마인드가 중요하다고 하겠다.

5) 훌륭한 경영관리(good management control)

훌륭한 경영관리는 식음료 영업장 내 시설적인 면을 관리하는 것도 중요하지만, 업장 내의 직원관리도 중요하다. 직원관리는 영업장에 필요한 식음료 서비스를 하기 위한 직무교육, 서비스에 필요한 외국어 교육 또한 경영관리에 필요한 요인이라 하겠다. 일정기간이 지난 후 경영관리의 미비함은 결국 서비스의 질이 떨어질 뿐만 아니라 매출이 낮아지는 것이 현실로 나타난다. 또한 고객의 재방문 빈도 율이 떨어져 영업장의 테이블 회전률이 낮아지게 된다.

따라서 영업장 관리자는 지속적으로 관리업무에 참여하여야 하며, 서비스 질과 영업목표를 달성할 수 있도록 직원들의 독려와 미비점에 대한 보완 점검이 요구된다. 또한 최근에는 식음료 영업장을 성공적으로 경영하려면 경영에 필요한 회계제도, 내부의 통제제도가 수립도어야 한다. 그러므로 적절한 요금책정, 구입된 식재료의 검수, 보관, 출고, 조리된 음식의 판매관리 등 회계감사가 요구된다. 이러한 호텔영업의 정확한 계산정립이 합리적인 경영관리를 실현할 수 있다.

제 **3** 절 　호텔 식음료상품의 관리

1. 호텔 식음료상품의 의의

　상품이란 판매를 목적으로 생산된 재화라 할 수 있는데, 일반적으로 상품의 의미는 원료를 사용하여 만든 물건을 판매 목적으로 사용할 때 쓰인다. 그러나 호텔에서 상품은 객실과 식음료 판매를 통해 수익이 발생하는 상품과 부대 시설물을 판매하는 상품은 물론 추상적인 서비스를 판매하는 것도 있다. 또한 호텔 직원의 유용한 활동이 상품으로 판매되는 대상이 되기도 한다. 호텔상품은 다른 제조업의 상품과 다르게 복합적인 요소를 지니고 있는 상품이라 할 수 있다. 즉, 고객의 욕구를 충족시키는 유·무형의 속성인 포장, 가격, 애프터서비스, 색체, 디자인, 엘리베이터 서비스, 주차시설 등 다양한 복합체로 구성되어 있다. 따라서 호텔 상품은 다양한 형태의 서비스를 통합하여 새로운 상품으로 형성하게 되는데, 호텔 상품 중 하나인 식음료 상품은 호텔상품이 지닌 보편적인 요소를 지니고 있을 뿐만 아니라 그것이 지닌 고유한 특성도 있다.

　식음료 상품을 크게 세 가지로 나누어 볼 수 있는데, 식당 상품, 주장 상품, 연회 상품으로 나누어 볼 수 있으며, 다른 한편으로 해석하면 고객의 욕구를 충족시켜 주는 식음료 자체는 유형의 직접재이고, 식음료 상품의 유통을 위한 제반 활동인 인적 서비스는 무형의 간접재이다. 또한 장소적 공간인 업장 역시 시설이나 분위기 등으로 고객에게 접근하므로 무형의 간접재 역할을 한다.

　식음료 상품의 구성요소는 조리사가 만든 요리와 음료라는 제품, 호텔 레스토랑이 지닌 분위기, 직원의 친절한 서비스, 인테리어, 영업장의 설비형태가 어우러져 하나의 상품으로 제공된다. 이와 같이 호텔 상품, 특히 식음료 상품은 90년대 이후 소비자의 생활패턴이 바뀌어 다양성을 띄게 되었다. 양적으로 충족하던 소비생활이 점차 개인의 특성이 중시되고 있는 요즘 고객의 다양한 요구를 파악하기란 쉽지 않은 실정이다.

　이와 같이 식음료 상품은 복합성을 띠고 있으므로 식음료, 인적 서비스, 시설이나 분위기 등 3요소가 유기적으로 잘 어우러질 때 식음료 상품이 되며, 이러한 상품이 고객의 욕구를 충족시켜줄 때 고객은 완전한 식음료 상품을 소비했다고 할 수 있다. 그러나 조리부에서 아무리 잘 만들었다 해도 고객에게 직접 서비스하는 인적서비스가 만족스럽지 못하거나 레스토랑에서 느끼는 분위기, 청결, 편안함을 주지 못했다면 고객은 식사에 대하여 전반적으로 불만족 할 것이다.

○ 표 1-1 호텔 식음료 상품의 3요소

3요소	개 념	상품 속성	서비스 속성
상품(식음료)	고객의 식욕을 충족시켜주는 음식과 음료	직접재, 유형재	물적 서비스
업장 (레스토랑 & 바)	식음료 상품을 판매하는 곳으로 고객에게 가치를 제공해 주는 곳	간접재, 무형재	환경적 서비스
서비스(인적)	식음료를 고객에게 전달하기 위한 인적 서비스	직접재, 무형재	인적 서비스

자료: 이정학, 호텔 식음료 실습, P 13 인용

2. 호텔 식음료상품의 특성

모든 상품은 일반적인 특징을 지녔을 뿐만 아니라, 나름대로의 특성을 갖고 있다. 특히, 호텔 식음료는 다양한 특성을 갖고 있는데, 이러한 특성을 이해할 필요가 있는 것은 한 장소인 호텔 내에서 생산과 소비가 동시에 일어나고, 신속하고 정확한 서비스가 이루어질 필요성이 서비스를 담당하는 직원은 알고 있을 필요가 있기 때문이다. 또한 호텔에서의 식음료 상품은 소비자인 고객으로부터 주문을 받은 후 주문 상품인 음식을 조리부서에서 직접 만들어내는 생산적인 측면과 주문한 음식을 소비자에게 직접 전달하는 소비적인 측면이라는 양면성을 동시에 지닌 특성을 지니고 있다. 그러므로 식음료 상품의 특성을 생산적인 측면과 소비적인 2가지 측면에서 고려해볼 필요가 있다.

1) 생산적인 측면에서의 특성

(1) 주문생산 원칙

일반 제조업에서의 상품은 판매가능 상품을 예측하여 생산한 후 판매되지만, 호텔 식음료 상품은 원칙적으로 고객의 주문에 의해 음식과 음료가 생산되고 판매된다. 물론 예약 주문에 의한 서비스가 이루어지기는 하지만 미리 음식을 만들어 놓을 수 없기 때문에 고객이 레스토랑에 도착해야만 그때부터 음식을 만든다. 따라서 대량생산에는 한계가 있고, 수요예측에 어려움이 있다.

(2) 생산과 판매가 동시발생

일반 제조업의 경우 판매 가능한 상품을 만들어, 일정비율의 창고에 보관하면서 소비자의 요구에 따라 판매하기도 하고, 도·소매상에 의해 생산과 판매가 이루어진다. 그러나 식음료 상품은 식자재를 구입하여 주문 즉시 조리부서에서 만들어 같은 장소에 판매되기 때문에 생산과 판매가 동시에 일어난다고 할 수 있다.

(3) 시간적인 제약

모든 음식을 고객에게 제공되기까지는 요리하는 시간이 소요된다. 또한 다수의 주문을 같은 시간대에 고객으로부터 받게 되면, 일정공간에서 적절한 시간이내에 음식을 만들어 제공되어야 하기 때문에 시간적인 제약을 받는다.

(4) 계획생산의 한계

일반적으로 식음료 상품은 고객주문을 받은 즉시 요리를 하는 생산단계에 들어가기 때문에, 미리 고객주문을 예측하여 음식을 만들어 놓을 수 없다. 일반 제조업은 원활한 유통을 위하여 정확한 수요예측을 고려한 다음, 계획적으로 생산하지만, 단시간 내에 생산하여 판매하는 식음료 상품은 계획적인 생산에 한계가 있다고 할 수 있다.

(5) 상품의 표준화의 한계

식음료의 모든 상품 요리 시 표준이 되는 레시피(recipe)에 의해 만들어 진다고 하지만, 사람이 하는 일에는 그날의 감정이나 성향에 따라 약간의 차이가 나올 수 있기 때문에 표준화를 하는 데는 한계가 있다.

2) 판매적인 측면에서의 특성

(1) 장소적 제약

일반 제품은 고객의 요청에 따라 재고량 이상 무제한의 판매가 가능하다. 그러나 호텔 레스토랑은 고객의 직접적인 주문에 의해 구매행위가 일어난다. 물론 요즈음은 테이크아웃(take out)이 생겨 일정부문은 장소적 제안을 받지 않은 경우도 있지만, 호텔의 식음료 판매는 한정된 장소에서 테이블 수를 기준으로 판매가 이루어지기 때문이다.

(2) 시간적인 제약

일반적으로 호텔의 레스토랑은 1일 3식 또는 2식이라는 한정된 식사시간을 영업시간으로 정해 놓고 식음료를 판매한다. 물론 카페테리아나 라운지의 경우는 정해진 식사시간이외에도 영업을 하지만 저녁12시 이후에는 영업을 하지 않기 때문에 시간적인 제약을 받는다고 할 수 있다.

(3) 부패의 위험

판매하기 위해 만들어진 음식은 가능한 단시간에 판매하지 않으면 안 될 뿐만 아니라, 식재료 역시 부패의 가능성 있기 때문에 오래 보관할 수 없다. 따라서 식재료 구입에 있어서는 정확한 수요예측에 의해 식재료 구매가 이루어져야 하며, 구입된 식재료는 가능한 빠른 신간 내에 상품을 생산해야만 한다.

(4) 유통과정 없음

일반 제조업은 생산자와 소비자가 떨어져 있어도 유통과정을 통해 소비자가 원하는 곳으로 배달되어 소비가 이루어지나, 식음료 상품의 판매는 고객이 식당에 직접 주문하고, 소비하지 않으면 구매가 이루어지지 않는다. 즉 식음료 상품은 고객이 식당에 찾아와 주문을 함으로서 식음료가 생산되고, 호텔 내에서만 판매를 하기 때문에 고객에게 전달되기까지의 중간단계인 수송이나 유통과정이 없음을 의미한다.

(5) 반품과 재고 없음

식음료 상품은 음식이라는 상품과 서비스가 동시에 제공되어야만, 비로소 완벽한 식음료 상품의 가치를 지니게 되는 것이다. 따라서 생산과 소비가 동시에 일어나는 특성에서 음식과 달리 서비스라는 상품은 반품을 할 수 없으므로 반품을 할 수 없다는 뜻이며, 식음료는 예상고객을 대비하여 미리 음식을 만들어 놓지 않으며, 주문 받은 이후 생산이 이루어지기 때문에, 이런 의미에서 재고가 없다고 할 수 있다.

(6) 메뉴에 의한 판매

메뉴는 고객이 구매결정을 쉽게 할 수 있게 도움을 주는 하나의 카탈로그(catalogue) 형식으로 만들어져 있다. 즉 메뉴는 정보를 제공할 뿐만 아니라, 식당의 고객과 연결시켜주는 커뮤니케이션의 도구라고 할 수 있으며, 홍보차원의 도구이기도 하다. 메뉴에 있는 식음료 상품은 계절이나 시장변동에 따라 수시로 바뀔 수 있으므로 식음료 판매에서 메뉴는 중요한 안내서이기도 하다.

(7) 인적 서비스 수반

호텔의 모든 상품이 그러하듯이 특히 식음료 상품은 좋은 재료에 의한 제품만으로는 완전한 상품이라 할 수 없다. 아무리 좋은 상품이라도 인적 서비스가 들어간 상품이 만들어 질 때 완벽한 상품의 기능을 갖추었다고 할 수 있는 것이다. 즉 완벽한 식음료 상품에는 좋은 재료로 만든 음식과 맛있는 음식, 훌륭한 시설과 더불어 가장 중요한 인적서비스가 겸비되어야만 완벽한 식음료 상품이 되는 것이다.

3) 객실상품에 비교한 식음료상품의 긍정적인 특성

(1) 탄력적인 매출액

호텔에서 객실료의 매출은 객실 수 또는 정해진 요금에 의한 한계가 있지만, 식음료에서 매출은 객실에 비해 공간적 이용은 적지만, 주문한 음식의 take out, 연회행사 중 출장연회(catering)과 같은 판매 방식은 매출을 극대화 할 수 있다.

(2) 외부 판매 가능

앞서 언급되었지만 출장연회는 호텔 외부의 다른 공간을 이용하여 매출을 올릴 수 있는 특징이 있다. 따라서 호텔 내에서의 연회예약을 받는 것은 한계가 있기 때문에 연회(banquet)세일즈 담당 부서에서는 출장연회 담당 마케터를 별도로 두고 있는 호텔도 있다. 뿐만 아니라 출장파티를 전문으로 하는 외식업체가 급증하는 것을 보면 그 만큼 매력이 있는 것만은 틀림이 없다.

(3) 비수기 매출에 기여

호텔 상품의 특성 중 하나는 계절성 상품이라 할 수 있다. 따라서 식음료 부서에서는 비수기 타개책으로 이벤트를 개최하기도 하는데, 푸드 프로모션(food promotion)이 대표적인 이벤트라 할 수 있다. 각국의 전통음식을 선보이는 행사라 할 수 있는데, 이때 그 나라의 전통 민속춤과 의상, 노래를 통하여 고객들의 흥미를 유발시킬 뿐만 아니라 홍보효과도 크기 때문에 이러한 이벤트는 식음료 비수기에 기여를 한다고 할 수 있다.

(4) 홍보 효과

호텔의 식음료 상품을 판매하기 위한 홍보는 특정고객을 목표로 하지 않고, 모든 소비자를 대상으로 하기 때문에 객실상품의 판촉과는 다르게 광범위한 고객을 대상으로 홍보를 할 수 있다. 최근의 식음료 이용객은 비즈니스 고객뿐만 아니라, 개인이나 가족모임, 학교, 기업체 모임, 결혼식 피로연 등 남녀노소 불특정 다수를 표적시장으로 하고 있다는 것이다. 따라서 식음료 상품의 홍보는 모든 소비자를 대상으로 해야 할 필요가 있다.

3. 호텔 식음료의 상품화 과정

식음료 상품을 만들기 위해서는 상품을 구매하는 호텔 고객이 만족할 수 있는 제품을 만들어야 한다. 그러기 위해서는 목표 고객의 욕구에 적합한 식음료의 종류, 양, 크기, 기물의 종류, 크기, 색상뿐만 아니라 완벽한 서비스까지 포함한 상품을 만들어야 한다. 따라서 식음료상품을 만들기 위한 최우선 과제는 어떻게 하면 고객들이 만족할 수 있을까에 목표를 두고, 식음료 상품을 만들어야 한다. 즉 고객들이 원하는 신선한 재료 구입을 통한 생산, 음식의 질, 서비스, 음식에 맞는 적합한 기물, 레스토랑의 분위기 등을 활용한 계획을 수립해야 한다. 그러기 위해서는 메뉴계획을 수립해야만 한다.

메뉴를 계획하기 위해서는 수요를 예측한 후 구매부서에 필요한 재료를 발주해야만 하는데, 이때 재료의 종류, 신선도, 크기, 양 등 정확한 발주서를 제출해야만 메뉴에 있는 식음료 상품을 만드는데 문제가 야기되지 않는다. 물론 이러한 과정을 거쳐 구매된 재료는 한 번에 모두 사용하는 것이 아니라 일정기간 사용을 해야 하기 때문에 저장을 해야만 한다. 저장에도 여러 가지 조건을 갖추어야 하는데, 이를테면 실내에 보관할 것인지 아니면 냉장이나 냉동에 보관할 것인지에 따른 장소와 온도까지도 정확해야 신선도를 유지하고, 장기간 보관할 수 있다. 구매된 재료는 음식을 만드는 생산과정을 거치기 전에 저장된 출고 과정을 거치게 되는데, 이때 저장소에서 수령한 재료로 고객이 주문한 식음료 상품의 생산과정을 통하여 나오게 된다. 이렇게 생산된 완제품은 인적서비스에 의해 고객에게 판매하게 된다.

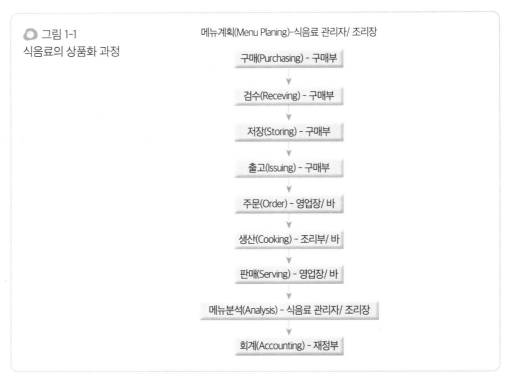

🌑 그림 1-1
식음료의 상품화 과정

메뉴계획(Menu Planing)-식음료 관리자/ 조리장

구매(Purchasing) - 구매부

검수(Receiving) - 구매부

저장(Storing) - 구매부

출고(Issuing) - 구매부

주문(Order) - 영업장/ 바

생산(Cooking) - 조리부/ 바

판매(Serving) - 영업장/ 바

메뉴분석(Analysis) - 식음료 관리자/ 조리장

회계(Accounting) - 재정부

자료: 박성부·이정실, 호텔식음료관리론, 기문사, p. 26, 조현석, 호텔식음료실무관리론, 형설출판사, p. 23,
　　　이정학, 호텔식음료 실습, 기문사, p. 15

1) 식자재 구매 관리

　　호텔 식자재의 일반적 관리는 호텔마다 담당하는 부서가 약간의 차이는 있지만, 대체적으로 식자재의 구매, 검수, 저장, 출고는 구매부에서 담당을 하고 있다. 하지만 부서의 조직개편이나 구조조정의 통합으로 인해 재정부에서 담당하는 호텔도 있다. 구매 관리를 함에 있어 여러 단계 과정을 각각의 담당자가 관리해야 될 것 같지만, 한 부서가 모든 업무를 담당하게 하는 데는 보다 더 효율적인 관리가 이루어져야 하기 때문이다. 특히, 식음료 식자재는 위생 문제도 있고, 변질될 우려성이 높기 때문에 한 부서에서 담당하는 것이 효과적이라 할 수 있다. 또한 식자재 관리는 식음료 관리자도 위생적이고, 원활한 관리를 위해서 식자재 구매 관리에 대한 기본적인 지식을 갖추고 있어야 한다.

　　그러므로 원자재를 어떻게 구매하느냐는 기업에서 가장 궁극적인 목표인 순이익을 남기는데 큰 영향을 미치게 된다. 즉 구매를 어떻게, 얼마나 효과적으로 하느냐에 달려

있기 때문인데, 곧 구매는 생산원가 관리에 중요한 영향을 미치게 된다.

따라서 호텔에서 구매 관리는 식음료 상품을 만드는데 필요한 식자재와 음료를 신선하고, 적절한 양을 적기에, 적정가격으로 구매하는 관리활동을 구매 관리라 한다.

2) 식자재 검수 관리

구매 의뢰서에 의해 호텔에 도착한 식재료 및 음료는 아무리 급하게 필요한 재료라 할지라도 주방이나 식음료 업장에서 즉시 사용할 수 없다. 구매된 식자재 모두는 검수지역(receiving area)에 도착하게 되면 검수라는 과정을 통과해야만 식재료로 사용가능하다. 검수는 도착된 식자재를 구매 의뢰서와 내용물이 맞는지 확인한 후 저장하게 된다.

이때 구매된 식재를 검수하는 방법에는 여러 가지 방법이 있는데, 식자재의 수량, 크기, 무기, 색상, 냉장과 냉동상태에 따른 온도, 품질, 유통과정, 출처 등을 의뢰서와 대조하여 확인하는 방법이 있다.

3) 식자재 저장 관리

검수를 거쳐 사용 승인을 받은 식재료는 한 번에 모두 사용될 것이 아니기 때문에 일부는 저장을 했다가 차후에 사용하게 된다. 즉 검수된 식자재가 상품화 될 때까지 일정한 장소에 보관하게 되는데, 이를 저장 관리라 할 수 있다. 같은 식재료라도 다양한 격실에 저장 관리되는데, 이는 도난을 방지하는 목적도 있을 뿐만 아니라, 적기에 원활한 공급을 하기 위함도 있다. 따라서 저장된 식재료를 효율적으로 저장 관리하기 위해서는 다음과 같은 식품군별 저장온도와 습도가 요구된다.

◯ 표 1-2 식품군별 저장온도와 습도

품 목	온 도	습 도
육류	0℃~2.2℃	75~85%
생선류	-1℃~10℃	75~85%
유제품	3.3℃~4.4℃	75~85%
과일, 채소류	4.4℃~7.2℃	85~95%
건식품	15℃ 정도	50~60%

자료: 이정학, 호텔식음료 실습, 기문사, p. 17 인용

4) 식자재 출고 관리

식자재 출고 관리는 반드시 물품 청구서에 의해서 이루어져야 하며, 이때 사용된 물품 청구서는 재고파악과 매출원가 파악에 사용된다. 또한 낭비방지의 목적도 있다고 할 수 있다.

4. 호텔 식음료 상품의 원가관리

1) 호텔 식음료 원가관리의 개념과 필요성

원가(cost)란 상품을 제조하고 판매하는데 투입된 경제 가치를 의미한다. 이러한 의미에서의 식음료 원가는 식재료의 구매, 저장, 조리에 투입된 경제 가치를 의미한다고 할 수 있는데, 판매과정에 따라 원가가 달라질 수 있다. 호텔경영에서 식음료 영업장이 차지하는 원가의 비중이 객실영업보다 많을 뿐만 아니라, 계속적으로 증가하고 있어, 수입과 지출에 대한 체계적이고 과학적인 관리가 요구된다. 식음료 상품의 원가는 상품의 수량과 품질사이에 서로 상호 보완적인 관계가 유지되어야 하는데, 어느 한쪽만 강조하게 되면 균형이 깨져서 경영목적을 달성할 수 없다.

식음료 원가관리(F&B cost control)를 하는 가장 큰 이유는 최대의 이윤을 얻는데 있으므로 효율적인 원가관리를 할 필요가 있다. 그러므로 식음료 각 영업장 매니저에게 책임과 권한을 명확하게 부여 하고, 매니저는 담당업장에서 발생하는 원가발생을 표시하여 균형적으로 관리를 해야 한다.

호텔에서의 원가관리는 일반기업에서 판매하는 상품과 달리 인적서비스에 의한 판매가 이루어지기 때문에 원가계산을 하기가 어렵다고 인식했던 것이 사실이다. 하지만 최근의 호텔기업은 대기업으로 성장해 있고, 주식을 상장을 하고 있는 지금 일반 제조업과 다를 것이 없다. 따라서 호텔기업이 더 성장을 하기 위해서는 원가 계산이 어렵다는 식음료 상품에 대한 체계적인 원가관리제도 확립하지 않고는 호텔 식음료를 경영한다는 자체가 불가능하며, 발전할 수도 없다. 하지만 경영에서 최고 목표인 최대 이윤추구를 위해서는 명백한 원가 계산과 각 부문의 능률을 측정할 필요가 있다.

2) 호텔 식음료 원가관리의 목적

식음료의 원가관리는 식음료를 판매함에 있어 원가발생을 최소화 하고, 이윤을 극대화 하는데 목적이 있다. 따라서 원가관리를 효과적으로 수행하기 위해서는 능률을 올릴 수 있는 원가를 사전 설정하고, 그 목표를 달성하기 위해서는 혼자의 힘으로는 할 수가 없다. 따라서 영업장 내 모든 직원이 목표 달성에 참여할 수 있도록 동기부여를 할 필요가 있다.

식음료의 원가관리는 원가에 대한 자료를 공개할 필요가 있는데, 먼저 식음료 각 업장 직원들에게 각 업장에서 사용하는 다양한 기물 등의 파손으로 인한 손실, 전기료, 상·하수도 등이 일정기간에 얼마의 비용이 들어가는지 설명을 함으로써, 부주의에 의한 손실이 없도록 경각심을 심어 주는 것도 원가관리를 하는데 하나의 방법이라 하겠다.

3) 원가계산의 구조

원가의 계산은 여러 단계로 나누어 볼 수도 있지만, 여기서는 각 요소별 원가를 계산하는 방법으로 다음 그림과 같이 나눌 수 있다.

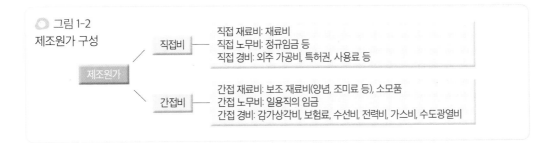

그림 1-2
제조원가 구성

제조원가

직접비 ── 직접 재료비: 재료비
직접 노무비: 정규임금 등
직접 경비: 외주 가공비, 특허권, 사용료 등

간접비 ── 간접 재료비: 보조 재료비(양념, 조미료 등), 소모품
간접 노무비: 일용직의 임금
간접 경비: 감가상각비, 보험료, 수선비, 전력비, 가스비, 수도광열비

4) 호텔 식음료 생산관리 및 원가구성

(1) 생산관리

일반적으로 식음료 상품의 재료 원가는 판매가격의 30% 정도로 보고 있지만, 최근의 물가상승을 감안하면 50% 정도 이상 나타나고 있는 것이 현실이다. 이렇게 고물가 상승으로 이어지고 있는 현실에서 식재료의 낭비는 곧 원가상승의 원인이 되므로 효율적인 생산관리가 요구된다.

식음료의 생산관리는 식음료 상품을 생산하는 조리사 또는 바텐더가 담당을 하게 되는데, 1개월에 한 번씩 정기적으로 실시하는 재고조사(inventory)에 의해 통제와 관리가 가능하다. 따라서 합리적인 재고조사를 위해서는 음식 단위당 표준 제조명세서(recipe)를 만들어 표준화할 필요가 있다. 표준화된 음식은 여러 가지의 장점이 있는데, 첫 번째는 어느 장소에서 음식을 만들어도 제공되는 음식의 량이 정확하다는 것이다. 둘째는 한음식을 다른 조리사가 만들어도 음식의 맛은 동일성을 유지할 수 있다. 셋째는 정확한 레시피(recipe)에 의해 조리를 하게 되면 식재료의 손실과 낭비를 최소화할 수 있다.

특히 식음료의 생산관리에 있어서는 식자재의 변질 우려성이 높다. 따라서 신선도 유지와 위생에 중점을 두어야 한다. 식음료 조리에 있어 위생은 가장 중요 시 해야 할 사항 중 하나인데, 이는 식중독으로 이어질 수 있기 때문에 유의해야만 한다. 레시피에 들어갈 내용은 작성일자, 요리 명, 식자재, 조리법, 조리시간, 온도, 1인당 배분 량, 원가, 주의사항과 같다.

(2) 원가구성과 판매가격

식음료 상품의 원가구성과 판매가격에 대한 구조는 그림과 같다.

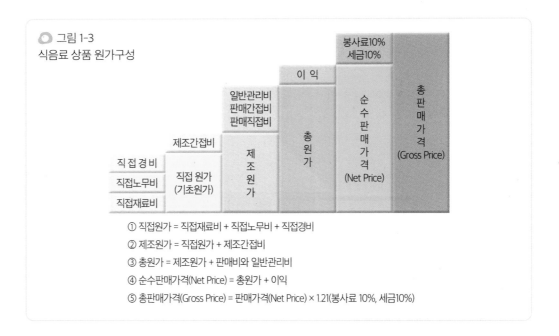

○ 그림 1-3
식음료 상품 원가구성

① 직접원가 = 직접재료비 + 직접노무비 + 직접경비
② 제조원가 = 직접원가 + 제조간접비
③ 총원가 = 제조원가 + 판매비와 일반관리비
④ 순수판매가격(Net Price) = 총원가 + 이익
⑤ 총판매가격(Gross Price) = 판매가격(Net Price) × 1.21(봉사료 10%, 세금10%)

CHAPTER **2**

호텔 식음료 서비스 조직과 직무

제 1 절 호텔 식음료 서비스의 이해

1. 서비스 개념

서비스라는 용어는 1960년대 이후 선진국의 학자들에 의해 사용되어 왔으며, 현재는 일상적으로 많이 쓰이고 있고, 내용에 따라 다양한 의미로 사용된다. 그러므로 서비스에 대한 많은 연구와 사용이 많음에도 불구하고, 상품에도 서비스가 포함되고, 서비스를 상품으로 보는 경우가 있기 때문에, 이런 현실에서 서비스를 한마디로 단정할 수 있는 정의를 내리는 데는 어려움이 있다. 즉 서비스의 활용범위가 다양하고 광범위하며, 상호 이질적인 서비스가 포함되어 있기 때문이다. 서비스 산업이라는 것도 너무나 다양하기 때문에 그만큼 다양성과 이질성의 속성을 내포하고 있어, 명확한 개념으로 정의하기는 더욱 어렵다.

미국의 Fuchs라는 학자에 따르면 현대는 이미 오래전부터 서비스 경제(GNP의 절반 이상이 서비스분야에서 일어나는 경제)시대에 들어 있다고 하였다. 통계에 의하면 미국은 이미 1984년에 66%의 서비스경제를 기록했고, EEC(현재의 EC; 유럽경제공동체)도 그 당시 58%의 서비스경제를 이루었다 하였다. 우리나라 역시 1991년 서비스 부문이 GNP에서 차지하는 비율이 64%에 달해 이미 고도의 서비스 경제화 시대에 도달했다고 볼 수 있다.

선진화된 산업사회에서는 모든 업무가 분업화되고, 가처분소득 향상으로 국민의 생활수요가 다양해질 뿐만 아니라, 학력수준의 향상으로 문화적 소비가 증가되어, 매슬로우(Maslow)학자 이론의 자아실현에 대한 고차원적 욕구가 대두되게 되었다. 이처럼 고도화된 복합적인 소비행동에 의해 서비스 재를 더 소중하게 여기는 성향으로 변화하게 된 것이다. 따라서 현대사회에서는 아무리 좋은 제품일지라도 서비스가 더해 졌을 때 그 가치가 돋보이게 되는 것이다.

서비스하면 최고급 서비스를 지향하는 것이 관광분야의 서비스가 아닌가 하지만, 서비스 산업하면 가장 먼저 생각할 수 있는 용어가 환대산업(hospitality industry)이 아닌가 한다. Hospitality는 중세시대에 여행자나 순례자들이 생기면서 유래되었다고 한다. 그러나 현재 병원(hospital)이라는 뜻으로 쓰이고 있지만, 사전에 나타난 hospitality라는 용어의 뜻을 보면 더 넓은 의미를 갖고 있다.

즉, 환대하는 선의를 갖고 고객이나 방문객 또는 낯선 사람을 맞이하는 것이라고 설명하고 있다. 그러한 의미가 있는 산업은 다양하지만, 그 중에서도 우리는 호텔의 식음료부문에 국한하여 서비스에 대한 개념을 생각해 본다면, 서비스란 식음료를 이용하는 고객의 욕구를 충족시켜 주기 위해, 선의를 갖고 행하는 제반 행위라 할 수 있다.

2. 호텔 식음료 서비스의 개념과 특성

1) 호텔 식음료 서비스의 개념

식음료 서비스란, 식음료라는 상품을 고객에게 전달하기 위한 것으로, 식음료 서비스를 기능적 서비스와 정서적 서비스로 구분할 수 있는데, 기능적 서비스란 직원이 음식이나 음료를 직접 서비스하는 인적 서비스를 말하며, 정서적 서비스란 친절, 미소, 용모, 예절, 복장, 인테리어, 분위기, 환대정신 등을 말한다. 따라서 호텔 식음료 서비스는 선의를 갖고, 호텔고객이 만족하는 기능적 서비스뿐만 아니라, 정서적 서비스까지 수반된 서비스라고 할 수 있다.

2) 호텔 식음료 서비스의 유형

식음료 서비스에서 인적서비스의 유형은 무관심형, 정서지향형, 기능지향형, 고객만족지향형을 구분할 수 있다.

(1) 무관심형

서비스를 하려고 하는 의지가 없는 유형으로 식음료 서비스 직원으로서의 자격이 매우 미달 된다고 할 수 있다. 따라서 이러한 유형은 식음료 서비스 스킬 교육과 대 고객서비스에 대한 정서적 서비스의 질을 향상시키기 위한 노력이 요구된다.

(2) 정서지향형

고객의 분위기를 빨리 파악하여 고객에게 쉽게 접근할 수 있는 반면에, 서비스하는 스킬이 떨어진다. 따라서 이러한 유형은 기능적 서비스 교육을 통하여 서비스를 향상 시킨다면 판매실적을 향상 시킬 수 있는 직원이 될 것이다.

(3) 기능지향형

고객에 대한 음식이나 음료를 서비스하는 스킬은 높지만, 고객에 대한 적극적인 친밀성은 떨어진다고 할 수 있다. 따라서 이러한 유형은 친절 또는 매너 교육과 식음료 직원으로서의 용모 등 적극적인 서비스 정신을 향상시킨다면, 일반고객을 고정고객으로 유인할 수 있는 자질을 갖출 수 있는 직원으로 발전할 수 있다.

(4) 고객만족지향형

최고의 서비스를 갖춘 직원이라 할 수 있다. 따라서 이러한 유형은 자기 개발을 위하여 항상 노력하는 형으로, 더 질 높은 서비스를 할 수 있는 동기 부여를 주는 것이 중요하다고 할 수 있다.

3) 호텔 식음료 서비스의 특성

(1) 무형성

유형성 제품은 외형이나 색상, 기능 등을 기초로 하여, 보여주거나 만져보고 시험을 거쳐 고객이 접근할 수 있도록 하여, 구매결정을 할 수 있도록 도움을 준다. 뿐만 아니라 구매 후에도 불만족이 발생하면 환불, 교환, 구매 후 수리 등을 통하여 서비스를 한다.

그러나 식음료 서비스에서 식음료 자체는 유형일 수 있지만, 서비스 자체가 무형이기 때문에 구매되거나 소비되기 이전에는 인지되거나 평가될 수 없으며, 경험을 통해서 감각적이며 심리적으로 느껴야 하는 특성을 갖고 있다. 예를 들어 최고급 호텔의 레스토랑도 이용한 이후에 그 실체를 파악할 수 있다. 따라서 식음료 서비스는 메뉴나 그 밖의 고객과 약속을 통해서 유형화하게 되며 이를 판매하게 되는데, 식음료 경영에 있어 고객에게 신뢰를 주는 것이 매우 중요하다. 그러므로 식음료 판매를 마케팅 하는 전략은 필수적이라 할 수 있다.

(2) 비유통성

식음료 서비스는 고객이 호텔 레스토랑으로 직접 방문해야 서비스를 받을 수 있으므로, 유통이 불가능 하다. 그러나 최근에는 take out 또는 고객이 주문한 도시락을 전달 판매 하거나 출장파티(catering)는 고객이 원하는 시간과 장소에서 서비스가 이루어지므로 예외인 경우도 있다.

(3) 다양성

요즈음 고객의 기호나 욕구는 매우 다양하다. 호텔에서는 건강식을 찾은 고객도 많을 뿐만 아니라, 채식주의자가 많다는 것을 레스토랑에서 느낄 수 있다. 그 밖에 마늘이나 싫어하는 향료를 첨가하지 말라는 고객의 욕구가 있어, 식음료 서비스에서는 고객에 따라 다양한 서비스가 제공된다. 또한 서비스 요원에 따라 서비스도 약간씩 다르게 제공된다. 따라서 일관성 있는 서비스를 제공하기 위하서는 많은 교육이 요구된다.

(4) 매체성

식음료의 인적서비스는 단독 상품으로 판매할 수 없고, 식음료 상품을 구매하려는 주체인 고객에게 객체인 식음료를 전달하기 위한 매체 역할이 필요하다. 즉 식음료 상품을 주체인 고객이 주문을 하게 되면 객체인 식음료 상품을 판매하는 과정에서 매체인 인적서비스의 역할이 필요하기 때문에, 매체성의 특징은 서비스 산업에서 중요하다고 할 수 있다. 특히 식음료를 판매함에 있어 중간 전달과정에 있는 매체인 인적 서비스는 직원에 따라 서비스가 달라질 수도 있고, 고객의 마음에 따라 제공된 서비스가 다르게 느낄 수도 있기 때문이다. 서비스가 전달되는 과정에서 고객에게 잘못 전달되는 경우에는 고객의 지각에 커다란 부정적인 영향을 미치게 된다.

(5) 생산과 판매의 비분리성

일반적으로 제조업에서의 제품은 생산된 후 중간 유통과정을 통하여 판매되므로, 생산과 판매가 분리되어 이루어진다. 그러나 식음료 서비스는 고객의 주문에 의해 생산되며, 소비도 같이 이루어지기 때문에 생산과 소비가 동시에 이루어진다고 할 수 있다. 그러므로 식음료 서비스 판매는 예약에 의해 판매되기도 하지만, 예측판매의 형태를 취하기도 하므로 홍보나 광고의 역할이 중요하다고 하겠다.

식음료 서비스의 생산과 판매 비분리성에서는 고객과 만나는 순간에 어떻게 서비스를 제공하느냐가 중요하다. 순간에 제공되는 서비스에 따라 고객은 향후 지속적인 거래가 이루어질 지 구매의사결정에 영향을 미칠 수 있기 때문이다.

3. 호텔 식음료 서비스의 품질 평가

지금까지 호텔의 레스토랑하면 최고의 음식과 최상의 서비스를 제공한다고 믿고 있지만, 호텔 식음료와 경쟁을 하는 외식산업의 성장은 지난 10년간 발전을 거듭하여, 호텔 식음료의 서비스 품질과 경쟁에서 크게 뒤떨어지지 않을 만큼의 경쟁단계에 이르러, 호텔이나 외식산업에서 식음료 서비스가 거대 산업으로 가고 있음을 보여주고 있는 것이다. 그러므로 호텔의 식음료가 동종 업이나 외식산업에 뒤지지 않고 경쟁우위를 지키려면 서비스 품질관리를 어떻게 하느냐에 달려있다.

따라서 호텔 간의 식음료 경쟁이 심화될수록 호텔 관리자는 서비스를 차별화하고, 경쟁우위요소를 만들려고 노력해야 할 것이다. 서비스 품질은 서비스를 하는 식음료 직원이나 서비스를 받는 고객의 인식이 다르게 느낄 수 있으므로 일관성 있는 서비스품질로 향상시키기 위한 각종 교육이나 노력은 계속적으로 이루어져야 한다.

지금까지 서비스 품질에 대한 연구는 계속되고 있지만, 초기의 연구는 Parasuraman(파라 슈라만), Zeithaml(자이타믈), Berry(베리) 등에 의해 시작되었다고 할 수 있으며, 이들이 제시한 서비스 품질 평가 5가지는 대부분의 서비스 품질을 평가하는데 기초가 되고 있어, 여기에 서도 이들의 선행연구에서 나타난 것을 측정도구를 토대로 식음료 서비스 품질 평가를 제시하고자 한다.

1) 신뢰성

신뢰는 모든 산업, 인간관계 등에서 매우 중요한 서로간의 믿음이라 할 수 있는데, 호텔 의 식음료 서비스에서 신뢰성은 고객과의 약속을 지키는 것이다. 즉, 식음료 서비스를 제 공하려고 했던 내용, 가격, 인적과 물적 서비스 등을 정확히 지킴으로서 고객은 신뢰를 할 것이다. 고객이 신뢰를 한다는 것은 식음료 업장 방문 후 재방문이나 긍정적인 구전으로 평가되어질 것이다.

2) 반응성

반응성은 고객의 요구에 대한 식음료 부서 직원의 즉각적인 반응이다. 고객은 요구사 항, 질문, 불평, 불만, 문제점 제기, 건의사항 등 필요사항을 제기했을 때, 호텔 관리자 또 는 식음료 부서 매니저나 직원들로부터 신속한 응대를 해주기를 원한다. 그러므로 고객 을 도와주어야 하는 의지와 정확하고 신속한 서비스를 제공하고자 하는 의지를 보여줘 야 한다.

3) 보장성

보장성은 고객이 안심하고 편안한 마음으로 식음료 업장을 이용할 수 있도록 확신을 심어주기 위한 노력이다. 따라서 업장직원은 고객응대 시 항상 한발 앞서 적극적으로 환 영한다는 행동을 보여, 손님으로 하여금 편안함 마음이 들도록 해야 할 것이다. 또한 식 음료 서비스를 제공함에 있어 고객은 최고의 서비스를 받는다는 느낌이 들도록 언행에 있어 신경을 써야 할 것이다.

4) 공감성

공감성은 모든 고객 개인에게 관심을 주고, 고객이 요구하는 것을 미리 알아서 충족시켜 준다면 고객의 공감성은 높아질 것이다. 공감성이 높다고 하는 것은 고객은 그만큼 편안하고, 만족한다고 봐도 될 것이다. 그러므로 고객과 직원간의 공감성 형성에는 서비스하는 직원의 자세가 중요하다. 따라서 식음료 업장에 들어오는 고객에게 따뜻한 인사 한마디나 고객의 성함 등을 불러드려 친근감을 느끼게 하는 것도 공감성 형성에 도움이 되며, 서비스 품질 평가에도 영향을 미칠 것이다.

5) 유형성

유형성은 외형으로 드러나 있는 호텔 건물, 로비 또는 식음료 업장의 실내장식, 비품, 카펫, 가구 등을 나타내기도 하고, 직원의 외형에서 나타나는 첫인상, 복장, 외모, 인사, 태도 등 가시적으로 표현하는 것을 나타내기도 한다. 특히 처음 방문하는 고객은 가시적으로 풍기는 물리적인 시설이나 직원들의 품위 있는 행동에서도 서비스 수준과 능력을 평가하는 기준이 될 수 있으므로, 레스토랑이나 바와 같은 식음료 업장의 외형적인 부분에서도 식음료 서비스 품질 평가에 중요한 요소가 되고 있음을 관리자들은 인식하고 있어야 할 것이다.

4. 호텔 식음료 서비스의 흐름

호텔에서 부대시설로 운영되고 있는 대부분의 레스토랑은 전통적인 방식인 다이닝 룸(dining room) 형식으로 되어 있지만, 호텔밖에 사업장을 별도로 하여, 운영하는 경우가 있다. 수년전부터는 호텔에서 직접 운영을 하면서 경영방식을 호텔과 똑같이 적용할 뿐만 아니라, 레스토랑 영업장 명 그대로 사용하기도 한다.

즉, 호텔과 경영방식은 같지만 직원들도 별도로 채용하여 독립된 사업체라고 할 수 있다. 이러한 경영방식은 외식사업이 발전함에 따라서 식음료의 품질이나 서비스 질이 향상됨에 따라 호텔의 식음료업장 고객이 감소한다는 인식에서 나타난 현상이라 할 수 있다. 따라서 호텔에서 별도로 경영하게 되는 사업장을 확장하는 주요한 목적은 호텔을 이용하지 않는 비방문객 시장에서 더욱 효과적으로 경쟁하고, 호텔 레스토랑에 대한 전통적인 이미지를 벗어나고자 함에 있다고 할 수 있다.

즉, 고객 입장에서는 호텔까지 방문하지 않고도 호텔 레스토랑과 같은 분위기, 식음료 질, 서비스를 받을 수 있다는 것과 접근성이라는 장점 때문에 좋은 반응을 보이고 있어, 다양한 종류의 전문 레스토랑이 등장하고 있다. 한식, 일식, 양식, 중국식, 이태리식, 인도 뿐만 아니라 최근에 와서는 베트남, 태국과 같은 동남아 음식과 멕시코 음식이 활발한 경쟁을 벌이고 있다. 요리에 들어가는 재료나 조리법도 각 나라의 전통을 유지하면서, 특색 있는 경영방식을 통하여 많은 고객들의 관심을 유발시키고 있다.

오래전부터 호텔에서의 전통적인 레스토랑하면 dining room을 연상하게 되는데, 그 대표적인 레스토랑에서 제공하는 서비스가 French Service라 할 수 있다. 이러한 서비스는 레스토랑 홀에서 조리를 하여 서비스하기 위한 Wagon을 이동시키기 위한 넓은 공간 확보가 되어야 하고, 주방에서 조리하여 고객에게 직접 제공하는 일반 식음료서비스와 달리 복잡함으로 식사하는 시간이 많이 소요된다. 또한 전문직종과 서비스 기술이 향상된 직원을 채용하기 위해서는 그만큼 높은 임금을 지불해야 하기 때문에, 그에 따른 경영의 어려움을 겪게 된다. 뿐만 아니라 식음료 고객의 욕구 변화와 사회의 다양한 변화를 적응하기 위한 레스토랑 경영자는 많은 어려움을 겪지 않을 수 없다. 따라서 시대적 변화에 적응하기 위하여 새로운 경영 형태의 레스토랑이 생겨나고 있으며, 향후에는 상기 서술한 형태의 유사한 레스토랑이 호텔 외부의 장소에 많이 생겨날 것으로 추측할 수 있다.

5. 호텔 식음료 서비스향상을 위한 고객 불평 관리

식음료 서비스에서 고객관리는 일회성으로 끝나는 것이 아니라, 식음료 사업장 이후 지속적인 관계유지를 위한 것이라 할 수 있는데, 고객의 지속적인 방문만이 식음료 사업장 뿐만 아니라 기업의 존속이 보장되기 때문이다.

서비스산업에서의 고객 불평(complaints)은 자주 발생하게 되는데, 똑같은 불평요인이 재발생하지 않도록 노력을 하는 것이 중요하다. 그렇다고 불평요인을 무시하고 넘어간다면 그 업장이나 호텔은 발전을 기대하기 어려울 것이다. 왜냐하면 고객 불평이 해결되지 않고 다시 발생된다면, 재방문하는 고객은 없을 뿐만 아니라, 다른 고객의 마음도 이미 떠나버렸을 것이기 때문이다. 따라서 호텔관리자 입장에서의 고객 불평은 호텔발전에 중요한 요인임을 인식해야 할 것이다.

1) 고객 불평의 중요성

(1) 문제점 조기 해결

고객의 불평은 상품이나 서비스에 대한 문제점을 조기에 파악하여, 그 문제가 확산되기 전에 신속히 해결할 수 있다. 식음료 사업장에서의 문제점은 발견하는 데는 여러 가지 경로가 있겠지만, 고객으로부터의 불평은 가장 빠르고 정확한 정보일 것이다. 따라서 고객으로부터 불평제기는 문제점을 일찍 해결할 수 있는 방법 중 하나이다.

(2) 부정적인 구전효과 최소화

불만족한 고객은 주변 사람들에게 자신의 불만족스러운 경험에 대하여 이야기 한다. 이러한 고객이 많다면 그 호텔의 운명은 불을 보듯 뻔하다. Sheth라는 학자는 이렇게 불평하고 다니는 고객을 테러리스트에 비유하였을 정도로 표현하였으니, 부정적인 구전효과가 호텔기업에 얼마나 악영향을 미치는지 짐작할 것이다. 즉, 호텔경영에 미치는 부정적영향으로 기업의 이미지는 크게 실추될 것이다. GM사의 고객 불평에 대한 안내서에 의하면 만족한 고객은 평균 8명에게 말을 하지만, 불만족한 고객은 25명에게 전한다고 하니, 불만족한 고객의 행동을 즉시 해결한다는 것이 얼마나 중요한지를 말해주고 있다. 따라서 기업에 악영향을 미치는 부정적인 구전을 최소화하기 위해서는 불만고객이 직접 기업에 불평을 토로하도록 유도하는 것도 고객 불평을 최소화하기 위한 것이다.

(3) 불평 고객의 충성도

한 연구에서 불만족 고객의 재 구매율을 조사하였는데, 불평을 전혀 토로하지 않는 경우 9%만의 고객이 상품을 구매하였다. 반면에 불평을 토로하여 해결된 경우의 재 구매율은 54%로 6배나 되었다. 한편 불평을 토로했는데도 불구하고 불평이 해결되지 않은 경우에도 재 구매율이 19%로 불평하지 않은 경우의 2배에 되었다 하니, 고객은 불평을 들어주는 것만으로도 자사고객의 이탈을 줄이는 효과가 있는 것이다. 따라서 불만족한 고객에게 불평할 기회를 주는 것만으로도 불만족 해소에 도움을 준다는 것이다.

(4) 유용한 정보 제공

고객의 불평을 통해 기업은 고객의 불만족한 부분을 파악할 수 있으며, 상품이나 서비스를 어떻게 개선할 것인가를 파악하는데 중요한 자료가 될 수 있다. 따라서 고객의 불평은 기업에 유용한 정보를 제공받을 수 있다.

2) 고객의 불평요인 유도방안

고객의 불평요인이 호텔기업에 얼마나 중요한지를 알아보았다. 그렇다면 고객의 불평을 어떻게 접수하느냐가 호텔발전에도 중요한 요인이 아닐 수 없다. 따라서 고객의 불평을 많이 할 수 방안을 생각해 볼 필요가 있다. 따라서 대부분의 호텔에서는 당직 지배인(duty manager)을 통하여 접수하거나 프론트 데스크(front desk), 컨시어지(concierge), 각 영업장 매니저 등을 통하여 불평을 토로하면, 그 내용을 접수하여 처리하게 된다.

하지만, 최근에는 일관성 있는 서비스를 위해 서비스 센터(service centre)에서 고객의 모든 불평을 접수하여 처리하기도 한다. 서비스 센터에는 직통전화(hot line)가 설치되어 있어, 호텔 내·외부의 모든 전화 접수가 가능하게 되어 있다. 또한 최근 보편화되어 있는 호텔의 대표 e-mail로 접수를 유도하기도 할 뿐만 아니라, 객실이나 식음료 업장에 비치된 설문지를 통한 조사를 하기도 한다. 따라서 고객이 불편한 점을 편리한 방법으로 언제든지 건의할 수 있도록 유도하는 것을 장려해야 할 것이다.

3) 고객 불평에 대한 대응

서비스업에서는 아무리 사소한 고객 불평이라도 쉽게 보고 넘어가서는 절대 안 되며, 정확한 불평처리 절차에 의거 고객이 만족할 수 있는 보상을 해야 할 것이다. 때로는 환불을 통하여 고객 불평을 해결하기도 하지만, 무엇보다도 중요한 것은 고객이 불평하기 전 사전에 예방하는 것이라 할 수 있다. 하지만, 발생된 불평에 대해서는 적극적으로 대응하는 것이 중요하다. 그러기 위해서는 불평하는 고객에 대하여, 관심을 가져주심에 감사하다는 표현을 하여야 한다.

때로는 큰소리로 불평하는 고객에 대해서는 다른 고객이 많은 공공장소에서 불평을 접수받기 보다는, 조용한 곳으로 유도하여 불평을 들어준다면 좀 더 조용하게 고객의 불만족한 부분을 들을 수 있다. 그리고 고객이 요구하는 것에 대하여 적극적으로 임할 것을 말씀드린 후 언제까지, 어떻게 처리할 수 있는 예상시간을 말씀드린다. 만약, 본인이 처리할 수 없다면 상위에 보고를 드린 뒤 처리 예상시간을 알려 드려야 한다. 이때 처리과정이 어떻게 진행되고 있는 고객에게 알려 주어, 고객이 불안하지 않게 하는 것도 불평처리 과정 중 하나라고 할 수 있다. 고객 불평에 대한 보상처리는 가능하면 고객이 요구하는 대로 해주는 것도 좋겠지만, 그 동안의 사례 등을 참조하거나 사규에 정해진 한도 내에서 처리하는 것이 가장 합리적이라 하겠다. 끝으로 고객의 불만족한 부분의 제시가 호텔 발전에 큰 보탬이 되어서 감사하다는 말을 절대 잊어서는 안 된다.

특히, 같은 내용의 불평이 다른 고객들에 의해 반복적으로 생긴다면, 관리자의 고객 불평 처리능력을 단적으로 보여주는 것이다. 따라서 고객 불평이 재 발생되지 않도록 반복적으로 교육하는 것이 중요하겠다.

제2절 호텔 식음료 서비스의 조직과 직무

1. 호텔식음료 서비스 조직의 의의

조직은 2인 이상 다수의 사람이 공동목표를 달성하기 위하여, 통일적인 의지아래 협동해 나가는 공동체라 할 수 있다. 기업에서 조직을 어떻게 구성하느냐에 따라 공동목표, 성공 여부가 달려있다 할 수 있다. 또한 조직은 목표달성을 성취하기 위하여 개개인의 능력과 노력을 강화하기 위한 사회적인 협력단체이다. 그러므로 조직은 공동목표를 달성하기 위하여 업무를 분배하고, 분배된 각각의 조직원들은 하나의 목표달성을 위해 제역할을 최대한 발휘하도록 합리적인 체계를 형성한다.

서비스는 특성상 무형성이기 때문에 저장해 놓거나 이동시켜 판매 할 수 없으므로, 생산과 동시에 판매하지 않으면 안 된다. 따라서 호텔에서는 식음료를 판매함에 있어 서비스도 함께 소비되어야만 한다. 그러므로 식음료를 집중적으로 판매하는 시간은 약간의 차이는 있지만, 아침과 점심, 저녁시간에 편중되어 있다. 이러한 수요의 집중적 특성 때문에 정해진 시간 내에 서비스를 효과적으로 전달하기 위해서는 식음료 서비스 조직이 체계적으로 형성되어 있어야 한다. 그래야만 짧은 시간에 최대한의 효과를 낼 수 있기 때문이다. 한편, 서비스 조직은 노동집약적으로 기계 설비를 이용하는 것에는 한계가 있기 때문에, 조직적인 공동체라고 할 수 있다.

2. 호텔 식음료 조직의 원칙

특정 목표를 달성하기 위해 집단행동을 관리하는 것을 조직이라 하는데, 식음료 서비스에서 조직은 음식과 서비스에 대한 고객의 욕구를 충족시켜주는 것을 의미한다. 그러므로 식음료 부문의 효과적인 기능을 발휘하기 위해서는 조직구성이 잘 되어 있어야 되는데, 직원 개개인은 자신의 직무, 책임, 권한을 이해하고 있어야 하며, 조직의 목표가 무엇인지 파악하고 있어야 한다. 이는 직원과 경영진에 최대한의 만족을 주는 것을 의미하며, 소유주에게 경제적인 이익이 돌아가는 것을 의미한다. 따라서 다음과 같은 조직의 원칙이 있어야 한다.

1) 기능에 따른 조직 편성

식음료 상품을 만들기 위해서는 메뉴 계획, 식자재 구입, 조리, 서비스 등과 같이 식음료 부문에서 수행되는 각 기능은 조직구성에 있어야 한다. 즉, 하나의 부분이 조직화되어 식음료 상품이 만들어지고, 판매되어 수익을 창출할 수 있기 때문에, 각 기능에 따른 조직은 분명한 목적과 존재 이유가 있어야 한다.

2) 간단한 조직 편성

조직은 불필요한 직위나 체계가 복잡한 구성없이 간단하게 편성되어 있어야 한다. 너무 많은 단계의 구조를 가진 조직은 체계적으로 보일 수 있지만, 상위계층 보고 절차에 많은 시간이 소요 될 뿐만 아니라, 경영진과 직원간의 의사소통을 원활히 할 수 없다. 따라서 계층 간의 거리를 간단한 조직은 보고체계의 간소화로 의사결정이 빠르게 진행되며, 경영자의 지침과 상위보고가 신속히 전달되어 업무수행을 원활히 진행할 수 있다.

3) 일정수준의 결정권 부여

조직에서 모든 직책은 각 직책에 따라 업무의 양과 수행해야 할 일이 있으며, 담당 업무를 완수해야 할 책임이 있다. 또한 직책에 맞는 업무의 권한은 일정수준의 결정권 부여로 신속한 업무처리가 이루어지며, 계획되어진 일이 원만하게 처리될 수 있으므로 직책에 따른 업무의 권한은 주어져야 한다. 그리고 조직에서 담당 업무를 수행하지 못할 때는 그에 대한 책임이 주어져, 조직의 목표달성을 할 수 있도록 자극을 주는 것도 중요하다.

4) 직급 낮은 직원에게도 권한 부여

업무를 수행함에 있어 책임과 권한이 없다면 모든 일을 처리할 때 직속상관의 동의를 얻어야 한다. 동의를 구하는 시간은 업무처리가 늦어질 뿐만 아니라, 업무의 능률도 떨어져 결국은 조직의 목표달성이 한발 늦어질 수 있다. 따라서 낮은 직급의 직원이라도 그에 맞는 책임과 권한을 부여하여 원활한 업무처리가 이루어 질수 있도록 해야 할 것이다. 책임은 담당직원이 해야 할 담당 업무와 처리해야 할 업무를 정확히 지적해주는 의미가 있으며, 권한은 신속한 업무수행에 목적을 두고 있다.

5) 조직의 계통 유지

조직은 하나의 공동목표를 이루기 위해 만들어진 서열과도 같다고 할 수 있다. 따라서 직급별 업무를 수행하되, 체계적으로 보고하고 지시를 따라야 한다. 조직의 특징 중 하나는 목표달성을 위한 원활한 업무수행이라 할 수 있는데, 조직의 계통이 흐트러지면 업무의 진행과정을 상위 조직에서 알 수 없을 뿐만 아니라, 업무지시가 중복되어 일에 혼선을 빚을 수 있다. 결국 목표달성 하는 시간이 길어질 수 있고, 노동비용은 증가할 것이다.

3. 호텔 식음료 부문의 조직도

식음료 부문의 조직은 고객의 욕구에 따라 음식과 음료 및 서비스로 고객의 욕구를 충족시키며, 각 조직을 구성하고 있는 직원을 효율성 있게 관리하기 위한 구조라 할 수 있다.

○ 그림 1-4
호텔 식음료 부문 조직도

식음료 부문의 조직 구조는 독창적이고, 창조적으로 업무를 수행할 수 있도록 권한 부여와 감독 기능을 적절히 조절 할 수 있어야 한다. 조직의 기능은 각 구성원들에 대한 업무량의 성과에 좌우되고, 능률을 증대시킬 수 있기 때문이다. 식음료 조직의 적정 규모는 영업장의 면적, 테이블 수, 음식의 종류, 서비스 형태, 영업시간, 경영방식 등에 여러 가지 요인에 의해 결정된다.

일반적으로 식음료 부문의 조직은 레스토랑 부문, 주장 부문, 연회 부문으로 구분되며, 서비스 방법에 따라 운영하는 방법이 다르고, 조직에 있어서도 운영방법에 따라 다르게 이루어져 있다. 무엇보도다도 식음료 부문의 조직 원칙은 어떻게 하면 식음료를 가장 효율적으로 제공할 것인가에 있으며, 고객의 욕구에 충족시킬 수 있도록 구성되어야 한다. 다음 그림은 은 서울에 있는 특1급 호텔의 조직도와 식음료 부문의 조직도이다.

4. 호텔식음료 서비스 조직의 편성

호텔의 고급 레스토랑에서는 일반 레스토랑과 달리 차원 높은 서비스를 해야 하는데, 그러기 위해서 적절한 서비스 조직을 편성해야만 신속하고, 레스토랑의 격에 어울리는 서비스가 제공된다. 레스토랑의 서비스 조직 편성은 레스토랑의 특성이나 위치에 따라 다르겠지만, 일반적으로 다음과 같은 요인에 의해 결정될 수 있다.

첫째, 지역조건

레스토랑이 위치한 지역이 도심지 또는 관광지에 따라 다른 서비스가 이루어져야 할 것이다. 도심지에 위치한 레스토랑이라면 시간을 갖고 식사를 하거나, 상용 비즈니스를 위한 고객이 많으므로 정통적인 서비스를 하는 시스템으로 조직의 구성이 이루어져야 할 것이다.

반면, 관광지에 위치한 레스토랑이라면 짧은 시간에 식사를 하며, 많은 고객이 이용하게 되므로 서비스 시스템은 간단하게 조직되어야만 원활한 서비스가 이루어질 것이다.

둘째, 계절별

계절별 상시적으로 개장하는 레스토랑에서는 성수기에만 영업을 하는 레스토랑으로 볼 수 있는데, 단시간에 많은 고객을 서비스하기 위해서는 간단한 조직 구조를 이루고 있는 시스템으로 구성되어야만 신속한 서비스가 이루어질 것이다.

셋째, 레스토랑의 종류 및 등급수준

서비스 조직은 레스토랑의 종류 즉, 정식코스를 판매하는 레스토랑인가 아니면 카페테리아에 따라 다를 수 있고, 레스토랑의 서비스 수준에 따라 다를 수 있다.

넷째, 고객 수용정도

레스토랑의 테이블 수가 많으면 직원의 수는 증가하게 되며, 그에 따른 조직도는 고객 수용정도에 따라 다를 수 있다.

다섯째, 서비스 형태

테이블 서비스는 모든 서비스에서 직원의 직접적인 서비스를 요하므로, 그에 따른 많은 직원이 필요함으로서 조직의 편성을 크게 할 필요가 있다. 반면, 뷔페 레스토랑과 같은 셀프 서비스의 경우는 상대적으로 적은 인원의 직원이 필요함으로서 조직의 편성은 축소될 것이다.

식음료 서비스의 조직은 여러 가지 요인에 의해 달라 질 수 있으나 다음과 같이 크게 구분할 수 있다.

1) 쉐프 드 랑 시스템(Chef De Rang System)

이 시스템을 국제적 서비스 제도 혹은 프렌치 서비스 시스템이라 부르며, 가장 정중하고 최고급의 서비스를 제공하는 고급 식당에 적합한 서비스 조직 시스템이다.

레스토랑 지배인 아래에 헤드 웨이터(head waiter or maitre d'hote)가 있고, 그 밑에 3~4명의 웨이터로 구성되어 한조를 이루고 있으며, 그 조에서는 정해진 하나의 테이블 식사가 끝날 때 까지 서비스하는 제도로서, 조직의 각 구성원들의 팀웍(team work)에 따라 진행되는 서비스 수준은 다를 수 있다.

테이블 서비스에서 음식을 담당하는 쉐프 드 랑(chef de rang)과 음료를 담당하는 쉐프 드 뱅(chef de vin or sommelier)이 있으며, 그 밑에 2~3명의 웨이터로 구성되어 있다. 이러한 서비스는 최고급 서비스를 하는 시스템으로 설명되어 질 수 있지만, 장단점을 보면 다음과 같다.

(1) 장점

① 수준 높은 서비스를 제공 한다. 즉, 고객 앞에서 조리를 하기 때문에 최고의 분위기를 연출한다. 또한 한 팀으로 정해진 직원이 식사 시작부터 끝날 때까지 서비스를 함

으로서, 최고의 수준 높은 서비스를 제공할 수 있다.

② 근무환경에 만족한다. 즉, 서비스할 고객 테이블이 정해진 담당 직원은 다수의 고객 테이블을 담당하는 것이 아니기 때문에 근무환경 조건에 만족한다.

③ 충분한 휴식시간이 있다. 즉, 한 팀으로 정해진 직원 각자는 서비스하는 담당업무가 정해져 있어, 테이블 서비스 중에도 일반 레스토랑 직원과 달리 휴식 시간을 가질 수 있다.

④ 상황에 따른 인원도 증감한다. 즉, 프렌치 서비스는 대부분 예약에 의한 서비스가 이루어지기 때문에 예약 상황에 따라 근무인원을 증감할 수 있다.

⑤ 매출 증대를 가져온다. 즉, 최고 수준의 서비스를 제공하며, 다수의 직원이 고객 앞에서 조리를 보이며 서비스하는 만큼 식사비용도 다른 요리에 비해 비싸기 때문에 매출증대와도 관계가 있다.

(2) 단점

① 직원의 의존도가 높다. 즉, 조직화된 서비스가 이루어지기 때문에 직원의 의존도가 높을 수 있다.

② 인건비 지출이 크다. 즉, 매출에 비하여 많은 직원이 필요한 만큼 인건비 지출이 크다

③ 넓은 면적이 필요하다. 즉, 웨이터가 홀에서 직접 요리를 하여 서비스하므로, 왜건 (wagon)을 이동시키고 움직여야 할 넓은 레스토랑의 면적을 요한다.

④ 고급 레스토랑에만 적합하다. 즉, 체계적이고 전통적인 서비스가 제공되므로, 고급 레스토랑 조직에만 적당하다.

⑤ 다른 서비스에 비해 시간이 오래 걸린다. 즉, 고객이 주문을 하면 주방에서 음식이 나오는 것이 아니고, 고객 앞에서 조리과정을 보이며 서비스를 함으로 다른 서비스에 비하여 시간이 많이 걸린다.

○ 그림 1-5
쉐프 드 랑 시스템

⑥ 세심한 서비스로 테이블 회전률이 낮다. 즉, 고객 앞에서 조리를 보이며 서비스하는 시간이 많이 소요되므로, 고객 역시 식사 시간이 길어질 수밖에 없다. 따라서 세심한 서비스를 하게 됨으로서 테이블 회전률은 낮다.

2) 헤드 웨이터 시스템(Head Waiter System)

이 방식은 헤드 웨이터(head waiter) 바로 밑에 식사(meals) 담당과 음료(drinks) 담당을 두고, 테이블 서비스를 하는 제도이다. 일반 레스토랑에서 가장 적합한 방식이며, 쉐프 디 랑 시스템을 축소시킨 방식이라 할 수 있다.

(1) 장점

① 쉐프 드 랑 시스템보다 신속한 서비스 이루어진다.
② 테이블 회전률이 높다. 즉, 주문을 받으면 음식이 주방에서 나와 즉시 테이블 서비스를 함으로 테이블 회전률이 높다고 할 수 있다.
③ Plate Service가 가능하다. 즉, 대부분 Plate Service가 가능하기 때문에 신속한 서비스가 이루어진다.

(2) 단점

① 쉐프 디 랑 서비스보다 분위기 가볍다.
② 정중한 서비스가 곤란하다. 즉, 정통적인 웨스턴 서비스라 할 수 있지만, 쉐프 디 랑 서비스보다는 정중한 서비스가 곤란하다.
③ 불만 고객이 생길 수 있다. 즉, 쉐프 디 랑 서비스와의 비교로 불만 고객이 발생할 수 있다.

○ 그림 1-6
헤드 웨이터 시스템

3) 스테이션 웨이터 시스템(Station Waiter System)

이 방식은 휴양지에 위치한 레스토랑에서 이벤트 성으로 행사를 하는 음식 축제(food festival) 또는 계절식당 그리고 극장식당, 나이트클럽과 같은 특수한 레스토랑에서 적합하다. 레스토랑에는 헤드 웨이터가 한명 있고, 그 밑에 근무하는 다수의 웨이터는 각자 담당 구역만 맡아서 근무하는 것으로, 일명 원 웨이터 시스템(one waiter system)이라고 한다. 즉, 담당 웨이터는 정해진 테이블에서 음식주문부터 식사가 끝날 때까지 일체의 모든 서비스를 제공하는 것이다.

(1) 장점

① 서비스에 일관성이 있다. 즉, 담당 웨이터가 정해진 구역에서만 주문부터 식사가 끝날 때까지 서비스를 하기 때문에, 일관성 있는 서비스가 이루어질 수 있다.
② 인건비 지출이 적다. 즉, 웨이터 한명이 담당 구역의 여러 고객 또는 테이블을 서비스하기 때문에, 그만큼 인건비를 줄일 수 있다.

(2) 단점

① 서비스 질이 떨어질 수 있다. 즉, 담당 직원은 주문부터 디저트까지 모든 서비스를 함에 있어, 수시로 주방을 출입해야 하고, 음료 준비 등으로 담당구역 이탈 빈도수가 늘어남에 따라 서비스의 질이 떨어 질 수 있다.
② 기다리게 하는 고객 불평요인이 된다. 즉, 한 직원이 다수의 고객을 담당해야 함으로, 고객의 입장에서는 기다리는 시간이 길어 질 수밖에 없다. 따라서 고객을 기다리게 하는 불평요인이 된다.

◯ 그림 1-7
스테이션 웨이터 시스템

5. 호텔 식음료 부문의 직무분석

오늘날 호텔경영에서 객실판매에 있어서도 관심을 갖지만, 수익의 극대화를 추구하기 위해서는 식음료 판매에 더 많은 관심을 보여주고 있다. 호텔 총 매출액을 올리기 위한 객실판매는 객실상품의 제약성 때문에 매출액 증대에 한계가 있다. 그러므로 제약이 적은 식음료 판매에 의존할 수밖에 없는데, 식음료 판매 증대를 위해서는 식음료 직원들의 전문지식과 기술 습득 그리고 식음료 담당자들의 직무향상을 위한 노력이 요구된다. 따라서 여기서는 식음료 부문의 직무분석을 통하여 직원에 대한 권한과 책임을 보고자 한다.

1) 식음료 이사 또는 부장(Director or Manager of food & beverage)

식음료 부장은 호텔의 전반적인 경영자로서의 높은 식견과 경험이 있어야 하며, 호텔의 여러 부서 중에서도 가장 많은 직원을 지휘 통솔하고 있으므로, 강력한 리더십이 필요하다. 또한 세밀한 관찰력과 명쾌한 통찰력을 바탕으로 상황에 능동적으로 대처할 수 있어야 한다. 그리고 레스토랑, 바, 연회장, 룸서비스 등 식음료 모든 영업장을 운영·관리하며, 직원들의 노무관리에 대한 책임을 갖고 지휘 감독한다.

고객관리를 비롯한 각 영업장의 메뉴관리, 각종 보고서 결재, 예산 집행, 서비스 질을 높이기 위항 지휘 및 감독, 모든 영업장의 순찰 및 VIP 영접한다. 그리고 식음료부서의 경영분석을 통한 문제점을 도출하고, 이를 개선해 나가는 이를 주 업무로 한다.

이 자리는 항상 노력하는 자세로 직원들의 신뢰와 존경을 받는 인격자로서의 면모도 갖추어야 할 것이다.

2) 식음료 차장(Assistant Manager of food & beverage)

식음료 차장은 부장의 직무를 도와주고, 부서의 모든 일을 확인하고 감독하는 일을 한다. 부장의 업무를 분담하기도 하며, 부장이 부재 시 부장대행으로 업무를 수행한다. 주로 직원들의 노무관리, 영업장 시설의 유지, 업장의 모든 기물 및 장비를 관리감독 하며, 타 부서와 업무협조를 통하여 원활한 관계유지에 노력을 한다.

인사고사 평가 시에는 각 영업장들에 대한 고가평가를 참여하기도 하며, 특급호텔의 경우 부장이나 이사의 출장이 자주 발생하게 되는데, 이때 식음료부서를 대표하여 임원회의에 참석하는가 하면 부서 직원들과의 원활한 관계유지에 노력해야 한다.

3) 영업장 지배인(Outlet Manager)

대부분의 영업장 지배인은 과장급으로, 그 업장의 책임자로서 영업 전반에 관한 감독과 고객 서비스 관리, 직원에 대한 지휘 및 감독, 노무관리 등 전반적인 것을 관리할 뿐만 아니라, 담당 영업장의 영업결과에 대한 책임도 진다. 따라서 영업장 지배인의 업무는 직원관리, 시설물, 매출 등 모든 부문에 대한 책임이 막중한데, 세부적으로 살펴보면 다음과 같다.

- 부서 직원들에게 미래에 대한 희망과 방향을 제시하여 긍정적인 마인드로 업무에 임할 수 있게 한다.
- 직원들의 교육 즉, 언어, 스킬, 서비스, 매너 등 전반적인 교육훈련을 계획하고, 관리를 함으로서 영업성과를 올릴 수 있는 기반을 다지게 한다.
- 고객뿐만 아니라 경쟁사와의 원활한 관계유지를 하면서 정보를 습득한다.
- 호텔에서 주관하는 행사뿐만 아니라, 식음료 부서 행사에 참여하고, 특히 대형 연회 행사가 발생되면 적극적으로 협력한다.
- 고객만족, 고객 불평 등 고객이 소리에 민감해야 하며, 빠짐없이 수렴하여 적극 대처한다.
- 식음료 업장인 만큼 메뉴관리에 최선을 다하고, 시설, 하우스키핑, 조리부를 비롯한 관련부서 직원과의 원활한 관계를 유지하여 영업에 지장이 없도록 해야 한다.
- 비수기를 대비하여 food promotion을 준비한다. 물론 계절별 계획도 수립해야 하지만, F&B coordinator 또는 홍보실과의 협력이 중요하다.
- 담당 업장 전반에 걸친 영업 분석을 통하여 문제점을 해결하고, 최고의 서비스 품질로 매출이 향상될 수 있도록 노력한다.
- 분기별 판매실적과 서비스 품질을 평가하여 상위 매니저에게 보고한다.
- 위생관리, 안전관리, 소방관리 등을 정기적으로 확인하고, 미비사항에 대해서는 즉시 해결할 수 있도록 한다.
- 영업장의 시설물, 비품 또는 재산 목록을 확인하여, 영업에 지장이 없도록 해야 한다.

4) 영업장 부지배인(Assistant outlet Manager)

부지배인은 대리급으로 평상시는 영업장 지배인을 보좌하고, 지배인이 부재 시 업무를 대행한다. 주 업무는 대고객 서비스, 위생 및 안전관리, 기물과 시설관리, 직원교육, 근태관리, 관련부서와의 원만한 관계유지이므로, 이들 사항에 중점을 두고 근무해야 한다.

또한 부지배인은 식음료 부서에서 중간관리자로서의 책임의식을 갖고, 하위 직원들에 대한 교육을 책임져야 한다.

- 지배인이 부재 시 업무를 대행한다.
- Captain, Waiter, Waitress, Bus Boy에 대한 훈련과 교육을 한다.
- 종업원들에 대한 업무와 영업 준비를 지시한다.
- 예약 접수현황과 준비사항을 점검하고, 담당자의 임무에 대하여 세부적으로 지시한다.
- 직원들에게 서비스 할 담당구역을 할당한다.
- 직원들의 근무 시간표를 작성한다.
- 영업에 필요한 준비물 상태를 재확인한다.
- 기물이 부족할 시 청구한다.
- 고객들의 불평처리를 한다.
- 업장 내 지휘와 감독을 하며, 업장 직원과 주방 직원간의 업무협조를 위한 중간역할을 한다.

5) 캡틴(Captain)

캡틴은 영업현장에서 모든 업무를 처리할 수 있는 가장 중요한 직책이라 할 수 있다. 대고객 서비스와 메뉴에 나와 있는 모든 요리에 대하여 정통해야 하고, 서비스 경력이 풍부하여 모든 일을 처리할 수 있어야 한다. 실질적으로 직급은 지배인 아래에 있지만 지배인과 거의 동등한 능력을 가지고 있어야 한다.

조직 내에서는 인간관계 유지에 신경을 많이 써야 하고, 프로 근성을 겸비한 호텔리어로서의 자긍심을, 경험이 많지 않은 직원들에게 보여 주어야 한다. 담당해야 할 업무를 살펴보면 다음과 같다.

- 담당 업장의 영업 준비 상태를 파악하고, 인원구성에 차질이 없는지 확인한다.
- 구역 내 팀장으로서 입구에서 고객을 영접한다.
- 풍부한 상품지식과 능숙한 서비스로 고객의 주문을 받는다. 이때에 Up Selling 기술을 발휘하여 업장의 매출신장에 기여한다.
- 와인을 권유하기 위하여 와인에 대한 깊은 지식을 갖고 있어야 한다.
- 다른 업장에 대한 상황 및 연회행사 스케줄도 파악하고 있어야 한다.
- 업장의 매뉴얼, 규정, 긴급 조치사항 등을 정확히 숙지한다.
- 다른 업장이 바쁠 때 도움을 줘야 한다.
- 디저트를 주문받고, 식후주를 권유한다.
- 업장의 서비스 매뉴얼, 사규, 긴급조치 사항 등을 숙지해야 한다.

6) 그레츄레스(Greetress), 리셉션니스트(Receptionist)

그레츄레스를 리셉션니스트라고도 하는데, 예약업무를 하기도 하며, 업장의 입구에 위치하여 고객을 영접하고 환송하는 일을 주 업무로 한다. 또한 얼굴이 밝고 상냥하여 업장을 찾는 고객에게 좋은 인상을 심어주는 것이 중요하다. 상냥한 말씨와 정중한 인사로 모든 고객을 영접해야 하며, 외국인의 다양한 질문에 답하기 위해서는 일정수준 이상의 외국어 실력을 겸비해야 한다.

최근에는 인건비 절약차원에서 캐셔(cashier)를 두지 않는 업장이 많으므로, 신용카드나 후불 등 다양한 방법으로 계산을 할 수 있어야 한다. 담당 업무는 다음과 같다.

- 지배인이 정한 스케줄에 따라 근무하며, 항상 깨끗하고 단정한 자세를 유지한다.
- 고객의 이름과 얼굴을 기억하여, 고객으로 하여금 친근한 느낌이 들도록 한다.
- 전화예약이 많으므로 전화매너가 있어야 하며, 예약 받는 요령을 숙지해야 한다. 예약접수를 할 때는 예약날짜, 정확한 성명, 인원수, 도착시간, 연락처, 예약자명, 특별한 요구사항과 같은 사항을 정확히 기록해야 한다.
- 불평사항이 발생하면 즉시 처리할 수 있는 능력을 키워야 한다.
- 영업장 주변에 청결을 유지한다.
- 리셉션니스트는 밝은 인상으로 고객이나 직원을 대하는 자세를 갖도록 노력해야 한다.

- 호텔의 시설물 또는 영업정보, 호텔 주변의 정보를 습득하여 고객의 다양한 질문에 응답할 수 있어야 한다.
- 업무상 인계사항이 발생하면 Log Book(업무일지)에 기록하여, 모든 직원이 그 내용을 알 수 있게 해야 한다.
- 예약 장부는 중요한 서류이므로 잘 관리한다.
- 고객 방문 카드를 철저히 기록하여 재방문 시 활용한다.
- 업장이 바쁠 땐 도움을 준다.

7) 웨이터 또는 웨이트리스(Waiter & Waitress)

웨이터나 웨이트리스는 업장에서 대고객 서비스를 위해 모든 일을 담당하는 실무 담당자이다. 지배인과 캡틴을 보좌하기도 하기도 하지만, bus boy나 bus girl에게 모범행동을 보여 원활한 서비스가 이루어 질 수 있도록 한다. 또한 영업시작 전·후 영업에 차질이 없는지 재확인하고, 이상한 부분이 발견되면, 즉시 상위보고 하고, 조치를 취하여 영업에 지장이 없도록 한다.

- 청결한 복장, 단정한 자세로 근무에 임한다.
- 최일선에서 대고객 접점 서비스를 함에 있어 고객이 만족할 수 있도록 최선을 다한다.
- 정해진 테이블이나 담당 구역의 서비스를 책임지고 완수해야 하며, 문제 발생 시 상사에 보고하여 확산되지 않도록 한다.
- 대고객 서비스를 임할 때 고객의 이름이나 직함을 불러드려 친근감을 느끼도록 한다.
- 영업시간 전에 시설물, 기물, 장비 등 영업에 지장이 없는지 확인 한다.
- 고객의 특성, 취향, 습관 등을 Guest History Card에 기록하여, 재방문 시 서비스에 만전을 기한다.
- 지배인의 기물류 재고파악에 협조를 하여, 재산관리는 물론 서비스에 차질이 없도록 한다.
- 영업장에서 사용되고 나온 쓰레기는 항상 분리수거를 하여, 재활용하는 습관을 기른다.
- 메뉴나 외국어 등 항상 공부하는 자세를 갖는다.

8) 버스보이 또는 버스 걸(Busboy or Busgirl)

영업장 지배인이 정한 스케줄에 따라, 깨끗한 복장과 밝은 모습으로 근무에 임하며, 웨이터나 웨이트리스가 서비스를 함에 불편함이 없도록 준비해주고, 운반해 준다.

- 고객이 주문한 식음료를 웨이터나 웨이트리스가 서비스 할 수 있도록 주방에서 테이블까지 운반하는 일을 한다.
- 테이블에서 나온 기물을 주방 Pantry까지 운반한다.
- 서비스가 끝난 테이블을 Reset up 한다.
- Service Station을 관리하고, 부족한 기물을 항상 확인하여 서비스에 차질이 생기지 않도록 한다.
- 고객에게 Dessert, Coffee, Tea, Butter, Ice Water, 빵과 같은 간단한 것을 서비스한다.
- 업장에서 사용하는 Linen류를 세탁실에 반납하고, 수령하는 일을 한다.
- 업장에서 사용되는 외국어, 서비스 매뉴얼, 근무규정, 긴급 대처요령을 숙지한다.
- 업장에서 사용하는 기물과 장비 등을 닦고 정리한다.
- 긍정적이며, 적극적인 사고방식으로 배운다는 생각으로 근무에 임하는 자세가 중요하다.

9) 소믈리에(Wine Steward or Sommelier)

Sommelier는 호텔 내 모든 업장에서 wine류를 관리하는 담당자로서, 와인에 대한 많은 지식을 갖고 있으며, 고객의 음식주문에 따라 그에 맞는 와인을 추천하고 판매하는 직원을 말한다. 와인은 많은 나라에서 생산될 뿐만 아니라, 매년 다른 기후와 다양한 품종의 포도로 생산되기 때문에 와인의 미각을 잃지 않기 위해서 sommelier는 많은 노력을 해야만 한다.

- Wine을 관리하며, 점검하고, 음료창고에서 수령하여 저장한다.
- 에페리티프(Aperitif: 식전주), 테이블 와인, 디저트 와인 등을 권유하고 주문을 받는다.
- 고객에게 추천하고, 주문받은 와인을 정중하게 서브한다.

호텔식음료경영론

PART 2

호텔 레스토랑 경영

CHAPTER

1 호텔 레스토랑의 분류

제 1 절 호텔 레스토랑의 이해

1. 레스토랑의 유래

인간이 여러 가지 목적으로 집을 나서면 식사를 하고 잠을 잘 수 있는 장소가 필요하다. 특히 식사를 해야만 이동할 수 있는 에너지가 생기는데, 기록에 의하면 BC 512년 이집트에 레스토랑의 기원이라 할 수 있는 음식점이 생겨났다고 한다. 이곳에서는 곡물, 새고기, 양파를 이용한 단조로운 요리만 제공되었는데, 당시엔 남자 어린이들의 경우 부모와 동반 시 출입기 가능했지만, 여자 어린이의 경우 결혼 때까지 출입 금지되었다 한다.

AD 79년경 로마시대에는 나폴리의 "Vesuvius"산 줄기의 휴양지에 식사하는 곳이 매우 많았으며, 유명한 카라카라(KalaKala)라는 대중목욕탕의 유적지에서도 식당의 흔적이 발견되었다. 이곳의 목욕탕은 한쪽변이 330m나 되었으며, 수용인원도 1,600이나 되었다고 한다. 이 거대한 건물 내에서는 증기탕, 온수탕, 냉수탕 등 다양한 욕실과 체육장, 경기장, 도서실, 강연실, 학습실, 예배당까지 갖추어져 사교장 겸 스포츠 장으로 사용되면서 음식물을 제공하는 음식점이 다수 있었으며, 여행자를 위해 식사와 숙소를 겸한 곳도 있었다고 한다.

12세기경에는 영국에 선술집(Public House)이 번창하였으며, 1650년에는 영국최초 커피 하우스가 옥스퍼드에 개업되어, 일정가격으로 점심과 저녁을 제공하는 오디너리(Ordinary)란 간이식당도 있었다.

프랑스에서는 1765년 몽 블랑거(Mon Boulanger)라는 사람이 "블랑거는 신비의 스테미너 요리를 판매 중(Boulanger Sells Magical Restoratives)"라는 간판을 걸고, 양의다리와 흰 소스를 끓여 만든 "레스토랑(Restaurant)"이란 이름의 스프를 판매했었다. 이 스프는 대중들에게 인기가 높았는데, 이 스프의 이름이 전래되어 오늘날의 "Restaurant"이란 이름이 나왔다는 설도 있다.

일찍이 세계 문명발상지 주의 하나인 중국은 벌써 6세기경에 식경(食經)이라는 전문서적을 발간하여 식당의 효시를 주었고, 청조시대에는 회관(會館)이라는 식당이 생겨 장원(壯元), 진사(進士)라는 간판을 걸고 영업을 하였다. 당시의 중국의 요리가 이태리로 전파되었고, 이태리 요리가 프랑스로 전파되어, 현재에 이르렀다고 하니, 세계적으로 유명한 프랑스 요리도 동양의 음식영향을 받았다고 할 수 있다.

우리나라의 경우 삼국사기(三國史記)에 의하면 490년 신라의 수도 경주에 처음으로 설치되었으며, 509년에는 동시(東市)에 659년에는 서시(西市), 남시(南市) 등에 상설시장이 개설되었는데, 시장 안에는 객지에서 온 상인이나 장을 보러 온 사람들을 대상으로 음식을 판매하는 장소가 생겼다. 고려시대 983년에는 개성에 성례(成禮), 약빈(藥賓), 연령(延齡), 희빈(喜賓) 등의 이름을 가진 식당이 개설되었다는 기록이 고려사(高麗史)에서 찾아볼 수 있다. 또한 1103년에는 지방의 각 고을에도 술과 음식을 팔고 숙박도 겸하는 상설시장이 생겼는데, 이것이 후에 물상객주(物商客主), 보행객주(步行客主) 등의 시초가 되었다. 조선왕조 1398년(태조 7년) 이태조는 숭교방(崇教坊; 지금의 명륜동)에 국립대학인 성균관을 두었는데, 이 안에는 공자를 모신 사당 문묘(文廟)와 유생들이 강의를 듣던 명륜당(明倫堂)이 있었고, 명륜당 앞 좌우에는 재(齋)가 있었다. 이 재에는 28개의 방이 있어, 200명에 가까운 유생들이 거처했고, 이곳에는 식사를 하는 식당도 있었는데, 이때부터 식당(食堂)이라는 말이 처음으로 기록되었으며, 음식을 날아다주는 사람을 식당지기라는 것도 생겨났다.

그 이후 1900년에는 독일인 손탁(Sontag)이 건립한 손탁 호텔에 불란서 음식을 파는 식당이 처음으로 생겨, 우리나라 최초의 서양식 레스토랑이 등장했고, 1925년 철도호텔의 등장과 함께 서울역 구내에 서양식 레스토랑인 그릴(Grill)이 탄생되었다.

2. 레스토랑의 정의

프랑스 대백과사전 "Larouse Duxxe Siecle"에 의하면 Restaurant의 어원은 "De Restaurer"란 말에서 시작되었다 한다. Restaurer란 단어의 원래 의미는 '수복한다', '기력을 회복한다'라는 뜻이지만, 이 사전에서 "Restaurant"이란 "Establishment Public ou Lonpeut Manager; Restaurant a Prix File; Restaurant a la carte'라고 설명하고 있다. 즉, 대중에게 가벼운 음식물이나 식사를 할 수 있는 시설로 설명할 수 있다. 또한 영국의 "The Oxford English Dictionary"에서도 "An establishment where refreshment or meals may be obtained"라고 설명하고 있다. 또한 미국의 Webster 사전에서도 "An establishment where refreshments or meals may be procured by the publish; a public eating house"하여 '대중에게 식음료를 제공하는 시설물' 즉, '일반 대중들이 식사하는 곳'으로 설명할 수 있다.

Michael Anker라는 학자는 저서 "Basic Restaurant Theory and Practice"에서 17세기에 영국에서는 빵과 치즈, 고기류를 고객에게 제공했다고 하였다. 또한 18세기 초에는 식당의 일종인 'Ordinary'라는 것이 출현하였는데, 이곳은 매일 빵과 고기, Ale이라는 맥주를 마실 수 있는 장소로 값도 대중적이고 저렴하였다 한다.

우리나라의 사전에 식당은 "식사를 편리하게 할 수 있도록 설비된 방" 또는 "음식물을 만들어 파는 가게"라고 정의하고 있다. 여기서 식당의 영어표현인 restaurant은 음식점, 요리점, 식당 등으로 설명하고 있다.

이러한 내용을 토대로 레스토랑의 정의를 한다면 "영리 또는 비영리를 목적으로 하는 업종으로 일정한 장소와 시설을 갖추어 인적 서비스와 물적 서비스를 통하여 음식물을 제공하는 서비스업"이라고 할 수 있다. 한편 EATS상품을 판매하는 곳이라고도 하는데, EATS란 접대(인적 서비스: entertainment), 분위기(물적 서비스: atmosphere), 맛(요리: taste), 위생(청결: sanitation)을 뜻한다. 즉 레스토랑은 먹는다는 단순한 의미의 장소라는 개념보다는 서비스, 분위기, 음식의 맛 등이 하나로 조화된 총체적인 의미를 지닌, 토탈 상품을 판매하는 곳이라 할 수 있다.

이상의 개념을 정리하면 레스토랑이란 "영리를 목적으로 하는 호텔의 부대시설로, 일정공간에 시설물을 갖추고, 그 곳에서 서비스를 부가한 식음료 상품을 판매하는 곳"이라 할 수 있다.

제2절 레스토랑의 분류

1. 명칭에 의한 분류

1) 레스토랑(Restaurant)

일반적으로 식당의 의미로 쓰이고 있다. 레스토랑은 식탁과 의자를 마련해 놓고, 웨이터나 웨이트리스가 고객으로부터 음식 주문을 받으며 서브하는 고급식당으로서의 의미를 뜻하기도 한다. 훌륭한 시설과 고급음식 그리고 정중한 서비스를 하는 최고급 식당이라 할 수 있다.

2) 카페테리아(Cafeteria)

요금을 지불하고, 진열되어 있는 음식을 손님이 직접 가져다 먹을 수 있는 셀프 서비스 (self service) 형식의 식당을 말한다.

3) 커피숍(Coffee Shop)

고객의 출입이 많은 곳에 위치해 있으며, 커피나 음료수 또는 간단한 음식을 판매하는 식당이라 할 수 있다. 호텔 방문고객이 접근하기 용이한 곳에 있으므로, 홍보효과를 얻기 위해 음식축제(food promotion)가 자주 일어나는 곳이기도 하다.

4) 그릴(Grill)

주로 일품요리(A La Carte)를 제공하는 식당이지만, 수익 증진을 위해 그날의 특별요리 (daily special menu)를 제공하기도 한다.

5) 다이닝 룸(Dining Room)

조식을 제외한 점심과 저녁을 판매하고 있으며, 식당 이용시간이 제한되어 있다. 호텔에서는 레스토랑과 같이 고급 식당으로 주로 정찬(Table d'hote)를 서브한다.

6) 뷔페식당(Buffet Restaurant)

균일한 요금을 지불하고, 진열된 음식을 무제한으로 식사할 수 있는 형태의 셀프 서비스 식당이다.

7) 리프레쉬먼트 스탠드(Refreshment Stand)

간편한 음식을 미리 만들어 진열장(show case)에 진열해 놓고, 즉석 구매하여 식사를 할 수 있는 식당으로 바쁜 고객들이 많이 이용한다.

8) 런치 카운터(Lunch Counter)

웨이터나 웨이트리스에게 주문하는 레스토랑과 달리, 카운터 테이블에서 조리사에게 직접 주문하여 식사를 제공받는 식당으로, 조리과정을 직접 볼 수 있는 특징이 있다. 따라서 음식을 기다리는 지루함을 덜 수 있고, 음식이 위생적으로 조리될 수 있다. 뿐만 아니라 식욕을 촉진 시킬 수 있다.

9) 델리카트슨(Delicatessen)

델리라고 하며, 간단한 샌드위치(sandwich), 샐러드(salad), 빵(bread), 케익(cake), 햄(ham), 소시지(sausage), 초콜릿(chocolate) 등을 준비하는 판매하는 곳을 말한다.

10) 드라이브 인(Drive in)

교통이 편리한 도로변에서 여행객을 대상으로 음식을 판매하는 식당으로, 넓은 주차장이 갖추어져 있어야 한다.

11) 다이닝 카(Dining Car)

철도 이용객을 대상으로 하는 식당열차를 말하며, 여객차와 연결하여 음식을 판매하는 식당이다. 우리나라의 경우 KTX에는 없으며, 무궁화호와 새마을호에서 운영되고 있다.

12) 인더스트리얼 레스토랑(Industrial Restaurant)

기업체의 구내식당으로 대부분 비영리를 목적으로 한다. 학교, 군대, 병원 등의 식당이 여기에 속하는데, 최근에는 industrial restaurant에도 아웃소싱(outsourcing) 업체가 많이 늘어나는 추세이다.

13) 백화점 식당(Department store Restaurant)

백화점 이용고객들이 쇼핑 중에 이용할 할 수 있는 식당으로, 테이블 회전을 빠르게 하기 위하여 가벼운 식사가 제공된다.

2. 서비스형식에 의한 분류

1) 테이블 서비스 레스토랑(Table Service Restaurant)

일반적인 식당을 뜻하는 것으로, 일정한 장소에 식탁과 의자를 준비해 놓고 고객의 주문에 의해 웨이터나 웨이트리스가 서비스를 제공하는 식당이다. 호텔에서는 대부분 이러한 형식을 취하고 있다.

2) 카운터 서비스 레스토랑(Counter Service Restaurant)

주방을 개방시켜 그 앞에 카운터를 만들고, 카운터를 식탁으로 하여 음식을 제공하는 식당을 말한다. 이러한 서비스는 음식의 조리과정을 고객이 직접 볼 수 있으므로, 고객은 조리과정을 흥미롭게 느낄 수 있고, 지루함을 덜 수 있다. 또한 위생적이며, 신속한 서비스가 제공되어 고객의 불평을 줄일 수 있다. 그리고 적은 인원으로 운영이 되므로 경제적인 경영을 할 수 있다.

3) 셀프 서비스 레스토랑(Self service Restaurant)

고객은 자신이 선호하는 음식을 직접 선별하여, 식사할 수 있는 식당을 말하는데 신속한 식사를 할 수 있다. 이 레스토랑의 특징을 보면, 고객 입장에서는 봉사료를 지불할 필요가 없으며, 기호에 맞는 음식을 자유롭게 식사 가능하되 가격이 저렴하다는 것이다. 한편, 레스토랑 경영 입장에서는 소수의 인원으로 서비스가 가능하기 때문에 인건비 절약은 물론, 테이블 회전이 빨라 매출액 증진에 영향을 미칠 수 있다.

4) 급식 서비스(Feeding Service)

급식사업으로 비영리를 목적으로 하는 회사급식(industrial feeding), 학교급식(school feeding), 군대 등에서 많이 이용하는 서비스이다. 일정한 시간대에 많은 인원을 대상으로 하며, 셀프 서비스 형식으로 운영된다는 특징이 있다. 하지만 정해진 메뉴가 제공되기 때문에 자기 기호에 맞는 음식을 선택 할 수 없다는 단점이 있다.

몇 년 전부터 급식 서비스에도 새로운 서비스형식이 생겨나고 있는데, 외식사업의 도입이라 할 수 있다. 외식사업은 기존 직원의 감원으로, 인건비 절약과 양질의 음식을 제공 받을 수 있는 장점이 있지만, 일부 급식 서비스를 제공하고 있는 단체에서는 식대 비 증가에 대한 어려움 때문에, 급식 서비스 형식에 대한 결정을 하지 못하는 경우도 있다.

5) 자동차 식당 서비스(Auto Restaurant)

버스 형 자동차나 트레일러(trailer)에 음식을 싣고 다니면서, 판매하는 이동식 식당이라 할 수 있다. 유동인구가 많은 곳에서 이루어지는 서비스이다.

6) 자동판매 서비스(Vending Machine Service)

자동판매기에 의한 판매 서비스라 할 수 있는데, 인건비를 절약할 수 있다는 특징이 있다. 최근에는 많은 종류의 자동판매기가 설치되어, 판매되는 품목은 음료가 주종을 이루고 있지만, 음식판매를 위해서는 위생, 유통기한 등에 대한 어려움을 겪고 있는 것이 현실이다.

3. 판매품목에 의한 분류

1) 서양 레스토랑(Western Restaurant)

(1) 프랑스(French) 레스토랑

서양 요리하면 프랑스 요리를 꼽는다. 이는 이태리에서 유래되어, 16세기 앙리 4세 때부터 시작된 새로운 역사와 전통이 오늘날의 명성을 이룩한 것이다. 이러한 전통은 현재 가장 화려하고 품위 있는 요리로 인식되고 있으며, 전통적인 서비스형식을 취하고 있어 최고급 레스토랑으로 불리어지고 있다.

요리에 쓰이는 소스(sauce)만 500여가지가 넘으며, 샤토우브리앙(chateaubriand), 바다가재(lobster), 생굴(oyster) 요리 등 대표할 수 있는 요리가 많다. 이러한 전통을 이어주는 데는 유서 깊은 요리 전문학교, 서비스를 제공하는 조리 및 레스토랑 경영과 관련된 학교가 오랫동안 활발한 연구와 전문가 배출을 해오고 있기 때문이다. 따라서 레스토랑 관련 산업이 발달되었으며, 현재의 요리천국으로 불리어지고 있다.

◯ 사진 2-1
프랑스 레스토랑

(2) 이태리(Italian) 레스토랑

이태리 요리는 14세기 초 탐험가 Marco Polo(마르코 폴로)가 중국의 원나라에서 배워온 면류가 spaghetti와 macaroni로 정착되어 이태리 요리의 원조가 되었다. 이태리 요리에서 면류를 총칭하여 pasta라고 하는데, soup 대신하여 main course 전에 먹는 것이다. 이태리요리는 지중해 연안의 풍부한 해산물과 올리브유, 마늘을 많이 사용하고 있어 우리나라 사람들의 식성에도 잘 어울리는 음식이다.

최근에는 대부분의 호텔에서 이태리 레스토랑을 운영하고 있으며, 외식산업 분야에서도 pasta 전문 레스토랑뿐만 아니라, 이태리 레스토랑도 어렵지 않게 볼 수 있다.

◑ 사진 2-2
이태리 레스토랑

◑ 사진 2-3
미국 레스토랑

(3) 미국(American) 레스토랑

미국인들은 beef steak, hamburger, hot dog 등을 즐겨 먹으며, 이들이 미국을 대표할 음식으로 볼 수 있다. 또한 빵과 곡류, 고기, 계란, 낙농제품, 과일, 야채 등도 많이 먹는 음식 중 하나이다. 이들의 음식 특성을 보면 간단한 메뉴와 경제적인 재료, 영향 위주의 실질적인 식생활을 하는 것을 볼 수 있다.

(4) 한국(Korean) 레스토랑

우리나라 요리를 대표할 수 있는 전통요리 중 하나는 궁중요리라 할 수 있다. 또한 불고기, 신선로, 김치를 이용한 전골요리 역시 대표 요리라 하겠다. 하지만 불고기를 제외한 다른 요리는 세계적으로 크게 알려진 것이 많지 않다.

대부분의 나라에서 요리는 그 지역의 기후, 풍토 등에 따라 다양한 조리법이 개발되고 전통적으로 내려오고 있다. 우리나라 음식도 예외는 아니어서 각 지역마다 특색 있는 요리가 전수되고, 새롭고 현대인의 입맛에 맞게 개발되고 있지만, 세계화를 위해서는 누구나 조리할 수 있는 조리법 개발이 우선시되어야 하겠다.

○ 사진 2-4
한국 레스토랑

○ 사진 2-5
일본 레스토랑

(5) 일본(Japanese) 레스토랑

일본요리는 관동 요리와 관서 요리로 구분할 수 있는데, 사면이 바다로 둘러싸여 있는 해양국가의 특수성 때문에 색깔, 향기, 맛을 살려 조리하는 요리로 유명하다. 또한 다도(茶道)의 전통과 함께 생선요리, 초밥, 튀김, 스끼야끼 등 생선요리가 200가지가 넘는다.

(6) 중국(Chinese) 레스토랑

중국에서는 이미 2,000년 전부터 요리전문 서적을 출판되었고, 6세기경에는 식경(食經)이라는 요리책이 만들어져, 지금까지 중국 음식의 맛과 전통이 그대로 남아 있다. 광대한 지역의 중국은 음식의 맛과 질도 다양하여 요리의 수준은 세계 최고수준이라 할 수 있겠다.

특히, 가금(家禽), 야조(野鳥), 야수(野獸), 어개(魚介), 해조(海鳥), 야채, 과실, 달걀, 콩류 등의 모든 것이 동원되는 중국요리는 북경요리, 남경요리, 광동요리, 사천요리가 중국요리의 대표라 할 수 있다.

● 사진 2-6
중국 레스토랑

4. 식사 구성에 의한 분류

1) 정식(Table d'hote: Full Course)

정식은 정해진 메뉴(set menu)에 의해 제공되는 것으로 전채, 스프, 생선요리, 육류요리, 가금류, 샐러드, 디저트, 커피나 홍차 등의 순서로 구성되어 있다. 일반적으로 정해진 정식 코스를 모두 갖추어 제공하는 경우는 많지 않으며, 한두 가지의 코스를 생략하여 코스를 구성하기도 한다.

● 표 2-1 정식의 순서와 요리종류

Appetizer	전채요리	Smoked Salmon, Snail
Soup	스프	Cream Soup, Consomme
Fish	생선요리	Halibut, Trout, Salmon
Sherbet	샤벳	Strawberry, Bean, Ginseng
Main	주요리	Beef, Pork, Lamb, Veal, Chicken, Turkey
Salad	샐러드	Green Salad, Tossed Salad
Cheese	치즈	Roquefort(로크포르), Camembert(까망베르)
Dessert	디저트	Ice Cream, Fruit, Cake
Coffee or Tea	커피 또는 홍차	Irish, Vienna, Lemon Tea, Milk Tea

일반적으로 레스토랑에서 정식메뉴를 주문하면 일품요리를 주문할 때 보다 유리한 점은 다음과 같다.

(1) 가격이 고정되어 있어 저렴하다.

(2) 고객이 메뉴선택에 있어 용이하다.

(3) 원가가 절약되고, 조리과정이 일정하여 효율적이다.

(4) 전체 매출에 기여한다.

(5) 신속하고 능률적인 서브를 할 수 있다.

(6) 메뉴구성에 있어 재료, 소스(sauce), 조리방법 등 중복되는 것이 없어 다양한 맛을 느낄 수 있다.

2) 일품요리(A la carte)

품목별로 가격이 정해져 있고, 고객의 주문에 의해 조리사의 기술로 만들어진 개별 요리를 제공한다. 일품요리는 호텔의 그릴(grill) 또는 전문식당에서 제공되고 있으나, 요즈음에는 정식 레스토랑뿐만 아니라 일반 레스토랑에서도 제공되고 있다. 일품요리는 고객이 자신의 기호에 맞는 음식을 자유로이 선택할 수 있는 장점이 있는 반면, 가격이 정식에 비해 다소 비싸다.

3) 뷔페(Buffet)

고객은 일정금액을 지불하면, 찬요리와 더운 요리 등을 분류하여 진열해 놓은 음식을 고객이 직접 자기 기호에 맞게 먹을 수 있는 레스토랑이다. 최근에는 고객의 다양한 욕구에 부응하기 위하여, 한식, 일식, 중식, 양식, 멕시코 음식, 동남아 국가음식, 베이커리, 바비큐, 각종 음료 등 각 나라별 세분화된 음식을 고객 앞에서 직접 조리를 하여 서비스를 한다.

5. 시간에 의한 분류

1) 아침식사(Breakfast: 06:00~10:00)

아침식사는 계란요리를 포함한 미국식 조식(american breakfast)과 계란요리와 시리얼(cereal)이 없는 유럽 사람들이 즐겨 먹는 유럽식 조식(continental breakfast), 영국식 조식(english breakfast)으로 구분된다. 아침 정식은 순서가 있기는 하지만, 요리 재료가 계절에 따라 다를 수 있으므로 고객이 선별하여 식사를 즐길 수 있다.

(1) 미국식 조식(American Breakfast)

계란요리 2개와 햄(ham), 베이컨(bacon) 또는 소시지(sausage), 토스트(toast), 프라이드 포테이토(fried potato), 콘플레이크(cornflake), 커피 또는 홍차, 주스 등으로 구성되는 아침식사로 가장 보편적으로 하는 아침식사이다.

(2) 유럽식 조식(Continental Breakfast)

계란요리와 곡류(cereal)가 포함되지 않고, 빵과 커피, 우유 정도로 간단히 하는 식사이다. 요거트(yogurt)나 콘플레이크(cornflake) 등을 곁들여 충분한 식사가 되도록 한다.

(3) 영국식 조식(English Breakfast)

미국식 조식(american breakfast)과 같으나 생선요리와 양고기, Porridge 등이 추가되는 격식을 갖춘 heavy breakfast이다.

2) 브런치(Brunch: 10:00~14:00)

브런치는 아침과 점심식사 중간에 먹는 식사로, 미국과 유럽의 레스토랑에서 이용되고 있다. Brunch는 breakfast의 br과 lunch의 unch 합성어이다. 호텔에서는 브런치 시간을 일반 레스토랑의 늦은 아침식사 제공시간부터 점심시간까지 제공을 하게 되는데, 일요일 늦잠을 자는 고객들을 위한 식사 서비스라 할 수 있다.

호텔마다 차이는 있겠지만, 오전 10시부터 오후 3시까지 제공하기 때문에 식사시간이 길고, 저렴하기 때문에 호텔고객뿐만 아니라 일반 외부고객도 브런치를 이용하는 경우가 많다. 그러므로 레스토랑의 매출에도 영향 미친다고 할 수 있다.

3) 점심식사(Lunch or Luncheon: 12:00~15:00)

영국에서는 아침과 저녁사이에 먹는 식사를 luncheon이라고 하며, 미국에서는 12시 정오이후에 가볍게 먹는 식사를 lunch라고 한다. 정식 순서에 따르면 3~4코스(스프, 앙트레, 디저트, 커피 등) 정도로 구성된다. 호텔에서는 매출신장과 고객 유치를 위해 luncheon special menu를 개발하여 제공하기도 한다.

4) Afternoon Tea(15:00~18:00)

영국인들의 전통적인 식사 습관으로, milk tea와 melba toast(얇고 바삭바삭한 토스트)를 점심과 저녁사이에 간식으로 먹는 것을 말한다.

Afternoon tea는 나른해진 오후 시간에 간단히 먹어줌으로서, 남은 오후일과를 효율적으로 처리할 수 있다는 의미에서 지금은 세계 각국에서 tea time이 보편화되어 있는데, 호텔에서는 coffee shop or lobby lounge, cafe 등에서 제공하는데, 독일의 경우 jause(야우제), 미국의 pancake house(팬케익 하우스) 등이 성업 중이다.

5) 저녁(Dinner: 18:00~22:00)

동·서양을 막론하고 저녁은 하루의 식사 중 가장 화려하고, 충분한 시간을 갖고 즐긴다. 그러므로 흡족한 식사시간이 되기 위한 저녁 메뉴는 질이 좋은 재료를 이용하고, 정성 들여 만들어진 음식을 제공한다. 특히, full course로 구성된 메뉴는 음료나 주류도 함께 마시므로, 주류 판매에 적극적인 자세를 보일 필요가 있다.

일반적으로 저녁은 4~5코스 또는 5~6코스가 제공되는데, 정식코스로 메뉴를 선택할 때는 생선을 추가하기도 한다.

6) 만찬(Supper: 22:00~24:00)

만찬은 원래 격식 높은 정식 만찬(formal dinner)의 의미로 쓰였으나, 근래에 와서는 저녁 늦은 시간에 가벼운 식사의 의미로 사용되고 있다. 늦게 끝나는 음악회, 연주회, 기타 행사 후에 가볍게 식사를 할 수 있는 코스로, 스프나 샌드위치, 소시지, 음료와 같은 음식으로 2~3 코스로 구성된다.

6. 서비스 형태에 의한 분류

1) Table Service에 의한 분류

선술집에 시작된 레스토랑의 역사는 고객이 욕구를 충족시키기 위하여, 최첨단 서비스를 제공하는데 이르렀고, 이에 적극적인 대처를 하기 위하여 여러 가지 상품과 서비스가 등장하게 되었는데, 지금의 테이블 서비스 역시 이러한 맥락에서 발전되었다고 할 수 있다.

보다 더 안락하고 편안한 분위기에서, 숙련된 직원의 도움을 받으며 식사하기를 원하는 고객의 욕구를 충족시키고자 하는 레스토랑 서비스가 대부분을 이루고 있는 형태이다. 그 중에서 테이블 서비스(table service)는 가장 전형적인 서비스 형태로, 쾌적한 분위기 속에서 웨이터나 웨이트리스가 보다 더 전문적인 서비스 방법으로, 방금 만든 요리를 신속하게 제공하여 고객의 욕구를 충족시켜주는 서비스라 할 수 있다.

따라서 테이블 서비스는 일정한 장소에 식탁과 의자를 갖추고, 고객의 주문에 따라 음식을 제공하는 가장 보편적인 레스토랑이라 할 수 있는데, 서비스 형식에 따라 다음과 같이 분류할 수 있다.

(1) 프렌치 서비스(French Service; cart service; gueridon service)

프렌치 서비스는 시간의 여유가 많은 유럽의 귀족들이 훌륭한 음식을 즐기던 전형적인 서비스로, 고급 레스토랑에서 우아하고 정중하게 음식을 제공하는 서비스이다.

이 서비스는 고객의 테이블 앞에서 간단한 조리기구와 준비된 재료를 조리용 카트(cart)

인 왜곤(wagon) 또는 게리동(gueridon)을 이용하여, 고객이 앉아 있는 테이블 앞에서 직접 요리를 하며 음식을 제공하는 서비스 형태를 말한다. 또한 실버 플래터(silver platter)에 담겨 나온 음식을 알코올이나 가스램프를 사용하여 식지 않게 하여 음식을 덜어 주기도 하며, 고객이 식사하는데 불편하지 않도록 생선뼈를 제거해 주거나 음식을 잘라 주기도 한다.

프렌치식 서비스를 하기 위해서는 한 테이블에 2~3명 정도의 상당히 숙련된 웨이터가 있어야 된다. 이들은 요리와 칵테일을 할 수 있는 능력을 겸비되어 있어야 하며, 쇼맨십(showmanship)도 있어야 한다. 특히, 서비스 측면에서 frambe service(프람베 서비스)를 해야 하므로 훈련과 노력이 요구되며, 고객을 리드 할 수 있는 능력도 있어야 한다. 이는 고객이 느끼는 편안하고 흥미로운 식사시간을 만들어 줄 수 있기 때문이다.

또한 레스토랑에는 sommelier(소믈리에)라는 wine steward(와인 전문가)가 있어, 고객에 대한 모든 음료 서비스와 와인 서비스를 통하여 레스토랑의 품위와 고객만족 그리고 매출 증대에 이바지 할 수 있다. Wine Steward은 품위와 와인 전문지식은 물론 고객과의 의사소통을 원활히 함으로서 레스토랑 서비스나 전체 분위기에 커다란 역할을 담당하고 있는 중요한 직책이라 할 수 있다.

프렌치식 서비스의 특징을 보면 다음과 같다.
① 품위와 격식을 갖춘 최고급 레스토랑에 적합한 서비스를 한다.
② 테이블과 테이블 사이에 게리동이 움직일 수 있는 충분한 공간이 필요하다.
③ 숙련된 직원으로 구성되어 있어 인건비 지출이 높다.
④ 다른 서비스에 비해 시간이 많이 걸린다.

프렌치식 서비스의 장점은 다음과 같다.
① 서비스 정도가 높아 고객의 만족도를 높일 수 있다.
② 음식을 고객 앞에서 직접 조리함으로써 위생적으로 보일 수 있고, 신뢰감과 식욕을 돋굴 수 있다.

프렌치식 서비스의 단점은 다음과 같다.
① 카트를 이용해 서비스하므로, 다른 서비스형식의 레스토랑보다 넓은 공간이 필요하다.
② 다양한 서비스 장비가 필요하므로 투자비용이 많이 들어간다.
③ 숙련된 직원이 많이 필요하다.
④ 서비스하는 시간이 많이 걸리기 때문에 테이블 회전률이 낮다.

프렌치식 서비스의 순서는 다음과 같다.

① 테이블 셋업을 한다.

② 지배인이나 쉐프 드 랑이 고객의 착석을 도와주고, 메뉴를 제공한다.

③ 물을 제공하고, 식사 주문을 받는다.

④ 식전 주 또는 wine 목록을 제공하고, 식사와 어울리는 음료를 추천 권유한다.

⑤ Appetizer는 show plate 위 중앙에 제공한다.

⑥ Appetizer가 끝나면 접시만 빼내고, 카트에서 스프를 제공한다.

⑦ Soup plate를 빼낼 때는 show plate도 함께 뺀다.

⑧ 생선요리를 서브할 때는 고객 오른쪽에서 서브한다.

⑨ 생선접시를 치우고, main course도 생선요리와 같은 방법으로 서브한 후 뺀다.

⑩ Salad은 고객 중앙에 놓아 드린다.

⑪ Main course 접시들을 뺄 때도 양념그릇(relish dish, condiment), 디너 접시, 남은기물 (extra silver)의 순서로 뺀다.

⑫ Salad를 서브한 후 접시를 뺀 다음은 테이블 위를 정리하고, dessert는 고객 중앙에 제공한다.

⑬ Coffee 또는 tea를 제공한 후 고객이 원할 때 계산서를 갖다 드린다.

⑭ 고객이 일어날 때 분실물이 없는지 확인하는 것이 중요하다.

⑮ 세탁된 table cloth로 바꾸고, 테이블을 정리한다.

(2) 러시안식 서비스(Russian service; platter service)

러시안 서비스는 고급스럽고 우아한 서비스 형태로 19세기 중엽에 유행했던 French Service와 유사한 점이 많다. 큰 은쟁반(silver platter)를 사용하기 때문에 platter service라고도 한다. 이러한 서비스의 유래는 생선이나 가금류를 통째로 요리하여 아름답게 장식한 후, 고객에게 서브되기 전에 고객들이 잘 볼 수 있게 보조 테이블(side table)에 전시함으로써, 식욕을 돋구게 하는 효과를 거둘 수 있도록 하는데서 유래되었다고 한다.

주방에서 완벽하게 준비된 요리는 접객직원 1명에 의해 서비스가 이루어진다. 고급스럽게 장식된 platter는 고객 테이블 가까이에 옮겨지고, 장식된 음식을 고객에게 보여주면 고객이 직접 먹고 싶은 만큼 덜어 먹거나, 웨이터가 시계도는 반대 방향으로 테이블을 돌아가며 고객의 왼쪽에서 적당량 덜어 주는 방법(serving 용 kinfe와 fork 사용)으로 서비스를 하였는데, 매우 고급스러운 서비스라고 할 수 있다. 이러한 서비스를 passing service라고도 하는데, 연회(banquet)행사 시 주로 사용하는 서비스이다.

러시안식 서비스의 특징을 보면 다음과 같다.

① Banquet에서 사용되고 있는 전형적인 연회 서비스이다.

② 준비된 요리가 비교적 빠른 시간 내에 제공할 수 있다.

③ 접객직원 1명이 서비스를 할 수 있고, 직원은 숙련된 기술을 요한다.

④ Fench service보다 시간을 절약할 수 있다.

⑤ 한 번에 많은 고객을 서비스할 수 있는데, 테이블에 앉은 고객의 수에 따라 platter의 음식이 정해져 있다.

⑥ 주방에서 준비된 음식을 바로 서비스하기 때문에 따뜻한 음식이 제공된다.

⑦ 서비스 받는 마지막 고객은 지루함이 있으며, 식욕을 잃을 수 있다.

러시안 서비스의 장점은 다음과 같다.

① 서비스의 정중함에 있어서는 카트 서비스보다 미약하나, 플레이트 서비스(plate service)보다는 고급스럽다.

② 장식된 은제 프레터를 사용하면 매우 화려하기 때문에 고급 연회에 많이 사용된다.

③ 카트 서비스 보다 레스토랑 홀을 사용하는 면적이 적게 든다.

④ 모든 음식이 주방 내에서 조리되기 때문에 음식의 질이나 양의 통제가 용이하다.

러시안 서비스의 단점은 다음과 같다.

① 커다란 은쟁반을 사용하여 서브하기 때문에, 고객 테이블의 크기가 플레이트 서비스 사용면적보다 커야 한다.

② 인원수가 많고 빠른 서비스가 요청되는 연회서비스에서는 신속성을 발휘할 수 없다.

③ A la carte 서비스에는 그다지 적합하지 않다.

④ 은제기물이 많이 필요함으로 투자비용이 많이 든다.

러시안 서비스의 순서는 다음과 같다.

① 모든 음식은 주방에서 완전히 조리되고, 조방장이나 조리사에 의해 프레터(platter)에 담겨진 다음, 레스토랑 홀로 운반한다.

② 운반된 음식(entree, vegetable, sauce etc)은 식지 않도록 데우는 기구(hot box or warming surface)에 놓아둔다.

③ 뜨거운 빈 접시를 서비스 할 때는 고객의 오른쪽으로 들어가 손님 중앙에 접시를 놓는다.

④ 접시가 놓여 지면 주빈으로부터 시작하여 시계도는 반대방향으로 돌며 서브를 하되, 손님의 왼쪽으로 들어가 왼발을 내디딘 자세로 프레터를 접시에 가까이 대고, 서비스 스푼과 서비스 포크를 사용하여 오른손으로 서비스 한다.

⑤ 스프 서비스는 먼저 스프 튜린(soup tureen or soup cup)에 담아서 서비스 크로스로 받쳐 든다. 다음은 손님의 왼쪽으로 들어가 접시에 접근시킨 뒤 스프 래들(ladle)을 이용하여 오른손으로 서비스 한다.

⑥ 플레터 서비스를 위한 테이블 세팅은 식사에 필요한 모든 기물을 미리 세팅하는 것이 일반적이다.

(3) 아메리칸 서비스(American service)

아메리칸 서비스는 프렌치 서비스나 러시안 서비스와 같이 화려하지는 않지만, 일반 레스토랑에서 이루어지는 가장 신속하고 능률적인 서비스 이므로 테이블 회전이 빠른 레스토랑에 적합하다.

서비스 방식은 2가지가 있는데, 모든 요리는 주방에서 보기 좋게 담겨진 음식을 서비스 직원이 직접 들고 나와 손님에게 제공되는 플레이트 서비스(plate service)와 손님이 수가 많을 때 접시(plate)를 트레이(tray)로 운반하여, 보조 테이블(side table)까지 옮긴 후 손님에게 서비스하는 트레이 서비스(tray service)로 나눌 수 있다.

아메리칸 서비스의 특징은 다음과 같다.
① 주방에서 접시에 담겨진 음식이 제공된다.
② 신속한 서비스를 할 수 있다.
③ 적은 인원으로 많은 손님을 서비스 할 수 있다.
④ 고급 레스토랑보다는 테이블 회전이 빠른 레스토랑에 적합하다.
⑤ 비교적 음식이 빨리 식는다.
⑥ 주방을 자주 왕래하기 때문에 어수선한 분위기가 될 수 있다
⑦ 모든 서비스는 고객의 오른쪽에서 시계방향으로 서비스한다.

아메리칸 서비스의 장점은 다음과 같다.
① 서비스에 있어 숙련도가 필요하지 않으므로, 새로운 직원의 교육이 용이하다.

② 신속한 서비스가 이루어진다.

③ 주방에서 접시에 음식을 담아 서비스하기 때문에, 모양 있는 음식을 서비스할 수 있다.

④ 카트 서비스나 프레터 서비스보다 홀을 넓게 사용할 수 있다.

⑤ 직원 1인당 접객 가능한 인원수가 비교적 높다.

플레이트 서비스의 단점은 다음과 같다.

① 카트 서비스나 프레터 서비스에 비해 우아한 서비스가 부족하다.

② 서비스 스킬(skill)을 쉽게 익힐 수 있으므로, 직원들의 정성어린 서비스가 부족할 수 있다.

아메리칸 서비스의 순서는 다음과 같다.

① 고객의 착석을 돕고, ice water를 서비스 한다.

② 식전 주를 주문받고 오드볼과 식전 주를 서비스한다.

③ 메뉴판을 제공하고 주문을 받는다.

④ 와인 리스트 제공 후 주문을 받는다.

⑤ 버터 및 빵을 제공한 후 식전 주를 뺀다.

⑥ 화이트 와인 테스팅(testing) 후 서비스한 다음 에피타이저(appetizer)를 제공한다.

⑦ 에피타이저 플레이트 제거 후 스프를 서비스한다.

⑧ 스프 볼(soup bowl) 제거 후 피시(fish)를 서비스한다.

⑨ 피시 플레이트(fish plate) 제거 후 샐러드 서비스한다.

⑩ 샐러드 플레이트 와 쇼 플레이트를 함께 제거한다.

⑪ 레드 와인 테스팅 후 서비스 한 다음, 메인요리를 서비스한다.

⑫ 메인 요리 플레이트, 센터피스(centerpiece; relish dish; condiment), 빵 플레이트를 제거한다.

⑬ 디저트 서비스 후 커피 또는 차를 제공한다.

⑭ 디저트 플레이트 제거 후 식후 주 주문 및 제공한다.

⑮ 고객이 계산서 요구 시 제공한 후 이석을 돕고, 분실물 유무를 확인한 다음 환송인사를 한다.

(4) 패밀리식 서비스(Family Service)

특별한 서비스 형식이 있다고 할 수는 없으나, 러시안 서비스를 약간 변형한 서비스 형식이다. 즉, platter 또는 bowl에 담긴 음식을 고객 앞 회전판 위에 올려놓은 후, platter에 남은 음식을 table 위에 올려놓거나, 서비스되지 않은 남은 음식을 table 위에 올려놓으면, 고객들이 자신의 드시고 싶은 양만큼 덜어 먹는 서비스 형식이다. 중국식 레스토랑에서도 회전판 위에 올려놓은 음식을 돌려가며 식사하는 형식과 같다고 할 수 있다.

2) Self Service에 의한 분류

이 서비스는 고객 스스로 음식을 운반하여 먹는 형태로, 카페테리아(cafeteria)나 뷔페(buffet) 레스토랑에서 서비스하는 형태라 할 수 있다. 음식에 따라 카빙(carving)이 필요한 요리는 조리사가 직접 서비스하며, 스프와 음료는 서비스 직원에 의해 제공해 주기도 하지만, 대부분 고객 스스로 운반해 먹는 형태이다.

(1) 카페테리아 서비스(Cafeteria Service)

일반 회사나 학교, 병원, 고속도로 식당, 터미널 식당 등에서 채택하고 있는 서비스 형태로 스스로 가져다가 먹는 형태를 말한다. 특징을 보면 다음과 같다.

① 기호에 맞는 음식을 양껏 먹을 수 있다.
② 식사를 기다리는 시간이 없으므로 빠른 식사가 가능하다.
③ 가격이 저렴하다.
④ 대부분 선불이며, 팁이 필요 없다.
⑤ 인건비가 절약된다.
⑥ 테이블회전 속도가 빨라 매상이 증진되고, 원가가 절감된다.

(2) 뷔페 서비스(Buffet Service)

스칸디나비아에서 유래되었다고 하는 뷔페(buffet)는 스모가스보드(smorgasbord) 또는 바이킹(viking)이라고 불리며, 현재에는 세계적으로 널리 성업 중에 있는 영업형태이다. 일정한 가격을 지불하고, 요리진열대에 장식된 찬 음식과 더운 음식을 고객 스스로 선택하여, 자유로이 즐길 수 있는 것이 특징이다.

Buffet는 대중화 되어있는 일반적인 buffet restaurant의 open buffet와 연회장(banquet)에서 행사 시 차려지는 closed buffet로 나누어진다. 전자는 일정금액을 지불하면 무한정

음식을 즐길 수 있지만, 후자는 사전 예약된 인원수에 비례한 음식만 제공되기 때문에 음식의 양이 한정되어 있다.

최근에는 뷔페 서비스라고는 하지만, 서비스 향상을 위해 커피나 음료 등은 직원이 직접 서비스를 제공하는 배려를 하고 있다. 특히, 주류의 주문하는 경우는 매출에도 영향을 미치기 때문에 직원의 적극적인 대 고객서비스는 중요하다고 하겠다. 또한 뷔페서비스를 아이랜드(island) 서비스라고 하여, 넓은 뷔페 레스토랑 중간에 섬 같은 모양을 하고 일식, 양식, 중식, 한식 등과 관련한 조리사가 상주하여, 음식을 만들고 진열함으로서 고객은 질적으로 높은 신선한 음식을 즉석에서 즐길 수 있어 좋은 반응을 얻고 있다.

CHAPTER 2 호텔 레스토랑의 접객 서비스 실제

제 1 절 호텔 레스토랑의 접객서비스 실제

1. Mise-en-place

미즈 앙 플라스(mise-en-place)는 프랑스어로 식사준비에 따르는 사전준비를 미리 마무리 하여 내놓는 것을 말하는 것으로, 보통 호텔 레스토랑이나 외식업체에서 영업하기 위한 입장 사전준비(mise-en-place)를 뜻한다. 즉, 각 영업장에서 고객에게 식사 제공을 위한 사전 준비된 상태를 말한다. 영업장 내의 청결상태에서부터 환경정리와 정돈, 식탁의 배치, 각종 테이블 린넨 류 및 사이드 테이블 등 고객이 입점하면 즉시 서비스할 수 있게 모든 기물 류가 충분히 비치되어 있는 상태이다.

고급 레스토랑이나 전문 레스토랑, 일반식당에서 아무리 훌륭한 식음료가 제공된다 하더라도 기물이나 양념 뚜껑의 청결상태(sugar bowl, salt, pepper 굳은 것 등)이 제대로 준비되지 않을 경우, 그 식사는 가치가 떨어지게 된다. 따라서 영업이 시작되기 전에 모든 준비물을 완벽히 점검하여 고객에게 질 높은 서비스를 동반하여 영업을 시작하는 것이 정상이다.

그러므로 영업을 하기 위한 준비과정에서 가장 주의와 관심을 기울여야 할 부분이 바로 청소 및 정리·정돈으로 볼 수 있다. 접객 서비스직원들은 고객들에게 품격 높은 서비스도 중요하지만, Mise-en-place가 완벽하다면 고객들에게도 만족한 서비스를 제공할 수 있을 것이다.

2. 레스토랑의 예약업무

현대문명의 발달로 현대사회는 점점 복잡해지고, 정확한 시간을 정하여 행동하는 현대인에 있어서의 예약은 생활 중에 일반화되어 있는 것이 현실이다. 고객을 접대하거나 사업상 또는 인간관계를 나눔에 있어 우리생활에 커다란 부분을 차지하는 식사 접대를 위해서 이용하는 레스토랑 역시 예약은 보편화 되어 있어, 예약 없이 레스토랑을 간다는 것 자체가 이상할 정도이다. 물론 예약 없이 레스토랑 이용한다는 것이 현실적으로 쉽지 않다.

사전 예약을 함으로써 고객은 시간, 계획 등을 차질 없이 즐길 수 있는 여유를 가지며, 레스토랑에서는 예약고객에 대한 사전준비를 철저히 함으로써 양질의 서비슬 제공할 수 있다. 예약은 고객이 계획하고 있는 행사를 차질 없이 진행하기 위하여, 레스토랑과의 약속하는 것이다. 따라서 예약 담당자는 고객의 모든 요구사항을 정확히 접수하여, 철저한 사전 준비와 효율적인 서비스로 고객에게 즐거움과 만족을 주도록 최선을 다 해야 한다.

고객이 예약하는 방법은 직접 방문하여 예약하는 경우도 있고, 전화에 의한 예약, E-Mail, FAX, 직원을 통한 대리예약 등 다양한 방법이 있다.

1) 내방객에 의한 직접 예약

레스토랑 예약 접수에서 내방객에 의한 예약은 고객이 직접 호텔을 방문하여 레스토랑을 예약하는 형식을 말한다. 이때 예약 담당자는 항상 친절해야 하며, 서비스 직원에 어울리는 적절한 언어 구사를 해야 한다. 또한 식음료와 관련 모든 정보나 지식을 습득하여 고객의 모든 문의사항에 즉시 대답할 수 있어야 할 뿐만 아니라, 호텔의 전반적인 정보까지 알고 있어야 한다. 직접 예약에 의한 요령은 다음과 같다.

① 예약자가 원하는 일자, 시간, 인원을 확인한 후, 테이블이나 장소의 사용 가능 여부를 확인한다.

② 장소 또는 테이블, 좌석 배치를 결정한다.

③ 예약 시 성명, 연락처 등을 반드시 명기하고, 예약 받은 사람의 성명과 날짜를 접수 대장에 기재사항을 정확히 기록한다.

④ 고객의 요구사항(케이크, 꽃, 음료, 사진, 테이블 메뉴, 텐트카드 등) 또는 준비사항 유무를 확인한다.

⑤ 장소의 분위기, 메뉴 등 특징적인 사항을 안내함으로서 예약을 잘 하였다는 안도감과 예약의 중요성을 인식시킨다.

⑥ 예약사항을 반복하여 확인한다.

⑦ 경우에 따라 메뉴 가격, 음료 등을 사전 안내를 통하여 매출증진을 도모할 수 있도록 하고, 고객이 만족하고 즐거운 모임이 되도록 최선을 다한다.

⑧ 예약취소(최소 하루 전에 통보) 시에는 취소하는 사람의 성명, 연락처, 취소일자, 시간 등을 기재하여 예약운영에 있어 차질이 없도록 한다.

⑨ 예약된 장소와 테이블은 예약된 시간으로부터 1시간 경과하면 필요에 따라 다른 고객에게 판매하다. 하지만 이러한 경우가 있을 수 있음을 예약 시, 예약하는 고객에게 반드시 알려 주어야 문제가 발생되지 않는다.

2) 전화에 의한 예약

호텔 내에서 사용되고 있는 모든 전화는 호텔을 대표하는 통신매체라 할 수 있다. 특히, 레스토랑을 예약하는 고객 중에는 전화에 의한 예약이 가장 많으므로, 레스토랑을 직접 방문하여 예약하는 것보다 더 신경을 써야 할 부분이 많다. 전화로만 대화를 하다 보면 전달하고자 하는 내용의 발음이 정확하지 않아 날짜나 시간, 인원 등의 기록에 잘못을 범할 수 있기 때문이다. 또한 통화자 음성만으로 상대방을 평가하고 판단하게 되므로, 직접 예약 때보다 더 신중하고 공손한 말씨로 응대해야 한다. 뿐만 아니라 대화 시 정확하고 깨끗한 음성으로 통화를 해야 한다.

특히, 고객 확보를 위해서는 최선의 노력을 해야 하는데, 고객을 임하는 적극적인 태도, 인사성, 습득하고 있는 호텔에 대한 전반적인 정보를 토대로 고객문의에 신속하게 답변할 수 있는 직원의 기본자세를 취해야 한다. 전화응대 시 유의사항은 다음과 같다.

① 벨이 울리면 3번 이내에 받는다.

② 시간이 걸리는 질문을 받았을 경우라도, 동료직원에게 전화를 돌려 응답하는 경우

가 없도록 한다.

③ 고객 질문에 즉시 대답할 수 없어, 응답내용을 찾는 경우에는 수화기를 손으로 막지 말고, 일시정지 버튼(holding button)을 이용한다. 다시 통화할 때는 기다려주셔서 고맙다는 말을 잊지 않는다.

3) E-mail

E-mail에 의한 예약은 예약 전체를 볼 때 그리 많지는 않지만, 보편화되어 있어 계속적으로 늘어나고 있는 추세이다. 특히, e-mail에 의한 예약은 내용에 대하여 정확한 자료가 남기 때문에 서로간의 오류를 최소화 한다는 장점이 있다. 또한 이야기하고자 하는 정확한 내용 전달과 예약날짜, 시간, 인원, 영업시간 그리고 일반적인 호텔 안·밖의 자세한 정보를 글로 제공할 수 있다는 것이다.

고객으로부터 e-mail에 의한 예약을 받았다면, 레스토랑에서는 일관성 있는 예약정보를 제공하기 위한 표준화된 예약확인서와 같은 양식을 이용하는 방법을 이용할 필요가 있다. 왜냐하면 한번 만들어진 양식은 예약고객에 대한 정보나 레스토랑에 대한 새로워진 정보만의 입력으로 계속 사용할 수 있기 때문이다.

3. 고객 영접과 안내

레스토랑의 종류와 크기에 따라 약간의 차이는 있지만, 한두 명의 전문성을 띤 직원이 고객의 영접과 안내를 하게 된다. 경우에 따라 지배인, 캡틴(captain), 그레츄리스(greetress) 등이 업무를 담당하게 되는데, 고객이 입장하게 되면 접객 담당자는 단정한 자세로 접근하여 미소 띤 얼굴로 정중하게 맞이하며, 환송할 때까지 다음과 같은 자세로 접객 서비스에 임한다.

고객을 테이블로 안내 할 때는 고객보다 2~3보 앞서 안내한다. 이때 혼자 앞서 간다든지 하는 일은 없어야 하며, 고객의 걸음에 맞춰 안내를 해야 한다. 자리의 선택은 테이블 여유가 있는 한 고객이 선호하는 곳을 안내하고, 남녀 동행인 고객일 경우는 여자고객이 착석하기 편안하게 의자를 당겨 도와준다. 그리고 모든 고객을 안내할 때는 출입문을 향하게 하거나 먼저 전망이 좋은 곳으로 안내한다.

고객을 영접과 안내를 할 때는 다음과 같은 사항을 고려해야 한다.

① 밝은 미소로 아침, 점심, 저녁으로 구분하여 시간에 맞는 적절한 인사를 한다.

② 고객의 국적 언어에 맞는 인사를 하되, 확실하지 않을 때는 한국어로 한다.

③ 인사 시 고객의 이름을 불러드리는 것을 원칙으로 한다.

④ 예약 고객인지 확인한 후, 예약고객일 경우 인원수를 확인한 다음, 고객이 원하는 장소가 PDR(private dining room) 또는 table인지 확인하여 안내한다.

⑤ 예약하지 않은 고객일 경우, 적당한 장소(PDR) 또는 테이블을 안내한다. 만약 배정할 테이블이 없을 때는 빈 테이블이 생길 때까지 대기 리스트에 순서를 기입하고, 얼마 동안을 시간을 기다려야 되는지 시간을 알려드리고, 대기 순서에 따라 배정한다.

⑥ 테이블 세팅(table setting)과 주변정리가 되었으면, 고객의 한발 앞서서 지정된 장소로 안내한다.

⑦ 고객이 창가나 홀 가장자리 테이블 쪽으로 앉기를 원할 때는 예약되어 있지 않는 한, 고객이 원하는 곳으로 안내한다.

⑧ 고객이 특별한 요구 좌석이 없을 시는 좌석의 안배가 중요하다. 즉, 테이블 배정을 어떻게 하느냐에 따라 레스토랑 분위기가 바뀔 수 있으므로, 고객의 특성(젊은 남녀고객, 개인, 단체, 외국인, 주목을 받을 수 있는 커플 등)을 파악하여 적절한 장소에 배정하도록 한다. 젊은 남녀고객 또는 개인고객일 경우는 전망이 좋은 창가 쪽으로 배정하고, 화려한 의상을 하여 주목을 받을 수 있는 고객이나 외국인의 경우 홀 중앙에 배정을 한다. 노약자나 신체가 부자유스러운 고객은 출입이 용이한 레스토랑 입구 쪽을 배정을 한다. 그리고 다른 고객에게 불쾌감을 초래할 우려가 있는 고객 또는 저명인사, 연예인 등은 다른 고객의 시선을 집중되지 않는 곳으로 배정을 한다.

⑨ 아무리 고객이 많다 하더라도 서로 모르는 고객끼리 합석을 시켜서는 안 된다.

⑩ 고객을 한곳으로 몰리면 서비스를 함에 있어 혼돈이 생길 수 있다. 이때는 최상의 서비스를 제공할 수 없기 때문에 않도록 적절한 테이블 배정과 안내가 필요하다.

⑪ 안내 담당자는 호텔 내 모든 정보(연회행사 이름과 시간, 각 영업장 영업시간, 호텔 내 상가에 판매하는 아이템과 영업시간) 등을 습득하여, 안내를 할 수 있어야 한다.

⑫ 고객으로부터 불평이 접수되면 조용한 테이블로 안내하고, 영업장 지배인에게 보고하여 신속히 해결할 수 있는 방안을 강구한다.

⑬ 환송 시에도 상냥한 대화와 미소 띤 얼굴로 인사하되, 다시 방문해 주기를 원하는 인사를 잊어서는 안 된다.

4. 주문받는 요령

1) 주문의 개념

주문이란 어떤 상품을 품종, 수량, 모양, 크기 등을 일러주고, 그것을 만들어 달라고 맞추거나 보내달라고 하는 일이라 하지만, 레스토랑에서의 주문은 고객의 요구에 의해 판매 가능한 식음료상품을 제공하기 위한 고객과의 계약행위라 할 수 있다. 따라서 레스토랑 직원들은 식음료상품 주문에 필요한 충분한 상품 지식과 직원으로서의 자세, 예의, 언행 그리고 세련된 판매기법을 습득하지 않으면 안 된다. 또한 효과적인 상품선전과 적극적인 판매활동을 할 수 있는 적극적인 자세를 갖추고 있어야 하며, 항상 고객이 만족하는 주문이 될 수 있도록 도와드리기 위한 자세를 가져야 한다.

2) 레스토랑 직원의 필수조건

① 식음료 상품을 판매하기 전에 자신이 갖고 있는 것 모두를 판매한다는 생각을 해야 한다. 즉, 서비스 맨으로서의 자세, 상품지식 등을 갖추고 진심으로 우러나는 마음으로 고객을 상대해야 한다.
② 식음료 업장에서는 항상 미소 띤 얼굴로 서비스와 친절을 판매한다는 것을 잊어서는 안 된다.
③ 식음료 상품을 판매하기 보다는 상품에 대한 가치를 판매한다는 인식을 가져야 한다.
④ 인테리어나 분위기도 서비스 상품이므로, 분위기도 함께 팔아야 한다.

3) 주문받는 방법

서비스 맨으로서의 식음료 업장 직원은 상품을 판매하기 전에 기본적으로 갖추어야 할 판매하고자 하는 자세가 요구된다. 특히, 정중하고 예의바른 인사는 고객에 대한 감사의 표시라고 할 수 있다. 또한 주문을 받을 때는 고객이 자유롭고, 편안한가를 염두에 두고 주문을 받아야 하는데, 직원끼리 자주 사용하는 외국어가 들어간 용어는 삼가야 하며, 요약을 하면 다음과 같다.

① 경우에 따라 약간은 상이할 수도 있지만, 메뉴는 고객의 우측에서 드리고, 주문은 고객의 좌측에서 한다.

② 직원은 항상 주문 내용을 기록해야 하는 메모지, 볼펜을 준비하고 있어야 한다.

③ 주문받는 순서는 여자, 남자, 또는 호스티스(hostess), 호스트(host) 순으로 주문을 받는다.

④ 고가품을 강매한다는 인상을 주어서는 안 되며, 항상 고객입장과 레스토랑의 매출을 유념하여, 가장 합리적인 주문이 이루어지도록 해야 한다.

⑤ 주문기록은 통일된 약자(abbreviation)로 정확히 기록하고, 반드시 복창하여 주문내용을 재확인하다.

⑥ 주문받을 때는 양발을 모으고, 양팔을 겨드랑이에 붙인다. 양손엔 주문서와 볼펜을 쥐고 가슴을 앞으로 하여 15° 정도 숙여서 받는다.

⑦ 고객이 특별한 주문 요청이 있을 경우 주방과 신속이 연락하여 가능여부를 확인한 후 주문을 결정한다.

⑧ 시간이 오래 걸리는 요리는 주문을 받을 때 반드시 소요시간을 알려 드려야 한다.

⑨ 요리 주문이 끝나면 wine list를 고객 우측에 드린다.

⑩ Wine은 주문된 요리에 잘 어울리는 품목을 권유하여 주문을 받는다.

⑪ 주 요리(main dish) 식사가 끝나면 후식 주문과 음료 주문을 받는다.

⑫ 주문이 끝나면 감사의 표시로 정중한 인사를 한다.

4) 추천 요령

식음료 서비스는 고객을 테이블에 안내하여 메뉴를 제시하고, 주문을 받아서 주문대로 식사만 제공하는 식의 기계적인 서비스가 되어서는 안 된다. 레스토랑에서 근무하는 직원의 생각이 본인은 조리된 음식을 운반하면 된다는 단순한 생각을 해서는 안 된다. 그러므로 고객의 욕구를 파악하여 적절한 요리를 소개하여, 고객이 편안한 기분으로 식사할 수 있도록 도움을 주는 것은 레스토랑의 매출에도 영향을 미친다는 것을 잊지 말아야 한다. 따라서 다음과 같은 추천요령을 생각해 볼 수 있다.

① 상품을 추천하기 전에 고객의 유형을 잘 파악하여, 고객으로 하여금 구매의욕을 최대한 유발시킬 수 있도록 자신의 능력을 최대한 발휘해야 한다.

② 고객의 주문에 따라 당일 매출에 영향을 미친다는 것을 인식하여, 효과적인 주문이 이루어지도록 추천을 해야 한다.

③ 고객으로부터 고가품목을 강매한다는 인상이 들지 않게 하는 것이 중요하며, 고객입장과 레스토랑의 영업실적을 생각하여 가장 합리적인 주문이 이루어지도록 해야 한다.

④ 추천 상품은 그날의 특별 메뉴(daily special menu), 특별행사 메뉴, 수익성이 높고 재고가 많은 메뉴, 새로 입고된 식자재 메뉴 등이 있으며, 이러한 메뉴는 레스토랑의 홍보뿐만 아니라 수익에도 영향을 미친다.

⑤ 방문 빈도수 많은 단골이나 VIP 고객의 경우, 고객이 선호하는 메뉴를 숙지하고 있어 고객의 기호에 맞는 것을 추천함으로서, 충성고객으로써의 관계를 유지할 수 있다. 또한 고객관리의 자료카드(guest history card)를 만들어 자료를 새롭게 유지할 필요가 있다.

⑥ 특히 음료주문은 매출증진에 차지하는 비중이 크므로, 적극적인 판매 자세를 취해야 할 것이다.

5) 주문 확인

모든 식음료부서의 직원은 상품을 주문하거나, 고객이 주문한 상품에 대하여 철저히 확인하는 습관을 가져야 한다. 상품을 주문하는 고객과의 예약내용을 확인함으로써 주문한 상품의 질이나 수량에 대하여 문제가 발생될 문제소지를 사전에 예방하고, 양질의 서비스를 제공하고자 하는데 의의가 있는 것이다.

① 주문확인의 필요성은 사전에 발생할 수 있는 문제를 예방하기 위한 것이며, 고객과의 약속을 확인하기 위함이다.

② 주문 시 주문내용을 반복하며 기재하는 것은 고객이 주문하는 내용을 확인시켜 드리기 위한 것이다.

③ 확실한 주문은 고객에게 정확하고, 신속한 상품을 제공한다는 약속의 의미도 있다.

6) 주문 시 유의사항

① 레스토랑 직원은 영업전에 주방과 긴밀한 관계를 유지하여, 메뉴에 나와 있는 상품 중 판매 불가능한 상품 또는 그날의 daily special menu(특별메뉴)를 숙지하여 주문

시 착오가 없어야 한다.

② 메뉴는 레스토랑의 얼굴이므로 항상 깨끗이 유지 관리해야 하며, 고객에게 보여드리기 전에 메뉴의 이상 유무를 확인해야 한다.

③ 메뉴 설명 시 고객이 이해하기 어려운 전문용어를 사용해서는 안 되며, 메뉴에 나와 있는 모든 상품의 레시피(recipe)를 숙지하여 고객의 질문에 바로 대답할 수 있어야 된다.

④ 주문서 작성 시 날짜, 테이블 번호, 고객 수(내·외국인 구분), 담당자의 고유번호, 요리명, 수량, 가격, 단가, 특별 주문 내용 등을 정확히 기재하여 본인 아닌 다른 직원이 서비스를 해도 문제가 발생되지 않도록 해야 한다.

⑤ 요리와 음료는 다른 주문서를 이용해야 한다. 왜냐하면 음료와 음식은 조리하는 부서가 다르기 때문이다. 또한 주문서는 정정하거나 이중으로 기입하여 고객에게 서비스하는 담당자와 조리 담당자와의 오해 소지가 일어날 수 있으므로, 이를 미리 방지해야 한다.

⑥ 조식시간에 계란 요리는 다양하고, 조리시간도 다르게 주문을 받아야 하므로 매우 주의를 해야 한다. 또한 주의육류 주문 시 굽는 정도, 샐러드의 드레싱 종류 등 고객의 기호에 맞게 선택하도록 자세한 설명이 요구되며, 기입된 주문서가 조리부서에 전달되어야 한다.

⑦ 주문을 받을 때 메뉴의 순서대로 주문을 받아야 실수를 줄일 수 있으며, 고객의 특징이나 고객의 번호를 정함으로써 고객마다 상이한 음식이나 음료 주문 시 정확한 서비스가 전달될 수 있다.

7) 추가주문

상기와 같이 서비스 맨의 자세, 추천, 확인과정까지 모두 완료했음에도 판매행위가 끝난 것은 아니다. 고객이 주문한 상품이 제대로 준비되고 있는지, 혹은 음식의 질이나 양이 주문대로 제공될 수 있는지 살펴볼 필요가 있다. 그리고 주문한 내용대로 음식이 제공되었다 하더라도 더 필요한 것은 없는지 혹은 부족한 부분은 없는지를 염두에 두고 추가 주문을 받아야 한다.

추가주문은 서비스 맨의 태도와 언행에 따라 좋은 서비스를 한다는 측면이 있을 수 있고, 매출에도 영향을 미칠 수 있다는 것에 의의가 있다고 보겠다.

5. 전화응대

전화는 레스토랑의 이미지를 나타낼 수도 있지만, 호텔을 대표하는 창구도 될 수 있기 때문에 전화응대는 상대방과의 의사소통에 있어 중요한 매개체라고 할 수 있다. 전화는 상대방은 보이지 않고, 통화자의 음성만으로 모든 것을 전달하기 때문에, 눈앞에 있다는 생각으로 미소와 명랑한 음성으로 무엇이든지 도움을 줄 수 있다는 마음이 상대방에게 전달되도록 해야 한다. 그러므로 대화할 때보다 더욱 신중하고 공손하게 친절한 말씨로 응대해야 하며, 항상 정확한 표현력과 적극적인 태도로 고객의 문의에 신속하게 답변할 수 있어야 한다.

보통 대화는 의사전달의 부족한 점을 표정으로 보충해 주지만, 전화는 목소리의 표현이 유일한 전달수단이므로 전화를 받는 사람의 말씨, 음성만으로 상대의 이미지가 결정된다. 따라서 항상 정중하고, 상세하게 적극적인 말씨를 쓰도록 하여 통화하는 태도에 정성을 기울여야 한다.

1) 전화응대 요령

① 벨이 울리면 3번 이내에 전화를 받는다.

② 수화기를 들면 우선 때(아침, 점심, 저녁)에 맞는 인사를 한다. 그리고 레스토랑 명, 직책 명, 성명을 말하고 손님의 용건을 듣는다.

③ 항상 필기구와 메모지를 준비하여 필요 시 즉시 메모한다.

④ 고객의 용건은 필히 복창하여 메모하고, 이해하기 어려운 점은 납득이 될 때까지 공손히 여쭈어보고, 반드시 반복 확인한다.

⑤ 가능하면 항상 표준 말씨를 사용하여 경어와 올바른 화법으로 응대하고, 음성의 고저, 크기, 속도, 발음에 유의해야 한다.

⑥ 전문용어나 유행어를 사용하지 말고, 확실하지 않은 답변을 해서는 안 된다.

⑦ 전달사항을 의뢰 받았을 경우, 고객의 성명과 용건, 연락처를 정확히 메모하여 상대방에게 즉시 전달한다. 본인 담당이 아닌 전화를 받았을 경우 지체하지 말고 즉시, 담당자에게 인계한다.

⑧ 전화를 끊을 때는 상대방이 수화기를 놓는 신호를 확인한 후, 조용히 수화기를 놓는다.

2) 전화응대 시 유의사항

① 시간이 걸리는 용건을 의뢰 또는 질문을 받았을 경우, 상대방에게 들지 않도록 수화기를 막거나 잠시대기(holding) 버튼을 이용하여, 응답이 가능한 상사 또는 동료와의 논의를 한 후 답변을 한다.

② 통화 시 여러 곳의 부서나 사람에게 전화를 돌려서는 안 된다. 만약 다른 곳으로 돌려야 할 상황이라면 끊어질 것을 대비하여 돌려받아야 할 곳의 전화번호를 알려 준다.

③ 잘못 걸려온 전화는 상대방이 불쾌하지 않도록, 고객의 용건을 해결할 수 있도록 돕는다.

3) 말씨

고객에 대한 태도가 아무리 훌륭하였다 하더라도 말씨가 그에 미치지 못하였을 경우 고객에게 좋은 기분을 전해주지 못할 때가 있다. 평상시 꾸준한 훈련과 바른 경어가 자연스럽게 나올 수 있도록 해야 할 것이다.

① 고객이 이해하기 어려운 호텔용어 또는 외국어를 사용해서는 안 된다.

② 평소 많이 사용하는 알기 쉬운 용어를 사용한다.

③ 말의 속도를 조절할 필요가 있는데, 너무 빠르게 하면 고객이 이해를 못할 수도 있고, 너무 느리게 하면 지루하게 느낄 수 있으므로 말의 속도는 중요하다.

④ 말의 끝은 분명히 하고, 뚜렷한 발음으로 한다.

6. 테이블 매너

사회의 발달로 인하여 다른 문화의 외국인들과 만날 기회가 많아지고, 때로는 그들과 비즈니스 관계로 식사할 경우가 잦아졌다. 그러나 처음 접하거나 낯선 문화의 사람들의 생활습관을 이해하지 못하면 결례들을 범할 수 있다. 따라서 세계화 물결에 동참하고, 세계인으로서의 자질을 향상시키기 위해서 최근에 기업체에서는 자사 직원들에 대한 호텔 이용방법과 식사 예절에 관한 프로그램을 참석시키고 있다.

그러므로 몇몇의 특급 호텔에서는 이러한 고객의 욕구를 충족시키고, 올바른 식사문화

창출을 위해 테이블 매너라고 하는 프로그램을 상품화 하여 판매하고 있다. 호텔에 숙박을 하면서 레스토랑을 이용하는 프로그램도 있을 뿐만 아니라, 레스토랑에서 식사를 하며 강의를 하는 형태의 상품도 있을 만큼 다양한 프로그램으로 구성되어 있다. 기업입장에서 보면 매출증진에 기여함도 있고, 일반 대중에게 올바른 외국문화와 식사예절의 통한 세계인으로서의 교육 선두에 있으니 매우 바람직한 일이라 할 수 있다.

1) 레스토랑 이용시 일반적인 예절

레스토랑에서 테이블 매너는 요리를 맛있게 먹고, 주위의 분위기를 더욱 즐겁게 하는데 있다. 식사에 동석한 사람이 이상한 행동을 한다거나, 본인 음식이 왼쪽과 오른쪽 어느 것인지 몰라 옆 사람의 음식을 먹기도 하고, 불필요한 큰 동작을 취하여 레스토랑 직원이 음식물을 엎질러, 본인이나 동석한 사람에게 불편을 끼쳤다면 그 식사 모임은 모두에게 불쾌감을 주었을 것이다.

따라서 테이블 매너는 세계인이 되기 위해서는 매우 중요한 예절이며, 다음과 같다.

(1) 매너는 자기 보호 및 안전이다

식사를 하다 보면 예상치 못한 실수를 하기도 하지만, 레스토랑 직원에 의해 일이 생길 수 도 있다. 옷을 더럽히거나 손을 데일 수도 있고, 물이나 와인을 쏟는 등 여러 가지 일들이 일어날 수 있다. 직원이 요리를 서비스할 때 좌측이나 우측에서 하는 등 각 코스마다 서비스 형태가 달라 질 수 있다. 식사를 하는 동안 지나친 손짓을 많이 하거나 상체를 좌우로 흔들면 직원이 서비스하려는 음식과 충동하여 뜨거운 커피나 스프를 뒤집어 쓸 수 도 있다.

뿐만 아니라, 서양요리에서는 각 코스마다 포크(fork)와 나이프(knife)가 준비되어 있다. 만약 동석한 사람이 나이프를 들고 손을 흔들며 대화하는 버릇이 있다면 주위사람들은 불안해 할 것이다. 따라서 테이블 매너는 실례를 범하지 않도록 항상 신경을 쓰고, 습관화 하려고 노력하는 것이 매우 중요하다.

(2) 사전예약과 예약시간을 지킨다

손님과 약속을 하고 레스토랑에 갔는데, 개인사정으로 인하여 상대편을 기다리게 하는 것은 큰 실례를 범한 것이다. 이는 약속한 사람과도 실례를 한 것이지만, 레스토랑 측에 대해서도 최소한의 예의를 범한 것이다. 시간관념은 대단히 중요한 일이며, 시간을 지키는 일은 테이블 매너에 있어서 가장 기본이 되는 것이다.

급한 일이 생기거나 계획이 변경되어 부득이 참석을 할 수 없는 경우는 반드시 취소전화를 해야만 한다. 일반적으로 레스토랑 예약은 30분 지나면 자동으로 취소되지만, 더 늦을 것 같으면 필히 전화를 해서 연장해야만 한다. 이는 고객으로서의 최소한 예의이다.

(3) 고급 레스토랑에서는 반드시 정장을 해야 한다

특별한 목적을 가진 모임이 아니라면 정해진 복장이 있는 것은 아니다. 그러나 상대편에 불쾌감을 주지 않도록 최소한의 복장 예절을 지켜야 한다. 청바지나 반바지 또는 티셔츠를 입고 입장하거나 슬리퍼 같은 것을 신고 갔다 입장이 거절되었다고 가정을 하면 중요한 자리에 어이없는 일을 어떻게 해결해야 할지 망막할 것이다. 집에서 식사를 하는 것도 아니고 대중이 식사하는 곳이기 때문에 각별한 주의를 요한다.

(4) 레스토랑에서는 지배인이나 직원의 안내에 따라야 한다

고급 레스토랑 일수록 입구에서 직원이 고객을 영접한다. 혹시 아무도 없다고 자기 마음대로 입장하거나, 본인이 앉고 싶은 테이블에 자리를 잡는 것은 커다란 실례를 범한 행동이므로 반드시 기다려야 한다. 일반 coffee shop이라 할지라도 입구에서 기다릴 수 있는 매너를 습관화해야 한다.

혹시 안내받는 테이블이 마음에 들지 않는다면 원하는 테이블을 직원에게 말한다면 특별한 상황이 아니라며 고객의 요구를 들어 줄 것이다. 그러나 초대받은 식사라면 이미 자리가 배정되어 있기 때문에 초대한 쪽에서 자리를 안내할 것이므로 그대로 따르면 된다.

(5) 좌석을 정할 때는 중요한 사람이 누구인지 고려해야 한다

보통 주빈은 나이가 가장 많은 여성이다. 하지만 상황에 따라 사회적인 지위가 높은 사람, 인지도가 높은 사람이 될 수도 있다. 주빈의 친척, 가족, 친구 등은 말석에 앉는다. 남성과 여성을 섞어가며 앉는다.

가장 중요한 여성 주빈은 남자주인의 좌측에 앉고, 그 다음으로 중요한 여성 주빈은 우측에 앉는다. 가장 중요한 남성주빈은 여자주인의 우측에, 다음으로 중요한 남성주빈은 여자 주인 좌측에 자리를 한다. 부부가 초대 되었을 때는 맞은편 대각선으로 앉게 된다.

(6) 레스토랑 직원은 상석의 좌석을 먼저 도와 드린다

직원이 없을 때는 남성이 주빈 또는 여성, 노령 고객의 seating을 도와드려야 한다. 상석을 지정받았을 때는 지나치게 사양하는 것도 결례이므로 주의해야 한다.

사람들의 왕래가 많은 쪽이나 출입문에서 가까운 쪽은 말석임을 인지하고 있어야 한다. 좌석에 앉을 때는 깊숙이 앉고, 상체는 꼿꼿이 세워 가볍게 의자 등에 기대고 앉으면 된다.

(7) 식사 중 의자를 고쳐 앉지 않는다

식사가 진행되는 도중 의자를 고쳐 앉는 행동을 삼가야 한다. 꼭 고쳐 앉을 상황이라면 주의를 잘 살펴야 한다. 왜냐하면 레스토랑 직원이 음식을 제공하는 중이라면, 움직이는 고객으로 인해 직원이 실수를 범할 수 있기 때문이다. 이러한 상황이라면 옆에 있는 다른 고객에게도 폐를 끼칠 수 있기 때문이다.

(8) 레스토랑 입장 시 클락 룸(cloak room)을 이용한다

레스토랑에 들어갈 때는 가방, 외투, 모자, 우산 등은 갖고 들어가지 말고, 클락 룸(cloak room or check room)에 맡겨야 한다. 하지만 여성 들이 갖고 다니는 핸드백의 경우는 예외이다. 이때 갖고 들어간 핸드백은 허리와 의자사이(등 뒤)에 놓는 것이 가장 바람직하다. 하지만 의자 뒤에 구멍이 있거나 뚫려 있는 경우는 의자다리 옆에 붙여 놓으면 된다. 휴대폰이나 핸드백 등 개인 소지품을 테이블위에 올려놓아서는 안 된다.

(9) 냅킨(napkin)은 모두가 앉은 뒤에 무릎위에 편다

어떤 사람들은 테이블에 앉자마자 냅킨을 펴는 경우가 있는데, 이는 좋지 않다. 모든 사람들이 의자에 착석한 후 냅킨을 펴지 않은 상태에서 무릎위에 가져와 조용히 1/2로 펴서 무릎위에 편다.

냅킨을 양복조끼 단추나 셔츠 목 부분에 걸치는 것은 매너 있는 행동은 아니다. 이러한 행동은 흔들리는 기차 안이나 비행기 안에서는 이해가 된다. 또한 식사 전에 인사소개나 연설이 있을 때는 끝날 때까지 냅킨을 펴지 않는 것이 상례이다.

(10) 메뉴를 천천히 보는 것도 매너이다

잘 알고 있는 메뉴라 할지라도 의자에 앉자마자 주문하는 것보다는 천천히 메뉴를 보는 것도 매너이다. 메뉴를 천천히 보다보면 그 레스토랑에서 제공하는 다양한 메뉴를 이해할 수 있고, 식욕도 돋울 수 있다. 같은 레스토랑이라 하더라도 메뉴는 계절에 따라 새로운 요리가 계속 나오므로, 모르는 것이 있으면 즉시 직원에게 문의하면 된다.

(11) 레스토랑 직원은 고객을 위해 존재한다

레스토랑 직원은 고객을 위하여 존재하는 것이며, 고객이 식사를 즐겁게 하기 위해 근무하는 것이다. 그러므로 직원이 옆에 있는 것을 거북하게 생각할 필요가 없다. 식사 중 필요한 것이 있다면 손을 들거나 부르는 몸짓만으로도 직원은 도움을 줄 것이다.

우수한 직원은 고객의 눈 움직임만으로도 무엇을 원하는지 알 수 있으며, 고객의 행동만 보아도 곧바로 알아차리고 다가올 수 있을 정도로, 직원은 고객을 위해 항상 도와줄 준비를 하고 있다. 따라서 레스토랑에 들어서면 메뉴선택부터 식사가 끝날 때 까지 직원의 도움을 최대한 받을 수 있도록 한다.

(12) 초대받았을 때 요리선택은 중간 가격으로 주문한다

요리를 선택함에 있어, 초대한 사람이 특별히 권할 때는 예외이지만, 초대받았다고 하더라도 초대한 사람의 입장도 고려하여 중간가격으로 선정하는 것이 바람직하다. 또한 초대받은 사람이 메뉴를 천천히 살펴 본 후 명확히 주문할 수 있도록 하고, 다소 비싼 음식을 선택하였다 하더라도, 즐거운 마음으로 식사를 즐길 수 있도록 배려를 한다.

주문을 할 때 옆 테이블을 가리키며 저것과 같은 것을 달라거나 저것은 어떤 음식인가를 물어보며 주문하는 행위는 절대 안 되며, 여성과 동반하였을 때는 그녀의 메뉴선택을 도와주어 먼저 선택하게 한 다음, 자신의 요리를 선택하는 것이 무방하다.

2) 테이블에서의 일반적인 예절

(1) 식사 중에 얼굴이나 머리를 만지는 것은 좋지 않다

빵을 손으로 먹는 서양인의 경우 머릿기름이나 머리때가 손에 묻는 것은 매우 비위생적이라 생각을 하고 있다. 그러므로 손으로 입술을 만지거나 귀, 코와 같은 곳을 만지거나

긁는 것은 삼가야 한다.

(2) 식사 중에 테이블 위에 팔꿈치를 얹거나 다리를 꼬는 일은 금물이다

식탁위에 팔꿈치나 손을 얹거나 fork 또는 knife를 든 채로 테이블 위에 팔을 얹어 놓아서도 안 된다. 또한 남성이나 여성 모두는 식사 중 다리를 꼬는 일은 금물이다. 다리를 꼬게 되면 napkin이 밑으로 떨어지거나 실수로 테이블을 차서 soup을 엎지르는 등 위험이 따른다. 그리고 다리를 벌리거나 머리를 좌우로 흔들며 기지개를 펴는 행동은 자제를 해야 한다.

(3) 테이블에 놓여 있는 knife와 fork는 바깥쪽에서 안쪽으로 놓인 순서대로 사용한다

주문한 요리에 맞게 테이블에 놓인 knife와 fork는 보통 각각 3개씩 준비되었다면, 그 이상의 음식이 나올 경우는 knife와 fork는 별도로 따라 나온다. butter knife의 경우도 좌측에 있는 bread plate 위에 놓는 경우도 있다.

Knife와 fork의 크기는 메인 요리인 meat용이 가장 크고, salad은 중형이다. Spoon의 경우는 soup 용이 가장 크고, dessert 용은 중형이며, ice cream 또는 coffee는 소형이다.

(4) Fork는 좌측 손에서 우측 손으로 옮겨 잡아도 무방하다

왼손잡이나 바른손잡이를 막론하고 바른손에는 knife, 왼손에는 fork를 잡도록 엄격한 습관을 들이고 있다. 그러나 콩이나 가늘게 썬 야채 등은 fork를 오른손으로 이용하여 먹어도 무방하다. 육류의 경우에도 육류를 한입에 넣을 수 있는 크기로 썬 다음, knife는 접시에 올려놓고 folk를 오른손으로 옮겨 잡아도 무방하다.

(5) 바닥에 떨어진 knife와 fork는 줍지 않는다

테이블 매너에서는 napkin, knife, fork가 바닥에 떨어졌을 때는 본인이 주워서는 안 된다. 항상 여러분을 지켜보는 담당 직원이 주울 것이며, 다른 것으로 바꿔줄 것이니 신경 쓰지 않아도 된다는 것이다. 그러나 같은 테이블의 여성이 물건을 떨어뜨려 주우려고 하면 남성이 빨리 주워서 직원에게 전해주어야 한다.

정해진 서비스에 매번 직원에게 고맙다고 할 필요는 없지만, 담배 불을 붙여 준다거나 그 밖의 서비스에 대해서는 고맙다고 감사의 표시를 해야 한다. 테이블위에 빵 부스러기가 떨어지거나 음식으로 더럽혀지는 것은 전혀 수치가 아니며, 직원이 처리해야 할 일이다. 가끔 있는 일이지만 음식에 이물질이 들어있는 경우가 있다. 이럴 때는 큰소리로 이야기하거나 다른 고객이 보도록 하는 것은 실례이므로 조용히 직원을 불러 이야기하면 다른 것으로 바꿔줄 것이다.

(6) 손에 쥔 knife와 fork를 세워서는 안 된다

식사를 하면서 이야기를 하는 것은 즐거운 일이다. 그러나 이야기에 열중하다 보면 무의식 중에 양손에 knife와 fork를 쥔 채 테이블위로 팔을 올려놓는다든지, 흔들면서 이야기 하는 경우가 있는데 이는 옆 사람에게 불안감을 줄 뿐만 아니라, 교양 없는 행동이므로 삼가야 한다.

가끔은 knife로 음식을 먹는 경우가 있는데 삼가야 할 행동이다. 또한 fork 사용 시 질긴 음식은 꽂아서 먹고, 연한 것은 떠서 먹는 것이 올바른 fork 사용법이다.

(7) 식사를 마치면 knife와 fork는 나란히 접시 오른쪽 아래로 비스듬히 놓는다

Knife와 fork를 어떤 형태로 접시위에 놓는가에 따라 직원에게는 하나의 신호가 된다. 요리를 다 먹었다면 knife는 바깥쪽, fork는 안쪽으로 나란히 오른쪽 아래 20분 방향으로 비스듬히 놓아둔다. 이때 knife의 날은 안쪽(자신)으로 향하게 하고, fork는 등을 밑으로 한다.

식사가 끝나지 않더라도 knife와 fork를 이렇게 놓으면 직원은 식사가 다 끝난 것으로 간주하여 접시와 기물을 치우게 된다. 그러나 식사를 다 끝났음에도 위와 같이 놓지 않으면 직원들을 접시를 가져가지 못한다. 식사 중에 knife와 fork를 잠시 놓아 둘 때가 있다. 이럴 때는 약간의 차이는 있지만 다음과 같다.

- ❂ 미국식: Knife와 fork의 끝부분을 접시위에 걸쳐 놓고, 손잡이 부분을 테이블 위에 팔(八)자 형으로 놓는다.
- ❂ 영국식: 접시위에 X자 형으로 놓고, 손잡이 부분을 접시둘레에 오도록 놓는다.
- ❂ 절충식: Fork는 접시위에 걸쳐 놓고, knife는 접시 둘레에 얹어 놓은 방식이다.

(8) Napkin을 수건으로 사용해서는 안 된다

Napkin의 주목적은 무릎 위에 올려놓고, 음식물이 떨어져 옷이 더럽혀지는 것을 막는 것이다. 그 외에는 입 주위를 닦는 것, 식사도중 sauce나 butter, jam 등이 묻었을 때 닦는데 사용된다. 그러므로 얼굴이나 목의 땀을 napkin으로 닦는 것은 절대 안 되며, 자신의 손수건을 이용하여 닦는다.

테이블위에 물이나 소스, 와인을 엎질렀을 때는 자신의 napkin으로 닦지 말고, 직원이 처리하도록 해야 한다. 그리고 식사 후 napkin을 더럽히지 않겠다고 본인의 손수건으로 입을 닦는 것은 레스토랑의 napkin이 불결하다는 뜻이므로, 초대한 사람에게 미안한 느낌을 주는 실례가 되므로 삼가야 한다.

(9) 접시를 돌리거나 움직여서는 안 된다

일반적으로 양식에서의 접시는 크고 무게도 있다. 이는 움직여서는 안 된다는 것을 의미한다. 그러므로 steak에 붙어 있는 지방질을 제거하기 위하여 접시를 이쪽저쪽으로 돌려서는 안 된다. 잘라내기 어려울 때는 고개부분만을 돌려서 자르면 된다.

Soup 접시를 직원이 가져간 후 빵 접시를 좌석 정면 앞에 옮겨다 놓고 먹는 것은 예의가 아니다. 요리의 순서나 식기의 자리는 먹기 쉽고, 편리하도록 합리적으로 고안된 것이므로, 접시의 위치를 옮겨 놓아서는 안 된다. 또한 식사 후 직원의 수고를 덜어준다는 뜻에서 접시를 포개는 것은 실례이므로 삼가야 한다. Table manners는 손님답게 행동하는 것이 초대해준 host에 대한 예의라고 할 수 있다.

(10) 부득이한 경우를 제외하고는 입에 넣었던 음식을 삼키는 것이 매너이다

이물질이나 생선뼈는 손으로 빼거나 fork로 받아서 접시 귀퉁이에 놓으면 된다. 입에서 뺄 때는 napkin으로 가볍게 입을 가려야 한다. 입에서 빼낸 이물질은 접시 위에 있는 감자 껍질 등으로 덮어 놓아 불쾌한 것을 숨길 수 있다. 입속에 넣은 음식이 너무 뜨겁거나 맵더라도 쉽게 빼어 내는 것을 좋지 않다.

(11) 무작정 조미료나 소금을 치는 것은 예의가 아니다.

테이블 위에 놓여있는 소금, 후추, mustard, tabasco, hot sauce 등이 있다. 대개 요리는 조미료가 가해져 제공되므로, 일단 맛을 본 후에 가미하는 것이 원칙이다.

많은 양의 조미료를 넣은 식도락가는 볼 수 없으며, 너무 많은 양의 조미료를 넣는 식도락가는 볼 수 없으며, 너무 많이 사용하게 되면 본래의 맛을 잃을 수 있다.

3) 식전 주(aperitif)에서의 예절

(1) 식사 전에는 식욕을 촉진시킬 수 있는 식전 주(aperitif)를 마신다

식사 전에 식전 주를 마시는 목적은 식욕을 돋우기 위한 것이므로, 타액이나 위액의 분비가 활발해지도록 쌉쌀한 것이 좋다. 이러한 술에는 sherry 또는 vermouth가 대표적이다. 그리고 cocktail로서는 남성이 즐기는 martini와 여성이 즐기는 manhattan이 있다.

(2) 차게 마시는 술은 술잔의 다리(stem)를 잡는다

식욕을 돋우기 위한 식전 주는 칵테일 많으므로 차게 해서 마신다. 이때 다리(stem)달린 glass를 쥘 때는 반드시 다리를 잡아서 술이 있는 부분을 따뜻하게 하는 일이 없도록 한다. Cocktail은 시간을 끌면서 마시는 술이 아닌 짧은 시간에 마시는 술이다. 짧은 시간에 마시는 술이라고는 하지만 술이 나오자마자 한 번에 마시는 것은 좋지 않으니 주의를 해야 한다. Martini에 들어있는 올리브를 먹고 씨 같은 것을 glass안에 넣어서는 안 되며, 종이 napkin에 싸서 호주머니나 핸드백에 넣어 두는 것이 적당한 처리방법이다.

(3) 여성에게는 가벼운 칵테일(cocktail)이 좋다

여성들은 식사 전에 마시는 식전 주를 사양하는 것이 예의라고 생각하고 있지만 그렇지는 않다. 모두가 그렇다고 할 수는 없지만, 평소 남성보다 술을 가까이 할 기회가 적고, 체질적으로 술에 쉽게 취하는 것은 사실이다. 그렇다고 모임에서 절대사절이라고 한다면 분위기 뿐만 아니라 초대자도 기분이 그리 좋지는 않을 것이다. 그러므로 마시는 시늉을 하는 것만으로도 분위기는 충분히 이어질 것이다. 여성들이 분위기를 낼 수 있는 칵테일로는 singapore sling, pink lady 등이 있다.

(4) 칵테일을 재청할 때는 먼저 마신 것과 같은 것을 청해야 한다

마시던 종류가 아닌 다른 것을 마시게 되면, 이전에 마셨던 술의 맛을 잃을 수 있고, 취함도 빨리 올 수 있으므로 여러 종류를 마시는 것은 자제를 해야 한다. 그리고 칵테일은 차게 마시는 술이라 잔 표면에 이슬이 맺혀 있기 때문에 옷을 버릴 수 있다. 그러므로 이를 방지하기 위하여 칵테일 냅킨(cocktail napkin)을 사용하는데, 마시고 난 뒤 칵테일 냅킨으로 입술을 닦는 일이 없어야 한다.

(5) 식전에 위스키(whisky)는 알코올 도수가 낮은 것이 좋다

Whisky하면 주정이 40% 이상으로 식후 주로 여겨졌지만, 요즈음에는 식전 주로 마시는 경우도 많다. 하지만 위스키를 식전 주로 마실 때 straight로 마셔서는 안 되며, 소다수(soda water)를 타서 마시도록 한다. 식전 주는 식욕을 돕기 위한 것이 목적이므로 취하도록 마시는 술이 아니라는 것을 인식할 필요가 있다.

독한 술을 너무 많이 마시면 혀의 감각이 둔해져서 요리의 맛을 느낄 수 없으므로, 한 잔 정도가 적당하다.

4) 오드블(hors d'ouvre), 스프(soup), 빵(bread)에서의 예절

오드블이란 본 요리를 더욱 맛있게 먹기 위하여 식욕을 촉진시켜주는 역할을 하는 소품요리로서 애피타이저(appetizer)라고 한다. 오드불은 다음과 같은 특징이 있다.

- 한입에 먹을 수 있는 분량이어야 한다.
- 맛이 좋아야 하고, 주 요리와 균형을 이루고 있어야 한다.
- 짠맛과 신맛이 가미되어 타액의 분비를 촉진시켜야 한다.

오드불은 위와 같은 특징적인 요소를 촉진시켜주는 것이면, 무엇이든 가능하나 세계적으로 유명한 것으로는 철갑상어 알(caviar), 거위 간(foie gras)이 있으며, smoked salmon, fresh oyster, shrimp 등이 있다. 오드불은 서양에서는 식사 전 cocktail의 안주로 제공하는 것이 보통이며, dinner course에는 포함시키지 않는 것이 일반적이다. 오드블(hors d'oeuvre)을 제공할 때는 soup을 생략하는 경우도 있다.

연회와 같은 모임에서 식사 전에 칵테일과 함께 나오는 오드불은 손으로 먹도록 만들어졌지만, dinner course로 나올 때는 fork와 knife를 이용하여 먹게 된다.

(1) 요리가 나오면 바로 먹는 것이 좋다

우리나라 사람들은 윗사람이 먼저 시작하면 뒤따라 먹을 것을 옳은 식사 예절이라고 생각을 한다. 또한 참석자 모두에게 음식이 나올 때까지 손을 안대고 기다리는 것이 상례이다. 그러나 서양에서는 제공되는 대로 먹기 시작하는 것이 예의이다. 뜨거운 요리는 뜨겁게, 찬요리는 차갑게 맞추어 서비스되기 때문에, 그 온도가 변하기 전에 먹어야 맛있는 요리를 즐길 수 있기 때문이다. 그러나 3~5명 정도의 소수인원이라면 음식이 나올 때까지

기다렸다 식사를 시작하는 것이 좋다. 특히 위 사람으로부터 초대를 받았다면 초대한 사람의 뒤를 따라 식사를 하는 것이 예의이다.

(2) 오드불은 조금만 먹은 것이 좋다

오드불은 식욕을 불러일으키기 위한 것으로, 식욕의 촉진제라고도 할 수 있다. 오드불은 수십 종에 달하고 있으며, 맛과 향이 달라 먹다보면 메인 요리를 먹을 수 없는 경우가 있다. 그러므로 식사량을 조절하는 것이 중요하며, 나름대로 오드불이나 스프를 선택하여 먹는 것이 좋다.

(3) 철갑상어 알은 색깔이 연하고, 알이 작을수록 고급이다

고급이면서 가장 널리 알려진 것으로는 철갑상어 알(caviar)과 거위 간(foie gras) 요리가 있는데, 철갑상어 알은 차게 해서 먹을 수 있는 반면, 거위간은 버터에 쪄서 향신료를 넣어 요리를 한다.

일반적으로 caviar는 러시아산이 좋다고 하나, 최고급은 흰색에 가까운 이란 산이다. 보통 많이 제공되는 있는 caviar는 붉은색, 검은색 등 다양하다.

오드불은 더운 요리로 나오는 것이 많다. 더운 오드불을 주문할 때는 비교적 가벼운 음식을 주문하고, 찬 오드불을 주문할 때는 무거운 음식을 주문하는 것이 좋다.

(4) Celery, Parsley, Canape 등은 손으로 집어 먹어도 된다

오드불은 접시에 담겨 나오는데 샐러리, 파슬리, 당근, 양파, 오이 등은 손으로 집어 먹어도 무방하다. Green asparagus 같은 것도 손으로 먹을 수 있으며, 뿌리 쪽을 손에 쥐고 봉우리에 sauce를 발라서 먹고 손을 쥐었던 부분은 남긴다. Canape는 한입에 들어갈 수 있게 알맞게 잘라서 곱게 장식하였기 때문에 knife나 fork을 사용하지 않는다.

(5) 생굴(fresh oyster)은 fork로 떼어내서 먹는다

생굴을 껍질에서 떼어 내 먹기 위해서는 왼손으로 껍질의 한끝을 잡고, 오른손에 든 fork로 떼어 먹는다, 레몬은 오른손으로 잡고 왼손으로 가린 다음 즙을 내어 뿌리고, 굴을 먹고 난 다음의 굴 즙은 왼손으로 굴 껍질을 들고 마셔도 무방하다.

(6) Soup은 맛을 본 후 소금과 후추를 가미한다

일반적으로 진한 스프는 포타지(potage)라고 하며, 맑은 스프를 콘소메(consomme)라고 하는데, 그 종류는 다양하다. 하지만 포타지는 스프를 총칭한다고 할 수 있다. 예를 들어 콘소메는 포타지 크레(potage clair)로 맑은 것이고, 포타지 리에(potage lie)는 진한 soup이다.

Consomme는 맑은 스프이기는 하지만 재료를 덜 쓰거나, 짧은 시간에 요리를 하여 제맛을 나게 한다는 것은 있을 수 없다. 따라서 조리사의 정성어린 노력이 요구된다. 조리사의 정성으로 만든 consomme를 맛도 보지 않고 후추, 소금, 조미료 등을 넣는 것은 삼가야 한다.

진한 스프는 퓨레(puree: 야채스프), 벨루떼(veloute: 야채와 고기를 넣어 이겨서 만든 스프), 차우더(chowder: 조개 종류를 넣은 스프) 등을 들 수 있다.

(7) Soup는 앞에서 바깥쪽으로 향해 미는 것같이 해서 떠 먹는다

Spoon은 펜을 잡는 것과 같이 하여, 중간쯤 잡고 자기 앞쪽에서 바깥쪽으로 밀어가며 먹는다.

(8) 소리 내며 먹지 않는다

양식의 매너 중에서 간단해 보이지만 soup을 먹는 것이 쉽지는 않다. Soup은 대개 뜨거운 상태로 제공됨으로 처음에는 적은 양을 떠서 천천히 먹어본 후 양과 속도를 조절한다. 이때 식었다고 소리를 내며 마셔서는 안 된다. Soup은 먹는 것이지 마시는 것이 아니기 때문이다.

만약, 손잡이가 달린 soup cup에 제공된다면 마셔도 무방하다. 이때 spoon으로는 맛을 보고, 마실 때는 받침접시에 spoon을 놓고 컵을 들고 마시면 된다. 컵을 들고 spoon으로 떠서 먹는 일이 없도록 한다.

(9) 빵은 soup을 먹고 난 후 먹는다

빵은 처음부터 테이블에 놓여 있을 때도 있으나, 일반적으로 soup가 끝나는 동시에 제공된다. 처음부터 빵이 나왔다 하더라도 스프와 함께 먹지 않고 스프가 끝난 다음부터 후식이 제공될 때까지의 사이에 먹어야 한다. 빵은 입속에 남아있는 요리의 잔 맛을 씻어주고, 미각에 신선미를 주기 위한 것이다.

빵 접시는 좌측에 있는 것이 본인의 것이다. 우측의 접시에 있는 것을 먹는 일이 없도록 신경을 써야 하며, 한입에 먹을 수 있는 크기를 손으로 잘라서, 손으로 먹도록 한다. Fork 로 먹는 것은 잘못된 것이다. 가끔은 soup 또는 우유, 커피 등에 적셔 먹는 경우가 있는데, 이는 어린이나 치아가 좋지 않을 때 하는 것이니, 성인은 삼가야 한다.

5) Wine 선택과 마시는 법

(1) Wine 선택시 4가지 요점

와인을 선택하는 데는 여러 가지 방법이 있을 수 있으나, 기본적으로 포도의 수확년도, 생산지, 제조회사 이름, 요리와의 조화를 보면 적당하다.

프랑스의 대표적인 산지로는 남서부에 있는 bordeau bordeaux(보르도), 동부 로오느강 상류지방과 세느강 하류지방에 위치한 burgundy(버건디)가 있다.

보르도는 클라레(claret: 적포도주)는 맑은 홍색으로 맛이 섬세하고, 맛과 향기가 풍부하며 떫은맛과 신맛이 알맞게 배합되어 있다. 또한 버건디는 짙은 적색으로 클라레보다 약간 강하다. 보르도가 여성적이라면, 버건디는 남성적이라 할 수 있다.

보르도의 백포도주는 흰 생선에 잘 어울리고, 버건디의 백포도주는 약간 엷은 황록색 이며, 향기가 풍부하고 떫어서 붉은 색의 생선이나 조개류의 요리에 잘 어울린다.

(2) 포도의 수확년도

유럽의 기후는 변화가 심하기 때문에 어느 해에 수확된 포도로 제조한 술인가에 따라 와인의 맛이 달라진다. 따라서 수확년도(vintage year)는 와인의 선택기준에 있어 매우 중요 하다.

(3) 와인과 요리의 조화

와인을 마시는 이유는 입안에 지방이 많아져서 다음 요리의 맛을 잘 분별할 수 없게 되는 것을 방지하기 위함이다. 또한 와인은 지방을 씻어내고 산미를 공급하여 위를 적당히 자극함으로써, 미각을 새롭게 하고 요리의 맛을 더욱 훌륭하게 해 준다.

생선요리에는 백색의 와인을 곁들이며, 육류요리에는 적색와인으로 하는 것이 보통이다. 와인은 식사와 같이 시작해서 식사와 같이 끝내는 것이 바로 와인인 것이다.

(4) 와인은 보관도 중요하다

와인을 보관할 때는 15도 정도 기울여서 보관을 하게 된다. 똑바로 세워서 두면 병 마게인 코르크가 건조하여 알코올 성분과 향이 증발되어 변질될 우려가 있다.

와인을 마시는데도 각각의 알맞은 온도가 있다. Red wine은 실내온도인 16~20℃에서 마시며, white wine는 8~10℃ 차게 해서 마시는데, wine cooler에 20분 정도 넣어두면 마시기 좋은 온도가 된다.

레드와인은 침전물이 병 밑에 가라앉을 수 있으므로, 병을 흔드는 일이 없어야 하며, 서비스 할 때도 와인 바구니에 뉘여서 제공한다.

(5) Wine testing은 남성이 한다

초대한 host가 와인을 마시기 전에 testing을 하는 것이 상식인데, 술의 맛과 온도가 완전한 상태인가를 확인하기 위함이다. 보관상태가 좋지 못해 맛이 변했거나, 이물질이 들어 있을 수 있기 때문이다.

손님을 초대했을 때는 host의 glass에 1/4 정도 따라서 색깔이나 이물질 등 이상 유무를 확인하게 되는데, 향을 맡아보고, 음미를 한 다음 괜찮다는 신호를 하면 서비스를 하게 된다. 주인이 여성일 때는 동석한 남성에게 testing을 의뢰한다.

Host가 와인을 선택할 때는 다른 사람이 주문한 요리도 참작할 필요가 있으며, 여성의 의견이나 주빈의 의견도 존중하는 것이 예의이다.

(6) 와인의 호흡(breathing)

Red wine은 산소와 접촉하게 되면 한층 더 맛에 활기를 준다고 한다. 그러므로 와인을 마시기 30분에서 1시간 전에 병마개를 열어 놓으면 와인 맛의 최상의 상태가 된다. 따라서 레스토랑에서 레드 와인을 마시려면 미리 준비해 놓기도 한다.

(7) 샴페인(champagne)은 많이 마시는 것이 아니다

샴페인은 디저트 코스에서 많이 마시기는 하나, 어떠한 요리와도 잘 어울리며, 식사 중에 마셔도 무방하다. 하지만 단맛이 있어 과음하기 쉬우며, 다른 와인처럼 산소가 공급되지 않고 충분히 숙성되지 않아 취기가 빨리 올 수 있다. 가능하면 샴페인은 두잔 이상 마시지 않는 것이 좋다.

6) 생선(fish)요리 먹는 법

(1) 생선요리는 서비스 된 상태로 먹는다

생선요리에서 생선의 머리는 왼쪽, 꼬리는 오른쪽에 놓여 제공된다. 먹을 때는 fork로 머리를 누르고, knife로 머리와 상채를 분리시킨다. 그 다음 꼬리를 자르고, 위아래의 지느러미를 잘라 생선의 뒤편으로 옮겨 놓는다.

생선의 윗부분을 먹고 나면, 뼈와 생선살의 사이에 knife를 넣어 뼈와 살을 분리시킨다. 주의할 것은 생선을 뒤집어선 안 된다는 것이다. 왜냐하면 생선을 뒤집을 때 Sauce가 옷에 튀거나 옆 사람에 불안감을 줄 수 있기 때문이다. 입속에 잔뼈가 있다면 napkin으로 가리고 빼낸 다음 접시에 놓으면 된다.

(2) 생선 버터구이 먹는 방법

생선 버터구이를 먹는 방법에서 가장 중요한 것은 레몬을 짜는 방법이다. 레몬은 생선의 비린내와 기름진 맛을 제거하기 위해서 사용된다. 생선이 나오면 레몬조각 끝을 fork로 누르고, knife의 넓은 쪽으로 가볍게 눌러서 즙을 낸다. 이 때 너무 강하게 누르면 생선이 훼손되므로 주의해야 한다. 즙을 짜고 난 레몬은 접시 끝에 놓는다.

연한 생선은 fork로 먹는 것이 좋으며, 작은 생선은 한입에 넣어서 먹거나 둘로 잘라서 먹지만 입으로 잘라먹는 것은 안 된다.

(3) 갑각류를 먹는 방법

Prawn(참새우: 새우보다 크고 가재보다 작은 것), lobster(바다가재) 등 갑각류는 fork를 사용하여 머리를 누르고, knife를 껍질과 살 사이에 넣어서 꼬리까지 가면 속살이 껍질에서 떨어져 나온다. 클러셔(crusher)를 이용하기도 하는데, 먹을 때는 마요네즈나 cream sauce에 먹는 것이 좋다.

(4) 달팽이(snail, escargot)를 먹는 방법

버터 또는 마늘 향료를 넣어 구워 나오는데, 매우 뜨거운 상태로 제공되므로 먹을 때 주의를 요한다. 그러므로 왼손에 snail용 holder를 잡고 껍질을 누른 후, 오른손으로 snail용 fork를 이용하여 살을 빼낸다. 껍질속의 sauce는 마셔도 된다.

(5) Sauce가 제공되지 않았다면 기다려라

메뉴를 보면 요리이름과 같이 곁들여지는 sauce의 이름이 함께 있다. 그 정도로 요리에서 소스는 맛을 좌우하는 매우 중요한 요소인 것이다. 그러므로 요리가 나왔다고 무조건 먹는 것이 아니라 소스가 제공되었는지 먼저 확인을 한 후 식사를 시작해야 한다.

요리에서 sauce 유무는 그 요리가 기름에 튀긴 것인가, 구운 것인가에 따라 다르고, 비교적 물기가 많은 요리에는 sauce가 따라 나오지 않는다고 생각해도 된다.

Sauce는 요리의 맛을 최대한 높이기 위한 것이므로, 연구하고 개량된 종류가 다양하다. 최고급 요리라 할 수 있는 프랑스 요리는 소스가 세계에서 가장 많기 때문에 더 유명하다고 할 수 있다. 만약 프랑스 가정에 초대되어 갔을 때 요리의 맛보다는 sauce에 대하여 칭찬을 해주면 더욱 좋아 할 것이다.

(6) 연한 sauce와 진한 sauce는 제공되는 방법이 다르다

생선에 나오는 소스는 마요네즈(mayonnaise), 타르타르(tartar sauce)소스 등의 진한 소스는 빈 접시에 떠 놓은 후 요리를 잘라 찍어 먹는다. 진한 소스를 요리위에 뿌리면 소스의 맛이 지나쳐, 진정한 요리의 맛을 떨어트릴 수 있기 때문이다. 그러나 meat 요리에 쓰이는 연한 소스는 직접 뿌려서 먹는다.

7) 고기(meat) 먹는 법

(1) Steak는 훌륭한 main course이다

소고기 중 안심(tenderloin)은 섬유질이 없고 부드러워서, 소고기 중 최고의 대접을 받는다. Tenderloin을 프랑스어로 fillet라고 하는데, fillet 중에서도 꼬리 부분에 가까운 부분 즉, 샤토브리앙(chateaubriand)은 안심 중 최고의 고기라 불리 운다.

Chateaubriand은 19세기 프랑스의 유명한 미식가이며, 귀족작가였던 샤토브리앙의 이름에서 유래되었다고 한다. Fillet의 중간 부분을 토르네도(tournedos), 그 다음이 필레 미뇽(fillet mignon), 그 다음 가장 가느다란 부분이 쁘띠 필레(petit fillet)인데, 모두 연하고 최고의 맛을 지닌 steak이다.

(2) T-bone steak는 두 가지 맛을 볼 수 있다

"뼈에 가까운 고기일 수 록 맛이 있다"(Nearer the bone, sweet the meat)라는 미국 격언이 있듯이, 안심과 등심부분의 뼈에 붙어있는 부분을 잘라서 구운 Porter House Steak와 T-bone steak가 유명하다.

쇠고기는 부위에 따라 질기고, 연함이 다르며 맛과 향도 다르다. 부위별로 살펴보면 쇠고기는 소의 상반부라 할 수 있는 어깨부분부터 내려오면서 제일 먼저 rib, 다음이 shortloin, 마지막으로 Sirloin이다. 그 중에서도 shortloin은 port house stake와 T-bone stake로 나누어진다.

T-bone steak는 뼈를 중간에 두고 한쪽은 filet이고, 반대쪽은 sirloin으로 되어있어 한 가지 steak로 두 가지 맛을 볼 수 있다. 이 steak는 고기 가운데 있는 뼈의 모양이 t자 모향으로 되어 있다고 하여 붙여진 이름이다.

(3) Steak의 참맛은 고기에서 나오는 즙에 있다

고기 덩어리를 보면 피가 떨어지는 것을 볼 수 있다. 이는 피가 아니라 고기가 열을 받은 후 세포에서 흘러내리는 즙으로, 이 육즙은 steak 맛의 근원인 것이다. 그러므로 굽는 시간이 길어지면 이 육즙이 증발하고 맛도 줄어 씹는 맛도 나빠진다. 때문에 steak를 주문받을 때 직원이 고기의 굽는 정도를 항상 물어보는 것도 여기에 있다.

특히 소고기는 오래 굽지 않는 것이 좋다. 지역에 따라 약간의 차이는 있겠지만, 고기의 맛은 육즙이 많이 들어 있는 sare에 있다고 한다. 그러므로 지나치게 구워진 silet은 오히려 굽지 않은 싸구려 고기(brisket)보다 못하다고 한다.

⊙ 표 2-2 Steak의 굽는 정도

영 어	프랑스어	내 용	굽는 시간
rare	bleu(브르)	표면은 갈색, 속은 붉게 조금 구운 것	약 5분
medium rare	saignant(세냥)	중심부가 핑크빛과 붉은색으로 조금 더 구운 것	약 6분
medium	a point(아 뽀앙)	중심부가 핑크빛으로 중간정도 구운 것	약 7분
medium well		중심부가 핑크빛과 갈색으로 중간보다 약간 더 구운 것	
well done	bien cuit(비앙뀌)	표면과 중심부가 갈색으로 완전히 구운 것	약 10분

(4) Steak는 반드시 세로로 자른다

Steak는 접시의 먼 쪽에서 안쪽으로 knife를 움직여서 자른다. 자를 때는 톱질을 하듯 밀고 당기는 것이 아니라, 당길 때만 썰리게 해야 한다. 그리고 좌측에서 세로방향으로 자르는 것이 문난하다.

(5) 송아지 고기(veal)와 돼지고기(pork)는 굽는 정도가 없다

이러한 종류의 고기는 굽는 정도가 특별히 나누어져 있지 않고, well done으로 요리되어 sauce와 같이 제공된다.

(6) Meat pie의 껍질은 fork로 자르지 않는다

Meat pie는 삶아서 조리한 고기 둘레에 파이 껍질로 싸서 숯불 또는 오븐으로 구운 것이다. 파이껍질은 knife와 fork로 벗겨서 속과 껍질을 교대해 가면서 먹어도 된다. 파이껍질이 연하다고 하여 fork만으로 자르면 내용물이 튀는 일이 있으므로 fork로 한쪽을 누르고, knife로 자르도록 한다.

표 2-3 쇠고기의 분류 기준

번 호	등 급	특 징
1	최상급(prime)	주로 고급호텔이나 전문레스토랑에서 사용하며, 총 생산량의 4% 미만이기 때문에 가격이 비싸다. 육질은 연한 그물조직이며, 우유 빛의 두꺼운 조직으로 쌓여 있어 숙성시키기에 적합하다.
2	상등급(choice)	최상급보다 마블링이 적으나 육질은 연한 그물조직이며, 맛과 육즙이 풍부하다. 생산량도 많고, 가격도 경제적이라 소비량도 많다.
3	상급(good)	지방함량이 적기 때문에 요리를 해도 덜 수축되기 때문에 경제적인 쇠고기이다.
4	표준급(standard)	살코기의 비율이 높고, 지방의 함량이 적으며, 위 등급보다 맛이 떨어진다.
5	판매급(commercial)	고기의 맛은 풍부하지만 질기기 때문에 부드러워 지도록 천천히 요리한다.
6	보통급(utility) 분쇄급(cutter) 통조림급(canner)	위 등급과 맛과 향이 떨어지지만, 경제적으로 유리하기 때문에 가공하거나 기계에 상용하기에 적합하다.

참고: 호텔식음료관리론, 김진수·홍웅기, 학문사

8) 가금류 먹는 법

(1) Roast Chicken은 손으로 먹어도 무방하다

정식 레스토랑에서의 닭요리 중 roast chicken은 손을 대지 않고 knife와 fork로 먹어야 한다. 그러나 은박종이를 닭다리에 감아서 오른손으로 먹어도 무방하다. 영국인들은 "빅토리아 여왕도 손으로 당당하게 먹는다"라고 한다.

가금류의 날개부분과 가슴살은 white meat라 하여 깔끔한 맛이 있고, 다리부분은 dark meat라 하여 진한 맛이 있다. 주문 시에는 기호에 맞게 하면 되지만, 식도락가들은 dark meat를 즐기고, 여성들은 대체로 white meat를 즐긴다.

(2) 야생조류는 최고급 요리에 속한다

옛날부터 야생조류 사냥은 남성적인 게임이며, 귀족들의 유희인 수렵으로 노획한 것으로, 귀하기 때문에 고급 요리로 취급되어 왔다.

야생조류는 겨울을 나기 위해 살이 찌우기 때문에, 겨울철 요리가 제철이라 할 수 있다. 하지만 수량이 한정되어 있어 고가이며, 전문 레스토랑은 예약이 필수 이다.

9) Spaghetti 먹는 법

Spaghetti를 먹을 때는 오른손에 fork를, 왼손에 spoon을 쥐고, 스파게티 두세 가닥을 fork에 걸쳐 spoon위에서 빙빙 돌린 다음 알맞게 말아서 먹는다. Sauce로는 meat sauce, tomato sauce, cream sauce 등이 있다.

10) 야채와 샐러드(vegetable and salad)

(1) 손잡이를 꽂은 옥수수는 손으로 먹는다

손으로 먹는 음식을 finger food라고 부르는데, 옥수수의 경우 손잡이가 없을 때는 양손으로 잡고 먹는다. 하지만 입에 대고 먹기 불편할 때는 옥수수를 손이나 knife로 짧게 자른 후 자른 옥수수를 왼손으로 접시에 세워놓고, 오른손으로 knife를 이용하여 알맹이를 떼어 낸 다음 완두콩(green peas)를 먹듯이 fork로 떠서 먹는다.

(2) 콩 종류를 fork로 먹을 때는 빵을 이용해도 된다

Green peas와 같이 먹기 불편한 것은 빵조각을 이용해 밀듯이 몰아 먹어도 된다. Knife로 하는 것보다는 품위는 떨어지지만, 수월하게 먹을 수 있다. 또는 콩을 fork로 눌러 납작하게 만든 다음 fork로 뜨면 쉽게 먹을 수 있다. 그런가 하면 sauce류도 남은 빵 조각을 이용하여 접시를 닦듯이 먹으면 남김없이 먹을 수 있다.

(3) 구운 감자(baked potato)의 껍질은 먹어도 된다

감자는 야채 중에서 가장 많이 쓰이는 것 중 하나로, 고기나 생선요리에 같이 나온다. 껍질 채로 오븐에서 구워 뜨겁게 제공되는 감자는 한 가운데를 X자로 칼집을 내어, 그 곳에 버터를 올리거나 크림을 올려서 함께 먹는다. 감자의 껍질은 감자를 먹은 후 답답증을 방지해 주는 역할을 함으로 먹어도 무방하다.

주 요리와 함께 제공되는 야채인 감자의 제공방법은 다양하다. 감자는 많은 전분을 함유하고 있음에도, 다른 식품보다 소화가 잘 잘된다. 감자를 포근포근하게 조리하였을 때 소화가 잘 되며, 덜 익은 경우나 너무 익어 흐트러진 경우는 맛과 모양이 좋지 않고, 일반적으로 소화도 잘 되지 않는다.

흰색 감자는 길쭉한 모양과 둥근 모양이 있는데, 전자는 굽기, 으깨기, 튀김요리에 적합하고, 후자는 끓이는 요리에 적합하다.

11) 디저트(dessert)

(1) 식후에는 마른 과자를 먹지 않는다

서양 사람들은 후식을 중요하게 여긴다. 후식은 그날의 식사를 즐거운 추억으로 남기기 위하여 비중을 크게 두는 것이다. 요리를 할 때는 쌀, 설탕, 녹말가루 등을 적게 사용하고, 후식에는 단것을 먹는 편이다. 후식용 과자는 단맛도 있어야 하고, 부드러워야 한다.

(2) 웨이퍼(wafer)는 아이스크림과 같이 번갈아 먹는다

일반적으로 아이스크림에는 웨이퍼라는 막대 과자가 나온다. 이것은 아이스크림과 번갈아 가며 먹는다.

(3) 수분이 많은 과일은 spoon으로 먹는다

수분이 많은 melon, orange 류는 spoon을 사용하고, 사과, 배, 감과 같이 수분이 적은 것은 knife와 fork를 사용한다. 과일의 씨는 파서 꺼내지 않고, 입안에서 발라 spoon 또는 fork로 받아 접시 위에 놓는다. 딸기의 경우는 spoon으로 한 개씩 떠먹는다. 이때 설탕의 쳐서 먹는 것은 본래의 맛을 해칠 수 있다.

(4) Finger Bowl 사용 때는 한손씩 교대로 사용

최근에는 잘 사용하지는 않지만 과일이 나올 때는 접시위에 finger bowl이 나오기도 하는데, 손끝의 냄새를 없애기 위해 레몬이나 꽃잎을 띄운다. 이때 손 전체를 씻는 것이 아니고, 손끝만 씻으면 된다. 이것은 과일즙이 손에 묻었을 때 씻기 위한 것으로 절대 마시지 않도록 한다.

12) 음료(Beverage)

(1) Irish coffee는 식후 주 대용으로 사용할 수 있다

식후의 커피는 demi-tasse라 하여 양은 적지만 진하게 마신다. 설탕이나 우유를 타지 않고, 제공되는 커피 그대로 마시는 사람이 많은데, 입안을 개운하게 하여 식사에 대한 마무리를 하는 것이라 하겠다.

커피의 종류는 coffee, sanka, coffee, irish coffee 등이 있는데, 상카 커피는 카페인을 제거한 것이고, irish coffee는 커피에 irish whisky를 탄 것으로 식후주의 대용이기도 하다.

(2) Coffee cup은 손잡이에 손가락을 끼우지 않고 잡는다

커피 잔을 잡을 때는 손가락을 손잡이의 구멍에 끼우지 말고, 검지와 인지로 가볍게 잡고 마신다. 설탕과 우유는 기호에 따라 사용하고, 각 설탕의 경우에는 한 개나 두 개를 coffee spoon에 담아서 컵에 놓는다. 이는 커피가 튀는 것을 방지하기 위함이다. Spoon은 사용 후 접시위에 놓는다.

Cocktail party에서의 경우를 제외한, 테이블에서의 커피를 마실 때는 잔을 들어 받치지 않으며, 커피 잔 밑에 손으로 받치는 것도 삼가야 한다. 그러나 소파에서 테이블이 멀리 떨어져 있는 경우에는 접시를 들고 마셔도 무방하다.

13) 기타 지켜야 할 예의

(1) 남성은 여성보다 식사를 먼저 끝내지 않는다

초대한 사람은 손님보다 먼저 식사를 끝내지 않으며, 너무 늦게 끝내는 것도 예의는 아니다. 식사가 끝났다고 하여 바로 일어나는 것도 결례이다. 시간이 적당히 흐른 후 초대받은 사람이 인사를 하고 일어날 것을 알리면 된다. 이때 여성이 이 뜻을 알리는 것이 예의이다.

남성이 여성에게 초대를 받았을 경우에는 남성이 먼저 일어설 뜻을 나타내고, 두 사람 이상이 초대를 받았을 때는 그 중 여성이 자리에서 일어나는 뜻을 알리는 것이 올바른 매너이다.

(2) 트림과 하품은 큰 결례이다

서양 사람들은 식사 중이거나 끝난 후의 트림 또는 하품, 재채기를 하는 것은 주의사람들에게 큰 실례를 범하는 일이므로 주의할 해야 한다.

(3) 직원을 불러 테이블에서 계산을 하는 것은 예의이다

돈을 지불하는 것은 남성이 하게 된다. 각자 계산(dutch pay)을 할지라도 계산은 남성이 한다. 따라서 여성은 미리 남성에게 어느 정도 돈을 건네주는 것이 좋을 수 있다. 그러므로 조용히 직원을 불러 계산서를 요구하고, 이상이 있을 때는 즉시 문의를 한다. 계산서는 지불하는 사람만 보도록 하고, 같은 일행이라도 여성이나 초대받은 손님에게는 보이지 않는다.

계산이 끝나고 나면 외국의 경우 10%~15% 정도의 TIP을 napkin 밑이나 접시 밑에 넣어두는 것은 예의이다. 직원을 불러서 직접 건네는 것은 예의가 아니다. 하지만 우리나라나 일본의 경우는 계산할 때 10%의 봉사료를 함께 징수하는 경우도 있다.

(4) 일어날 때 napkin은 식탁위에 놓으면 된다

계산을 끝내고 자리에서 일어날 때 napkin은 테이블위에 놓고 나오면 된다. 의자에 올려놓거나, 사용했음에도 잘 접어놓는 것도 좋지 않다.

(5) 담배는 식후에 피운다

요즈음 대부분의 레스토랑은 금연이지만, 장소에 따라 흡연 가능한 곳도 있다. 비록 흡연할 수 있는 테이블이라도, 주문한 음식이 나오기 전에 담배를 피우는 일이 있어서는 안 된다. 중요한 자리가 아니더라도 식사 중 흡연은 반드시 피해야 한다. 후식이 끝난 후 흡연할 수 있는 별실에서 커피나 식후 주를 하면서 피우되, 주위사람들에게 양해를 구하는 것이 예의이다.

프랑스에서 식사 중 담배를 피우는 것은 "나는 요리의 맛을 잘 모릅니다"라고 말하는 것과 같은 표현이라고 한다. 그 만큼 식사 중 흡연은 절대적으로 있을 수 없는 일임을 뜻하는 것이다.

제2절 레스토랑 별 서비스

1. 한국 레스토랑(Korean Restaurant)

1) 한국요리의 개요

한국요리는 우리나라 역사와 함께 이루어진 문화유산의 하나로, 지리적 여건과 사계절이 구분되는 기후변화 등의 영향을 받으며, 지역적 특성을 살린 향토음식들이 다양하게 발달되어 왔다. 게다가 경작문화가 발달하여 일찍이 농작물 위주로 한 식물성 요리가 발달하였고, 각 지방과 해변지역에 따라 생산되는 농수산물 및 사냥과 가축의 사육을 주축으로 향토성이 짙은 음식들이 창출되었다.

한국요리는 농경민족의 특성인 거주관습으로 인해 서양요리와는 달리, 한두 가지씩 차례로 먹는 식사법이 아닌 모든 요리를 한상에 차려놓고 먹은 식사법이 발달하였다. 또한 고온다습한 기후가 벼농사에 적합함으로써 쌀밥을 주식으로 하고, 채소, 어패류, 육류를 반찬이며, 부식으로 분리되어 왔다.

이와 같이 한국요리는 조선시대에 와서 왕가를 중심으로 발달되었는데, 한식은 향토음식, 궁중음식, 민간신앙음식, 관혼상제음식, 사찰음식, 계절음식, 발효음식, 떡, 한과 등 분야별 변화의 과정을 거쳐, 독특한 조리기술 개발과 상차림과 같은 독창적인 식문화의 변천과 더불어 발전되었다.

오랜 세월동안 전통적으로 내려온 독특한 형태의 다양한 음식들이 사회구조 변화와 외래문화의 영향으로 오늘날에 와서는 전통성을 잊어버린 것도 있다. 반면에 쌀을 주식으로 하며, 김치, 된장찌개, 불고기 등은 민족의 보수성으로 역사와 함께 유지되어온 한국요리의 특성이라 할 수 있다.

(1) 한국요리의 특징

한국요리의 특징은 여러 면에서 찾아 볼 수 있는데, 식생활의 관습에는 주식이나 부식을 막론하고, 국물 또는 즙을 함께 먹도록 만들어 졌는데, 특징을 보면 다음과 같다.

① 주식과 부식의 구별이 뚜렷하다. 곡물요리가 발달하여, 벼농사에 의한 쌀밥인 주식과 부식의 구별이 뚜렷하다.

② 부식의 가지 수가 많다. 영향의 균형을 상호보완하기 위하여, 반찬의 종류가 많은 것이 특징이다.

③ 계절식이 발달되었다. 뚜렷한 사계절 변화와 농경문화가 가미되어, 계절별 나오는 재료를 중심으로 계절식이 발달되었다.

④ 약재를 요리의 재료로 썼다. 음식은 몸을 보하고, 병을 예방한다 하여 요리에 약재를 많이 사용했다.

⑤ 맛의 정도인 간을 중요시 여겼다. 각자 기호에 따라 소금을 뿌리며 먹는 서양식과 달리, 미리 간을 맞춘 요리를 제공한다.

⑥ 저장요리가 발달되었다. 사계절로 인해, 요리재료가 생산되지 않는 계절을 대비하여 음식을 저장하는 기술이 발달되었다.

⑦ 상차림이 복잡하다. 모든 요리를 한상에 차려놓고 먹는 습관으로 인해, 처음부터 모든 요리가 상위에 나온다.

⑧ 전요리가 발달되었다.

⑨ 채소류 사용이 많다. 농경민족의 영향으로 채소류를 이용한 반찬이 많이 만들었다.

⑩ 음식을 담는 그릇에 중심을 두고, 양을 측정했다. 음식에 대한 준비상태를 평가할 때 상위에 올라와 있는 그릇의 수에 따라 양을 측정했다.

어느 나라를 막론하고 기후나 풍토, 지방색 등에 따라, 요리명은 하나임에도 조리법이 다양하다. 한국음식을 보아도 서울, 경기, 충청, 전라, 해변지역들이 조리법이 현저히 다른 것을 볼 수 있다.

이와 같이 향토성이 너무 짙은 한국요리를 외국인에게 접대하기 위해서는 개선해야 할 점이 몇 가지 있는데, 다음과 같다.

① 기물에 있어서는 한국 식기를 사용한다.

② 우수한 재료를 사용하여 최우수 상품을 개발, 지정한다.

③ 파티의 종류와 접대방법, 요리 명에 따라 크기와 모양을 다르게 하며, 간결하고 깨끗하게 하여 먹기 좋게 한다.

④ 각 요리의 맛을 살리면서, 빛깔이 잘 조화될 수 있게 한다.

⑤ 화학조미료를 사용하지 않고 자연의 맛을 내도록 노력한다.

⑥ 외국산 식품과 음료를 혼합하지 않는다.

⑦ 맵고 짜지 않게 조리를 하고, 테이블 위에 고춧가루와 간장을 놓아 자유조절하게 한다.

⑧ 위생적이고, 청결한 주방유지와 행주, 칼, 도마 등을 정리 정돈하여 사용한다.

⑨ 음식모양을 잘 살리도록 하고, 맛과 빛을 잃지 않게 한다.

⑩ 식재료의 독특한 향기를 잘 살리고, 인공적인 색채를 사용하지 안 는다.

⑪ 정확한 분량에 의한 조리를 한다.

⑫ 음식의 모양과 색이 그릇과 조화를 이루도록 한다.

⑬ 계절에 맞는 식품과 향기를 선택하여 식단에 변화를 준다.

(2) 한국요리의 종류

① 주식류

✿ 밥(rice)

쌀로만 지은 흰쌀밥을 기본으로 하고, 여기에 잡곡, 콩, 팥을 섞어서 짓는 방법이 있다. 이 밖에 독특한 맛을 살린 것으로 밤을 넣어 지은 율반 등 다양하다. 또한 쌀의 종류, 물의 양, 솥의 종류, 불의 세기에 따라 다양한 밥을 지을 수 있는데, 흰쌀밥, 보리밥, 잡곡밥, 콩밥, 오곡밥, 약밥, 찰밥, 콩나물밥, 무밥, 굴밥, 볶음밥, 야채밥, 비빔밥 등 다양하다.

✿ 죽(rice-gruel or porridge)

곡류를 주제로 한 죽은 반유동식의 요리로서, 환자를 위해 만들기도 하였으며 시식이나 보양을 목적으로 먹기도 하였다. 쌀을 물에 담갔다가 맷돌에 갈아 쑤고 참기름 또는 꿀을 타서 먹기도 하는 흰죽을 비롯하여, 팥을 주재로 하여 삶은 팥의 앙금을 걸러낸 후 끓여서 만든 팥죽, 녹두를 이용한 녹두죽, 쇠고기 장국에 멸치와 채소를 넣고 끓인 장국죽, 홍합이나 전복을 주재료로 한 홍합죽, 전복죽이 있으며, 보양을 위해 대추와 인삼, 마늘을 넣어서 만든 닭죽 그리고 호두죽 등이 있다.

죽은 물의 양에 따라 다르게 불리어지는데, 죽보다는 미음이 묽고, 미음보다는 웅이가 더 묽다.

✿ 면류(noodles)

면류는 대개 점심에 차리거나 찬치, 생일날 점심에 장수를 기원하는 뜻에서 면류를 먹었다. 면류에는 냉면, 온면, 비빔국수 등이 있는데 국물은 육수를 쓰는 것이 원칙이다. 온면에는 밀가루와 녹말가루를 섞어 사용되기도 하였으나, 냉면용 국수는 밀가루와 메밀가루를 섞은 것을 사용한다. 비빔국수로는 온면용, 냉면용 국수가 모두 사용되며, 근래에는 밀가루 국수도 흔히 사용한다.

이 밖에 메밀가루를 이용한 메밀국수, 밀가루에 콩가루를 섞어 만든 콩국수, 고기와 호박을 넣어 끓인 칼국수 등 별미의 국수들이 있다.

장수 장국에도 여러 종류가 있는데, 소장국은 고기를 쓰지 않는 간장국물을 이용하였다. 육수는 옛날에 꿩고기를 많이 사용하였지만, 요즈음은 소고기를 많이 쓴다. 그리고 참깨를 볶아서 만든 깻국, 콩을 삶아 껍질을 벗겨 맷돌로 간 후 소금으로 간한 콩국수가 있다. 또한 냉면에 사용되는 메밀국수, 잡채에 이용되는 녹말국수(당면), 밀국수, 계란국수 등이 있다.

✿ 만두(dumplings)

면류와는 모양이 다르지만 밀가루를 반죽하여 속을 넣어 빚은 후 삶거나 쪄서 만든 만두와 밀가루 반죽을 네모반듯하게 만들어서 네 귀를 서로 붙여 만든 편수가 있다. 만두는 겨울에 좋고, 편수는 여름(복중 : 伏中)요리의 하나이다.

만두는 껍질이 너무 질기면 좋지 않기 때문에 녹말가루는 섞지 않는다. 그러므로 밀가루만을 이용하는 경우 냉수로 되게 반죽하고, 껍질이 얇고 속은 많이 넣어야 하기 때문에, 반죽에 계란 흰자를 넣고 반죽을 하게 되면 질겨서 찢어지지 않고 얇게 밀 수 있다.

② 부식류

✿ 국(soup or broth)

탕이라고 하는 국은 밥과 함께 차려지는 우리나라 식단에 꼭 올라오는 기본이 되는 요리이다. 간을 맞추는데 쓰이는 재료에 따라 장국과 토장국으로 나누며, 반찬의 내용에 따라 맛과 색채감과 영양소가 균형을 이루도록 한 한식에서 없어서는 안 될 부식이다.

형식을 갖춘 반상에는 원칙적으로 맑은 장국을 내며, 산모나 어린이 생일에는 반드시 미역국을 끓인다. 계절에 따라 채소나 생선을 넣고 끓이며, 겨울에는 주로 토장국, 봄과 가을에는 장국, 여름에는 보양을 위한 삼계탕, 얼큰한 육개장, 시원한 냉국 등을 먹는다.

한편, 탕은 밥의 찬으로 나오지만, 외래 관광객의 기호에 맞추려면 스프와 같은 역할을 할 수 있도록 조리방법을 개선할 필요가 있다. 고춧가루나 고추장, 된장 등은 소량의 사용하거나 파와 마늘 같은 특유한 냄새가 나지 않도록 사용한다.

✿ 찌개/ 조치(pot stew)

찌개를 궁중용어로는 '조치'라고 한다. 국에 비해 국물이 적고, 건더기와 국물을 반반 정도로 끓인 요리인데, 알찌개, 두부찌개 등의 맑은 찌개가 있고, 대구찌개와 같은 흐린 찌개가 있다.

찌개는 3첩 반상에는 올리지 않고, 5첩 반상과 7첩 반상에는 두 가지를 올린다. 두 가지를 놓을 때는 하나는 새우젓찌개, 다른 하나는 된장이나 고추장찌개로 한다. 찌개의 이름은 들어가는 재료에 따라 그 종류가 많다. 가장 보편적인 것은 막장에 두부를 넣고 끓인 된장찌개라 할 수 있다. 막장은 보리, 밀과 같은 녹말을 원료를 띄워서 담근 된장이다. 둘째는 청국장이라 할 수 있는데, 잘 뜬 청국장은 실과 같은 진이 나오고, 독특한 맛을 낸다. 청국장을 끓일 때는 돼지고기를 넣고 끓이면 좋고, 겨울김치와 두부를 넣었을 때 맛이 가장 좋다.

✿ 찜(steamed dish)

닭, 갈비, 우족과 같은 육류와 도미나 조기와 같은 생선 류를 선택하여, 모양 그대로를 삶거나 쪄서 재료의 맛이 충분히 우러나오도록 만든 요리이다. 육류찜이나 생선찜은 뼈까지 푹 익혀서 맛이 진하고 소화도 잘되는 고급 요리이다.

요리할 때 간을 하지 않고 익히면, 고기의 성분이 국물에 녹아 내려 맛이 떨어 질 수 있으므로, 싱겁게 조미하여 알맞게 익힌 다음, 필요량의 소금 등을 넣어 익게 한다. 찜에는 모양 그대로 남아있는 것이 많으며, 대표적인 것으로 갈비찜, 생선찜, 송이찜, 닭찜, 우설찜 등 다양하다.

✿ 전골(beef casserole)

여러 가지 재료를 넓적한 냄비에 육수를 넣고 간장으로 간을 하여 끓이는 요리로, 즉석에서 조리하여 먹는 음식이다. 전골에는 낙지전골, 쇠고기 전골, 꿩고기와 야채를 넣은 생치전골 등이 있다.

✿ 구이(roasting, baked)

육류, 생선, 채소류 등을 소금으로 간을 하거나 간장, 기름, 향신료, 마늘 등을 배합한 양념하여 불에 구운 요리 법과 간을 하지 않고 겉 표면에 칼자국만을 내어 양념장을 발라가면서 굽는 법, 양념장 대신 소금만을 뿌려 굽는 법 등이 있다.

육류구이에는 갈비구이, 제육구이, 돼지갈비구이 등이 있으며, 생선구이에는 갈치구이, 민어구이 등이 있고, 채소구기에는 더덕구이, 송이구이, 죽순구이 등이 있다. 그 밖에도 김구이, 미역구이 등 다양한 구이가 있다.

✿ 김치(kimchi, pickles)

배추를 소금에 절여서 배추의 수분을 적당히 빼주어 조직세포를 파괴시킴으로써, 저장 중 배추가 무르는 것을 막고, 부패균의 번식을 억제하게 된다. 저장은 4~5℃ 전후의 저온에서 저장할 때 가장 맛이 좋으며, 주변온도가 높으면 빨리 익는다. 그런데 너무 빨리 익으면 숙성 중에 알맞게 생겨야 좋은 유기산의 생성과 약간의 분배작용이 제대로 이루지 못해 맛있는 김치가 되지 못 한다.

김치의 종류에는 배추김치 11종, 무김치 21종, 나물김치 20종, 물김치 19종, 깍두기 16종, 동치미 19종, 기타 46종으로 조사되었다.

✿ 전/ 전유화(frying/ panflying)

전은 기름을 두고 지진다는 뜻이다. 이것을 궁중에서는 '전유화'라고 쓰고, 읽을 때는 '전유어'라고 읽었으며, '저냐' 또는 '전'이라 하고 있다. 이것을 제사에서 사용하면 '간납'이라고 한다.

고기, 생선, 채소 등을 다지거나 얇게 저며서 소금이나 후추로 간을 한 후, 밀가루나 계란을 입혀서 기름에 부치는 요리이다. 반상, 면상, 교자상 등에 모두 잘 어울리는 음식이다. 전의 종류로는 완자전, 너비아니전과 같은 육류전, 파, 김치, 두릅, 가지와 고추를 이용한 야채전, 대구와 숭어를 이용한 어류전 등이 있다.

✿ 나물(herb salad)

먹을 수 있는 풀이나 나뭇잎을 조미하여 무친 반찬을 나물이라 하는데, 여러 가지 채소나 산나물을 삶거나 데쳐서 양념에 무친 숙채와 날 것을 그대로 무친 생채, 다른 재료를 섞어서 만든 잡채 등 3종류가 있다.

숙채에는 고사리나물, 쑥갓나물, 숙주나물, 가지나물 등이 있으며, 생채에는 오이생채, 더덕생채, 무생채 등이 있고, 잡채에는 잡채, 탕평채, 죽순채 등이 있다.

✿ 회(sliced row fish or meat dish)

쇠고기, 소의 내장류, 어패류와 채소류를 깨끗이 다듬어 날 것 또는 살짝 데쳐서 초고추장, 간장, 겨자장, 소금, 기름 등에 찍어 먹는 음식을 말한다. 날것을 그냥 먹는 것을 생회, 끓은 물에 살짝 데쳐서 먹는 숙회 그리고 가는 실파나 연한 미나리에 편육, 버섯 등을 가늘게 썰어 끼워서 먹는 강회로 구분된다.

✿ 편육(sliced boiled beef)

끓은 물에 소금으로 간을 하고, 고기를 덩어리째 넣어 속까지 익을 수 있도록 삶아서 베보자기에 싼 다음 큰 돌로 눌러서 굳힌다. 우설에는 냄새가 날 수 있으므로 향채를 섞어서 삶는 것이 좋다. 쇠고기로 만든 편육에는 양지머리(차돌백이), 우설, 쇠머리가 있으며, 돼지고기에는 머리고기, 삼겹살이 있다.

❀ 포(dried slices of meat seasoned with spices)

포는 쇠고기나 생선, 어패류의 연한 살을 얇게 저미거나 다져서, 통째로 말린 것이다. 간장이나 소금으로 간을 하여 말려 두었다가 마른 찬이나 술안주로 먹는다. 너무 춥거나 더울 때는 말릴 수 없으므로, 햇빛이 좋고 바람이 있는 봄이나 가을에 말리는 것이 좋다. 잘 말린 포는 한지로 만든 종이봉지에 넣어서 서늘한 곳에 보관하여야 한다.

포의 종류는 육포, 대추포, 편포, 민어포 그리고 생선을 통째로 말린 대구포, 상어포와 오징어포가 있다.

❀ 젓갈(pickled sea foods)

젓갈은 어패류를 소금에 절여서 오래 저장해 두었다가, 먹을 때에 양념을 소금과 함께하여 단시일 안에 익혀서 먹을 수 있다. 어패류로 만든 염장식품으로 숙성 중에도 자체효소에 의한 소화 작용과 발효작용을 일으키는 저장식품이며, 현재 약 100여 가지의 젓갈 종류가 있다.

젓갈은 반찬용으로 이용되는 조개류의 젓갈과 김치용 젓갈로 담그는 멸치, 조기, 황새기, 새우 등을 소금에 절인 젓갈이 있으며, 고춧가루를 소금에 절인 것 등으로 나눈다.

❀ 장아찌(sish of dried slices of vegetables seasoned with soy sauce)

장아찌는 우, 마늘, 오이, 도라지, 더덕 등 재료가 풍부한 것이나 쓰다 남은 것들을 오래 두고 먹을 수 있도록 간장, 고추장, 된장, 식초에 일정기간 담가 놓았다가 다시 무치는 것으로 참기름, 깨소금, 설탕으로 조미하여 먹는다.

재료에 따라 다르나 갑장과는 저장식품이 아니라, 갑자기 만들었다고 하여 붙여진 이름이며, 숙장과는 익혀서 만든 것이다.

❀ 쌈(wrapped in leaves)

채소를 먹으면서 고기, 생선, 된장, 고추장, 참기름 등을 골고루 섭취할 수 있도록 하기 위한 것으로, 김, 상추, 취, 호박잎, 깻잎, 생미역 등이 있다.

❀ 생채(raw or uncooked vegetables)

계절마다 새롭게 나오는 채소를 상징한 것으로, 그대로 먹을 수 있도록 초장이나 초고추장 또는 겨자에 무치고, 양념으로 식초와 설탕을 사용하며, 파와 마늘을 많이 쓰지 않으면서도 진한 맛보다는 산뜻한 맛을 내도록 한다. 배추, 무, 도라지, 미역, 오이, 더덕과 같은 채소류를 이용하며, 해초류를 생채로 무치기도 한다.

③ 후식류

✿ 한과류

한과류는 유밀과, 다식, 정과, 숙실과, 강정 등을 통틀어 일컫는 말로, 후식으로 먹는 과자류인 동시에 의례행사에 없어서는 안 되는 필수음식이다.

유밀과는 유과라고도 하는데, 밀가루를 꿀, 술에 반죽하여 기름에 튀긴 과자 약고, 밀양유밀 등이 있다. 다식은 볶은 쌀가루, 콩가루, 깨, 송화가루 등을 꿀이나 조청에 반죽하여 다식판에 박아 만든 한과이다. 정과는 익힌 과일이나 뿌리 등의 재료를 꿀이나 조청에 조려서 만든 한과이며, 과편은 과일을 삶아 걸러서 굳인 한과이다. 숙실과는 과일을 익혀서 다른 재료와 섞거나 조려서 만든 한과로 밤초, 대추초 등이 있다. 강정은 찹쌀가루를 술반죽하여 여러 가지 모양으로 썰어 그늘에 말렸다가, 기름에 튀겨 꿀이나 조청을 발라 한데 뭉친 것이다.

✿ 음청류

음청류는 식사 전후에 마시는 술 이외의 기호성 음료를 총칭하는 말이다. 음청류의 종류는 만드는 방법에 따라 차, 탕, 장, 화채, 식혜로 나누어지기도 하고, 찬 것과 뜨거운 것으로 나누어지기도 하는데, 대개 뜨거운 것을 겨울에 찬 것은 여름에 마신다. 그러나 식혜와 수정과는 겨울에 마시는 것이 좋다.

차에는 녹차, 생강차, 오미자차, 인삼차, 유자차, 계피차, 칡차 등 여러 종류가 있으며, 탕에는 대추와 생강을 끓인 물에 꿀을 가미한 온조탕, 인삼을 주재료로 끓인 양위탕 등이 있다.

장(奬)에는 계피, 생강, 오약을 함께 넣고 끓인 다음, 꿀을 넣고 잣을 띄워 마시는 여지장, 모과로 만든 모과장이 있으며, 철따라 각종 과실로 만든 화채는 수박화채와 딸기화채 등이 있다.

2) 한식의 상차림

(1) 반상

밥을 주식으로 하는 형식을 상이라고 한다. 식사는 밥, 탕, 김치, 간장, 조치(찌개, 찜) 등 기본식과 반찬류를 후식으로 이루고 있는데, 반찬의 수를 첩수라 하여, 그 수에 따라 3첩 반상, 5첩 반상, 7첩 반상, 9첩 반상, 12첩 반상으로 나뉜다. 또한 간단히 식사할 수 있는 일품반상과 복잡한 연회용으로 사용되는 교자상이 있다.

밥, 국, 김치, 간장은 기본이고, 여기에 반찬을 첩이라 하여 반찬 수를 늘려가면서 첩수가 늘어난다. 원칙적으로 밥은 흰밥이고, 국은 맑은 장국을 의미한다. 이상의 규칙에 따라 차림표가 작성되면 자연히 반찬의 조리법이 규정되며, 어떤 반상이든 기본 찬은 반찬수와 항상 관련을 갖게 된다. 즉, 종기의 수는 반찬의 내용과 관계가 있는데, 3첩 반상일 경우 간장종지는 하나이며, 5첩 반상일 경우 전이 오르게 되므로 초장종지가 필요하다. 7첩 이상이면 회가 더하게 되므로, 초고추장이 오르게 되어, 종지가 3개가 된다. 5첩 이상의 반찬은 기본찬인 찜이나 전골이 있고, 반찬으로 바른 반찬이나 짠 반찬이 골고루 배합도이 있어 가정을 중심으로 한 식사에 적합하다.

반상에 사용되는 상, 식기 및 순가락, 젓가락은 한국적이면서도 우리 문화의 감각에 맞게 사용하고, 식사에 참석하는 인원과 접대방법에 따라 연회에 맞는 크기의 식기를 사용해야 한다. 후식류는 재래 후식을 개선하여 떡 종류, 한과류(다식종류, 강정류), 약과, 과일, 차 종류, 화채류, 전과류 등으로 나누며, 반상의 차림 법은 다음과 같다.

① 아침, 점심, 저녁 언제든지 반상으로 접대를 할 때는 반상기를 사용하므로, 요리를 담는 그릇은 반드시 뚜껑이 있어야 한다.
② 맨 윗줄에 야채요리를 놓고, 그 중심에 김치는 놓는다.
③ 중간 줄은 마른 반찬이나 조림 등을 놓는다.
④ 상의 오른쪽 아래 부분에 국물이 있는 더운 요리를 놓는다.
⑤ 상의 오른쪽 윗부분에는 더운 요리 중 국물이 없는 요리는 놓는다.
⑥ 초간장 주위에는 초간장이나 초고추장을 필요로 하는 요리를 놓아 중앙을 차지하게 한다.
⑦ 식사가 끝나면 상과 그릇을 전부 가져가고, 별도로 후식을 대접한다.

반상의 차림도 다음과 같다.

① 3첩 반상

3첩 반상은 조치 류가 없으며, 조림이나 구이의 재료는 고기류와 생선류로 한다.

✿ 기본식: 밥, 탕, 김치, 간장
✿ 반찬: 3가지(생선, 숙채, 구이나 조림)
✿ 후식: 과일, 차

② 5첩 반상

전은 생선회나 고기류 또는 야채류를 재료로 부치는 것이지만, 다른 반찬과의 조화를 살리기 위해 육류의 반찬이 많을 경우는 야채를 사용하며, 채소류의 반찬이 많을 경우는 고기나 생선을 사용한다. 조치류는 고추장찌개나 새우젓찌게 중 한 가지를 놓는 것이 원칙이다. 마른반찬으로는 육포, 어포, 굴비, 어란, 북어, 자반 등 여러 가지 중에서 두 가지나 세 가지를 곁들여 놓는다.

- ✿ 기본식: 밥, 탕, 김치, 간장, 초간장, 조치 1가지
- ✿ 반찬: 5가지(생채, 숙채, 구이, 전유어, 마른반찬)
- ✿ 후식: 단것(떡 종류, 한과류, 과일, 차)

③ 7첩 반상

조치 중에서 한 그릇은 고추장찌개나 새우젓찌게로 하고, 한 그릇은 갈비나 닭, 생선 등을 찜으로 하되, 재료의 중복이 되는 것은 없어야 한다. 조림이나 구이 중 한 가지는 고기류로 하고, 다른 한 가지는 생선으로 하는 것이 좋으나 조림에는 생선을 쓰지 않고, 구이에는 유류가 쓰인다.

- ✿ 기본식: 밥, 탕, 김치, 간장, 초간장, 초고추장, 조치, 전골
- ✿ 반찬: 7가지(생채, 숙채, 간장, 초간장, 초고추장, 조치, 전골)
- ✿ 후식: 떡, 한과류, 과일, 차, 화채

④ 9첩 반상

구이 두 가지 중 한 가지는 생선이나 고기류로 하고, 한 가지는 더덕, 김 등의 재료를 이용하면 매우 이상적이다.

- ✿ 기본식: 밥, 탕, 김치, 간장, 초간장, 초고추장, 조치, 전골
- ✿ 반찬: 9가지(생채, 찜, 구이 2가지, 숙채, 전유어, 마른 반찬, 회, 조림)
- ✿ 후식: 떡, 한과류, 과일, 차, 화채

⑤ 12첩 반상

- ✿ 기본시: 밥, 탕, 김치, 간장, 초간장, 초고추장, 조치
- ✿ 반찬: 12가지(생채 2가지, 숙채 2가지, 구이 2가지, 전유어, 편육, 회, 조림, 찜)
- ✿ 후식: 떡, 한과류, 과일, 차, 화채

그림 2-1
12첩 반상차림

(2) 주안상

주류만 대접하기 위한 상으로, 술안주가 될 수 있는 요리가 주가 되는데, 주안상으로 적당한 요리는 여러 가지 포 등의 마른 반찬과 전류, 편육, 찜, 신선로, 전골이나 얼큰한 찌개 등이 있다.

(3) 면상

면상은 점심으로 차리는 상으로 국수나 만두, 떡국 등을 주식으로 한다. 보통 더운 국수가 주로 제공되지만, 여름철에는 냉면도 제공된다. 반찬으로는 마른 반찬이나 짠 반찬은 사용하지 않으며, 큰 자극 없이 먹을 수 있는 요리를 준비한다. 면상 차림 법은 다음과 같다.

① 공동으로 식사할 수 없는 간장, 초간장, 밥, 탕, 물김치, 신선로 등은 각 개인에게 요리를 담아 제공한다.
② 초간장을 필요로 하는 요리에는 초간장이나 초고추장 그릇 주위에 대각선을 이루도록 한다.
③ 김치는 중심에 놓고, 더운 요리와 차 요리는 대각선으로 놓아, 상대편 손님이 불편 없도록 한다.
④ 수저, 물 컵, 내프킨을 식사 전에 식탁에 차리고, 장 종지와 요리를 덜어 먹을 수 있는 빈 접시를 드린다.
⑤ 요리를 제공하는 순서는 차가운 반찬, 마른 반찬, 국물 없는 더운 요리, 국물 있는 더운 요리의 순서대로 한다.

2) 한식당의 테이블 세팅 및 서비스

양식 식사 접대방법과 동일하며, 양식 정찬순서에 한식을 대치시킨다. 빵 순서에서 밥을 접대하며, 찬이 될 수 있는 김치, 나물, 마른 찬, 간장, 초간장 등은 반상기에 담아 식사 전에 식탁에 차리도록 한다.

(1) 접대식의 상차림 표

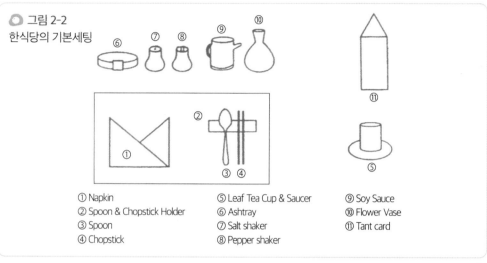

그림 2-2
한식당의 기본세팅

① Napkin   ⑤ Leaf Tea Cup & Saucer   ⑨ Soy Sauce
② Spoon & Chopstick Holder   ⑥ Ashtray   ⑩ Flower Vase
③ Spoon   ⑦ Salt shaker   ⑪ Tant card
④ Chopstick   ⑧ Pepper shaker

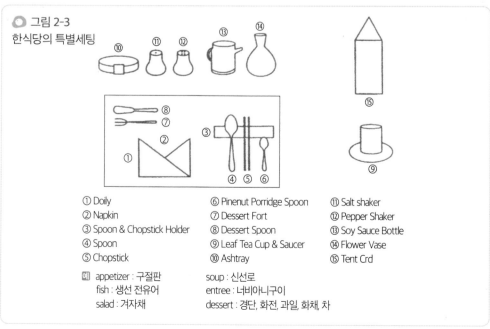

그림 2-3
한식당의 특별세팅

① Doily   ⑥ Pinenut Porridge Spoon   ⑪ Salt shaker
② Napkin   ⑦ Dessert Fort   ⑫ Pepper Shaker
③ Spoon & Chopstick Holder   ⑧ Dessert Spoon   ⑬ Soy Sauce Bottle
④ Spoon   ⑨ Leaf Tea Cup & Saucer   ⑭ Flower Vase
⑤ Chopstick   ⑩ Ashtray   ⑮ Tent Crd

예 appetizer : 구절판   soup : 신선로
    fish : 생선 전유어   entree : 너비아니구이
    salad : 겨자채   dessert : 경단, 화전, 과일, 화채, 차

(2) 한식 서비스 순서

① 밑 접시를 고객 좌석 앞 중앙에 놓는다.

② 밑 접시위에 냅킨을 올려놓는다.

③ 신선로 대신 탕이 있을 경우는 밑 접시 옆에 탕 그릇의 자리를 남겨놓고 수저를 놓는다.

④ 밑 접시 앞에는 찬이 되는 요리와 기본 찬을 반상기에 담고 뚜껑을 덮어 제공한다.

⑤ 수저의 끝 오른쪽에 물 컵을 놓는다.

⑥ 신선로, 탕, 생채, 밥은 식사 시작과 함께 제공한다.

⑦ 그 외의 요리는 순서에 의해 제공되는 요리로, 밑 접시 위에 요리를 담은 그릇으로 제공한다.

⑧ 정식코스 요리는 양식과 같이 한 가지씩 접대하며, 한 가지 식사가 끝나면 그 요리 그릇만 회수하고, 밑 접시는 그대로 남겨두어 다음 요리 제공시 사용한다.

⑨ 식사가 끝나면 식기 전부를 회수하고, 순서에 의해 후식을 제공한다.

(3) 한식 서비스 방법

한식 정찬은 순서에 따라 전 요리를 개별적으로 제공되는데, 제공 전에 상차림에 필요한 빈 접시, 간장, 소금, 물수건 등을 세팅해 놓는다.

① 마른안주: 밤, 부각, 육포, 강정 등을 보기 좋게 담아 구절판과 같이 제공한다.

② 구절판: 앞 접시에 밀전병 한 장을 얹어서, 음식 9가지를 조금씩 넣어 말아 sauce에 찍어 먹는 방법을 설명한다.

③ 죽: 백김치와 함께 제공하고, 죽 스푼을 사용하게 설명한다.

④ 전채: 마른안주, 구절판, 죽 그릇을 치운 후, 전채음식을 제공한다.

⑤ 생선요리: 생선의 머리가 왼쪽을, 꼬리가 오른쪽으로 향하게 제공한다.

⑥ 신선로: 신선로 접시를 세팅한 후, 신선로를 안전하게 운반 하여 한 쪽 테이블에서 신선로를 떠서 제공한다.

⑦ 고개구이와 생채: 신선로 그릇과 식 접시를 치우고, 고기구이와 생채를 제공한다. 이때 접시가 타원형인 경우 옆으로 놓는다.

⑧ 식사와 밑반찬: 보통 호텔에서는 밑반찬이 세팅되어 나오는 경우가 있는데, 식사(밥, 국)를 나올 때 함께 제공한다.

⑨ 후식: 과일, 화채, 떡이나 과자가 후식으로 제공될 때는 spoon이나 fork는 우측 수
　저 놓는 자리에 위치한다.

(4) 주문 받을 때의 유의사항

① 계절에 적합한 요리나 daily special menu를 설명하고, 유도한다.
② 단골고객이 경우 좋아하는 요리를 추천하여 준다.
③ 고객의 선별하여 적당한 가격의 요리로 유도한다.
④ 일품요리의 특징을 설명해야 한다.
⑤ 정식요리에는 기본찬류와 후식이 곁들여 나온다는 것을 설명해야 한다.
⑥ 외국인일 경우 맵거나 짠 요리는 미리 설명하고, 주방에 외국인이라 설명한다.
⑦ 시간이 걸리는 요리는 미리 사전양해를 구하고, 다른 주문보다 먼저 주방에 이야기
　한다.
⑧ 각종 요리에 사용되는 재료와 요리방법에 대하여 지식을 숙지하고, 설명할 수 있어
　야 한다.

2. 서양식당(Western Restaurant)

　서양의 중세시대에는 양식의 코스가 세분화 되어 있어, 비슷한 요리들도 식사를 구분하
여 즐겼다. 정해진 메뉴에 따라 식사를 한다는 것이 정식을 뜻하는 것으로, 대형 레스토랑
에서는 table master라고 불리는 대형 식탁이 있어서 미식가이자 식도락가가 요리의 코스
를 즐기는 것을 table d'hote라고 하였다. 이것에서 유래된 table d'hote 즉, full course는
매우 복잡한 코스로 구성되어 있었으나, 근대에 와서는 비슷한 요리는 생략되고, 7~9 코
스로 구성되었다. 즉, 하나의 식사분이 짜여있기 때문에 고객은 하나하나의 요리를 주문
할 필요가 없으며, 요금도 한사람의 식사 분으로 표시되어 있다.

　정식은 일품요리보다 판매에서 유리한 점은 판매가격이 저렴하고, 조리과정이 일정하
므로 노력이 적게 들고, 원가전략, 높은 매출, 회계정리의 용이함, 가격이 고정, 서비스가
단조로우며, 메뉴작성이 쉽고, 메뉴선택이 용이하다는 특징이 있다.

　서양식의 full course의 구성은 다음과 같다.

1. appetizer(전채)   2. soup(스프)

3. fish(생선)   4. sherbet(샤벳)

5. entree(주 요리)   6. salad(야채)

7. cheese(치즈)   8. dessert(후식)

9. beverage(커피 또는 홍차)

1) 전채요리(appetizer)

(1) 전채요리의 개요와 유래

서양요리에서 전채가 있다는 것은 격식을 갖춘 식사임을 예측할 수 있는데, 전체요리란 일정한 순서의 요리가 나오기 전에 제공되는 소품요리를 총칭하는 것으로 식욕을 돋우는 요리이다. 우리말로는 전채, 영어로는 에피타이져(appetizer), 불어로는 오드블(hors d'oeuvre)라 하는데, 이러한 어원을 알고 보면 전체요리의 의미를 알 수 있다.

불어의 "hors"는 ~의 밖, ~의 앞이라는 뜻이고, "oeuvre"는 작업, 식사를 의미하고, 전치사 "de"가 위치하고 있어, 두 단어를 합치면 'hors d'oeuvre'가 된다. 두 단어를 합치면 "식사 전 또는 식사 이외의 것"의 것이 된다. 영어의 'appetite'는 식욕을 의미하며, 'appetizer'는 식욕을 돋우는 음식을 의미한다. 즉, 식사 전에 메뉴 이외에 제공되는 적은 양의 음식으로 식욕을 촉진시키기에 적합한 요리이다.

전채요리가 언제부터 식탁에 오르게 되었는지 확실하지는 않지만, 고대 그리스에서는 "푸로무루시스"라는 명칭을 단맛의 포도주와 함께 식탁에 올랐다는 기록이 있으며, 13세기 마르코폴리스가 중국의 냉채 요리를 모방하여 로마에 전파함으로써 로마시대에 유행하였고, 16세기에 프랑스보다 선진국이던 이탈리아에서 여러 가지 다른 요리법과 함께 프랑스에 전해지고, 이것이 프랑스 상류층 사람들에 의해 오늘날과 같은 오드블(hors d'oeuvre)로 발전되었다는 설이 있다.

또한 러시아에서는 관습적으로 식당 옆에 찬장이 있는데, 그 안에는 과자, 생선 그 외에 요리들을 작게 만들어 놓았다. 식사를 하기 위해 잠깐 기다리는 동안 식탁에 앉아 독한 술을 마시며 찬장에 놓아둔 것을 제공하였는데, 찬장에 놓아둔 간단한 요리를 바로 자쿠스키(zakuski)라 하며, 오늘날 hors d'oeuvre이 되었다고 한다.

이 전체요리를 영어로는 appetizer, 불어로는 hors d'oeuvre, 북유럽에서는 smorgasbord, 러시아에서는 zakuski, 중국에서는 량펀(凉盆), 량차이(凉菜)이라고 부른다.

(2) 전체요리의 특징

전체요리는 일정한 메뉴대로 요리가 나오기 전에 고객에게 식욕촉진제로 제공되는 소품요리이므로 다음에 계속해서 나오는 요리와 중복되지 않는 메뉴이어야 한다. 여러 가지 면에서 샐러드 같은 특징을 갖추어야 하며, 최근에는 소화가 잘 되도록 알코올음료와 함께 마시기도 하는데, 다음과 같은 조건을 충족시켜야 한다.

① 분량이 작은 소품 요리이어야 한다.
② 맛이 있을 거라는 시각적 효과도 있어야 한다.
③ 침의 분비를 촉진시킬 수 있도록 짠맛과 신맛이 곁들여져야한다.
④ 주 요리와 균형과 조화를 이루어야 한다.
⑤ 계절감이 있고, 지방색이 곁들인 요리이어야 한다.

이상과 같은 조건을 갖춘 요리라면 무엇이든지 전체요리가 될 수 있다고 본다. 사용되는 재료는 무엇이든 가능한데, 요리사의 솜씨, 기술이 종합된 요리라 할 수 있다. 전체요리는 주 요리의 식욕을 돋구어주는 첫 번째로 나오는 음식이므로 색과 모양의 조화를 이루고 있을 뿐만 아니라, 외관도 보기 좋아야 하고, 맛도 좋아야 한다.

(3) 전체요리의 종류

Full course 요리에서 정식메뉴로 정착되어진 전체요리는 제공되는 음식의 온도에 따라 더운(hot) 요리, 찬(cold) 요리로 분류하고, 가공형태에 따라 가공되지 않은 요리(plain hors d'oeuvre)와 가공된 요리(dressed hors d'oeuvre)로 분류된다.

일반적으로 가장 유명한 전채 요리로는 철갑상어 알(caviar), 거위 간(goose liver, foie gras), 송로버섯(truffle)이 있다. 철갑상어 알은 흑해와 카스피 해에 서식하는 철갑상어(sturgeon)의 알을 채취하여 가염한 것이며, 거위 간은 강제사육으로 살이 찐 거위 간을 채취하여 요리한 것이다. 송로버섯은 색깔이 검정색이라 흑송이라고도 하는데, 보통 30cm 이상의 땅속에서 자라기 때문에 소량만 채취된다.

기본적으로 나오는 전채요리의 종류는 칵테일(cocktail), 카나페(canape), 에피타이저 샐러드(appetizer salad) 등이 있는데, 분류를 하면 다음과 같다.

① 온도에 의한 분류

가. 더운 전채요리(hot appetizer)

✿ 에스카르고(escargot): 식용 달팽이 요리

✿ 베이크드 오이스터(baked oyster): 소금물에 굴을 씻어 껍질에 다시 넣고 소금, 베이컨, 토마토를 소재로 강한 오븐 불에 약 10분 정도 구워낸 것을 말한다.

✿ 프로그 렉스(frog legs): 식용 개구리 다리 요리

✿ 스터프 머슈름(stuffed mushroom): 양송이 속을 파내고 양파, 마늘, 살라미(salami), 마늘 등을 채워 치즈와 빵가루를 얹어 구워낸 요리

나. 찬 전채요리(cold appetizer)

✿ 스모크 살몬(smoked salmon): 훈제 연어

✿ 쉬림프 칵테일(shrimp cocktail): 새우 칵테일

② 가공형태에 의한 분류

가. 플레인 전채요리(plain appetizer)

재료를 가공하지 않고, 형태, 모양, 맛 등을 그대로 유지한 요리라 할 수 있는데, 훈제연어, 생굴, 살라미(salami) 등을 말한다.

나. 드레스드 전채요리(dressed appetizer)

조리사의 아이디어와 기술을 접목시켜, 요리를 하되 원래의 맛은 유지되나 모양과 형태가 변형되는 전채요리를 말한다.

✿ 카나페(canape): 크레카(cracker), 빵, 토스트 등을 이용하여 만든 오픈 샌드위치(open sandwich) 형태로 한입에 먹을 수 있게 작게 만든 오드블(hors d'oeuvre)의 한 종류이다. 재료로는 훈제연어, 새우, 멸치 젓, 연어 알 등을 얹어 만든 요리이다.

✿ 보쿠엣(barquette): 영어로는 'boat shaped'라 하며, 밀가루 반죽으로 배 모양같이 작게 만들어 그 속에 생선 알이나 고기를 갈아 채워서 만든 파이(pie)이다.

✿ 보우세(bouche'e): 밀가루에 치즈, 계란 등을 반죽하여 주사위 같은 모양이나 만두같이 만든 것이다.

✿ 부로쉐(broche): 생선이나 야채, 육류 등을 꼬치로 만들어 제공하는 것을 말한다.

(4) 전채요리의 서비스 방법

① 연회(banquet)의 경우

연회일 경우 전채요리는 주로 별실에서 canape와 cocktail이 함께 제공한다. 이때 silver platter에 흰 내프킨을 깔고, 그 위에 카나페를 모양이나 색을 조화되게 배열한다. 연회장 직원을 이것을 들고, 고객 사이를 다니면서 서비스한다.

② 테이블(table)의 경우

Table service일 때는 show plate를 그대로 두고, 그 위에 별도의 appetizer plate를 올려놓는다. 서비스할 때는 고객의 왼쪽에서 제공한다.

2) 스프(Soup)

(1) 스프의 개요

스프는 육류의 뼈에 채소, 향신료와 함께 넣고 삶아 우려낸 국물(stock)을 기초로 하여, 각종 재료를 가미하여 다시 끓인 것을 말한다. 스프는 식사의 첫 번째 코스 액체요리로서 양적으로 위에 부담을 적게 주지만, 영양가가 매우 많아 건강에 좋은 요리이다.

스프는 스톡(stock)이나 부이용(bouillon)을 다시 조리하거나 곁들임을 첨가하여 만들어 국물이 주가 되는 것과 고기나 야채와 같은 것이 주가 되는 것이 있는데, 뒤에 나오는 주 요리와 잘 맞아야 한다. 특히 헝가리안 고라쉬 스프(hungarian goulish soup)는 위를 채워줄 수 있는 내용물이 많기 때문에 주 요리로 대용되기도 한다.

스프를 불어에서는 포타지(potage)라고 하는데, 여기서 "Pot"는 익혀먹는다는 의미이다. 또한 수페(soupe)는 부이용이나 포타지를 얇게 썬 빵 위에 발어서 먹는 것을 의미하였고, 17세기 프랑스에서는 수페와 포타지를 각각 분리되어 사용되었으나 18세기경에 와서 potage는 영어의 soup와 불어의 soupe로 불리게 되었다.

(2) 스프(Soup)의 종류

① 스톡(Stock)

스프를 만들기 위해서는 기본재료이면서 가장 중요한 stock을 만들어야 하는데, 스톡은 육류, 생선, 가금류나 이들의 뼈 등을 장시간 끓인 묽은 액체의 국물이며, 맛과 향을 보충하기 위하여 야채, 향신료, 허브 등을 첨가하기도 한다. 스톡은 스프와 소스(sauce)를 만드는데 있어 중요한 맛이 바로 스톡의 맛이라 할 수 있다. 만드는 과정에서 주의할 점은 끓일 때 떠오르는 거품이나 찌꺼기 등을 수시로 건져내고, 다 끓인 후에 걸러낼 때는 헝겊을 사용하여 재료로 사용했던 찌꺼기를 걸러내야 한다.

스톡은 불어로 퐁(fond)과 부이용(bouillon)으로 나누어지는데, 이 두 가지는 큰 차이는 없으나 대체로 퐁은 엷은 스톡에 해당되며 소스와 스프의 기초로 쓰인다. 반면에 부이용은 퐁을 1/3로 농축한 진한 스톡으로 콘소메(consomme) 등 스프의 기초 육수나 고기요리의 국물로 사용된다.

스톡은 종류에 따라 쓰임새가 다르긴 하지만, 요즈음은 퐁과 부이용을 구별 없이 사용하기도 한다. 스톡을 만드는 재료에 따라 다르게 불리어지는데, 화이트 스톡(white stock)은 살을 떼어낸 소뼈(무릎관절 부분)를 서서히 4~6시간 이상 끓여 불순물을 걸러낸 국물을 말하며, 브라운 스톡(brown stock)은 소뼈(beef)나 송아지 뼈(veal bones)를 넣고, 5~6시간 정도 서서히 끓여낸 다음 통후추나 소금 등으로 약간의 간을 맞추어 걸러낸 국물을 말한다. 그리고 피시 스톡(fish stock)은 생선뼈나 머리, 꼬리 등을 각종 야채(양파, 파슬리 줄기, 샐러리, 당근) 및 월계수 잎을 섞어 볶은 다음 1~2시간 정도 물을 붓고 끓은 후 걸러낸 국물을 말한다.

② 스프의 종류

스프는 온도에 따라 따뜻한 스프(tot soup)와 찬 스프(cold soup), 농도 정도에 따라 맑은 스프(clear soup)와 진한 스프(thick soup)가 있다. 또한 스톡에 따라 그 명칭이나 성격이 달라진다.

✿ 맑은 스프(clear soup)

맑은 스프는 전분을 사용하지 않으며, 보통 부이용에다 고기, 야채, 향신료 등을 넣고 서서히 끓이면서 계란 흰자를 넣고 빠른 속도로 저으며 끓여낸 것을 천으로 걸러 낸 스프이다.

종류로는 콘소메(consomme)가 있으며, 종류는 다양한데 "le repertoire de la cuisine"에 소개된 것만 해도 175가지나 된다고 한다. 콘소메는 어떠한 주제를 사용하더라도 맑아야 하며, 진한 갈색을 나타내야 한다.

✿ 진한 스프(chick soup)

스톡에 야채, 쌀, 밀가루, 생선, 엽조류, 육류 등 주재료를 이용하고, 우유, 크림 등을 첨가하여 만들어 낸 탁하고 농도가 진한 스프를 말한다. 진한 스프는 주재료에 따라 다양한 스프를 만들 수 있지만, "le repertoire de la cuisine"에 소개된 것만 해도 199가지나 된다고 한다. 진한 스프를 포타지 스프(potage soup)라고도 한다.

③ 더운 스프와 찬 스프(hot & cold soup)

스프의 온도에 따라 더운 스프와 찬 스프로 구별하는데, 대부분의 스프는 더운 스프임에도 현대에 와서 찬 스프가 여름 식단에 많이 이용되고 있으며, 체중조절이나 체질개선 등의 목적으로 식이요법을 하는 사람이 애용하고 있다.

(3) Soup service 방법

찬 스프가 아니라면 대부분의 스프는 고객에게 제공할 때 항상 따뜻하게 제공되어야 한다. 그러기 위해서는 soup bowl에 담아서 제공하는 것 보다 식탁에 가서 직접 soup bowl에 덜어 주도록 한다. 따뜻한 음식을 제공하기 위해서는 접시를 뜨겁게 유지하는 것이 중요하다.

스프 튜린(soup tureen)을 운반할 때는 뜨겁고 무거우므로 arm towel을 이용하여 밑을 받쳐 들고, 스프 국자(soup ladle)를 이용해 고객의 왼쪽에서 약 두 국자씩 떠서 제공함이 바람직하다.

3) 생선 요리(Fish)

(1) 생선요리의 개요

생선요리는 정찬요리에서 스프 다음, 육류 요리 전에 제공되는 요리이나 오늘날에는 생선요리가 생략되기도 하고, 주 요리(entree)를 대신한 주 요리(main dish)로서의 역할을 하기도 한다. 생선요리는 육류요리보다 지방성분이 적고, 응집력이 약하며 비타민과 칼슘이 풍부하여 건강식으로 많은 사람들이 즐겨 찾는다. 또한 여성들이 선호하는 요리이기도 하지만, 종교적인 관계로 인하여 육류요리 대신 주 요리로 선택되는 경우도 있다. 특히, 가톨릭 신자들은 금요일 점심은 반드시 생선요리를 먹게 되어 있어, 많은 호텔의 레스토랑이나, 일반 레스토랑에서 금요일의 차림표에 생선요리가 올라와 있다.

생선요리는 다른 요리와 달리 신선도가 맛의 절대적인 영향을 미치기 때문에, 조리하기 전에 신선함을 유지하는 것은 물론 생선 자체에 결합조직이 약해져 있기 있으므로, 서비스할 때 조심스럽게 다루어야 한다.

(2) 생선의 분류

생선은 크게 패류와 어류로 나눈다. 패류는 부분 혹은 전체가 단단한 외피로 싸여 있는 연체동물과 몸마디와 함께 단단한 외피로 싸여있는 갑각류로 나눈다. 어류는 서식 장소에 따라 해수어와 담수어로 구분된다. 어류의 맛과 질은 물이 맑고 탁함에 따라, 깊고 얕음에 따라 다르다.

즉, 물이 탁하고 얕은 곳에 서식하는 어류보다는 수온이 차고 물이 맑으며 깊은 곳에 서식하는 어류가 맛과 질이 우수하다. 또한 생선은 바다생선과 민물생선으로 구분되어지는데, 생선의 색깔에 의해서도 분류되어 진다.

① 흰색의 생선

뱀장어(eel), 대구(cod), 가자미(flounder), 농어(sea bass), 넙치(sole), 도미(sea beam), 잉어(carp), 가오리(ray)

② 황색의 생선

정어리(sardine), 멸치(anchovy), 다랑어(tunny), 철갑상어(sturgeon), 송어(trout), 거북이(turtle)

③ 붉은색의 생선

붉은 송어(salmon trout), 새우(shrimp), 바다가재(lobster), 게(crab)

(3) 생선요리의 서비스 방법

생선요리는 고객에게 서비스 할 때 머리 부분이 고객의 좌측에 배 부분이 앞쪽에 오도록 신경을 써야 한다. 그리고 싱싱한 레몬을 함께 제공하는 것을 잊지 말아야 한다.

4) 샤벳(sherbet)

샤벳은 냉동하여 만든 식품으로써 로마시대부터 전해져 왔는데, 그 종류는 크게 두 가지로 아이스크림과 샤벳으로 구분된다.

불란서의 식품 연구가가 우유를 냉동시켜 만든 과자에서 힌트를 얻어 창안한 것이다. 샤벳은 불어로 "Sorbet"이라고 하며, 이것은 과즙과 리큐르(Liqueur)로 만든 빙과를 말한다. 1640년 불란서의 앙리2세 때에 이태리에서 건너온 요리사가 왕비에게 리큐어를 첨가하여 만든 셔벗(Sorbet)을 주 요리 다음에 내놓아, 당시 귀족들을 놀라게 했다고 한다. 그 때는 인조 냉동시설이 없어 천연 얼음을 사용하여 만들었으나, 현재는 갖가지 재료를 이용하여 당양하게 만들어 낸다.

샤벳이 아이스크림과 다른 점은 유지방을 사용하지 않았다는 점이다. 주된 재료는 과즙, 설탕, 물, 술, 계란흰자이며, 저칼로리 식품으로써 시원하고 산뜻한 맛을 낸다. 샤벳은 디저트로 제공되기도 하지만, 생선요리를 먹은 후 생선냄새를 제거 하여 앙뜨레(entree)의 참 맛을 느끼게 하기 위해 생선요리와 앙뜨레 중간에 제공되기도 한다. 이는 소화를 돕고, 입맛을 상쾌하게 해주기 때문이다. 또한 모든 과즙은 샤벳의 재료로 사용 가능하며, 종류로는 레몬, 오렌지, 멜론 샤벳 등이 대표적이며, 그 외에도 술 또는 향신료를 이용할 수도 있다.

5) 주 요리(main dish: entree)

(1) 앙뜨레(entree)의 개요

앙뜨레(entree)의 본래의 뜻은 영어의 "entrance"를 뜻하며, 정찬의 입구 즉, 본격적인 식사를 시작한다는 의미를 지칭하고 있으며, 중간에 나오는 코스로 middle course를 의미한다. 앙뜨레는 육류 요리로서 처음 고대에서는 양의 등심, 송아지 고기의 볼깃살, 돼지고기의 햄, 쇠고기의 허벅지, 생선 따위를 푸짐하게 구워서 나오는 것을 "앙뜨레"라 하였으나, 현재는 정식 코스요리에서 중심 요리를 생선요리, 카레, 파스타(pasta) 등을 주 요리로 선택하는 경우가 있다.

그러나 앙뜨레로 쓰이는 재료로는 쇠고기, 양고기, 송아지 고기, 양고기, 염소고기, 가금류, 돼지고기, 토끼고기 등을 들 수 있다.

(2) 앙뜨레(entree)의 종류

앙뜨레로 가장 많이 쓰이는 것으로는 비프 스테이크(beef steak)이다. 비프 스테이크는 쇠고기를 두껍게 잘라 요리한 것으로, 고기의 부위에 따라 명칭이 다르다.

쇠고기의 명칭을 보면 안심 스테이크(tenderloin), 등심 스테이크(sirloin steak), 갈비 스테이크(rib steak), 허리부분 스테이크(porter house steak), 엉덩이 부분(rump steak), 허벅지 부분(round steak), 배 부분(flank steak) 등으로 세분화 되어 있다.

① 안심 스테이크(tenderloin steak)

안심은 쇠고기 부위 중 가장 맛있는 부위로 꼽힌다. 육질이 연하고 풍미가 있는 안심은 소 한 마리에 2개가 나오는데, 평균 4~5kg 정도로, 소 갈비뼈 뒤편 안쪽에 있다. 안심을 분류할 때는 미국과 프랑스에서 약간 다르게 표현하고 있지만, 미국에서의 분류가 대표적이라 할 수 있으며 그림으로 보면 다음과 같다.

안심 스테이크 중 대표적인 것으로는 샤토브리앙(chateaubriand), 또르느도(tournedos), 휠렛미뇽(filet mignon)이라고 할 수 있는데, 다음과 같이 설명할 수 있다.

❋ 샤토브리앙(chateaubriand)

안심의 가운데 부분 4~5cm 정도를 잘라 통째로 구운 후 다시 잘라 제공하는 것인데, 쇠고기 중 가장 연하고 부드러운 부위로 모든 연령층에서 즐겨 찾는 스테이크이다. 이 이름의 유래는 19세기 프랑스 귀족이며, 작자인 샤토브리앙 남작의 전속 요리사인 몽이레이유(montmireil)가 특별히 고안한 것으로, 샤토브리앙 남작이 즐겨먹었다 하여 붙여진 이름이다.

❋ 또르느도(tournedos)

Filet의 앞쪽 끝부분을 잘라내어, 베이컨을 감아서 구워낸 요리이다. 이 요리는 1855년 프랑스 파리에서 처음 시작되었으며, 또르느도는 "눈 깜빡 할 사이에 다된다"라는 의미이다.

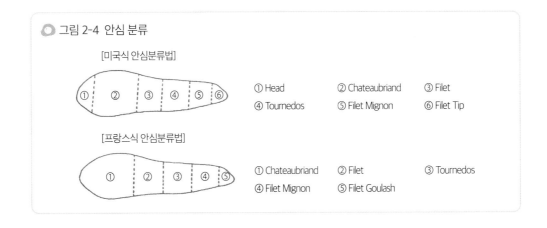

🔵 그림 2-4 안심 분류

[미국식 안심분류법]

| ① Head | ② Chateaubriand | ③ Filet |
| ④ Tournedos | ⑤ Filet Mignon | ⑥ Filet Tip |

[프랑스식 안심분류법]

| ① Chateaubriand | ② Filet | ③ Tournedos |
| ④ Filet Mignon | ⑤ Filet Goulash | |

✿ 휠렛미뇽(filet mignon)

안심의 뒤쪽 부분을 말하며, 베이컨에 감아 그릴(grill)로 구워, 오븐에 넣어 요리한 것으로 휠렛미뇽은 "작고 예쁜 스테이크"라는 의미이다.

② 등심 스테이크(sirloin steak)

등심 스테이크는 영국의 찰스 Ⅱ세가 즐겨먹던 고기로서, 이 스테이크에 남작의 작위를 수여할 만큼 훌륭하다 하여 lion에 sir를 붙여 서 로인(sirloin)이라 불린다.

등심 스테이크는 미니트 스테이크(minute steak)와 뉴욕 컷 스테이크(New York steak) 등이 있다.

③ 갈비 스테이크(rib steak)

등쪽에 있는 부위로 두터우며 지방분이 많다. 갈비 스테이크는 립 아이 스테이크(rib eye Steak), 로스트 비프(roast beef), 프라임 립(prime rib) 등이 있다.

④ 허리 스테이크(porter house steak)

허리부분과 윗부분에 안심과 뼈를 잘라낸 큰 스테이크를 말한다. 포터 하우스 스테이크를 잘라낸 다음 작게 자른 것이 본 스테이크(bone steak)이다. 하나의 스테이크를 주문하면 등심과 안심 두 가지를 맛을 즐길 수 있는 티본 스테이크(T-bone steak)가 있다.

(3) 송아지(Veal) 고기

송아지는 일반적으로 생후 6개월가량의 어미 소로부터 획득한 지육으로 부드럽고 연하지만, 보통 12주 미만으로 어미 소의 젖으로만 기른 것으로 적은 지방층과 많은 양의 수분을 갖고 있어 연한 맛이 특징이다.

일반적으로 쇠고기를 주문받을 때는 굽는 정도를 주문받으나, 송아지 고기는 연하고 얇기 때문에 굽는 정도를 주문받지 않는다. 송아지 고기의 요리는 다음과 같다.

✿ 스위트 브레드(sweet bread): 송아지 고기 중에서 목 부분에 있는 일종의 목젖과 유사한 스위트 브레드(sweet bread)라는 것이 있는데, 성장하면서 작아지다가 성우가 되면 없어진다. 이것은 양이 제한적이기 때문에 고급요리에 속하며, 고기 두께가 얇고 부드러워 많은 사람들로부터 사랑을 받는 요리이다.

✿ 송아지 프리카세(fricassee of veal): 송아지 고기의 기름과 힘줄을 제거한 후 2cm 정도씩

잘라 소금과 후추에 양념한 후 팬에 브레이징(braising; 기름에 볶은 다음 물을 조금 넣고 천천히 익힌 것)한 요리이다.

🌼 스칼롭핀(scaloppine): 송아지 다리부분의 작고, 얇은 고기로써 소금과 후추로 양념하여 와인 맛을 내어 밀가루를 뿌린 후 소테(saute; 살짝 튀김)한 요리로 양송이 소스와 함께 제공된다.

🌼 빌 카트렛(veal cutlet): 뼈를 제거한 송아지 고기를 얇게 저민 후 소금과 후추를 뿌리고 밀가루에 묻힌 다음 계란과 빵가루를 입혀 기름에 튀겨낸 요리이다.

(4) 양고기(Lamb)

1년 이하의 어린 양고기(lamb)는 육질이 부드럽고 맛이 담백하며 소화가 잘되는 반면, 1년 이상 자란 양고기(mutton)는 향이 강하며, 섬유질이 많아 약간 질기다. 양고기 요리는 중동지역 인이나 유태인들이 즐겨 찾는다.

양고기를 조리할 때는 박하(mint)나 로즈마리(rosemary)를 많이 사용하여, 특유의 향을 제거하기도 하는데 요리제공 시에는 박하소스(mint sauce)를 따로 제공하기도 한다.

🌼 램 찹(lamb chop): 이는 1년 이하의 양고기의 갈비를 뼈가 있는 채로 얇게 잘라서 적포도주, 양파, 샐러드, 올리브기름으로 잰 후 고기를 살짝 구운(saute) 다음 백포도주로 첨가하여 그릴드(grilled)한 요리로 둥글게 썰어 제공한다.

🌼 휠렛 램(fillet of lamb): 양고기를 통째로 소금과 후추를 뿌린 후 기름에 튀긴 다음, 다시 양념한 뒤 철판에 구운 요리이다.

(5) 돼지고기(Pork)

돼지고기는 쇠고기 다음으로 많이 쓰이는 요리로 중식에서 많이 사용되고 있다. 돼지고기 부위는 안심(fillet), 등심(loin), 볼기살(ham), 어깨살(shoulder), 삼겹살(flank)과 내장과 같은 부산물이 있다.

베이컨은 삼겹살을 잘라 소금과 향신료에 절여서 건조와 훈연한 것으로, 지방이 많은 것이 특징이다. 햄은 볼기살인 허벅다리 살을 소금과 향신료 등으로 절여서 훈연한 것으로 지방이 적고 담백하다. 소시지는 돼지고기를 사용하기도 하지만, 쇠고기나 다른 육류를 섞어서 만들기도 한다.

❀ 폭 찹(barbecued pork chop): 돼지갈비를 소금과 후추로 양념한 후 밀가루를 묻혀 바비
큐한 요리로 갈비 바비큐라고 한다.

❀ 햄 스테이크(ham steak): 햄을 석쇠구이 한 요리로, 보통제공 될 때는 파인애플과 함께
제공된다.

❀ 폭 카트렛(pork cutlet): 돼지고기를 얇게 저민 후 소금, 후추를 뿌린 후 밀가루와 계란,
빵가루를 입힌 후 기름에 튀긴 요리를 말한다.

(6) 가금조류(Poultry)

가금조류는 지방, 철분, 인과 같은 영향분이 풍부하고 지방질이 많이 함유하고 있어, 쇠
고기나 돼지고기를 싫어하는 고객이 즐겨 찾는다. 식용 가금조류로는 닭, 칠면조, 거위, 오
리, 메추라기, 꿩 등이 있으며, 엽조류(games)로는 비둘기나 참새 등이 있다.

특히, 가장 즐겨 먹는 닭고기는 피하에 노란 지방이 많으나, 근육질에는 적어 담백하고
연하여 소비가 가장 많은 가금류 중의 하나이다. 칠면조 요리는 추수감사절이나 크리스
마스에 등장하는 요리이지만 최근에는 일 년 내내 즐겨 먹는다. 거위는 오리보다 지방이
많으므로 강제 사육하여 거위 간(goose liver)을 생산하는데, 고급요리에 속한다. 오리고기
는 고기보다는 뼈와 지방이 많지만 연한 것이 특징이다.

6) 야채요리(Salad)

고대 그리스로부터 현재까지 먹고 있는 방법은 신선한 야채에 소금을 뿌려 먹던 습관
에서 비롯되었다 한다. 샐러드의 어원은 라틴어의 "sal(소금)"에서 유래되었다고 하며, 16세
기경부터는 "salade"라고 불리었던 야채그릇이 반구형 투구와 비슷한 것에서 유래되었
다 한다.

샐러드는 지방이 많은 육류로서 요리의 소화를 돕고, 영향에 필요한 필수 비타민과 미
네랄이 함유되어 있어 건강의 균형을 유지시켜 주는데 좋은 역할을 하고 있다.

샐러드는 4가지의 기본적인 요소 즉, 본체와 바탕 그리고 곁들임과 드레싱으로 되어 있
다. 본체는 샐러드를 구성하고 있는 중심재료가 되며, 바탕은 그 바닥에 깔은 양상치 또는
그린채소를 의미하는데, 이는 그릇에 채워주는 역할과 사용된 본체와의 색 대비를 위한
것이다. 곁들임은 샐러드의 색 조화를 보완해 주며, 향과 야채 질감을 향상시켜주는 재료
로 소량 사용한다. 드레싱은 샐러드의 본체나 곁들임에 사용하지 않는 재료를 주로 사용

하며, 샐러드의 맛을 결정하는 중요한 요소이며, 드레싱에 첨가된 여러 가지 식재료는 곁들임의 역할까지 함으로써 맛과 향을 보완해 줄 뿐만 아니라 시각적인 효과도 증진한다.

샐러드에는 비타민 A와 C의 함유량이 풍부하여 많은 사람들이 즐겨 찾는다. 원래 샐러드는 앙뜨레(entree) 코스 다음에 제공되는 것이 원칙이나, 요즈음은 앙뜨레 전에 제공되기도 하지만 때로는 앙뜨레와 함께 제공되기도 한다.

(1) 샐러드의 구분

샐러드는 "le repertoire de la cuisine"에 소개된 것만 해도 191가지가 될 정도로 다양하다. 따라서 샐러드를 구분하는 데는 여러 가지 방법이 있겠지만 대체로 재료에 의한 구분, 만드는 방법에 의한 구분, 찬 것, 더운 것 등으로 구분할 수 있다. 다음은 일반적으로 구분되어지는 형태의 분류법이다.

① 단순 샐러드(simple salad): 신선한 채소로만 만든 샐러드로서, 양상치(lettuce), 시금치(spinach), 피망(pimiento), 오이(green cucumber), 아스파라거스(asparagus), 양배추(cabage), 치커리(chicory), 당근(carrot), 셀러리(celery), 버섯(mushroom) 등을 사용하여 만든 샐러드이다.

② 혼합 샐러드(mixed salad): 여러 가지 야채와 함께 과일, 육류, 생선 등을 혼합하여 만든 샐러드이다.

✿ fruit salad: 야채와 과일이 제공되는 샐러드(fresh fruit salad)

✿ fish salad: 야채와 생선이 제공되는 샐러드(tuna fish salad, lobster salad)

✿ meat Salad: 야채와 육류가 제공되는 샐러든(beef salad)

✿ poultry Salad: 야채와 조류가 제공되는 샐러드(turkey salad)

③ 복합 샐러드(combined salad): 한 접시에 맛, 형태, 질감 등이 서로 다른 다양한 샐러드의 조합으로 형성된 샐러드로서 메인 샐러드(main salad)나 전채 등에 제공된다.

(2) 드레싱(dressing)의 종류

드레싱은 샐러드 맛을 조절하고, 맛과 풍미를 제공하는 소스로서 유럽에서는 소스(sauce) 또는 비네그렛(vinaigrette)이라고 한다. 드레싱의 어원은 샐러드 위에 드레싱을 뿌리면 흘러내리는 모양이, 여성이 옷(dress)을 입을 때 흘러내리는 모양과 흡사하다는 데서 유래되었다.

드레싱의 종류는 마요네즈(mayonnaise) 계열과 오일 비네가(oil & vinegar) 계열 등으로 분류된다. 오일 비네가 계열을 서브하기 전에 주의할 점은 잘 섞이게 저어주어야 한다. 왜냐하면 오일과 식초는 시간이 지남에 따라 오일이 식초위에 뜨게 되어 기름과 식초, 첨가물이 분리되는 현상이 일어나기 때문이다. 드레싱의 종류는 다음과 같은 종류가 있다.

① 후렌치 드레싱(frech dresding): 오일에 식초, 소금, 겨자, 레몬즙, 머스타드, 마늘 등을 넣어 만든 vinegar성 드레싱이다.

② 사우전드 아이랜드 드레싱(thousand island dressing): 마요네즈, 계란, 토마토 케찹, 양파, 후추 등을 넣어 만든 mayonnaise성 드레싱이다.

③ 잉글리시(english dressing): 소금, 후추, english Mustard, 식초, 식용유, 설탕을 가미한 드레싱이다.

④ 엔초비(anchovy dressing): 멸치 페이스트(anchovy raste), 계란, 겨자, 레몬주스 등으로 만든 드레싱이다.

⑤ 크림 드레싱(creaming dressing): 크림에 식초, 레몬즙을 3:1의 비율로 만들어 소금과 후추를 가미한 드레싱인데, 상치 등의 샐러드에 적합하다.

⑥ 오일 엔 비네가 드레싱(oil & vinegar dressing): 올리브 기름과 식초를 섞고 후추, 소금, 적포도주 등을 가미하여 만든 드레싱이다.

⑦ 과일 샐러드 드레싱(fruit salad dressing): 마요네즈 또는 크림에 젤리, 레몬주스를 섞어 만든 드레싱이다.

(3) 샐러드와 드레싱의 서비스 방법

새러드는 반드시 차게 해서 제공되어야 하며, 항상 신선한 상태로 유지해야 한다. 서비스하는 테이블 위치는 main dish의 왼쪽 상단에 위치하도록 왼쪽에서 서브한다.

드레싱의 제공 요령은 드레싱 상태를 확인한 후 sauce boat에 담아 고객의 왼쪽에서 이름과 맛을 간단히 설면한 후 떨어지지 않도록 조심스럽게 제공한다.

7) 치즈(Cheese)

우유나 산양의 젖의 단백질이 유산균이나 효소의 작용에 의하여 응고 현상이 일어난 것을 발효, 가역, 숙성, 합착 과정을 거쳐 만들진 것을 치즈라 한다. 치즈의 종류는 다양하며, 각 나라에서 많은 종류의 치즈가 생산되고 있는데 세계적으로 500여종이 있다. 그 중에서 프랑스산 치즈가 가장 유명하며, 세계에서 제2의 생산국이기도 한다.

치즈를 후식으로 할 때는 대개 많은 양을 먹게 되는데, 예전에는 주식인 앙뜨레가 끝나면 다음코스로 치즈가 제공되었을 정도로 영향 흡수적으로 중요하다고 하겠다. 일반적으로 치즈는 제조 상태에 따른 분류와 강도에 따른 분류로 된다.

(1) 제조 상태에 따른 분류

① 자연치즈(natural cheese)

치즈를 숙성시킨 미생물이 온도 또는 습도의 영향으로 숙성을 계속하게 되므로 같은 종류라도 먹는 시기에 따라 독특한 맛이나 향취가 다르다. 유통되고 있는 대부분의 치즈가 자연치즈 이다.

② 가공치즈(process cheese)

가공 치즈는 자연치즈를 사람의 기호에 맞게 가공한 것으로, 강하게 느껴지는 치즈 특유의 향취를 약하게 유화시킨 것이다. 가공치즈는 품질이 안전하기 때문에 보존성이 높으며, 소비자 용도에 알맞은 제품을 선택할 수 있는 장점이 있다.

(2) 강도에 따른 분류

① 연질 치즈(soft cheese)

연질 치즈는 수분함량이 45~50%에 달하며, 촉촉하고 습기가 있는 곳에 보관해야 하는데, 숙성시키는 방법에 따라 비숙성 치즈, 세균숙성 치즈, 곰팡이 세균 치즈 등으로 구분되기도 한다. 대표적인 연질 치즈로는 모잘레스(mozarells), 카망벨(camembert), 브리(brie), 코타즈 치즈(cottage cheese), 크림 치즈(cream cheese) 등이 있다.

② 반경질 치즈(semi hard cheese)

이는 수분 함량이 40~45% 내외로 함량이 적으며, 압착하여 만든다. 경질 치즈보다 숙성기간이 길며, 오래 저장할 수 있다. 종류로는 던롭 치즈(dumlop cheese), 체다 치즈(chedda cheese), 블루 치즈(Blue Cheese) 등이 있다.

③ 경질 치즈(hard cheese)

경질치즈는 수분함량이 30~40%로 대부분 산악지역에서 생산되며, 제조과정에서 응고된 우유를 끓여 익힌 다음 세균을 첨가한다. 대부분의 치즈는 숙성과정에서 단단해 짐으로

운반과 저장이 용이하다. 경질 치즈의 종류로는 팔마산 치즈(parmesan cheese), 에담(edam), 에멘탈(emmental), 고다(gouda), 체다(cheddar) 등이 있다.

8) 후식(Dessert)

디저트가 제공되는 순서는 앙뜨레와 샐러드 다음에 제공되는데, 그 이유는 식사 후 제공되어야만 입안에 남아있는 기름기를 없애주기 위한 것이며, 디저트는 소화 작용을 돕는 음식의 의미도 내포되어 있다.

디저트의 어원은 프랑스어의 "desservir"에서 유래되었으며, '치우다', '정리하다'라는 뜻이다. 현재에도 디저트가 제공되기 전에 테이블 위에 있는 기물 중 글라스(glass)류를 제외한 모든 것을 치우고 나서 디저트를 제공한다. 디저트는 식사가 끝난 후 입안을 감미롭게 하기 위하여 신선하고(fresh), 달콤하고(sweet), 향기(flavor)가 있어야 한다.

디저트의 종류로는 감미류, 과일류, 치즈(cheese)로 구분되는데, 감미류에는 찬 것과 더운 것이 있다.

(1) 찬 후식(cold dessert)

① 아이스크림(iice cream)

빙과류로 바닐라, 딸기 아이스크림 등이 있는데, 아이스크림의 재료는 계란 노른자, 우유, 젤라틴, 설탕 등을 주재료로 사용하고 있다.

② 무스(mousse)

계란, 생크림, 과즙 등의 재료를 글라스에 넣어 차게 얼린 디저트로서 초콜릿 무스, 바닐라 무스 등이 있다.

③ 아이스 푸딩(ice pudding)

아이스크림에 여러 가지 과일을 갈아 넣고 계란 노른자를 섞어 차게 만든 디저트이다.

④ 샤벳(sherbet)

과일주스, 설탕, 물 또는 술을 재료로 하여 만든 저칼로리 빙고로 깨끗하고, 상쾌한 맛을 낸다. 샤벳은 디저트로 제공되기도 하지만, 생선요리를 먹은 후 생선냄새를 제거하여 앙뜨레(entree)의 참 맛을 느끼게 하기 위해 생선요리와 앙뜨레 중간에 제공되기도 한다. 종류로는 레몬, 멜론 등이 있다.

⑤ 샤롯트(charlotte)

샤롯트는 건과자류 틀에 넣어 만들며, 그 안에 무스크림(mousse cream)을 채운 다음 다시 얼려 만든 디저트이다.

(2) 더운 후식(hot dessert)

① 수플레(souffle)

푸딩(pudding)류에 속하는데 고급 케익의 일종이다.

② 크렙 수젯(crepe suzette)

밀가루, 설탕, 우유, 버터, 계란 등으로 얇게 만든 팬 케익(pan cake)을 크렙이라고 하는데, 수젯이라는 이름은 수젯여왕이 즐겨 먹었다 하여 크렙 수젯이란 이름이 되었다.

③ 체리 쥬블레(cherry jubille)

체리로 체리 시럽을 끓이면서 전분을 감미하여 리큐르로 프람베(flambee)해서 아이스크림 위에 얹어 만든 디저트이다.

9) 음료(beverage)

모든 식사가 끝나면 마지막 코스에 음료를 제공하게 된다. 이때 제공되는 음료로는 커피와 차가 있다.

(1) 커피(coffee)

① 커피의 역사

커피가 처음 발견되었을 때는 기호음료로 쓰인 것이 아니고, 오랫동안 의약용품으로 사용되어 오다 조리방법이 개발되면서 오늘날의 음료로 발전되었다.

기원전 6세기경 에디오피아의 아비니시아 공원에서 야생으로 자라던 커피열매를 산양이 먹고 취해 있는 것을 바그다드 의사인 "라제스(Rhajes)"가 발견하여 약품으로 사용하였

고, 1세기 후 아라비아의 의학자이자 철학자인 "아비센나(Avicenna)"가 커피를 최초로 기호음료라 불렀다. 이 밖에도 내려오는 몇 개의 구전은 있지만, 커피의 어원 보면 coffee는 에티오피아의 "카파(Kaffa)"에서 그 뿌리를 찾을 수 있으므로, 에티오피아가 원산지임에 틀림이 없다.

그 이후 유럽으로 전해진 것은 300여 년 전 일이며, 우리와 가까운 일본에 상품으로 들어온 것은 약 100년 전 이다. 우리나라의 경우는 19세기 말 궁중에서 첫 선을 보였으며, 해방 이후 6·25사변 발발하면서 유엔군의 전투식량으로 포함된 커피가 나오면서 일반인에 전파되었다.

최근 우리나라에서 가장 많이 수입한 커피는 브라질, 콜롬비아, 베트남, 온두라스, 페루산이 주종을 이루고 있는데, 나라마다 맛과 향이 다르다.

② 커피의 특성

커피는 커피 콩을 볶아서 가루로 만들고, 그것을 뜨거운 물에 넣어 풀어낸 음료로, 그 성분이 카페인, 지방, 광물질, 에키스 등인데, 카페인은 식도에서 염산 분비와 위의 운동을 돕는 작용을 한다. 커피는 쓴맛, 신맛, 구수한 맛, 떫은맛이 조화를 이루는 기호음료로서, 피로감을 없애주고 머리를 깨끗하게 하며, 혈액순환이 잘 되도록 해주는 성분과 함께 특유의 맛과 향이 있어, 커피가 발견된 이후 수백 년 동안 커피 애호가들에 의해 애용되고 있다.

③ 커피 끓이는 법

최근에는 커피를 만드는 기계가 일반화 되어 있어, 사람의 손이 가지 않아도 소비자가 원하는 다양한 커피가 버튼 하나의 조작으로도 만들어지는 시기이지만, 커피가 만들어 지는 원리는 모두 같다고 할 수 있는데 다음과 같은 원리에 의해 만들어 진다.

- 🔧 드립(drip)법: 일명 "휠터법(filter)"이라고 불리는데, 휠터를 드립에 부착시킨 후 커피 분말을 담은 다음 끓인 물을 붓고 커피가 여과되도록 한다.
- 🔧 사이펀(siphon)법: 가는 관(siphon)을 통하여 커피를 추출하는 방법으로 플라스크(하부품)에 물을 붓고, 로드(상부품)에 커피를 넣어 상하를 연결한 후, 플라스크를 가열하면 수증기가 중앙 관을 통하여 로드로 올라가 커피가 추출되는 방법이다.
- 🔧 퍼클레이터(percolator)법: 일반 가정에서 많이 사용하는 coffee pot로, 윗부분에 장치된 여과기에 커피를 넣고 일정분량의 물을 부어 끓이는 방법이다.
- 🔧 보일링(boiling)법: 가장 일반적인 방법으로 커피와 물을 함께 넣고, 직접 열을 가하여

끓여내는 방법이다.

🌼 전동(bunn automatic)법: 컴퓨터 콘트롤 시스템(computer control system)의 커피기계로 커피를 계량분쇄 압축하여 커피를 추출하며, 여러 가지 커피를 추출할 수 있다.

④ 커피의 종류

커피는 술이 첨가 여부에 따라 알코올성 커피와 비 알코올성 커피로 나눌 수 있는데, 최근에는 다양한 종류의 커피가 만들어 지고 있으며, 그 중 기본이 되는 몇 가지만 설명하고자 한다.

비알코올성 커피로는 다음과 같다.

🌼 원두 커피(regular coffee): 커피콩을 볶은뒤 갈아서 내린 일반적인 보통커피로 레귤러커피라고도 한다.

🌼 아메리칸 커피(american coffee): 보통 커피보다 연한 커피로 아메리카노라 불림

🌼 디 카페인네이트 커피(de caffeinated coffee): 카페인이 없는 커피

🌼 에스프레소 커피(espresso coffee): 이태리식 진한 커피로, 보통 공기를 압축해 커피를 뽑은 것인데 에스프레스식 기계에서 추출한 커피

🌼 비엔나 커피(vienna coffee): 커피에다 스위트 휘핑 크림(sweet whipped cream)을 얹은 커피

🌼 커푸치노(capuccino coffee): 커피에다 휘핑 크림을 얹고, 그 위에 계피가루나 코코아 가루를 뿌린 커피

🌼 카페오레(dafe au lait): 커피 1/2에 더운 우유 1/2 섞은 커피

🌼 아이스 커피(ice coffee): 냉커피

알코올성 커피로는 다음과 같다.

🌼 까페 로얄(cafe royal): 브랜디(brandy)를 넣은 커피

🌼 아이리쉬 커피(irish coffee): irish whiskey를 넣고 휘핑크림을 얹은 커피

🌼 까페 몬크스(cafe monks): 베네딕틴(benedictine)을 넣은 커피

🌼 카페 민 호스트(cafe mine hosts): 코인투루(cointreau)를 넣은 커피

⑤ 커피 서비스 방법

커피는 양질의 것 일수록 향이 진한데, 커피는 향을 즐기는 기호식품이므로 커피를 제공할 때는 맛과 향이 살아 있도록 세심한 주의가 필요하다. 커피를 제공할 때의 한 잔은

약 100ml이고, 적정온도는 80℃~83℃이며, 설탕과 크림을 넣었을 때는 60℃~63℃가 유지되어야만 커피의 맛이 가장 좋다. 따라서 커피를 서비스 할 때는 커피가 뜨거워야 함은 물론이고, 커피 컵도 뜨겁게 보관되어져 있어야 한다.

(2) 차(tea)

① 차의 역사

차의 발상지는 중국이며, 그 역사는 매우 오래되어 수(隋: 589~620)의 시대 때부터 그 유래를 찾아 볼 수 있는데, 당(唐)나라 AD 780년에는 차세(茶稅)가 부과 되었다고 한다. 지금의 차는 300여년 전 아라비아인, 홀랜드인, 영국인 등에 의해 동서로 전해졌는데, 당시의 사람들은 차잎을 삶아서 그 물을 버리고 잎을 먹었다고 한다.

② 차의 종류

차의 종류는 홍차, 녹차, 오룡차가 있으나, 본래는 같은 것이며, 단지 만드는 과정과 방법에 따라 구분되어 진다.

- 홍차(black tea): 잎을 끓이지 않고 말려서, 잎의 천연효소 작용에 의해 발효하여 검은색으로 변하면 특별한 향기가 난다.
- 녹차(green tea): 잎을 끓여서 발효를 방지시켜 녹색을 유지하게 한 것이다.
- 오룡차(olong tea): 중간 발효에서 멈추게 한 홍차의 일종이지만 녹차의 맛을 가지고 있다.

③ 차의 서비스 방법

차는 특유의 풍미를 잃지 않게 하는 것이 매주 중요함으로 끓일 때와 제공할 때 세심한 주의를 요하며, 홍차는 고객의 기호에 따라 레몬을 넣기도 하고, 밀크를 넣기도 하는데 레몬과즙에 포함된 향기와 홍차의 풍미가 잘 조화되며 밀크를 넣으면 떫은 타닌의 강한 맛을 제거시켜 부드러운 맛으로 변하게 된다. 홍차를 제공할 때는 커피 제공 때와 마찬가지로 홍차 컵을 뜨겁게 해야 한다.

10) 양식당의 테이블 세팅

양식당의 테이블 세팅은 영업방침이나 제공되는 메뉴에 따라 달라지나 일반적인 테이블 세팅은 다음과 같다.

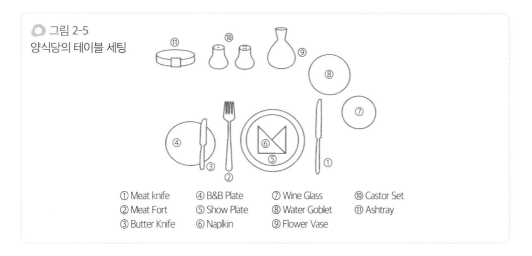

● 그림 2-5
양식당의 테이블 세팅

① Meat knife   ④ B&B Plate   ⑦ Wine Glass   ⑩ Castor Set
② Meat Fort   ⑤ Show Plate   ⑧ Water Goblet   ⑪ Ashtray
③ Butter Knife   ⑥ Naplkin   ⑨ Flower Vase

3. 일본 레스토랑(Japanese Restaurant)

1) 일본요리의 개요

일본요리는 고대 중국으로부터 한반도를 통하여 전래 되었던 문물과 함께 생겨났으며, 문화가 발달함에 따라 일본인의 기호와 지역적 특성에 맞는 맛, 색깔, 향기를 위주로 하면서 일본요리의 고유한 특성을 지닌 요리로 발전해 왔다.

일본은 북동에서 남서로 길게 뻗어 있고, 4면이 바다로 둘러싸여 있어서 지형과 기후의 변화가 많을 뿐만 아니라 같은 시기라 하더라도 지역마다 서로 다른 계절을 느낄 수 있다. 따라서 사계절에 생산되는 재료가 다양하고, 계절에 따라 맛도 달라지며, 해산물 또한 매우 풍부하다. 이러한 조건 속에서 일본요리는 쌀을 주식으로 하고, 농산물과 해산물이 부식으로 형성되었는데, 맛이 담백하고 시각의 요리로 불릴 정도로 색채와 모양이 아름다워 맛, 색깔, 향기가 매우 뛰어 나다.

일본요리는 지역별로 고유한 특징이 있어서 동경지방의 '관동요리'와 오사카 지방의 '관서요리'가 있다. 또한 상차림으로 구분하여 도산(逃山)시대에서 에도(江戸)시대로 내려오는 '본선요리'와 에도시대의 대명사처럼 불려 졌던 '회석요리(會席料理)'와 다도를 전문으로 하는 일가에서 내려오는 '차회석요리' 등의 상차림이 있다.

2) 일본요리의 특징

일본요리는 재료가 기준이 되는 서양요리와 달리 회, 구이, 찜 등 조리법에 기준을 두며, 음식에 담는 그릇에도 변화가 많아 모양, 색상, 재질 등이 다양하다. 또한 음식을 담는 방법도 입체적 공간의 미를 살리는 맛이 있으며, 다음과 같은 특징이 있다.

- 어패류를 재료로 하는 요리가 발달하였다.
- 생식요리가 발달하였으며, 조리법에서 재료가 갖고 있는 맛을 최대로 살릴 수 있다.
- 계절감이 뚜렷하다.
- 요리를 담는 기물이 다양하고, 예술적이다.
- 요리를 담을 때 공간과 색상의 조화를 매우 중요시한다.
- 비교적 요리의 양이 적으며 섬세하다.
- 일본요리의 메뉴는 그 조리법에 따라 분류된다.
- 전체요리가 계절별로 다양하다.
- 양식과 중식에 비하여 강한 향신료 사용이 적은 편이다.

(1) 관동요리(關東料理)

관동요리는 무가(武家) 및 사회적 지위가 높은 사람들에게 제공하기 위한 의례요리(儀禮料理)로서 에도요리(江戶料理)라고도 불리는 동경지방의 요리이다. 토양과 수질이 관서지방에 비하여 거칠었기 때문에 관서요리(關西料理)의 부드러운 맛을 창출한 것에 비해 관동요리는 농후한 맛을 내는 것이 특징인데, 동경만(東京灣) 근처에 잡은 어패류를 사용하여 만든 니기리 스시(초밥), 덴뿌라(튀김), 우나기(민물장어) 등이 대표적인 관동요리이다.

당시에는 설탕이 귀했는데 이것을 사용했다고 하는 것은 그만큼 고급요리였다는 것을 보여주고 있는 것이며, 최근에는 교통의 발달과 문화 교류 등으로 관동요리와 관서요리의 구분이 흐려지고 있다.

(2) 관서요리(關西料理)

관서요리는 가다가미 요리(上方料理)라고도 불리는데, 관동요리에 비하여 맛이 농후하지 않고 부드러우며 비교적 설탕을 사용하지 않고 재료 자체의 맛을 살리면서 조리하는 것이 특징이다.

관서요리의 대표적인 것은 교토요리(京都料理)와 오사카요리(大阪料理)가 있는데, 교토요리는 공가(公家: 조정을 출사하는 사람)의 요리로서 양질의 두부, 야채, 말린 청어, 대구포 등을 이용한 요리가 많으며, 오사카요리는 상가(商家)의 요리로서 양질의 생선, 조개류를 이용한 요리가 많다. 최근의 관서요리는 약식(略式)이 많으며, 회석(會席)요리가 중심이 되고 있다.

3) 형식에 의한 분류

일본요리는 형식에 따라 본선요리(本膳料理), 회석요리(會席料理), 차회석요리(茶懷石料理), 정진요리(精進料理), 보채요리(普菜料理) 등으로 분류할 수 있다.

(1) 본선요리(本膳料理)

본선요리는 도산(逃山: 370~400년 전)시대의 조리법으로 내려오다 에도(江戶)시대로 들어오면서 조리법이 문화의 변천에 따라 화려해 지고, 요리도 예술성을 띠어 정식 향연요리에 이용하게 되어 지금까지 내려오고 있다. 그러나 요즈음은 격식을 차려야 할 중요한 연회나 관혼상제 등의 의식요리 이외에는 많이 이용하지 않는다.

식단의 기본은 일즙삼채(一汁三彩), 이즙오채, 삼즙칠채 등이 있는데, 여기서 즙(汁)은 국물을 뜻하고, 채(彩)는 반찬을 말한다. 즉 일즙삼채는 된장국(생선국), 생선회, 구이, 조림으로 구성된 요리이다.

(2) 회석요리(會席料理)

회석요리는 본선요리(本膳料理)가 기본이 되면서 간편하고 즐겁게 식사를 할 수 있도록 구성된 요리로서, 본선요리를 약식으로 개선하여 연회 등에서 차려지는 요리라 할 수 있다. 일본인들이 일상적으로 접할 기회가 많은 요리이다.

최근에는 회석요리라고는 하지만 본선요리 형식으로 나오는 경우도 있다. 본선요리는 대중음식점에서 쓰이는 다리 달린 식탁에 요리가 차려져서 배열되어 있는 것이고, 회석요리는 고급 레스토랑에서 사용되는 다리 없는 식탁(오시끼)에 차례로 요리가 제공되는데, 차려지는 음식의 가지 수에 따라 3품, 5품, 7품, 9품, 11품으로 구분되는데, 이때 밥과 김치는 품수에 들어가지 않는다(전채, 맑은 장국, 회 또는 초무침, 생선, 큰새우, 일본식의 알쌈, 구이, 조림, 찜, 튀김, 식초를 사용하여 무친 것, 된장국, 술).

회석요리는 손님이 식사하는 속도에 따라 음식을 한 가지씩 내어 놓는다. 그 이유는 따듯한 것은 따듯할 때, 찬 것은 차가울 때 식사를 즐길 수 있도록 배려를 한 것으로 요리의 정성을 소중히 하기 위해서 이다.

(3) 차회석요리(茶懷石料理; 차가이세끼요리)

차회석요리는 차석(茶席)에서 차와 함께 제공되는 요리로서 귀족사회의 본선요리와 정진요리(精進料理)에서 나온 것이다. 차가이세끼요리는 일명 가이세끼요리라고도 하는데, 다도(茶道)에서 나온 요리로서 차를 들기 전에 내는 요리를 말하며, 아주 간단하고 양이 적지만 요리과정이 매우 까다롭다. 회석(懷石)요리의 종류는 혼가이세끼(本懷石), 락쿠 가이세끼(平懷石), 벤도오(弁當) 요리로 나누어 진다. 일반적으로 차회석 요리는 일즙이채(一汁二菜)가 보통이며, 밥, 국, 회종류, 조림, 구이 등으로 구성되어 있다.

본래 차가이세끼요리는 선종의 승려들이 가루차와 함께 먹었던 식사로, 수행 중에 승려들이 아침과 오후 두 번밖에 식사를 하지 않기 때문에 추운 밤이면 빈속으로 잠을 이룰 수 없기 때문에 불에 달군 돌을 싸가지고 배에 대어 빈속을 견디어 냈다는 데서 회석(懷石)이란 말이 유래되었다고 한다. 그리고 현대에는 차도의 정식초대에는 반드시 회석요리가 나오며, 차도의 취지에 따라 아침, 낮, 저녁 그리고 계절에 따라 메뉴가 변한다. 유래된 내용에서 나타났듯이, 처음에는 검소한 식물성 요리로 구성되었으나, 시대가 흐름에 따라 생선도 이용되는 호화스러운 요리로 변했다. 회석요리 후에는 짙거나 엷은 가루차를 드는 것이 원칙으로 되어 있다. 본선요리는 처음부터 요리 모두를 식탁에 늘어놓는 반면 회석요리는 한 가지씩 나오므로 음식의 맛이 변하기 전에 먹을 수 있는 장점이 있어, 최근에는 연회에도 이러한 형태의 메뉴를 구성하는 경우도 많다.

(4) 정진요리(精進料理; 쇼오진 요리)

정진요리는 다도가 보급되는 전후에 서민들의 식단에 올라오는 생선과 고기를 전혀 사용하지 않는 불교의식 요리로서 사원에서 발달되었으며, 이 요리의 중심지는 교토(京都)이다. 정진요리는 유정(有精; 동물)을 피하고, 무정(無精; 식물)인 채소류, 곡류, 두류를 이용해서 만들었다는 뜻으로 미식을 피하고, 조식하는 것을 의미한다.

식단의 식단은 일즙삼채, 일즙오채, 이즙오채, 삼즙칠채 등의 기본에 따라 구성된다.

(5) 보채요리(普菜料理: 후차 요리)

보채요리는 오오바쿠 요리로 불리어 지는데, 황벽산(黃壁山)에 있는 만복사(萬福寺)의 법주에 있으면서 중국에서 찾아오는 선종들을 접대 할 때 정진요리를 중국식으로 조리했던 것으로, 아직도 음식명이 중국식 명칭을 따른 것이 남아 있다.

4) 일본요리의 종류

(1) 오도시(おどし: 진미)

일식에서 가장 먼저 제공되는 요리로서, 음식을 주문하고 기다리는 동안 지루하지 않도록 제공되는 것이며, 가벼운 술안주도 제공되는 진미이다. '쓰기다시'로 불리고 있다.

(2) 젠사이(前菜: ぜんさい: 전채)

전채요리는 다음요리를 위해 입맛을 돋우는 역할을 함으로서 음식의 모양, 색깔, 맛, 그릇, 재료 등 세심한 주의가 필요하다. 특히 전채요리는 양은 적어야 하며, 풍기는 맛이 중복되지 않도록 하되 신맛, 매운맛, 단맛 등이 겹치지 않도록 해야 한다.

(3) 스이모노(吸(い)物: すいもの: 맑은 장국)

스이모노는 일본 요리에서 중요한 코스 중에 하나로, 다량의 즙액에 소량의 고형(固形)식품을 넣은 장국인데 담백한 맛과 향기로서 식욕을 증진시킨다.

(4) 사시미(刺身: さしみ: 속회)

사시미는 생식에 속하는 요리로 맛과 향을 그대로 즐기는 요리이므로, 재료의 신선함 선택에 주의를 해야 한다. 특히 사시미는 일본요리 가운데 미적표현을 가장 잘 나타낸 요리써, 양념도 하지 않은 채 생식한다는 특징이 있다. 관동지방에서는 '사시미', 관서지방에서는 '쓰구리'라고도 한다.

(5) 야끼모노(燒物: やきもの: 구이)

야기모노는 식재료에 열을 가하여 지방분을 녹이면서 익히는 조리법으로 독특한 맛을 내면서 영향분이 손실되지 않게 하는 특징이 있다. 굽는 방법은 석쇠에 굽거나 꼬챙이를 이용하여 불에 직접 굽는 방법이 있으며, 후라이 팬이나 오븐(Oven)을 이용하여 간접적으로 굽는 방법이 있다.

(6) 니모노(煮物; にもの: 조림)

식품을 약간의 장국과 함께 가열하여 조미료를 이용하여 맛과 향을 낸 요리를 말하는데, 가열하면 식품의 질이 연해지므로 소화도 잘 되고 조미료를 이용해 향이 좋기 때문에 식욕증진에도 좋다. 이는 우리나라의 찌개와 같이 국물이 있는 요리도 있지만, 조림과 같이 국물을 적게 하는 등 요리법이 다양하다. 일반적으로 조림은 반찬이나 술안주로 이용되기 때문에 다른 요리와 조화를 이루어야 하고, 생선이나 육류가 있는 식단에는 야채류의 조림이 좋다.

(7) 스시(寿司; すし: 초밥)

스시는 밥에 식초, 설탕, 소금으로 가미하여 초밥을 만든 후 생선, 생선알, 조개, 김, 계란말이, 야채 등의 재료를 이용하여 한 번에 먹을 수 있게 만든 요리이다.

(8) 아게모노(場物: 튀김)

재료가 지닌 자연의 맛을 그대로 살릴 수 있고, 영양가가 높다는 점에서 튀김은 뛰어난 요리법 중 하나이다. 튀김을 할 때 입히는 튀김옷(ころも; 고로모)을 식물성 기름에 튀김으로서 속 재료의 맛은 튀김옷에 의해 보호되면서 스며든 기름은 맛을 한결 좋아지게 하고, 영양가도 높여준다.

(9) 무시모노(むしもの; 蒸(し)物: 찜)

재료를 찜통이나 찜틀에 넣고 증기로 찌는 것을 말하는데, 재료가 지닌 영양이나 맛을 살리는 방법이다. 재료로는 닭고기, 흰살 생선, 계란, 야채, 조개 등이 있으며, 담백한 맛을 내는데 이용되는 조리법 중 하나이다.

(10) 미소시루(みそしる; 味噌汁: 된장국)

미소시루의 주재료는 된장이며 이를 바탕으로 국물과 건더기의 조화를 이룬 국이다. 일본의 된장은 우리나라와 달리 각 지방마다 독특한 맛이 있는데, 단맛, 짠맛, 매운맛 등

수 십종이 있는데, 미소시루의 맛은 된장의 품질에 따라 달라진다.

(11) 나베모노(鍋物: 냄비요리)

나베모노는 손질한 재료들을 냄비에 넣고 식탁에서 직접 끓이면서 조리하는 것으로 요리시간도 절약되고, 계절에 따라 재료를 다양하게 사용할 수 있으므로 영양가의 손실이 적다고 할 수 있다.

(12) 샤부샤부(しゃぶしゃぶ)

주재료를 소고기로 하며, 야채와 함께 끓은 물에 소고기를 젓가락으로 잡은 후, 2~3번 흔들어서 익히는 요리로 이때 흔드는 행위를 '샤부샤부'라고 한다.

(13) 후구요리(河豚料理: 복요리)

바다에 사는 참복과에 속하는 복어는 하돈(河豚)이라고 하는데, 이는 배가 불룩하여 붙여진 이름이며, 기름기가 적어 맛이 담백하고 단백질이 많은 생선이다. 복어의 맛은 11월에서 그 다음해 2월까지가 가장 맛이 좋고, 봄에는 복어의 독이 강하고 맛도 떨어져 먹지 않는 것이 좋다.

특히, 복어는 단백질이 풍부하여 허리와 다리를 튼튼하게 하고 치질에도 효과가 있으며, 몸이 약한 환자에게 좋다. 이처럼 복어는 영양과 맛이 뛰어나지만, 그 독성은 치명적이기 때문에 복어요리는 복어요리를 할 수 있는 자격증이 있는 조리사만 조리를 할 수 있을 뿐만 아니라, 그들에 의해 조리된 것이 안전하다고 할 수 있다.

(14) 데판야끼(鐵板燒: 철판구이)

데판야끼는 철판위에 구운 요리라는 뜻으로 카운터 형식으로 된 넓은 철판에서 조리사가 직접 요리하여, 앞에 있는 고객에게 서비스를 해주는 것이다. 이 요리는 서양요리에서 착안하여 일본인의 식성에 맞게 변형시킨 것으로, 뉴욕의 '바니하마'라는 레스토랑에서 시작은 되었지만 현재는 일본의 전통 요리로 자리 잡고 있다.

(15) 면요리(麵類料理: 국수)

일본의 면 요리에 사용되는 국수는 지방마다 재료와 맛이 다른데, 관동지방은 국물이 진하고 강한 맛이 나며, 관서지방은 연한 맛이 특징이다. 메밀국수는 관동지방에서, 우동은 관서지방에서 즐겨 먹는다.

5) 일본식당의 테이블 세팅과 서비스 방법

(1) 일본식당의 테이블 세팅

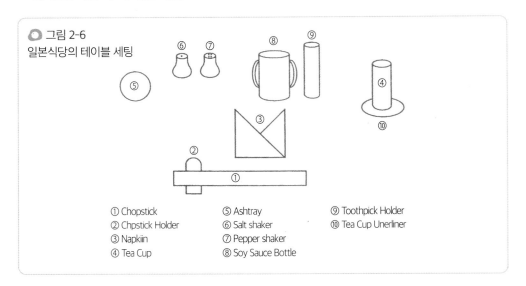

그림 2-6
일본식당의 테이블 세팅

① Chopstick   ⑤ Ashtray   ⑨ Toothpick Holder
② Chpstick Holder   ⑥ Salt shaker   ⑩ Tea Cup Unerliner
③ Napkiin   ⑦ Pepper shaker
④ Tea Cup   ⑧ Soy Sauce Bottle

(2) 테이블 서비스 방법

일반적인 서비스에서 고객에게 물수건을 전하고자 할 때는 고객의 오른쪽에서 제공하며, 모듬 요리에서 2인분 이상 주문을 받을 때는 'とりざら(도리자라)'라고 하는 앞 접시를 제공한다. 그리고 냄비요리를 주문 받았을 때는 끓이는 시간이 소요됨으로 손님과 대화를 나누는 것도 좋은 방법이다. 또한 회석요리를 주문받고 설명하기 위해서는 요리의 식재료, 조리방법, 향료, 맛과 같은 요리의 전반적인 지식을 갖추고 있어야 한다.

① 회석요리(會席料理) 서비스 방법

회석요리를 '카이세끼'요리라고도 하는데, 일본요리에는 정식요리라 할 수 있으며, 서비스를 함에 있어서는 다음과 같은 유의를 해야만 한다.

✿ 회석요리는 한 번에 메뉴의 모든 것이 제공되는 것이 아니라, 메뉴의 차림표에 의해

순서대로 제공한다.

- 스이모노(すいもの: 장국) 서비스 후 음료를 주문받는다.
- 도미구이, 왕새우구이, 복냄비 등 뼈가 있는 생선을 제공할 때는 물수건을 별도로 제공한다.
- 요리를 추가 주문했을 때는 주방에서 만들어지는 순서대로 제공되어야 한다.
- 밥, 장국 등 뚜껑이 있는 음식을 제공할 때는 뚜껑을 레스토랑 직원이 직접 열어주는 서비스 보다는 고객이 직접 열도록 한다.

② 냄비요리 서비스 방법

냄비요리는 다른 요리와 달리 고객이 앉아 있는 테이블에서 직접 끓이면서 제공하기 때문에 세심한 주의가 요구된다.

4. 중국 레스토랑(Chinese Restaurant)

1) 중국요리의 개요

중국요리는 중국대륙에서 발달한 요리를 일컫는 말로 청요리(淸料理)라고 한다. 중국에서는 2,000년 전부터 요리의 전문서적이 출판되었으며, 6세기경에는 '식경(食經)'이라는 요리책이 나왔을 정도로 중국요리의 맛과 전통을 자랑하고 있다. 중국은 넓은 국토와 해양으로부터 다양하고, 풍부한 식재료를 얻을 수 있었으며, 이들을 이용한 요리는 오랜 경험을 토대로 연구·개발되어, 현재는 세계적인 요리로 성장하였다. 즉, 폭 넓은 식재료 이용과 맛의 다양성, 합리적인 조리법, 음식의 모양이나 색깔 등이 오늘날의 중국요리로 발전된 것이다. 다시 말하면 중국에서는 '서채주순(西菜主純), 중채주화(中菜主和)'라는 말이 있는데, 서양요리는 고기와 생선을 주로 먹으며, 중국요리는 고기와 야채를 잘 조화시켜 먹는다는 뜻으로, 중국요리는 여러 가지 식재료를 이용하여 맛을 잘 조화시킬 뿐만 아니라, 다양한 종류의 맛을 만들어 낸다는 의미를 내포하고 있다.

이러한 중국요리의 기원은 황궁과 민가의 합작요리라고 할 수 있다. 즉, 황제나 권력자는 재물과 권력을 이용하여 불노장생의 산채, 강장을 구했고, 만가에서는 빈곤을 해결하기 위한 천연재료를 이용한 요리를 하게 되었는데, 이러한 양자의 결합이 현재의 세계적인 요리가 나오게 되었다. 넓은 국토를 지닌 독특한 각 지방의 요리는 예부터 빈번하게 이어온 민족 간의 이동과 더불어 상호교류와 보완을 통하여 오늘날의 중국요리로 발전된 것이다.

남북으로 상이한 기후 풍토와 생산물을 가진 중국은 각 지방에 따라 남경요리, 광동요리, 사천요리가 그것이다. 또한 중국요리는 민족에 그 초점을 두고 있으며, 동식물을 잘 활용하여 맛뿐만 아니라, 영양상으로도 이상적이라 할 수 있다. 또한 높은 온도에서 단시간에 조리를 하는 것이 많은데, 이러한 조리법은 재료의 특성을 살리면서 영양소 파괴를 적게 하고 있다. 요리를 담는 방법도 한 그릇에 담아서 풍성한 느낌을 갖게 한다.

2) 지역에 의한 중국요리의 분류

중국요리는 양식에서와 같이 코스로 주문을 하는 경우, 순서대로 음식이 나오기도 하지만 주식과 부식의 구별 없이 요리를 주문하는 경우가 대부분인데, 무엇보다도 미(美), 미(味), 색(色)을 중요시한다. 또한 각 지역마다 독특한 재료를 이용하여 여러 가지 음식을 만드는데, 다음과 같이 지역적 특성에 따라 북경요리, 남경요리, 광동요리, 사천요리로 나눌 수 있다.

(1) 북경요리(北京料理)

북경요리는 일명 칭짜이(京菜)라고 하는데, 북경을 중심으로 남쪽으로는 산동성, 서쪽으로는 태원까지의 북방지역 요리를 말한다. 북경요리는 청조(淸朝)의 궁중요리가 기본이 되어 가장 호화스러운 장식을 한 요리이다. 특히 가까운 산동성(山東省) 출신의 요리사가 많아 산동식 요리가 도입되고, 또한 동북지방(만주)의 고기요리, 역대 황제가 즐기던 소주요리(蘇州料理)가 가미되어 현재의 북경요리가 되었다.

지역적으로 북반에 위치하여 높은 칼로리가 요구되기 때문에 육류를 중심으로 한 요리가 유명하다. 또한 강한 화력으로 짧은 시간에 조리가 가능한 튀김요리, 볶음요리가 유명할 뿐만 아니라, 화북평야의 광대한 농경지에서 생산되는 풍부한 농산물 중 밀을 이용한 면류, 과자 등이 발달 되었다. 북경요리의 대표적인 요리로는 북경오리통구이, 양고기 징기스칸구이가 있다.

(2) 남경요리(南京料理)

남경요리는 지역적으로 남쪽에 위치한 난징(南京), 상하이(上海), 쑤조우(蘇州), 양조우(楊州)

등의 요리를 총칭하는데 상하이 요리라고도 한다. 남경요리는 중국내륙의 젖줄이라 할 수 있는 양쯔강(揚子江) 하구에 19세기부터 들어오기 시작한 서유럽의 문물이 들어오면서 국제적으로 발전하였다. 따라서 남경요리는 구미사람의 입맛에 발전되었으며, 현재의 상하이 요리로 유명해 졌다.

남경요리는 상하이의 따듯한 기후와 풍부한 농산물 등 갖가지 해산물의 집산지로 다양한 요리를 낳게 했고, 특히 이 지방의 특산물인 장유(醬油)를 이용하여 달콤하고 기름기가 많은 요리가 특징이다.

유명한 요리들은 간장이나 설탕을 이용하여 달콤한 맛을 냈는데, 돼지고기에 진간장을 써서 만든 '홍사오로우'가 유명하다. 또한 바다가 가깝기 때문에 해산물을 많이 이용하였고, 한 마리의 생선을 가지고 머리에서 꼬리까지 조리를 하는 방법과 양념을 달리하여 맛을 내는 생선 요리도 일품이다. 바다가제로 만든 '무릉침세', 두부로 만든 '마파두부', 꽃 모양의 빵인 화권(花捲)이 유명하다.

(3) 광동요리(廣東料理)

중국 남부를 대표하는 광동요리는 광주(廣州)를 중심으로 복건(福建), 조주(潮主), 동강(東江)의 지방에서 만들어지는 요리를 일컫는 말이다. 광주요리는 중국을 최초로 통일한 진(秦)나라의 31대왕인 시황제(始皇帝) 시절부터 내려오는 오랜 전통이 있는 요리이며, 북쪽의 북경요리만큼이나 중국을 대표하는 요리이다.

광동요리를 흔히 '난차이(南茶)'라고 하는데, 광조우(廣州)는 아열대에 속하기 때문에 해산물이 풍부하고, 16세기부터 스페인, 포루투갈 등 외국과의 교류가 빈번하여 선교사나 상인들의 왕래가 많아 서유럽의 음식 영향을 받으므로서 일찍이 국제적인 요리관이 정착되었다. 즉, 광동요리는 지역적인 영향에다 서양채소, 캐찹, 우스타스 소스와 같은 서양요리의 재료와 조미료를 받아들여 독특한 맛을 이루었다. 그러므로 나름대로 전통이 있는 광동요리에 커다란 변화를 일어났음에도 그것을 중국화로 발전시켜, 다양한 맛을 만들어내고 연회요리까지 발전시켰다.

광동요리의 재료로는 상어 지느러미, 제비둥지, 사슴 뿔, 곰 발바닥 등 흔치 않은 재료를 이용하였으며, 뱀의 뼈, 고양이, 객, 원숭이에 이르기까지 다양하여 식재광주(食在廣州)라 불리었다. 광동요리의 특징은 더운 남쪽지방의 다양한 재료를 가지고, 자연 그대로의 맛을 살려내는 담백한 것이 특징인데 개요리?(犬料理), 뱀요리, 구운 돼지고기요리 등이 있다.

(4) 사천요리(四川料理)

중국의 서쪽지방인 양쯔강 상류의 산악지대 요리를 대표하는 사천요리는 운남(雲南), 귀주(貴州)에 위치한 지방요리까지를 총칭하는데 일명 촨차이(川菜)라고 한다. 사천지역은 중국내륙에 위치하여 바다가 떨어진 산악지대면서 분지(盆地)형태를 이루고 있어, 추위와 더위가 심한 지역으로, 예로부터 악천후를 이겨내기 위하여 산악지대에서 많이 생산되는 암염(岩鹽)향신료를 많이 쓰고, 바다가 멀리 떨어진 관계로 해산물 보존 방법이 발달하였다. 따라서 매운 요리와 마늘, 고추, 파 등을 사용한 요리가 많다.

사천요리로는 두부와 다진 고기를 이용한 마파두부(麻婆豆腐), 짜차이(搾菜: 소금에 절인 중국식 김치), 새우요리 등이 유명하다.

3) 중국요리의 특징

(1) 재료선택이 자유롭고 광범위하다. 즉 사람이 먹을 수 있는 식료품의 모두가 식재료로 이용되고 있으며, 상어 지느러미, 제비집과 같은 특수한 것들도 일품요리 재료로 이용되고 있을 만큼 종류가 다양하다.

(2) 맛이 다양하고 풍부하다. 단맛, 쓴맛, 짠맛, 신맛, 매운맛과 같은 오미(五味)를 배합하여 창출해 낸 맛의 다양성은 세계 제일이라 할 수 있다.

(3) 조리기구가 간단하고 사용이 용이하다. 하나의 후라이 팬으로도 다양한 요리를 만든다.

(4) 기름을 합리적으로 사용한다. 대부분 중국요리는 기름에 튀기거나 볶거나, 조리거나 하는 것들이 많다. 그러므로 적은 양으로도 많은 칼로리를 얻을 수 있어 합리적이다.

(5) 조미료와 향신료가 다양하다.

(6) 음식에서 풍기는 외양이 풍요롭고, 화려하다.

(7) 녹말을 많이 사용한다. 조리 시에 사용되는 기름은 수분과 서로 분리되는 성질이 있어, 이 두 가지를 융합시키는데 녹말을 사용한다.

(8) 고온에서 음식을 조리한다.

4) 중국요리의 메뉴 구성

중국에서는 메뉴를 차이딴(菜單) 또는 차이푸(菜譜)라고 하는데, 중국인들은 짝수를 좋아하는 습관이 있어 4, 6, 8종류로 메뉴를 구성한다. 전채 4종류, 주 요리 6종류 또는 8종류,

점심 2종류 등과 같이 짝수로 구성을 해야 한다. 또한 중국요리에서는 '한 가지 요리'라는 개념이 식사하는 인원수에 따라 양을 조절하는 것이 아니라, 요리의 가지 수로 음식의 양을 조절을 한다.

(1) 정탁요리(定卓料理)

정탁요리는 일명 상(床)요리라고도 불리며, 정식 코스메뉴의 차림표라 할 수 있다. 정탁요리는 가격에 의하여 작성된 메뉴이며 5~10인분을 기준으로 하고 있고, 정해진 순서에 의해 음식이 제공된다. 한편 고객의 기호에 의해 정탁메뉴가 작성될 때는 사전예약을 해야만 만족스러운 서비스를 받을 수 있다.

(2) 차(茶)

차는 양자강, 메콩강 등의 연안지대에 자생하는데, 이들 강은 모두 사천성의 경계를 이룬 산악지대에서 그 수원이 비롯되고 있으므로 그 곳이 원산지라 생각하는데, 중국에서는 주(周)시대(B.C 771~122)부터 차를 마셨다는 설과 신농씨(神農氏)때부터 시작되었다는 설이 있는데, 한나라시대에는 차의 재배와 제조가 시작되었고, 위나라 때에는 널리 보급되었다.

중국차는 세계적으로 잘 알려져 있지만, 최근에는 인도, 스리랑카, 수마트라, 일본 등지에서 생산되는 차도 널리 알려져 있다.

① 홍차(紅茶)

홍차는 인공적으로 발효시킨 것으로 제품의 색깔이 검기 때문에 black tea라고도 한다. 같은 식물의 찻잎이지만 보관 방법에 따라 잎 속에서 효소가 산화작용을 일으켜 검게 변화된 것이다. 홍차는 찻잎을 발효시키고, 비비고 볶음 순으로 작업을 하게 되는데, 처음 두과정이 중요하다. 이때 발효가 되면서 검게 변하며 홍차 특유의 방향 물질을 조성한다. 그리고 중요한 것은 온도, 습도, 시간 등 각기 최적의 조건을 갖추어야 최고 품질의 홍차가 만들어 진다.

② 녹차(綠茶)

발효시키지 않은 찻잎을 이용한 것으로, 중국과 인도에서 처음으로 생산되었다. 새로 돋은 어린잎을 따서 차(茶)로 만들었는데, 5월, 7월, 8월의 3회에 걸쳐 잎을 따지만 5월에 생산된 것이 가장 좋다고 한다. 차나무는 상록수로 따뜻하며, 강우량이 많은 지역에서 잘 자란다. 녹차를 만들기 위해서는 딴 잎을 즉시 가열하여 산화효소를 파괴시켜 녹색을 그대로 유지하는 동시에 수분을 증발시켜 잎을 부드러운 상태로 만든다. 그 후 가열을 계속하게 되면 수분이 없어지게 되는데, 최근에 와서는 증열기, 재건기, 건조기 등을 사용하여 차를 제조하고 있다.

③ 우롱차(嗚龍茶)

홍차의 제조방법으로 만든 반 발효차로, 처음은 중국에서 만들어졌으나, 1890년부터는 타이완에서 생산되었다. 제품의 색깔이 검정색이고 모양이 용같이 구부러졌다 하여 이름이 붙었는데, 보통 '중국차'라고도 한다. 6~8월 사이에 차나문 새싹을 사용하는데, 그늘진 곳에서 대나무 바구니에 담아두면 천천히 수분이 증발하는 동안 발화효소가 작용하여 발효가 진행된다.

잎 표면에는 광택이 나며 사과 비슷한 향이 나는데, 실내에 두면 발효가 시작되고 4~5시간 지나면 차 잎 가장자리가 조금 붉어지면서 향도 강해진다. 이때 달구어진 가마솥에 10분쯤 넣어두면 발효가 급히 중지된다. 그리고 솥에서 꺼낸 후 잘 비빈 다음 숯불위에서 건조시켜 제품을 만드는데, 마지막 건조 기술여하에 따라 독특한 향이 결정된다.

3) 중국술

중국술은 4,000년 역사를 가지고 있어 세계적으로도 잘 알려져 있는데, 그 역사만큼이나 중국 사람들은 술을 좋아하는 것으로 알려져 있다.

술을 만드는 원료로는 쌀, 보리, 수수와 같은 곡물을 많이 이용하였는데, 넓은 영토의 각기 따른 기후와 풍토에 따라 만드는 법도 다르고, 같은 원료로 만들었다 하여도 나름대로의 독특한 맛을 지니고 있다. 지역적으로 특징이 있는데 추운 북방지역은 독한 술을 즐겼으며, 따뜻하고 온화한 남방지역은 쌀을 주원료로 하여 만든 양조주를 즐겨왔다.

(1) 증류주

① 빠이지주(白酒)

지방에 따라 주조법은 다르지만 대부분 고구마, 소맥, 콩, 옥수수와 같은 곡류를 원료로 사용하였으며, 독특한 맛을 지니고 있다. 덩어리 진 모양의 밀, 보리 등에 자연번식 된 누룩을 이용하여 발효시킨 후 다시 증류한 술인데, 주정은 60%이다.

② 마오타이지주(茅台酒)

고량(高粱)을 원료로 하고 순수 보리, 누룩을 발효하여 9번 정도 증류해서 독에 넣고 밀봉하여 최저 3년 동안 숙성시킨다. 독특한 맛과 향을 지니고 있으며, 육류요리에 잘 어울리고 숙취도 없다. 주정은 53%~55%로 무색투명하다.

③ 렁지주(冷酒)

고량을 원료로 하며 주정은 65%로 높지만, 마시고 난후의 기분은 상쾌하며 숙취가 없다. 마실 때는 Sherry Glass를 사용하며, 칵테일 재료로 사용될 때는 Gin처럼 Base로 쓰이기도 한다.

④ 링티엔빠이지우(凌川白酒)

주정은 55%인데, 해산물요리에 좋으며 게, 해삼, 상어 지느러미 등의 요리에 반드시 곁들인다. 소량의 술을 데워서 마시며, 천천히 오랜 시간에 두고 마시는 술이다.

⑤ 고량주(高粱酒)

수수를 재료로 만든 술이다. 누룩 재료로는 대맥, 작은 콩 등을 사용하며 증류과정을 통한 숙성도 흙으로 만든 독을 사용한다. 무색투명하며 독특하며 강한 냄새가 난다. 주정은 59%~61%이다.

(2) 양조주

① 라오지우(老酒)

주원료는 대미, 찹쌀, 옥수수가루 등으로 만드는데, 찹쌀을 원료로 만든 것을 '나미로주', 옥수수가루를 원료로 만든 것을 '첨미로주'라고 한다.

② 소흥가반주(紹興加飯酒)

4,000년 역사를 가진 중국에서 가장 오랜 된 술이며, 주원료는 찹쌀에 특수한 누룩을 사용하였는데, 술을 만드는 사람 각각의 독자적인 비법을 갖고 있다. 누룩 외에 신것, 감초, 굴껍질 등을 넣기도 하는데, 오래된 것일수록 향기가 난다고 한다. 주정은 14%~16%로 황색 또는 암홍색을 띠고 있어 '황주'로 불리기도 한다.

(3) 기타

① 오가피주(五加皮酒)

고량주에 목향과 오가피 등 10여 종류의 한방약이 첨가된 술로 혼성주라 할 수 있다. 주정은 53%의 자색 또는 빨강색을 띠며 하북성과 천진에서 생산된다.

② 죽엽청주(竹葉淸酒)

대나무 잎과 풀뿌리, 나무껍질을 대국주로 침투시켜 만든 최고급 술이다. 오래된 것일수록 향기가 난다.

6) 중식당의 테이블 세팅과 서비스 방법

(1) 주문받는 요령

① 중국요리는 1인분의 주문방법이 아니라, 접시의 양에 따라 대(大), 중(中), 소(小)로 나누어 구분된다. 이것은 고객 수에 따라 알맞은 양을 적당히 분배 제공함으로서 요리가 남지 않게 하기 위함이다. 보통 대는 7~8인분, 중은 4~5인분, 소는 2~3인분으로 구분되어진다.

② 조리법이 같은 요리는 중복되지 않도록 주문을 받아야 한다. 즉, 닭튀김과 소고기튀김을 같이 주문받지 아니하며, 팔보채(八寶菜)와 전가복(全家福)을 같이 주문받지 아니한다. 하지만 고객이 특별히 주문을 원할 경우에만 응해야 한다.

③ 술을 즐기는 고객에게는 튀김요리, 구운요리, 절임요리 등을 추천한다.

④ 탕류, 찜류 등의 시간이 오래 걸리는 요리는 사전에 고객에게 알려야 하고, 조리시간이 오래 걸리는 요리를 한꺼번에 많이 주문받지 말아야 한다.

⑤ 시간이 없는 고객에게는 조리시간이 짧은 볶음요리를 추천하도록 한다.

⑥ 요리의 양이 인원수에 비하여 많을 경우, 너무 많이 주문하지 않도록 주의를 주어야 한다. 중국요리를 많이 접해보지 않는 고객에게는 양식과 같이 생각하여 각자 주문하는 경우가 있으므로 요리의 양이 많다는 것을 확인시켜줄 필요가 있다.

⑦ 술 다음에 추가로 식사를 주문받을 경우는 기름진 것을 피하고, 산뜻한 '죽'종류나 '면' 종류를 권하는 방법이 서비스의 기술이다.

(2) 서비스 방법

중국음식은 주로 회전판(lazy susan) 위에 음식을 올려놓고, 회전판을 돌려가면서 떠먹는 방법으로 음식을 제공하였다. 그러나 최근에 와서는 서비스의 장점을 살릴 뿐만 아니라, 좀 더 고급화된 서비스로 음식을 제공하기 위하여 러시안 서비스(Russian Service) 형태로 서비스하는 레스토랑들이 많아지고 있다. 하지만 서비스에 있어 다음과 같은 기본적인 것은 지켜야 할 것이다.

① 냉채를 서비스할 때는 초청한 고객(host)에게 요리를 먼저 보여드리고, 초청받은 고객(guest)에게 먼저 제공한다.

② 새로운 요리를 제공할 때는 반드시 사용했던 접시를 빼고, 새것으로 교환해야 한다.

③ 요리는 고객 테이블에서 직접 제공을 해야 하나, 테이블이 복잡할 때는 사이드 테이블(side table)에서 접시에 덜어 제공 한다.

④ 스프 서비스

Soup bowl을 먼저 set-up하고, soup tureen을 이용하여 스프를 제공한다. 서브방법은 냉채와 같은 시계도는 방향으로 돌아가며 제공한다.

⑤ 생선요리

머리 부분이 왼쪽, 배 부분이 고객을 향하도록 해서 제공한다. 회전판위에 올려놓았을 때는 한 바퀴 돌려 고객에게 보여드린 후 제공한다.

⑥ 맑은 스프

탕은 식사 바로 전에 서비스하는 것이 원칙이나, 고개의 특별한 요청이 있을 경우에는 요리의 마지막 코스가 끝날 무렵 식사와 함께 제공하도록 한다.

⑦ Tea Srevice

Tea는 식사 전이나 식사 중에 제공을 하나, tea가 식었다고 판단될 때는 수시로 뜨거운 tea로 바꾸어 드린다.

⑧ 요리제공

요리제공 시에는 필요이상의 말은 하지 않는다. 그러나 고객이 질문을 할 경우는 들고 있던 요리를 side table에 놓고 답변 하도록 하는데, 침이 튀지 않게 하기 위함이다.

⑨ 후식

후식 제공은 식사의 마지막 코스라 할 수 있기 때문에 이전에 사용했던 식기류는 모두 빼어 후식이 나갈 수 있도록 테이블 위를 정리한다.

(3) 중식당의 테이블 세팅

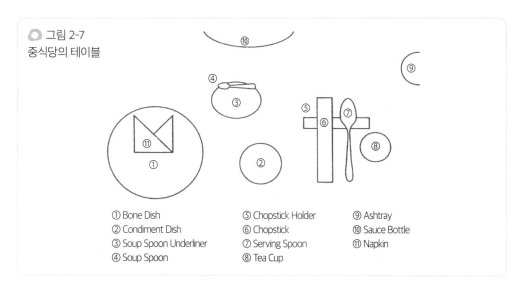

● 그림 2-7
중식당의 테이블

① Bone Dish　　　　　⑤ Chopstick Holder　　⑨ Ashtray
② Condiment Dish　　 ⑥ Chopstick　　　　　 ⑩ Sauce Bottle
③ Soup Spoon Underliner　⑦ Serving Spoon　　 ⑪ Napkin
④ Soup Spoon　　　　　⑧ Tea Cup

5. 룸서비스(Room Service)

1) 룸서비스의 개요

　호텔에서 룸서비스하면 레스토랑에서 제공하는 테이블 서비스와는 달리, 고객이 객실에서 주문한 식음료 내용을 객실로 신속하게 제공하는 일을 말한다. 룸서비스는 투숙하는 객실 고객이 레스토랑을 이용하지 않고, 객실 내에서 식음료를 주문할 경우 서비스를 담당하는 영업장으로, 개인적으로 서비스가 이루어진다는 점에서 주의를 요하는 서비스이다.

　특히, 주문은 조식의 경우 door knob menu와 전화를 통하여 이루어지는데, 주문을 받는 order taker의 업무는 중요하다고 하겠다. 특히, 룸서비스를 이용한 조식주문은 고객 입장에서는 매우 중요한 시간이라 할 수 있다. 하루의 시작이라는 의미도 있지만 레스토랑에 가는 시간을 아끼는 경우도 있으므로, 정확한 서비스가 이루어질 수 있도록 신경을 써야 한다. 또한 고객에 따라서는 객실 내에서 편안한 식사시간을 갖고자 하는 경우도 있으므로 언행에 유의를 해야 한다.

　Order taker는 대화 간에 오해가 발생되지 않도록 주문내용을 반복하여 확인을 해야 하며, 전화를 받는 중에도 up selling을 할 수 있도록 노력을 해야 한다. 또한 room service menu에 있는 것뿐만 아니라, 모든 업장의 식음료 메뉴도 알고 있어야 하며, 그 밖의 호텔의 전반적인 정보까지도 알고 있어야 한다. 특히 외국어에 능숙해야 업무를 원활히 수행할 수 있다.

Room service는 다른 영업장과 큰 차이는 없으나, 직원들의 서비스가 관리자의 통제권에서 벗어나 객실 내에서 개별적으로 일어남으로서 철저한 관리가 요구된다.

서비스를 함에 있어서도 주문에서 객실 내 서브까지 시간이 많이 걸릴 수 있으므로, 배달되는 시간을 고객에게 말씀드려야만 불평을 줄일 수 있다. 또한 음식과 관련된 기물이나 음식에 들어가는 소스 등은 엘리베이터를 타기 전에 재확인해야 한다. 실수로 빠트리면 많은 시간이 소비되고, 더운 음식의 경우 식을 수 있으며, 찬 음식은 찬기가 없어질 수 있기 때문이다. 따라서 이러한 문제점을 해결하기 위해서 room service에서는 전용 엘리베이터를 이용하기도 하지만, 전용 trolley, hot box의 전원 고장 유무상태를 철저히 관리해야만 한다.

2) 룸서비스의 메뉴

룸서비스에서 제공되는 식음료는 객실에 비치되어 있는 메뉴에 의해 정해져 있다고는 하지만, 일반적으로 호텔의 레스토랑에서 판매되고 있는 모든 식음료가 제공된다고 할 수 있다. 그러나 모든 레스토랑의 메뉴를 객실 내 비치하는 것은 한계가 있으므로, 각 레스토랑의 메뉴 일부와 카페테리아(cafeteria)에서 제공하는 메뉴 그리고 각종 술과 음료로 구성되는 경우가 많다.

조식 메뉴로는 미국식, 대륙식, 영국식과 알 라 카트(a la cart)가 있으며, 우리나라의 조정식과 일식의 조정식으로 구성되어 있다. 그리고 중식이나 석식 메뉴로는 카페테리아의 풀코스(full course) 메뉴와 샌드위치(sandwiches), 파스타(pastas) 등 각국의 메뉴가 제공된다.

3) 주문 접수(order taking)

룸서비스는 일반 레스토랑이나 주장과 달리 고객이 객실에서 전화로 주문을 하기 때문에, 전문적으로 주문을 받는 오더 테이커(order taker)라는 직종이 있다. 다른 업장에서는 볼 수 없는 이 직종의 역할은 매우 중요하다. 왜냐하면 고객과 직접 대면하면서 주문을 받는 것이 아니라, 전화를 이용하여 주문을 받기 때문에 전화응대에 유의를 해야 하며, 주문을 받을 때는 고객의 요구사항을 정확히 이해하여야 하며, 주문내용을 재확인하는 것이 중요하다. 또한 룸서비스 메뉴는 다양하면서도 메뉴에 없는 주문요청도 있을 수 있으므로 식음료 상품지식을 철저히 익혀 두어야 한다. 주문 접수 시 주의할 점을 전화 접수와 도아 납 메뉴로 나누어 보면 다음과 같다.

(1) 전화 주문 시 유의사항

① 전화벨이 울리면 전화에 나타난 객실번호를 재청하여 고객으로 하여금 정확한 주문 접수가 되고 있음을 확인시켜 줄 필요가 있다.
② 객실번호와 고객 성함을 기록하여 주문 상의 오류가 발생하지 않도록 해야 한다.
③ 주문이 끝나면 반복 확인 하고, 조리되는 시간을 알려 준다.
④ 수화기는 고객이 먼저 놓은 다음 내려놓는다.
⑤ 계산서(bill)를 작성할 때는 정확한 posting이 이루어져야 한다.
⑥ Order taker는 메뉴에 대한 지식뿐만 아니라, 고객으로부터 각종 문의사항을 안내할 수 있으므로, 호텔 내의 각종 정보를 암기하고 있어야 한다.

(2) Door knob menu에 의한 주문 시 유의사항

객실에 비치된 door knob menu(조식예약 주문서)를 이용하여 고객이 원하는 날짜, 시간, 품목, 특별 요구사항 등을 표기하여, 새벽 2시까지 객실 출입문 복도 쪽 문고리에 걸어 놓으면 이를 room service 직원이 수거한다. 그러면 order taker는 시간대 별로 분류하여 계산서를 작성한다. 조식예약은 고객과의 약속이며 매우 중요한 일이므로, 주문서를 door에서 수거 시 누락되는 부분을 최소화하기 위하여 다음과 같은 방법으로 수거를 해야 한다.

① door knob menu는 객실복도 문고리에 걸어 놓으므로 주의 깊게 살펴야 하며, 수거 즉시 객실번호를 확인하되 이상 발견 시 정정 기록한다.
② 수거한 주문서는 가장 빠른 시간 순서대로 분류를 한 다음, 같은 층으로 재분류한다.
③ 분류된 주문서에 의거 시간대별, 층별 담당 직원을 배정한다.
④ 담당직원은 각 객실별 주문한 음식에 제공될 기본적인 기물이나 양념 등과 음식을 각각의 음식 트롤리 또는 트레이(trolley or tray)에 set up 한다.
⑤ 준비가 완료되면 계산서를 발행하고, 주문서와 일치하는지 확인한다.
⑥ 담당 지배인은 이상 유무를 확인 후 조치한다.

⑦ 담당직원은 고객이 요구한 시간에 주문음식이 전달될 수 있도록 시간을 엄수한다.

⑧ 시간 미정 등 기타 문제가 있을 시에는 이른 시간에 확인 할 수 없으므로, 문제내용에 대한 메시지를 보내고 관련된 사항을 order taker에게 인수인계하여 처리할 수 있도록 한다.

4) Room service의 서비스 방법 및 기본 세팅

고객이 룸서비스를 이용하는 것 중 하나는 레스토랑으로 갈 필요 없이 객실 내에서 원하는 시간에 레스토랑과 똑같은 서비스를 받고자 함에 있다. 그러나 룸서비스는 주방에서 객실까지의 동선이 일발 레스토랑보다 길 뿐만 아니라, 엘리베이터에 의한 시간이 걸릴 수도 있고, 따듯한 음식이 식어 버리거나 찬 음식은 미지근해 질 수도 있다. 따라서 음식을 운반할 때는 신속하게 움직이는 것이 중요하다. 그리고 따듯한 음식은 데워진 접시로, 찬 음식은 차게 보관된 접시를 이용하되, 다음과 같은 방법에 의해 이루어져야 한다.

① 주문을 받고 나면 인원수에 따른 필요한 기물, 양념, 소스 등을 확인·검토 후 트롤리(trolley) 또는 트레이(tray)를 사용하다.

② 뜨거워야 할 음식은 워머 박스(food warmer box)에 넣어 운반한다.

③ 객실로 출발하기 전에 케샤(cashier)로 받은 주문표와 음식이 일치하는지 확인한다.

④ 객실 앞에서는 객실번호가 일치하는지 확인한 후 노크나 초인종을 사용하여 입실한다.

○ 그림 2-8 룸서비스의 기본 세팅

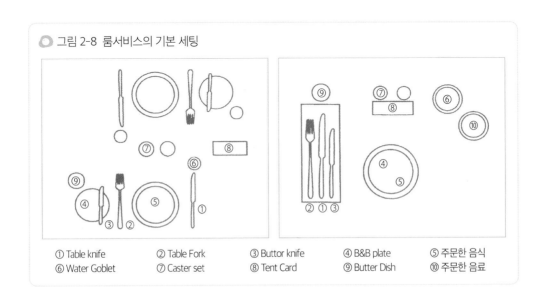

① Table knife   ② Table Fork   ③ Buttor knife   ④ B&B plate   ⑤ 주문한 음식
⑥ Water Goblet   ⑦ Caster set   ⑧ Tent Card   ⑨ Butter Dish   ⑩ 주문한 음료

⑤ 입실할 때는 밝은 표정을 하며, 음식을 테이블에 세팅하고 주문내용을 설명한 후 고객의 서명을 받는다.

⑥ 식사 후 기물 수거 안내카드(table removal tent card)에 대한 설명을 드린다.

⑦ 서명 받은 계산서(bill)을 케셔(cashier)에게 전달한다.

5) Room Service의 특징

① 주 고객이 투숙객임으로 24시간 영업한다.

② 주문은 전화에 의해 order taker가 접수한다.

③ 룸서비스 메뉴는 호텔에서 판매되는 음식과 주류 모든 것을 담당한다. 그러나 호텔 실정에 따라 일식 또는 중식, 도시락 등은 약간의 시간적 제약을 받을 수도 있다.

④ 객실 내에서 간단한 파티를 위한 테이블 세팅과 식음료를 제공할 수 있다.

⑤ 귀빈층(executive floor)에 있는 lounge을 운영한다.

⑥ 고객이 주문 시 객실뿐만 아니라 로비, 헬스 등 호텔 전 지역을 담당한다.

⑦ 외부로부터 주문을 받아 햄퍼(hamper), 과일, 음료, 케이크 등을 전달할 수 있다.

6. 커피숍(Coffee Shop)

1) 커피숍의 메뉴

(1) 조식의 메뉴

일반적으로 커피숍에서는 음료만 판매하는 것으로 인식될 수 있지만, 대부분의 커피숍에서는 조식을 판매하는데 메뉴로는 계란요리, 빵, 곡물류, 과일 등이 나오며, 음료로는 커피, 차 종류, 주스류, 우유 등 아침식사로 제공되는 모든 요리를 말하는 것으로 다음과 같이 구분된다.

① 계란요리

계란요리는 보통 2개로 요리를 하는데, 고객의 선택에 따라 햄(ham), 베이컨(bacon), 소시지(sausage), 감자요리(hash brown potato, scone potato) 등을 곁들여 제공한다. 계란요리는 조리방법에 따라 다양한 종류로 분류할 수 있는데, 살펴보면 다음과 같다.

㉮ 후라이드 에그(fried egg)

계란을 깨트려서 노른자와 흰자를 익혀 제공하는 요리를 말하는데, 익힌 정도와 요리 방법에 따라 다음과 같이 구분할 수 있다.

- Sunny side up: 노른자를 익히지 않고, 흰자의 한쪽만 익힌 계란으로 태양을 연상하게 한다고 하여 써니 사이드 업이라고 한다.
- Over easy: 계란 양쪽을 익히되 노른자를 익히지 않은 상태의 계란요리이다.
- Over well done: 계란 양면과 노른자를 익히되 노른자가 터지지 않을 정도로 익힌 계란요리를 말한다.
- Over hard: 흰자 양면과 노른자를 터트려 익힌 계란요리를 말한다.

㉯ 보일드 에그(boiled egg)

계란 껍질째 삶은 것으로 연숙, 반숙, 완숙으로 나누기는 하나 손님이 원하는 시간만큼 익혀서 제공한다.

- 연숙(soft boiled egg): 계란을 끓는 물에 3~5분 삶은 것을 말한다.
- 반숙(medium boiled egg): 계란을 끓는 물에 6~8분 삶은 것을 말한다.
- 완숙(hard boiled egg): 계란을 끓는 물에 10~12분 삶은 것을 말한다.

㉰ 포치드 에그(poached egg)

계란요리의 대부분이 식용유를 사용하여 요리를 하는 반면, 이 요리는 소금과 식초를 가미한 끓는 물에 계란을 깨트려 내용물만 익힌 요리로 토스트 위에 얹어 제공하기 때문에 기름을 싫어하는 사람이 선호하는 계란요리이다.

㉱ 오믈렛(omelette)

계란 3개를 크림과 잘 섞은 다음, 후라이 팬에 붓고 얇게 익히며 타원형으로 말아 만든 요리를 말하는데, 만드는 과정에 들어가는 재료에 따라 오믈렛 이름 다르게 불린다.

- 플레인 오믈렛(plain omelette): 오믈렛을 만들 때 아무것도 들어가지 않고 계란만으로 요리한 것을 말한다.
- 햄 오믈렛(ham omelette): 햄을 넣어 만든 계란요리이다.
- 베이컨 오믈렛(bacon omelette): 베이컨을 넣어 만든 계란요리이다.
- 양송이 오믈렛(mushroom omelette): 양송이를 넣어 만든 계란요리이다.

㉮ 스크램블 에그(scrambled egg)

계란을 깨어 생크림이나 우유 등을 넣고 섞은 다음, 후라이 팬에 붓고 휘저으며 익힌 계란요리이다.

② 빵(bread and toast)

대부분의 고객들에게 조식으로 계란요리를 제공하지만, 빵 종류나 음료로 대신하는 경우도 있는데, 빵과 토스트를 제공할 때는 잼(jam), 버터(butter), 꿀(honey), 마멀레이드(marmalade)와 함께 제공된다.

㉮ 빵(bread)의 종류

아침 식사용 빵으로는 toast가 가장 많이 제공되며, 그 밖에도 크루아상(croissant), 롤빵(brioche), sweet roll과 같은 종류가 있고, 버터나 잼, 꿀이 함께 제공된다. 빵의 종류는 다음과 같다.

✿ 롤(roll bread): 모양이 둥글며, 만들 때 우유, 버터, 계란을 넣어 만든 빵이다.
✿ 머핀(muffin): 중국의 호떡이 영국으로 전해져 변형된 것으로 영국의 전통적인 빵으로 된 것이며, 설탕, 버터, 계란을 넣고 만든 빵이다.
✿ 크로와상(croissant): 프랑스빵으로 초승달 모양을 하고 있으며, 조식의 대표적인 빵 중 하나이며, 밀가루 반죽에 계란, 버터, 우유를 넣어 만든 빵이다.
✿ 도넛(doughnut): 네덜란드 튀김과자에서 유래된 것으로, 요즈음에 판매되고 있는 링 모양을 하고 있는 것은 미국에서 개발되었으며, 이스트균을 이용하여 만든 것이다.
✿ 대니쉬 패스트리(danish pastry): 덴마크에서 개발된 것으로 밀가루 반죽에 계란, 버터, 우유를 넣어 만든 빵이다.
✿ 브리오슈(brioche): 밀가루 반죽에 계란, 버터를 넣어 만든 빵으로 크로와상과 함께 프랑스의 대표적이 빵이다.

㉯ 토스트(toast)의 종류

일반적으로 pullman bread dry toast를 "toast"라 부른다. 이 빵은 영국의 쾌적한 설비가 되어 있는 풀먼 열차 식당에서 제공된 식빵이라 하여 붙여진 이름으로, 기차모양의 풀먼 브레드를 일정한 간격으로 썰어 그대로 구어 제공하는 빵의 종류이다. 이때 잼, 버터, 꿀과 함께 제공되는데, 토스트의 종류는 다음과 같다.

- 플레인 토스트(plain toast): 토스트를 그대로 구운 것으로, 아무것도 바르지 않은 것이다.
- 후렌치 토스트(french toast): 계란, 우유, 설탕을 섞은 반죽에 토스트를 적셔 프라이팬에 구운 토스트이다.
- 버터 토스트(butter toast): 구울 때 버터를 바른 토스트이다.
- 시나먼 토스트(cinnamon toast): 계피가루가 들어간 토스트이다.

③ 주스(juice)류

대부부의 주스는 과일을 사용함으로 그 종류가 다양하다. 또한 토마토, 샐러드, 오이 등 각종 야채와 혼합하여 주스를 만들기도 한다. 특히 신선한 과일을 사용하여 즉석에서 만든 과일 주스는 영양, 향, 맛이 그대고 유지되기 때문에 후레쉬 주스(fresh juice)를 선호한다.

선호하는 주스류로는 오렌지 주스, 토마토 주스, 사과 주스, 토마토 주스, 파인애플 주스, 자몽주스, 야채주스 등이다.

④ 곡물류(cereal)

귀리, 밀, 옥수수, 보리, 쌀 등과 같은 곡류를 가공하여 만든 것으로, 곡물류는 찬 곡물류와 더운 곡물류로 분류할 수 있는데, 제공할 때는 우유, 설탕, 꿀 등과 함께 제공된다.

- ㉮ 찬 곡물류(cold cereal): 가공되어져 나온 곡물류를 추가로 가열하거나 조리하지 않아도 먹을 수 있는 곡류를 말하며, 찬 우유와 설탕, 꿀이 함께 제공된다. 콜드 시리얼의 종류로는 콘 프레이크(corn clakes), 콘 프로스트(corn frost), 라이스 크리스피(rice crispy), 허니 팝스(honey pops) 등이 있다.
- ㉯ 더운 곡류(hot cereal): 가공되어져 나온 곡물류를 한 번 더 가열하거나 조리한 것으로, 그 종류로는 오트밀(oat meal), 휘트 밀(wheat meal), 크림 오브 휘트(cream of wheat) 등이 있는데, 더운 우유와 설탕이 함께 제공된다.

⑤ 과일(fruit)

과일은 생과일 또는 과일조림(stewed fruit)으로 제공되기도 하지만, 과일 칵테일(fruit cocktail), 과일 요구르트(fruit yoghurt), 설탕에 절인 과일(compote) 등으로 만들어 제공하기도 한다.

- ㉮ 생과일(fresh fruit): 생과일로 제공되는 것으로는 사과(apple), 딸기(strawberry), 복숭아(peach),

포도(grape), 오렌지(orange), 파인애플(pineapple), 멜론(melon), 망고(mango) 등이 있다.

㉯ 과일조림(stewed fruit): 과일조림으로 제공되는 것으로는 복숭아 조림(stewed peach), 배 조림(stewed pear), 대추조림(stewed prune) 등이 있다.

⑥ 케익(cake)

밀가루와 계란을 이용하여 만든 조식용 케익에는 버터(butter)와 시럽(maple syrup)이 함께 제공된다.

㉮ 팬 케인(pan cake): 밀가루, 계란, 설탕, 베이킹 파우더 등으로 반죽한 것을 팬에 구운 것이다. blueberry 또는 pineapple을 넣기도 한다.

㉯ 핫 케익(hot cake): 밀가루, 계란, 설탕, 베이킹 파우더 등으로 반죽한 것을 팬에 양면으로 익힌 것인데, 빵과 같은 케익의 일종이다.

㉰ 와플(waffle): 밀가루, 계란, 설탕, 베이킹 파우더 등으로 반죽한 것을 waffle틀 속에 넣어 구운 것을 말한다.

⑦ 육류와 생선(meat and fish)

조식에 제공되는 육류나 생선 요리는 점심이나 저녁에 제공되는 것에 비하여 작은 100g 또는 120g으로 제공된다.

㉮ 육류요리: 조식에 제공되는 육류요리는 모닝 스테이크(morning dteak), 햄 스테이크(han steak), 콘비프(corned beef) 등이 있다.

㉯ 생선요리: 조식이 제공되는 생선요리는 연어구이(grilled salmon), 넙치요리(meuniere) 등이 있다.

⑧ 음료(beverage)

조식에 제공되는 음료에는 커피(coffee), 코코아(cocoa), 밀크(milk), 차(tea) 등이 있는데, 아침에 주로 마시게 되는 커피의 양은 많으므로 pot service를 하게 된다.

(2) 조식의 종류

조식의 종류에는 크게 미국식 조식과 대륙식 조식으로 구분할 수 있는데, 계란요리가 제공되는지의 여부에 따라 다르게 불리어 진다. 또한 미국식 조식에 생선요리가 추가 제공되는지에 따라 영국식이 있으며, 비엔나식, 조식 뷔페로 구분할 수 있다.

① **미국식 조식**(american breakfast)

계란요리, 빵, 커피, 음료로 구성된 일종의 세트메뉴이다.

② **대륙식 조식**(continental breakfast)

계란요리가 포함되어 있지 않으며, 유럽 사람들이 즐겨먹는 조식으로 빵과 음료, 주스로 구성되 메뉴이다.

③ **영국식 조식**(english breakfast)

미국식 조식과 같으나 생선요리가 추가되는 아침식사이다.

④ **비엔나식 조식**(vienna breakfast)

계란요리에 롤(Roll) 빵 정도가 제공되는 아침식사이다.

⑤ **조식 뷔페**(breakfast buffet)

경영상 장점이 많은 뷔페 레스토랑은 최근 대부분의 호텔에서 조식을 뷔페로 운영하고 있다. 조식 뷔페는 조식에서 제공되는 모든 식음료가 제공되는데, 다양한 계란요리, 생선류, 스테이크류, 곡물류, 주스류, 샐러드류, 케익류, 과일, 음료 등으로 구성되어 있다.

(3) 조식의 서비스 요령

- 아침식사는 관광이나 사업상 약속을 앞두고 시간적 여유가 적으므로, 신속하고 정확한 서비스가 필수적이다.
- 커피나 홍차는 식사 주문 전에 제공하여, 메뉴를 보는 동안 커피를 즐길 수 있게 한다. 식사 중에도 커피를 더 원하는지 물어보고 몇 차례 더 제공한다.
- 아침메뉴는 주스, 과일, 요구르트, 빵, 계란요리, 팬케익 순서로 제공한다. 과일, 요구르트, 빵, 계란요리는 같이 제공하는 것이 좋다.
- 빠른 서비스를 위해 스테이션에 ice water를 미리 준비하여 해야 한다.
- 주문 받을 때 fried egg 굽는 정도, boiled egg의 삶은 시간을 정확히 하여 실수가 없도록 한다.
- Omelet 계란 요리는 plain인지, 계란 속에 들어가는 속 재료가 ham, sausage, bacon 중 어느 것을 원하는지 구분하여 주문을 받는다.

(4) 중식과 석식

커피숍에서 제공하는 중식과 석식은 양식의 풀코스(full course) 메뉴가 있으며, a la carte 메뉴, 샌드위치(sandwiches), 파스타(pastas) 등이 있다.

① 샌드위치류(sandwiches)

샌드위치는 18세기 영국의 존 몬타구 샌드위치(john montagu sandwich) 백작이 즐겨 먹은 데서 유래된 것으로, 얇은 빵과 빵 사이에 버터를 바르고 야채나 고기와 같은 것을 끼워 넣은 빵을 말한다.

최근에는 다양한 종류의 샌드위치 종류가 있지만 대표적으로는 햄버거 샌드위치(hamburger sandwich), 클럽 샌드위치(club sandwich) 등이 있다.

② 파스타류(pasters)

파스타는 이태리식 밀가루 요리를 말하는데 스파게티, 마카로니를 비롯하여 밀가루를 이용하여 만든 전반적인 요리를 파스타라고 한다. 요리의 참맛을 내기 위하여 계란, 시금치, 토마토 등의 재료를 이용한다.

파스타는 모양과 종류에 따라 명칭이 달라지는데, 그 종류는 수백 가지가 된다. 대표적인 것으로는 스파케티(spaghetti), 페추신(fettucine), 라비오리(ravioli), 라쟈냐(lesagne) 등이 있다.

2) 커피숍의 테이블 세팅

(1) 조식 테이블 세팅

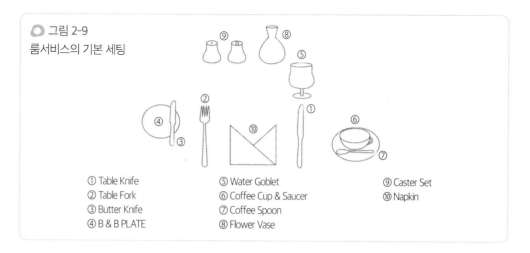

🔵 그림 2-9
룸서비스의 기본 세팅

① Table Knife   ⑤ Water Goblet   ⑨ Caster Set
② Table Fork   ⑥ Coffee Cup & Saucer   ⑩ Napkin
③ Butter Knife   ⑦ Coffee Spoon
④ B & B PLATE   ⑧ Flower Vase

(2) 중식과 석식 테이블 세팅

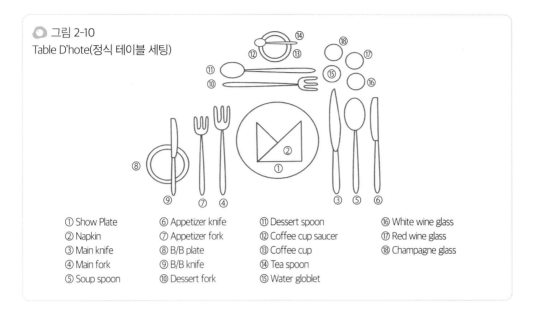

○ 그림 2-10
Table D'hote(정식 테이블 세팅)

① Show Plate	⑥ Appetizer knife	⑪ Dessert spoon	⑯ White wine glass
② Napkin	⑦ Appetizer fork	⑫ Coffee cup saucer	⑰ Red wine glass
③ Main knife	⑧ B/B plate	⑬ Coffee cup	⑱ Champagne glass
④ Main fork	⑨ B/B knife	⑭ Tea spoon	
⑤ Soup spoon	⑩ Dessert fork	⑮ Water globlet	

7. 뷔페 레스토랑(Buffet Restaurant)

1) 뷔페 레스토랑의 유래

뷔페 레스토랑은 셀프서비스(self service) 레스토랑으로 동일한 금액을 지불하고, 진열된 음식을 양껏 먹을 수 있는 레스토랑이다. 북유럽풍의 요리로 스모가스보드(smorgasbord)라고도 하는데, smor는 butter(버터)를 뜻하고, gas는 goose(거위)를 뜻하며, bord는 board(식탁)을 의미하는 말로, 육류 등 여러 가지 음식을 진열해 놓고 마음껏 먹으며 즐길 수 있음을 의미한다.

일본에서는 바이킹 레스토랑(viking restaurant) 또는 간단히 '바이킹'이라고 하는데, 서서먹는 모든 요리를 뜻하기도 한다. 바이킹이란 말을 처음 사용한 것은 12C경 북유럽 노르웨이를 중심으로 활동했던 해적을 뜻하는 것이었다. 하지만, 일본에서 뷔페를 처음 시작한 곳이 제국호텔의 바이킹 레스토랑이었기 때문에, 그 이름을 따서 불리어졌다는 설과 해적들이 상륙하면 큰 연회를 베풀며 여러 가지 음식을 즐겼다고 하는 바이킹의 식사에서 유래되었다는 설이 있다.

2) 뷔페 레스토랑의 종류

뷔페 레스토랑은 크게 open buffet와 closed buffet로 나누어지며, 찬 음식인지 더운 음식인지에 따라 찬 뷔페(cold buffet)와 더운 뷔페(hot buffet)로 나눌 수 있지만, 여기서는 상시 열려있는 대표적인 open buffet와 일시적으로 하는 closed buffet에 대하여 설명하고자 한다.

① Open buffet

일반적으로 전용 뷔페 레스토랑을 정해 놓고, 불특정 다수의 고객을 대상으로 일정한 금액을 지불하면 정해진 시간 내에 진열된 모든 식음료를 마음껏 먹을 수 있는 일반적인 뷔페 레스토랑을 말한다.

② Closed buffet

정해진 손님의 수에 따라 음식의 양을 제공하는 것으로, 주로 연회(banquet)행사 시 고객이 요구에 의해 이루어진다.

3) 뷔페 레스토랑의 서비스

① 많은 고객이 정해져 있지 않은 방향으로 움직이기 때문에 활동에 지장이 없도록 충분한 공간을 확보되어야 한다.
② 셀프 서비스라고는 하지만 정해진 위치에 있는 직원은 고객에게 도움을 준다.
③ 다양한 요리가 제공되지만 고객이 편리하도록 음식별 세분화되어 진열되어 있어야 한다.
④ 물, 음료, 커피 등은 직원이 제공한다.
⑤ 음식이 떨어지지 않도록 직원은 수시로 확인을 해야 한다.
⑥ 찬 음식은 차게, 더운 음식은 따뜻하게 제공될 수 있도록 주의를 해야 한다.
⑦ 식사를 하여 비워진 접시나 고객이 더 이상 식사를 하지 않은 음식에 대해서는 접시를 치운다.
⑧ 사용되는 기물은 필요 용도에 따라 제 위치에 놓아두어야 하지만, 가장 많이 이용되는 접시는 시작하는 입구에 놓는다.

4) 뷔페 레스토랑의 특징

① 한곳에서 다양한 요리를 즐길 수 있다.

② 신속한 서비스가 이루어진다.

③ 가격이 저렴하다.

④ 양껏 먹을 수 있다.

⑤ 인건비가 절감된다.

⑥ 다른 레스토랑의 면적 대비 많은 고객을 받을 수 있다.

8. 연회장(Banquet)

관광호텔 연회 매뉴얼(manual)에 의하면 "연회란 식음료를 판매하기위한 제반시설을 갖추고, 완비한 구별된 장소에서 2인 이상의 단체 고객에게 식음료 및 부수적인 서비스를 제공하여 본연의 목적을 달성할 수 있도록 하여주고, 그에 따른 응분의 대가를 수수하는 행위"를 말하는데, 상세한 내용은 PART 2 연회장 경영에서 다루고자 한다.

9. 바(Bar)

호텔식음료 경영에서 Bar의 존재는 단순한 하나의 업장이라는 존재가치를 넘어, 그 호텔의 이미지를 나타낼 수 있는 영업장임과 동시에 식음료부서 중 타 업장에 비하여 많은 순이익을 창출하는 중요한 부서이다. 특히 우리나라의 경우 외국의 음주문화와 달리, 우리나라 특유의 음주문화가 자리매김하고 있어 어떻게 bar를 운영하느냐에 따라 식음료부서의 성패가 달려있다고 해도 과언이 아니다.

최근에 운영되고 있는 대부분의 호텔 bar는 멤버십클럽(membership)이라는 이름으로 호텔 내에서도 전망이 좋고, 이용객이 쉽게 방문할 수 있는 곳에 위치해 있을 정도로 관심을 갖고 있다. 따라서 bar는 호텔의 식음료 경영에 있어 중요한 부서라고 할 수 있는데, 상세한 내용은 PART 3 주장경영에서 다루고자 한다.

제 3 절 호텔 레스토랑 서비스와 인 카운터(encounter)

1. 호텔 레스토랑 서비스

1) 서비스

서비스란 '판매를 위해서 제공된 제품의 판매와 관련된 활동, 편익, 만족'이라 할 수 있는데, 서비스는 서비스가 발생하는 과정에서 출발해야 하는 투입요소로서의 행위측면과 결과로 나타나는 산출요소로서의 편익과 고객만족이 동시에 고려되어야 한다. 그러므로 서비스는 고객 자신이 자신의 편익과 만족을 위해 제3의 자원인 분위기, 음식, 장비, 시설, 분위기, 노동, 기술, 아이디어 등을 이용하는 과정, 노력, 행위의 과정이라 할 수 있다.

서비스는 봉사, 접대, 근무, 용역으로 해석되나, 상업적으로는 상품판매와 같은 사업을 위한 수단이나 용역활동을 의미하며, 호텔에서는 무형의 가치를 지닌 상품이고, 인적·물적·기타 서비스의 기능을 갖는다. 접객의 본질은 손님을 접대하고 영접하는 것을 말하며, 접객자체가 서비스이다.

2) 레스토랑 서비스의 요건

호텔산업에서 대부분의 서비스는 인적자원에 의존을 하지만, 호텔을 구성하고 있는 여러 부서 중에서 레스토랑은 인적자원에 대한 의존도가 가장 높다고 할 수 있다. 그러므로 식음료업장의 성패는 서비스를 담당하는 각각 구성원의 역량에 달려있다고 할 수 있을 정도로 인적자원의 중요성이 부각되고 있다.

호텔기업들은 직원들에게 자부심과 긍지를 가지고 열심히 일하면 기업과 직원은 평생 같이 할 것이라고 하지만, 자연감소에 따른 부족한 인력은 높은 인건비 지출 증가로 경영의 어려움을 호소하며 직원 채용에는 난색을 표하고 있다. 대신에 외부용역(outsourcing)으로 부족한 부분을 대신하고 있어, 그에 따른 여러 가지 문제점이 제기되고 있다.

이러한 환경 속에서 직원들이 담당해야 할 업무량은 예전과 같으므로, 결국은 노동 강도가 심하여 어려움을 호소하고 있는 것도 사실이다. 하지만, 직원들은 현실적으로 나타나고 있는 어려움을 호소한다고 모든 것이 해결되는 것도 아니다. 따라서 이러한 환경 속에서 미래를 개척하고, 장래를 보장받기 위해서는 많은 노력을 해야만 한다. 참신한 아이디어를 통한 생산력 제고, 질적인 서비스의 창출에 의한 경쟁시장 내에서의 확실한 포지셔닝(positioning) 그리고 앞서가는 사고와 적극적인 행동만이 어려운 현실을 극복해 갈 수 있을 것이다.

최근에 와서 식음료 산업이 어려운 것은 사실이다. 환경변화에 의한 수해와 냉해로 식자재 값이 계속적으로 오르고, 중동지역의 정세변화에 의해 지속적인 유가상승, 조금씩이지만 계속적으로 오르고 있는 인건비 등으로 인하여 일부호텔에서는 식음료업장을 폐쇄하거나 통폐합하는 경우도 생겨나고 있다. 하지만 그렇다고 그냥 있을 수는 없기 때문에 고객만족도를 높이고, 재방문고객 유도 등 식음료업장을 활성화하기 위해 직원들은 다음과 같은 몇 가지 요건을 지켜야 할 것이다.

(1) 봉사성(service)

고객을 생각하며 감동을 주는 서비스 정신은 모든 기업에서 해결해야 할 영원한 숙제이다. 서비스 접점에 있는 일선 직원부터 최고 경영진까지 고객을 위한 최선의 모습이 봉사하는 정신이 아닌가 한다. 고객은 호텔을 이용하면서 제공받은 유형의 상품 이외에 무형의 상품인 서비스에 대해서도 지불하고 있는 것이다. 그러므로 레스토랑에 근무하고 있는 직원은 항상 그 호텔의 주인이라는 주인인식을 갖고 고객을 성의껏 모셔야 하며, 단골고객을 만들고자 하는 신념으로 봉사를 해야 한다.

(2) 청결성(cleanliness)

호텔에서도 특히 레스토랑은 무엇보다도 청결함을 생명으로 해야 한다. 레스토랑에 근무하는 직원은 위생관념이 철저하고 단정해야 하며, 깨끗한 복장과 공중위생, 집기류, 개인위생에 유념해야 한다. 수시로 등장하는 식음료 유통의 위생문제, 식중독, 기준치 이상의 대장균 함유, 유효기간 경과, 기준치 이하의 식재료 사용 등 레스토랑 경영에 많은 영향을 미친다. 일반 레스토랑과 달리 호텔은 최고의 시설과 서비스를 바탕으로 식음료 상품을 판매한다는 인식하에 청결이라는 것이 우선시 되어야 할 것이다.

(3) 경제성(economy)

호텔경영에서 식음료경영은 재료비와 인건비 부담으로 많은 어려움을 겪고 있는 것이 사실이다. 재료비를 줄이면 음식의 질이 떨어져 고객이 감소할 것 같고, 인건비를 줄이기 위해 직원을 감원하면 서비스 악화로 악순환이 예상되기 때문이다. 따라서 식자재뿐만 아니라 레스토랑에서의 소모품, 절전, 절수 등으로도 어느 정도 해결책이 될 것이다. 다른 한편으로는 인건비 절약방안으로 계약직, 임시직 도입이 한 방법일 수도 있지만 철저한 교육이 뒷받침 되어야 한다는 것을 잊지 말아야 할 것이다.

(4) 효율성(efficiency)

같은 업무를 수행하면서도 항상 능동적으로 대처하는 사람이 있는가 하면, 늘 지시에 의해서만 움직이는 피동적인 사람하고는 업무의 효율성으로도 차이가 있다. 처리해야 할 일을 자신이 하지 않으면 다른 직원이 해야 하기 때문이다. 따라서 고객에 대한 인사부터 모든 서비스에 이르기까지 업무가 능동적으로 이루어져야 함은 물론, 정확한 업무를 파악하여 매사에 적극적으로 임함으로서 같은 기간 내에 이루어질 수 있는 일의 효율을 향상시켜야 할 것이다.

(5) 신뢰성과 정직성(trust & honesty)

충분한 직원으로 구성되어 호텔을 경영하는 곳은 없을 것이며, 레스토랑 또한 마찬가지 일 것이다. 그러므로 한사람의 결원이 생기거나 본인의 할당량을 하지 못한다면 다른 동료에게 폐를 끼치기 마련이다. 따라서 직원상호간의 믿음으로 도와주고 의지하는 것은 조직의 목표달성에 중요한 요인이라 할 수 있다. 또한 직원간의 신뢰와 정직성은 영업장 내 좋은 분위기를 형성될 것이며, 일에 대한 적극적인 사고방식으로 이어질 것이다. 이러한 결과가 결국은 친절한 서비스로 이어져 단골고객은 증가할 것이다. 뿐만 아니라 충성고객의 증가에 따른 매출 향상은 부서의 영업신장을 넘어, 호텔의 가장 궁극적 목표에 도달할 것이다.

2. 호텔 레스토랑 서비스의 인카운터

1) 서비스 인카운터(service encounter)의 개념

현대사회의 개인생활에서 많은 부분을 차지하는 기본적인 인간행위인 서비스 인카운터는 타인과 상호작용하는 인간행동이다. 즉, 레스토랑에 근무하는 직원은 자신의 감정을 드러내지 않고, 레스토랑의 목표나 방문고객이 만족할 수 있도록 행동하는 고객과의 순간적인 만남이다. 사전적 의미로 서비스 인카운터는 '우연히 만나다'라는 뜻도 있지만, '특정 시점에서 직원과 고객 간의 상호작용'을 의미하기도 한다.

서비스 인카운터를 서프레넌트(C. F. Surprenant)와 솔로몬(M. R. Solomon)은 '고객과 서비스 제공자 간의 이분적 상호작용'으로 정의 하였다. 한편 쇼스탁(G. L. Shostack)은 '소비자가 서비스와 직접 상호작용하는 일정기간으로 보고, 직원, 고객, 물적 환경 등 동적인 상호작용을 포함한다'고 하였다. 서비스 인카운터를 서비스 접점을 표현하기도 하는데, 이는 고객이 서비스 조직과 상호작용하는 순간을 말한다. 서비스 접점은 일반적으로 원격접점, 전화접점, 대면접점 등 세 유형으로 나누어지는데, 고객이 서비스 기업과 관계를 맺을 때 세 가지 접점 중 하나 또는 모두를 경험할 수 있다.

첫째, 원격접점(remote encounter)은 어떠한 인적 접점 없이 서비스기업과 접촉하는 원격접점이다. 자동티켓 발매장치를 이용하여 티켓을 구입하거나, ATM 이용, 정보나 청구서를 우편으로 소비자에게 전달하는 것, e-mail을 이용하여 레스토랑을 예약하는 것도 해당된다.

둘째, 전화접점(phone encounter)은 최종 소비자와 기업의 만남으로, 호텔이용 고객이 전화를 이용한 문의 및 예약을 한 예로 볼 수 있다.

셋째, 대면접점(face to face encounter)은 호텔 고객과 레스토랑 직원과의 만남으로, 고객 자신의 행동도 서비스품질에 영향을 미치게 된다.

2) 서비스 인카운터(service encounter)의 구성

서비스 인카운터는 고객, 접촉 직원, 서비스 조직이 서로 다른 이해관계로, 접점서비스라고도 하며, 상호작용을 함으로써 아래 표와 같이 인적·물적·시스템적 서비스로 설명할 수 있다. 서비스가 지닌 독특한 특징 중에 하나는 서비스라는 상품을 생산하는 과정에는 고객이 있어야 한다는 것이다. 즉, 모든 인카운터는 고객과 서비스 제공자 사이의 상호작용이 일어나며, 서비스 조직 내에서 만들어지는 고객과 서비스 제공자는 서로 주어진 각자의 역할을 수행하게 된다.

상호 만족하는 서비스 접점을 창출하기 위해서는 고객, 직원, 조직이 함께 노력함으로써 더 많은 것을 얻을 수 있다. 그러나 한 참가자가 자신의 역할만 고집한다면 역기능적인 작용이 일어날 수 있다.

● 표 2-4 레스토랑 서비스 인카운터 구성요소

유 형	구성 요소
인적 서비스	접객 서비스, 안내 서비스, 유니폼 서비스, 주차 서비스, 주문 서비스, 페이징 (Paging) 서비스, 환전 서비스 등
물적 서비스	식음료, 부대시설, 분위기, 냉·난방, 건물의 외관, 테이블 세팅, 특선메뉴, 신문 제공, 엘리베이터, 조경 등
시스템적 서비스	영업시간, 분실물 보관, 예약제도, 멤버십제도, 할인제도, 후불제도, 상품권 등

3) 서비스 인카운터의 중요성

서비스 인카운터와 관련된 많은 연구에서 고객의 인식은 서비스 품질을 인지하는데 중요한 요인이 되며, 이는 기업에 대한 만족, 긍정적인 구전, 재구매 의도에 긍정적인 영향을 미치는 것으로 나타났다. 따라서 레스토랑 서비스 인카운터는 고객을 만족시키고, 재방문고객으로 유치하는데 중요한 순간이라고 할 수 있기 때문에 서비스 인카운터와 고객만족, 재 구매 의도, 긍정적 구전효과와의 관계에 대하여 살펴보고자 한다.

(1) 서비스 인카운터와 고객만족

서비스 인카운터는 레스토랑 직원이 고객과 만나는 짧은 시간이지만, 고객들이 인식하는 서비스의 가치, 품질, 만족을 결정하는 중요한 순간이다. 따라서 서비스 인카운터의 접점은 접점의 시간이 길거나 짧은 것과 관계없이 매우 중요한 결정적 순간이라 할 수 있다. 이렇게 중요한 순간의 접점이라고는 하지만 레스토랑 직원과 고객 간의 관계에서 이루어지는 고객이 인식한 만족도, 서비스 품질 등에 대한 답을 얻기에는 한계가 있다. 하지만 레스토랑에서 식사를 제공 받으며 느끼는 계속적인 서비스 인카운터의 만족에 따라 고객만족에도 영향을 미칠 것이다.

반면에 서비스 인카운터가 실패로 이어질 경우는 고객의 만족도는 심각하게 낮아질 것이다. 그렇게 되면 고객을 호텔 레스토랑까지 이끌게 하기 위한 그 동안의 노력은 허사가 됨으로, 고객만족도를 높이기 위해서는 서비스가 이루어지고 있는 순간순간이 중요하다고 할 수 있다.

(2) 서비스 인카운터와 재방문 의도

고객이 레스토랑을 이용할 때 지각하는 서비스 품질, 만족은 재방문 의도에 영향을 미치며, 고정고객이 될 가능성이 높다. 고객의 재 구매의도 증가는 장기적인 수요기반을 만들 수 있기 때문에 레스토랑을 경영함에 있어서도 중요하다고 하겠다. 고정고객의 창출은 레스토랑 서비스에 대한 고객의 평가가 좋거나 나쁨에 따라 결정된다. 즉, 레스토랑 서비스에 대한 고객의 반응이 좋으면 고객의 재방문 의도는 높아질 것이다.

최근에는 고객을 끌기 위해 DM(direct mail), 뉴스레터(newsletter), 음식 프로모션(food promotion) 등을 통하여 홍보에 관심을 보이고 있는 것은 사실이다. 그리고 한번 방문한 고객을 재방문 고객으로 만들고, 재 구매의도에 영향을 미치기 위해서는 음식의 질, 직원의 친절, 레스토랑 분위기 등 여러 요인이 있을 수 있지만, 고객의 마음을 고정시키기 위한 것은 처음의 이미지도 중요하다고 하겠다. 특히 처음 접하는 서비스 인카운터에서 인식하는 고객 느낌은 재방문 의도와도 상관관계가 있기 때문이다.

(3) 서비스 인카운터와 긍정적 구전효과

긍정적인 구전은 기업이나 마케팅과 관련되지 않은 정보 원천에 기초한다. 이는 마케팅 담당자가 홍보차원의 의사전달보다 믿을만하다는 인식이다. 또한 대면 접점이므로 문서에 의한 자료나 대중 매체보다 더 큰 효과를 나타낸다. 구전 커뮤니케이션은 소비자가 직접 체험으로 느낀 생생한 경험적 요소를 기초로 하여 보다 확실한 정보를 얻게 해 준다. 그리고 기업에 대한 고객 불평은 단지 한명의 고객에게만 관련되지만, 구전 커뮤니케이션은 한 번에 다수의 사람들에게 전달되기 때문에 낮은 만족도로 평가될 수 있다.

또 다른 연구에서는 불만족한 소비자들은 반 이상이 부정적 커뮤니케이션에 참여한다는 연구결과가 있으며, 일반적으로 불만족한 소비자들은 긍정적인 것보다는 부정적 반응에 민감한 것으로 나타났다.

서비스에 만족한 고객은 친척, 이웃, 친구 등 가까이에 있는 지인들에게 좋은 의미의 정보 제공과 구입권유를 하게 되는데, 이들 준거집단 사이의 관계는 신뢰로 연결되어 있다. 때문에 많은 비용을 들인 광고보다, 최소한의 노력으로 성과를 발휘하게 된다. 호텔의 서비스 마케팅에서도 구전이 중요한 커뮤니케이션의 수단이 될 수 있다는 것을 알 수 있으며, 구전에 의한 우호적인 관계형성은 관광호텔의 전략에서 중요한 의미를 담고 있다.

3. Up selling

영업부서 직원의 능력은 여러 가지로 평가할 수 있지만, 객관적인 평가기준은 매출향상에 얼마나 관여하고 있는지에 달려있다고 할 수 있다. 모든 고객에게 친절하고 업무에 있어서 솔선수범하는 것 같이 보여도 매출증진에 기여하지 못하는 직원은 부서의 목표에 부응하지 못하는 것으로 상사에게 판단되어 질 수 있다. 그러므로 세일즈맨으로서의 프로정신을 가진 직원이라면 상품에 대한 풍부한 지식, 완벽한 용모, 상냥한 언행 등을 갖추고 고객의 욕구를 고객이 요구하기 전에 해결해 드리려는 적극적인 행동이야 말로, 훌륭한 직원이 아닌가 한다.

따라서 식음료 부서에서 매출은 직원 개인뿐만 아니라, 영업장간의 경쟁에서도 능력으로 평가되어 질 수 있기 때문에, 판매에서 up selling이란 고객이 사전에 예약한 내용 중 직원의 제안이나, 특정상품 추천, 메뉴에 대한 추가설명을 통하여 예상했던 판매가 이상의 매출을 올리는 것을 up selling이라 한다.

1) Up selling의 중요성

(1) 매출목표 이상의 판매고를 올릴 수 있다.

(2) 이윤증대를 가져온다.

(3) 다양한 설명을 통하여 고객에게 향상된 서비스를 제공할 수 있다.

(4) 동료 직원들에게 보다 향상되고, 전문적인 판매기술을 익히게 할 수 있다.

(5) 직원의 식음료 지식과 세일즈맨으로서의 능력을 향상시킬 수 있다.

2) Up selling의 단계

(1) 판매제안

판매를 제안할 때 공손한 언어와 예의바른 행동은 고객에게 신뢰를 줄 수 있는 표현이기 때문에 매우 중요하다. 그러므로 제안하고자 하는 음료나 음식 품목을 공손하게 말씀드리되, 고객이 편하게 볼 수 있는 위치에서 미소 띤 얼굴로 고객을 대한다.

(2) 특정상품 추천

① 먼저 추천하고자 하는 특정상품을 언급하되, 추천하는 품목의 이미지를 고객이 머릿속에 떠올릴 수 있도록 부가설명을 하는 것이 중요하다.

② 추천 상품에 대한 신뢰성을 주기 위해서 '우리 레스토랑에서 가장 많이 팔리는 음식' 또는 '조리장이 추천하는 메뉴' 등으로 표현을 하여 고객에게 신뢰를 줄 수 있는 표현을 한다.

③ 고객이 반대의사를 표현하더라도 당황할 필요는 없으며, 한 번 더 제시해보고 특별한 반응이 없을 때는 중단한다.

(3) 구매유도

① 고객이 구매할 수 있도록 유도를 하기 위해서는 추천하는 상품을 선택함으로써 어떠한 장점이 있는 지를 설명한다.

② 조리법, 사용하는 향료, 조리장의 특기 등 타 레스토랑과의 차이점을 알린다.

③ 새롭게 즐겨볼 필요가 있는 음식이라는 것을 인식시킨다.

(4) 고객의 반응 읽기

① 추천한 상품을 고객이 구매하려고 하는 암시는 제시한 상품에 대하여 고객이 궁금한 것, 가격, 추가 제공되는 서비스 등 반응을 보인다.

② 고객의 긍정적인 언어, 고개를 끄떡이는 것과 같은 몸짓, 상체를 앞으로 당기는 것과 같은 기타 행동으로 고객의 반응을 읽을 수 있다.

③ 만약 부정적 이라면 머리를 좌우로 흔들거나 얼굴을 찡그리고, 상체를 뒤로 기대기도 한다. 이럴 때는 자연스럽게 다른 품목을 추천한다.

(5) 의사타진

고객이 결정을 하지 못하는 행동을 하거나 망설임을 보일 때는 긍정적인 화법을 구사하고 신뢰감을 주어, 메뉴선택을 유도한다. 그렇다고 무리하게 의사결정을 강요하면 안 된다.

(6) 메뉴설명

메뉴를 어떻게 설명하느냐에 따라 매출 향상과 직결된다. 그러므로 동일한 메뉴라도 조리법(recipe), 추가되는 재료 등을 설명하여 음식의 맛과 영양가 면에서 특별함이 있음을 설명하여 설득력을 높인다.

(7) 고객의 반응 확인

음식을 제공한 후에는 고객의 반응을 보는 것이 중요하다. 왜냐하면 고객이 느끼는 만족과 불만족에 대하여 판단할 수 있는 시간이기 때문이다. 불만족한 표정이나 행동을 보일 때는 즉시 해결하거나 매니저에게 보고 해야 한다. 하지만 긍정적인 표현을 할 때는 추가 판매도 가능하기 때문에, 음식제공 후 고객의 반응을 확인하는 것은 처음 주문을 받을 때 못지않게 중요하며, 또한 고객이 만족하는 것보다 더 중요 시 해야 할 사항은 불평사항 처리이다.

따라서 제공한 음식에 대하여 불평을 할 경우는 잘못을 인정하고, 진지한 표정으로 사과 한다. 그리고 본인이 직접 해결 할 수 없을 때는 상위 매니저에게 알려, 불평사항을 처리하도록 하여 고객이 신뢰를 얻을 수 있어야 한다.

4. 고객의 불평처리

고객이 원하는 완벽한 서비스를 제공한다 해도 불만의 소지는 있기 마련이다. 왜냐하면 만족과 불만족은 고객의 주관적으로 해석되기 때문이다. 한 사람의 레스토랑 직원이 같은 고객에게 똑같은 서비스를 제공한다 해도 서비스 시간, 레스토랑 환경, 고객의 기분에 따라 고객의 만족은 다르게 나타날 수 있기 때문이다.

1) 직원의 태도

(1) 직원의 불평처리 대응

호텔에 근무하는 직원들은 고객의 불평에 대한 다양한 대응방법을 숙지하고 있어야 한다. 우리가 느끼기에 사소한 일이라고 할지라도 고객이 느끼는 불쾌감은 레스토랑에 미치는 부정적 영향을 넘어 호텔 이미지 손실에 결정적 영향을 미칠 수도 있기 때문이다. 따라서 불평을 처리하는 책임자뿐만 아니라 모든 직원은 불평처리에 대한 기본적인 자세를 갖추고 대응해야만 한다.

(2) 불평 요인

직원들은 불평고객의 유형과 성격을 파악하고, 업무를 수행하는 과정에서 다음과 같은 요인에 항상 대비를 해야 한다. 그리고 불평이 발생할 원인을 예방하기 위한 사전교육을 숙지하여 불평을 줄일 수 있도록 노력이 요구된다.

① 서비스 태도

서비스는 인적·물적 다양한 의미를 내포하고 있지만, 주로 대 고객을 위한 접객 서비스에서 불평이 많이 발생하고 있다. 즉, 적극적인 서비스를 취하지 않는 직원의 태도, 성의 없는 행동, 고객 서비스에 주의하고 있지 않거나 고객의 질문을 이해하지 못하는 경우, 지나친 친절 등으로 인해 발생되는 불평이 있다.

② 품질

음식물에 이물질이 들어가 있거나, 주문과 다른 상품이 나올 때, 식자재 관리 소홀로 주문한 음식의 질이 떨어지거나 변질된 음식이 제공되었을 때 주의해야 한다.

③ 가격

고객들이 가장 관심을 보이는 것 중 하나가 가격이다. 가격에 대한 반응은 매우 예민하기 때문에 상품에 대한 재료와 가격, 요리과정, 요리수준, 동종타사 등으로 인한 가격 대비를 준비하여 항상 고객의 문의에 대답을 해야 한다.

④ 사고

고객의 부주의로 일어날 수 있지만, 레스토랑 내에서 발생하는 사고로 불평을 초래하는 경우가 종종 있다. 뿐만 아니라 전기장치, 누수, 엘리베이터 오작동, 정전 등 시설물 불량, 뜨거운 음식 서비스 시 발생하는 실수, 레스토랑에서 분실되는 고객 소지품 등 뜻하지 않은 상황이 발생할 수 있기 때문에, 예방차원에서 사전 조치를 취하고 보안계획을 수립해야 한다.

2) 고객 불평 처리방법

사소하다고 느끼는 고객의 불평을 쉽게 지나쳐서는 호텔이 발전할 수 없다. 왜냐하면 불평을 제기한 고객보다 불만이 있었지만 불평을 제기하지 않은 고객은 이용한 영업장을 재방문할 확률은 낮다고 한다. 불평을 제기한다는 것은 그만큼 관심을 갖고 있다는 의미도 내포되어 있기 때문에, 불평처리를 얼마나 잘하느냐에 따라 방문고객 증감에 영향을 미칠 것이다.

최근에는 불평을 제기하는 방법이 다변화되고 있다. 물론 해당 영업장에서 즉시 불평을 제기하는 경우도 있지만, 총지배인이나 당직 지배인에게 직접 연락을 취하는 경우도 있고, 편지, FAX, E-mail, 호텔 홈페이지 등 다양한 방법으로 접수되고 있다. 그러므로 고객 불평을 최소화하기 위해서는 어떠한 방법이든 불평이 접수되면 즉시 조치를 취하는 것이 최선의 방법이다. 게다가 호텔에서도 피해를 최소화 하고, 고객 역시 만족할 수 있는 방안으로 처리되어야겠다. 그러기 위해서는 다음과 같은 순서를 적용할 필요가 있다.

(1) 고객 안내

불평하는 고객은 매우 흥분상태일 수도 있으므로 레스토랑이나 로비 등 공공장소에서의 불평접수는 금물이다. 큰 소리를 지르거나 예상외의 행동은 다른 고객에게 피해를 줄 수 있기 때문에 언성이 격해지지 않도록 최대한 노력을 하되, 그 자리에서 해결이 되지 않으면 레스토랑의 PDR(Private Dining Room)이나 비즈니스센터에 있는 작은 회의실 등 조용한 장소로 안내 한다.

(2) 불평내용 청취

직원은 고객의 불평내용을 끝까지 청취하면서 메모를 한다. 모든 내용을 들어주는 것도 고객의 흥분을 진정시킬 수 있기 때문이다. 그리고 메모를 하는 자세는 고객의 입장에서 불평 내용을 공유하고, 해결하려는 노력을 보여주고 있다는 뜻으로 보일 수 있기 때문이다.

또한 불평 내용 중 일부가 고객의 오해나 착각에서 오는 부당한 것이라 하더라도 중간에 변명하거나 고객의 잘못을 지적해서는 안 된다.

(3) 원인 파악

불평을 해결하기 위해서는 먼저 불평발생 원인을 파악해야만 한다. 그리고 신속하게 대응하는 것도 중요하지만 차후 똑같은 일이 발생되지 않도록 원인 분석을 해야 한다. 그리고 고객의 불평을 회피하려고 해서는 안 되며, 고객의 제안을 과소평가하거나 성급하게 해결하려는 인상을 주어서는 안 된다.

(4) 해결책 제시

우선 고객에게 문제에 대한 해결방법과 시간을 알려준다. 명확한 대답을 줄 수 없을 때는 기간을 알려 주고, 약속시간을 지킨다. 때로는 즉답을 피하고 냉각시간을 갖는 것도 하나의 방법일 수 있다. 하지만 기다리는 시간이 많이 걸리면 실례이므로 중간보고를 한다.

해결책 제시에서 중요한 것은 잘못을 무조건 시인하거나 잘못이 없다고 주장해서는 안 되며, 고객이 원하는 것이 무엇이지 신속하게 파악하여 가급적이면 고객의 뜻에 동의한다.

고객에게 해결책을 제시하는 것은 고객과의 약속이므로, 해결책을 제시하기 전에 어떻게 처리 하느냐에 따라 호텔 이미지가 손상될 수도 있음을 염두에 두어야 한다.

(5) 사과와 감사

불편 끼침을 다시 한번 정중하게 사과한다. 그리고 고객의 불평 제시로 인하여, 우리호텔이 더 발전할 수 있는 기회 주심에 감사를 표한다. 고객 불평 감소는 호텔 발전과 상관관계가 있기 때문이다.

불평사례는 접객서비스 향상의 자료로도 활용 가능하므로, 차후 같은 불평사례가 발생하지 않도록 노력한다.

5. 분실물 및 습득물 처리

대고객 서비스에서 아무리 좋은 서비스를 제공하였다 하더라도 고객이 호텔을 떠나는 마지막 시간까지 마무리가 잘 되지 않으면 고객은 불편한 기분으로 돌아갈 것이다. 하지만 예상이외의 서비스를 받았다면 호텔이나 레스토랑의 이름은 오랫동안 고객의 기억에 남을 것이다.

호텔에서 제공하는 여러 서비스 중 고객의 분실물은 매우 중요함으로 절대로 소홀히 다루어서는 안 된다. 정확하고 신속히 전해줄 수 있도록 최선의 노력을 다해야 하는데, 레스토랑 영업 종료 후 또는 영업 중에 분실물이 발견되면 다음과 같은 방법으로 처리를 해야 한다.

1) 고객의 분실신고가 있을 때는 이를 지배인에게 보고하고, 분실물 습득 장소, 시간, 물

품의 종류와 브랜드 명, 색상, 특징 등 구체적으로 기록해 놓아야 한다.

2) 분실물이 발견되지 않을 시는 분실물에 대한 특징과 고객의 연락을 취할 수 있도록 연락처를 받아둔다.

3) 지배인께 보고한 분실물의 주인과 연락가능하다면 즉시 알려 전달하도록 한다. 그러나 불가능하다면 호텔 내 분실물관리자에게 신고를 하고 분실물 관리대장에 기록한 후 습득된 분실물을 분실물 습득창고에 맡긴다.

4) 습득물은 규정된 장소에 보관해야 하고, 장소, 시간, 발견자 성명, 발견당시 상황을 기록하여 고객이 찾으러 올 경우 신속한 서비스가 이루어 질 수 있도록 확인해야 한다. 차후 분실물로 나온 물품이 없어지는 일이 없도록 기록과 정기적으로 확인하여 정확한 기록을 유지해야 한다.

5) 호텔마다 약간의 차이는 있을 수 있지만, 맡겨진 일반적인 분실물은 3개월 보관 후 주인이 찾으러 오지 않으면 습득자에게 돌려주되, 현금, 시계, 귀금속 등 귀중품일 경우는 1년을 보관하고, 이후에도 찾으러 오지 않으면 습득자에게 돌려준다.

제4절 호텔 레스토랑 서비스 기물의 종류 및 취급요령

레스토랑에서 사용하는 기물이란 음식을 준비하는 과정에서 식사하는데 필요한 제반 집기라 할 수 있다. 레스토랑에서 사용되는 기물은 레스토랑 종류에 따라서 달라질 수 있으나, 일반적으로 서양식 레스토랑에서 쓰이는 기물들이 대표적이며, 기본적인 기물이라 할 수 있는 종류는 매우 다양하다. 그 종류로는 silver ware, china ware, glass ware, service wagon 등으로 구분할 수 있다.

1. 은기물(Silver ware) 류

은기물류(silver ware)란 음식을 자르거나 먹는데 사용되는 순은제, 은도금제 또는 스테인리스 스틸(stainless steel) 제품들을 총칭하여 말한다. 대부분의 호텔에서는 은도금 기물을 사용하고 있으며, 종류는 다양하며 은도금이라도 고가품이 많으므로 철저한 관리가 요구된다. 일반 레스토랑에서는 품질이 좋은 스테인리스 스틸정리정돈을 잘하여 사용한다면 기물 사용에 있어 그 효율성을 높일 수 있다.

1) Knife 류

Appetizer knife, dinner knife, fish knife, fruit knife, dissert knife, butter knife

2) Fork 류

Appetizer fork, dinner fork, fish fork, salad fork, dessert fork, cocktail fork, lobster fork, oyster fork, snail fork, service fork

3) Spoon 류

Dinner spoon, soup spoon, bouillon spoon, tea spoon, dessert spoon, ice cream spoon, ice tea spoon, sugar Spoon, service spoon

4) Service 류

Soup ladle, sauce ladle, cake server, ice tong, bread tong, strainer, shaker, pepper mill, sugar bowl, tea pot, pie server, coffee pot, water pot, creamer, oblong entree, oval entree, round entree, butter cooler, round soup tureen, oval soup tureen, ice pail, round tray, fish plate, egg cup, measure cup, caster set, snail tong, candle stand, napkin holder, oval chafing, chafing dish, serving tray, champagne cooler

5) Silver Ware 취급요령

① 사용한 기물은 개수통에 모으되, 부딪치면 흠집이 생기거나 구부러질 우려가 있으므로 던지거나 많은 양을 한 번에 쏟아 부어서는 안 된다.

② 기물을 모을 때는 은기물류와 스테인리스 스틸 기물을 구분해야 손상을 방지할 수 있다.

③ 모아진 기물은 식기 세척기(dish washer)를 이용하여 뜨거운 물로 세척하고, 세제액을 충분히 씻어 낸다.

④ 세척된 기물은 청결상태를 확인하기 위하여 다시 닦을 필요가 있는데, 그러기 위해서는 기물을 종류별로 모으고, 별도 용기에 뜨거운 물을 준비한다.

⑤ 분류된 기물은 준비된 뜨거운 물에 한 개씩 잠깐 담갔다가 핸드타월(hand towel)을 이용하여 음식이 닿는 부분부터 물기를 완전히 제거한다. 특히 나이프(knife)를 닦을 때는 날이 바깥쪽으로 향하도록 하여 손에 상처를 입지 않도록 한다.

⑥ 변색된 기물은 광택제를 이용하면 재생가능하다. 하지만 광택제 사용 시 피부에 손상을 줄 수 있으므로 고무장갑을 사용해야 하며, 재생된 기물을 다시 세척을 해야 한다.

⑦ 세척된 기물은 종류별로 모아 기물 함에 보관한다.

⑧ 기물을 옮길 때는 금속성 소리가 나지 않도록 주의를 해야 하며, 트레이(tray)를 사용하면 소음을 줄일 수 있다.

⑨ 준비된 기물을 테이블 세팅 할 때는 음식이 닿는 부분을 만져서는 안 되며, 기물에 손자국이 나지 않도록 주의를 해야 한다.

2. 도자기(China Ware) 류

China ware 류는 도자기제품을 총칭하여 말하며, 다양한 형태와 종류가 있는데 호텔의 레스토랑에서는 고가의 제품이 많이 사용된다. 특히 china ware는 운반 시 파손되기가 쉬우므로 기물끼리 부딪치지 않도록 주의를 해야 한다. 기물 표면에 상처가 났거나 오점이 있는 것은 폐기 처리를 한다.

1) Plate 류

Dinner plate, fish plate, b&b(bread and butter) plate, dessert plate

2) Underliner 류

Soup underliner, coffee saucer

3) Bbowl 류

Salad bowl, sugar bowl, cereal bowl

4) Cup 류

Ccoffee cup, demitasse cup, bouillon cup, soup cup

5) China ware 취급요령

① 접시를 운반할 때는 접시의 테두리(rim) 안쪽으로 손가락이 들어가지 않도록 잡아야 한다.
② 요리가 담긴 접시를 잡을 때는 엄지와 검지를 이용하여 잡고, 더 많은 접시를 운반할 때는 먼저 잡은 접시 밑으로 겹쳐들면 된다. 특히 여러 접시를 한 번에 들 때는 접시에 음식이 닿지 않도록 주의해야 한다.
③ 접시를 운반할 때는 접촉사고를 방지하기 위하여 접시든 팔을 너무 벌리거나 흔들

면 안 되며, 몸 가까이 붙여야 한다.

④ 사용한 접시를 치울 때는 엄지와 검지로 접시를 쥐고, 포크(fork)를 엄지로 고정시킨 다음 나이프(knife)를 그 밑 X자형으로 끼워 다른 기물이 떨어지는 것을 방지한다.

⑤ Fork와 knife는 첫 번째 접시에 모으고, 남은 음식은 fork를 이용하여 밑 접시로 쓸어 담는다.

⑥ 다음 접시도 같은 방법으로 처리하며, 소음이 나지 않도록 신경을 써야 한다.

3. 글라스(Glass ware) 류

Glass ware 류는 유리로 만든 유리제품을 총칭하는 것으로 용도나 용도에 따라 종류가 다양한데, 크게 원통 모양(cylindrical glass)과 굽 달린 모양(stemmed glass) 두 종류로 나눌 수 있다. 특히 유리제품이라 쉽게 파손되므로 취급 시 주의를 해야 하며, 사용법과 용도에 맞게 사용해야 한다. 글라스 류를 사용할 때는 컵의 테두리(rim) 안쪽이나 상단부분을 잡아서는 안 되며, 흠집이 있는 글라스 류는 상처를 줄 수 있으므로 절대로 사용해서는 안 된다.

1) Stem ware 류

Stem ware는 목 줄기가 있는 유리잔으로서, water glass, wine glass, champagne glass, brandy glass, cocktail glass, whisky sour glass, liquer glass, sherry glass와 같은 종류가 있다.

2) Tumbler 류

Tumbler는 원통형 glass를 말하며, old fashioned glass, high ball glass, tom collins glass, beer glass와 같은 종류가 있다.

3) Glass Ware 취급요령

① 글라스를 잡을 때는 밑 부분을 잡아야 하고, 손잡이(stem)가 달린 글라스는 손잡이를 잡아야 한다. 또한 글라스 테두리나 안쪽으로 손가락을 넣어서는 안 된다.

② 쟁반(tray)로 운반할 때는 글라스가 미끄러지지 않도록 매트(mat)나 냅킨(napkin)을 사용해야 한다.

③ 글라스를 운반할 때는 손 또는 tray를 사용하는데, 원통형 글라스는 반드시 tray를 사용한다.

④ 손잡이가 달린 글라스(stemmed glass)를 운반할 때는 stem을 손가락에 끼워 윗부분이 아래쪽으로 향하도록 하고, 운반 시 글라스 끼리 부딪치지 않도록 조심해야 한다.

⑤ 한 번에 많은 양의 글라스를 운반할 때는 글라스 랙(glass rack)을 사용하고, 세척기(dish washer)를 이용해 세척할 때에도 이를 사용한다.

⑥ 기계로 닦은 glass를 고객에게 제공하기 전에는 글라스 상태를 확인하고, 뜨거운 물을 이용하여 다시 닦는다.

⑦ Glass를 닦을 때는 글라스 냅킨을 이용하고, stemmed glass의 경우는 stem이 부러지는 경우가 있으므로 무리한 힘을 가하지 않도록 한다. 이때 윗부분을 먼저 닦고, 손잡이 부분은 나중에 닦는다.

⑧ 잘 닦아 보관한 것이라도 고객에게 제공하기 전에는 청결상태를 재확인 해야 한다.

4. 린넨(Linen) 류

린넨(Linen)이란 식음료 업장에서 주로 사용하는 천의 종류를 말하며, 테이블 크로스(table cloth), 언더 크로스(under cloth), 미팅 크로스(meeting cloth), 냅킨(napkin) 등이 있다. 레스토랑에서 사용하는 린넨 류는 테이블의 크기나 모양에 따라 다르고, 다양한 재질로 되어 있는데, 이용 측면서는 물세탁이 가능한 제품이어야 관리하기가 쉽다. 또한 레스토랑 운영 특성상 세탁을 자주해야 하므로 소재의 재질이 좋아야 오래 사용할 수 있고, 깨끗함을 유지할 수 있다.

1) 린넨(linen) 종류

(1) Table cloth

테이블의 청결함을 나타내기 위하여 면직류 또는 마직류로 주로 백색의 크로스를 사용하고 있으나, 근래에 와서는 레스토랑의 분위기 맞도록 유색이나 줄무늬가 들어간 크로스를 사용하기도 한다. 또한 테이블을 화려하게 보이기 위하여 Cloth를 이중(Top Cloth)

을 덮기도 한다.

테이블의 길이가 가로 90cm×세로 90cm일 경우, 덮었을 때 테이블 끝에서 내려오는 길이가 4변 모두 30cm 정도 되어야 하므로, 테이블 크로스는 가로 150cm×세로 150cm 정도 크기가 적당하다.

(2) Under cloth

털로 다져 만든 천(felt) 또는 면 종류의 천(flannelet)으로 만들어져 table cloth보다 크지 않게 만들어 table에 부착함으로서 talble cloth의 유동을 막을 수 있는 천이다. 또한 under cloth를 사용함으로서 table cloth의 수명연장과 식탁에 식기나 기물을 놓을 때 소음을 줄일 수 있고, table cloth의 촉감을 부드럽게 할 수 있다하여 silence cloth라고도 하고, table pad라고도 한다.

(3) Meeting cloth

회의 및 리셉션(reception) 등에 널리 사용되며, 무늬는 없으나 녹색 또는 갈색 융단(felt)으로 만들어져 meeting cloth만 사용하여도 촉감이 부드럽고, 피로감을 감소시켜 널리 사용된다.

(4) Napkin

냅킨은 테이블 세팅 시 마지막 장식품으로서, 고객이 식사 중에 입 또는 손을 닦거나 음식을 흘려 옷이 더러워지는 것을 방지하기 위해 사용하는 린넨 중 하나이다. 보통 무릎위에 놓고 사용하는데, 테이블 크로스와 같은 면직으로 되어있다. 색상은 다양한 편이며, 크기는 52cm×52cm 정도이지만 레스토랑마다 차이는 있다. 그리고 이러한 용도 외에 레스토랑 분위기를 돋구기 위한 장식품의 역할도 한다.

(5) Service towel

서비스 타월을 암 타월(arm towel) 또는 핸드 타월(hand wowel)이라고 부르는데, 레스토랑 직원이 사용하는 타월이다. 이 타월은 뜨거운 접시나 플레터(platter) 등을 운반할 때 직원의 부주위로 음식이나 커피 등을 쏟았을 때 신속히 대응하기 위한 것으로 항상 몸에 지니고 있어야 한다.

(6) Wash cloth

워시 크로스는 기물이나 집기류 등을 닦을 때 사용하며, 색상이나 모양을 레스토랑에서 사용되는 일반 크로스와 달리하여 사용용도를 쉽게 구분할 수 있도록 만드는 것이 바람직하다. 또한 사용하기 쉬운 크기로 만들어 일반 린넨과 구별하기 쉬어야 한다.

2) Linen류의 취급 법

린넨은 고객의 손이나 입 주위를 닦는데 사용하는 것으로, 위생적으로 관리해야 하며, 사용목적 이외에 사용은 절대 안 된다.

① 식기류를 취급할 때와 마찬가지로 사용과 보관을 철저히 하며, 위생적으로 관리를 해야 한다.
② 규격이나 용도에 맞게 사용해야 하며, 사용목적 이외에 사용은 안 된다.
③ 린넨에 기름이나 음식물 등으로 인해 얼룩이 생기지 않도록 다루어야 하며, 린넨 위에 핀이나 음식물, 휴지 등은 린넨과 분리를 한 후 세탁이 용이하도록 정리한다.
④ 세탁된 린넨을 보관할 때는 지정된 장소에 종류별로 구분하고, 먼지가 묻지 않도록 정리 정돈하여 깨끗하게 보관한다.
⑤ 린넨이 손상되었거나 오점, 얼룩이 있는 린넨은 사용을 금한다.
⑥ 사용한 린넨은 별도로 모아 정해진 장소 또는 세탁실로 내린다.

3) 냅킨 접는 법(napkin folding)

냅킨은 접는 모양에 따라 레스토랑의 전체 분위기를 달리 할 수 있으며, 시각적인 효과를 얻을 수 있다. 그러므로 고객에게 새로운 인상을 심어주기 위하여 여러 가지 모양의 냅킨을 접어 변화를 주고자 노력한다.

하지만 레스토랑에서는 위생이 가장 중요함으로, 냅킨을 준비하는데 있어서도 위생적으로 취급되어야 할 것이다. 그러기 위해서는 접을 때 손을 많이 사용하지 않고, 가급적 구김이 많이 가지 않도록 다음과 같은 간단한 방법을 택하기도 한다.

(1) 텐트형(tent)

오른쪽 엄지손가락으로 A와 B 귀퉁이를 맞춘다. 그리고 삼각형을 텐트 모양으로 만들기 위해서는 엄지손가락 주위로 구부린다. 이 텐트 모양의 냅킨을 테이블 위에 세팅할 때는 고객을 향해 열려진 상태로 놓거나, 닫힌 상태로 테이블 위에 놓는다.

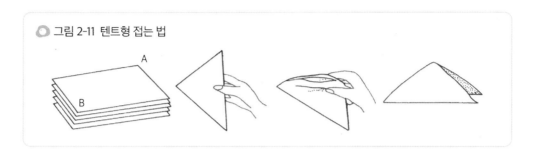

◎ 그림 2-11 텐트형 접는 법

(2) 정장 모자형(cocked hat)

직사각형의 냅킨을 반으로 접은 후 삼등분한 냅킨의 오른쪽을 가운데 부분에 겹치도록 하고, 주름을 잡은 후 오른손으로 C를 냅킨의 가장자리 A, B쪽으로 1줄 정도 말아 넣은 다음 왼손으로 D를 그 위에 겹치도록 놓는다. 냅킨 끝 E와 F를 그림처럼 접어 올린다. 이 냅킨의 모양은 많은 양을 미리 접어 보관이 가능하므로 바쁠 때 용이하게 사용할 수 있다.

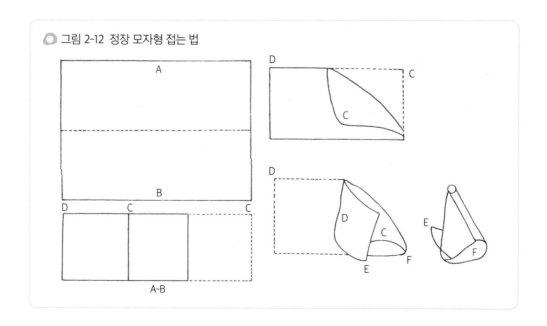

◎ 그림 2-12 정장 모자형 접는 법

(3) 촛대형(candle)

A와 B가 만나도록 접는다. G와 H를 접어서 E와 F를 접어 올린다. 그리고 G부분을 H 쪽으로 돌려서 접는다. 이때 돌릴 시 천천히 돌리되 촛대모양이 될 수 있도록 주의해서 돌린다.

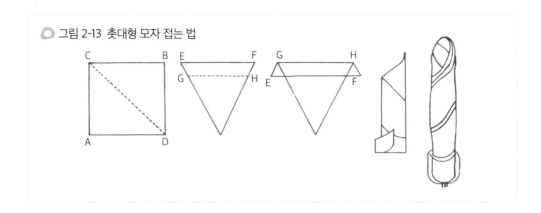

● 그림 2-13 촛대형 모자 접는 법

5. 서비스 장비(service equipment)

식음료 서비스용으로 사용되는 장비의 종류에는 사용목적에 따라 다양한 종류가 있으나, 일반적으로 사용되는 많은 장비는 다음과 같다.

1) 서비스 웨건(service wagon)

고객의 음식을 운반할 때 많이 사용하며, 신속한 서비스를 위해 이용되기도 한다. 서비스 웨건의 특징은 가로, 세로, 높이가 고객의 테이블과 비슷하여 서비스하기가 편리하다.

● 사진 2-7 서비스 웨건

2) 게리동(gueridon)

프렌치 레스토랑에서 많이 사용되는 서비스 장비로, 최고급 서비스를 하는데 필요한 품목이다. 테이블 높이와 비슷하여 고객 앞에서 음식을 직접 카빙(carving)하고 와인을 서비스할 때 불편함이 없도록 되어 있다. 때로는 뜨거운 음식을 운반할 때도 사용한다.

○ 사진 2-8
게리동 웨건

3) 프람베 웨건(flambe wagon)

특별한 appetizer, entree, dessert 등을 고객 앞에서 직접 요리할 때 사용된다. 웨건에는 가스, 알코올 렌지, 프라이 팬 등 간단한 주방기구를 갖추고 있을 뿐만 아니라, 소금, 후추, 버터, 샐러드 오일 등 간단한 조리용 양념을 갖추고 있다.

○ 사진 2-9
프람베 웨건

4) 로스트 비프 웨건(roast beef wagon)

조리된 음식이 식지 않도록 뚜껑이 있으며, 하단에는 연료를 사용하여 적정 온도가 유지되도록 되어 있다. 고객 앞에서 직접 요리하여 제공되므로 도마, 로스트 비프용 Knife, Fork 용 Sauce가 준비가 준비된다.

○ 사진 2-10
로스트 비프 웨건

5) 디저트 트롤리(dessert trolley)

디저트 트롤리는 여러 가지 디저트를 준비할 수 있어야 하므로, 냉장설비가 있는 것과 없는 것으로 구분되어 진다. 또한 트롤리에는 접시와 케이크 서버(cake sever) 등과 같은 기물이 함께 준비되어 있고, 고객이 잘 볼 수 있도록 display 되어야 한다. 디저트 트롤리의 장점은 고객 앞으로 끌고 다니면서 직접 주문을 받고, 즉시 서비스 된다.

○ 사진 2-11
디저트 트롤리

6) 바 웨건(bar wagon)

각종 주류를 진열하여 판매할 수 있는 웨건이다. 또한 웨건에는 glass와 bar 기물을 준비하여야 하며, 얼음을 비롯한 cocktail용 부재료도 준비할 수 있어야 한다. 고객 앞에서 주문을 받아 직접 서비스가 가능하며 격식 있는 서비스가 될 수 있다.

품위 있는 full course dinner party에서는 브랜디(brandy)를 비롯한 dessert wine, 시가 (cigar)를 서비스하기도 한다.

● 사진 2-12
바웨건

7) 룸서비스 웨건(room service wagon)

객실에서 음식을 주문받고 서비스 할 때 사용되는 room service 전용 웨건으로, 웨건 밑에는 음식이 식는 것을 방지하기 위한 hot box를 넣을 수 있다. 그리고 음식을 setting 할 때는 세탁된 린넨(linen)을 사용해야 한다.

룸서비스 웨건은 객실 내 좁은 공간에서도 사용할 수 있어야 되기 때문에, 웨건 상판의 크기를 조절할 수 있다. 또는 크기 조절은 고객의 수나 음식의 양에 따라 조절 가능하다.

● 사진 2-13
룸서비스 웨건

8) 기타

이외에도 빵이나 케익을 전시판매 가능하기도 하고, 빵 등을 싣고 다니며 손님에게 직접 서비스도 할 수 있는 브레드 트롤리(bread trolley)가 있으며, 손님에게 직접 서비스할 수 있는 기물 등을 싣기도 하고 기물을 뺄 수도 있는 서비스 스테이션(service station) 등이 있다.

○ 사진 2-14
브레드 트롤리

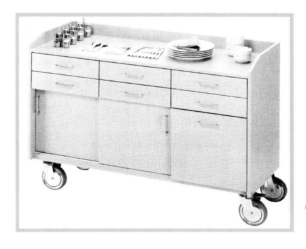

○ 사진 2-15
서비스 스테이션

제 **5** 절 테이블 세팅

1. 테이블 세팅의 정의

테이블 세팅(table setting)이란 식사 제공에 필요한 일체의 준비 작업이라 할 수 있다. 즉 식사에 필요한 일절의 준비기구인 테이블, 의자, 테이블 크로스, 냅킨, 은기류, 도자기류, 글라스류, 기타 테이블용 기물을 식사하기에 편리하도록 갖추어 놓는 것을 말한다. 그러므로 고객에게 완벽한 서비스를 제공하고, 고객이 식사를 즐겁게 할 수 있는 분위기를 연출하기 위해서는 정확한 테이블 세팅을 하여야만 한다.

또한 영업장 내 적절한 테이블 배치와 그에 맞는 테이블 기물을 사용해야만 한다. 테이블 배치에 있어서는 레스토랑 직원이 서비스 하는 동선이나 공간이 있어야 하고, 고객이 다니는데 불편이 없어야 한다. 그리고 테이블과 테이블 사의 간격은 서비스의 종류에 따라 차이는 있을 수 있으나 고객들 간의 대화에 보안이 유지될 수 있어야 한다.

테이블 세팅은 레스토랑의 분류나 식사의 종류에 따라 다양해질 수 있으나, 기본적인 세팅은 기본 차림(basic setting), 일품요리 차림(a la carte setting), 정식 차림(table d'hote setting), 조식 차림(breakfast setting)으로 나누어 볼 수 있다. 그러나 여기서는 다양한 기물이 필요한 정식차림의 테이블 세팅을 보고자 한다.

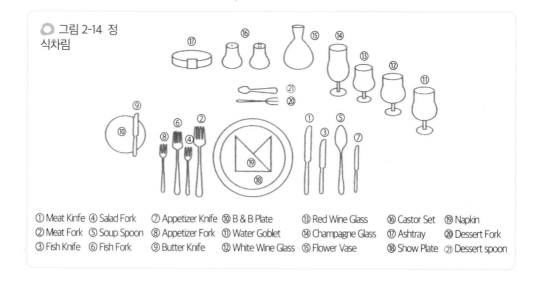

그림 2-14 정식차림

① Meat Kinfe	④ Salad Fork	⑦ Appetizer Knife	⑩ B & B Plate	⑬ Red Wine Glass	⑯ Castor Set	⑲ Napkin
② Meat Fork	⑤ Soup Spoon	⑧ Appetizer Fork	⑪ Water Goblet	⑭ Champagne Glass	⑰ Ashtray	⑳ Dessert Fork
③ Fish Knife	⑥ Fish Fork	⑨ Butter Knife	⑫ White Wine Glass	⑮ Flower Vase	⑱ Show Plate	㉑ Dessert spoon

2. 테이블 세팅시 주의사항

테이블 세팅은 고객이 테이블이나 기물을 사용하기 편리하게 배열하는 것으로, 세팅은 때와 장소에 따라 약간의 변형이 있을 수 있으나 다음과 같은 사항에 주의를 한다면 고객이 만족하는 서비스는 더 효과적일 수 있다.

1) 테이블 크로스와 냅킨(table cloth and napkin)

대부분의 레스토랑에서는 흰색의 테이블 크로스를 사용하는데, 이는 깨끗함과 청결함을 나타내기 위함으로, 오점이나 찢겨진 부분이 있으면 안 된다. 또한 냅킨은 깨끗하게 접혀 있어야 하며, 색상은 테이블 크로스와 조화를 이룰 수 있어야 한다.

2) 테이블과 의자(table and chair)

움직이거나 유동이 있는 테이블은 불안감을 초래할 수 있으므로, 정확한 위치에 고정되어 있어야 한다. 또한 테이블과 의자와의 간격은 편안한 간격이 유지되어야 한다.

3) 쇼 플레이트(show plate)

손자국이나 지문 등이 보이지 않도록 항상 깨끗함을 유지해야 한다. 특히 실버 플레이트(silver plate)인 경우는 광택이 있어야 하고, 차이나 웨어(china ware)인 경우는 표면에 상처가 없고, 깨진 곳이 없어야 한다.

4) 은기물 류(silver ware)

기물의 배치는 식사를 하기 위해 편리한 순서로 세팅을 해야 한다. 그러기 위해서는 식사의 순서, 방향, 기물의 위치를 테이블 가장자리에 평행이 되도록 해야 한다. 그리고 은기물을 취급할 때는 위생을 염두에 두고 손잡이가 있는 부분만 잡아야 하며, knife 세팅 시에는 날 안쪽을 show plate를 향하도록 해야 한다.

5) 글라스 류(glass ware)

글라스를 취급할 때는 아래 부분을 잡아야 하며, 조금이라도 깨진 것을 사용해서 안 된다. 또한 얼룩지거나 지문 자국이 없는 것을 사용해야만 한다. 글라스를 세척할 때는 세척기를 사용하는 것이 위생적이지만 테이블에 세팅을 하기 전에는 뜨거운 물로 다시 세척하여 청결함을 유지 해야만 한다.

6) 양념 병(caster set)

양념 병은 내용물이 항상 채워져 있어야 하며, 내용물이 응고 되어 있지 않은지를 확인해야 한다. 또한 식사시간이 끝나면 양념 나오는 구멍이 막혀있지 않은지도 점검을 해야 한다.

7) 기타

근래에 와서 거의 모든 레스토랑은 금연을 하고 있으므로 재떨이의 필요성이 없지만, 부분적이나마 흡연 가능한 레스토랑의 경우에는 재떨이 청결을 유지해야 한다. 또한 테이블에 세팅되어 있는 꽃과 꽃병의 상태를 확인한다.

3. 테이블 세팅의 순서

테이블 세팅을 하기 위해서는 테이블의 정확한 위치와 유동이 없어야 한다. 그리고 의자다리의 흔들림이 없는지 상태를 확인한 다음 테이블 크로스를 펴고, 쇼 플레이트(show Plate)와 냅킨(napkin)을 중심으로 테이블의 중심을 맞춘다.

테이블 세팅을 하는데 있어서의 순서는 차이가 있을 수 있지만, 테이블 세팅에 있어 가장 중요한 것은 식사에 필요한 모든 기물을 빠트리지 않게 세팅하는 것이다. 그러므로 다음과 같은 순서를 응용할 수 있다.

① 테이블과 의자를 점검한다.
② 테이블 크로스를 편다.

③ 쇼 플레이트(show plate)와 냅킨을 세팅한다.

④ 쇼 플레이트를 중심으로 메인 나이프(main knife)와 메인 포크(main fork)로 중심을 맞춘다. 샐러드 나이프와 포크를 놓는다(호텔레스토랑에서는 샐러드도 하나의 코스로 나가기 때문임)

⑤ 피시 나이프(fish knife)와 포크를 놓는다.

⑥ 스프 스푼(soup spoon)을 놓는다.

⑦ 에피타이저(appetizer) 나이프와 포크를 놓는다.

⑧ B & B 플레이트(plate)와 버터나이프(butter knife)를 놓는다.

⑨ 디저트 포크와 스푼을 쇼 플레이트 위쪽에 놓는다.

⑩ 워터 고블렛(water goblet)을 오른쪽에 놓고, 그를 중심으로 왼쪽으로 white wine glass, red wine glass순으로 놓는다.

⑪ 테이블 가운데 양념 세트(caster set)를 놓는다.

⑫ 꽃병을 놓는다.

⑬ 테이블 세팅 전체를 점검한다.

CHAPTER 3 메뉴 관리

1. 메뉴의 개요

메뉴의 어원은 라틴어의 'minutes'에서 유래하여 영어의 'small list', 불어의 'minute'에 해당하는 말로서 '상세히 기록하다'라는 의미를 뜻한다. 메뉴는 2가지의 의미로 사용될 수 있는데 인쇄물로 된 메뉴판의 의미와 음식의 아이템(item)이다. 즉, 요리의 품목, 명칭, 형태, 순서 등을 체계적으로 알기 쉽게 설명해 놓은 상세한 목록이나 차림표라 할 수 있다.

현재의 대표적인 요리하면 프랑스 요리라 할 수 있지만, 16세기 초만 해도 프랑스 요리는 보잘 것 없었던 것을 1533년 프랑스 왕 앙리 2세의 왕비가 된 카트리누가 이탈리아 출신 요리사를 데리고 온 이후, 그들에 의해서 프랑스 요리가 개선되었다 한다. 그러므로 프랑스 요리사들은 이탈리아식 요리의 도입으로 변해져가는 프랑스 요리법을 잊지 않기 위하여 메모하였는데, 그것이 메뉴의 시작이라 할 수 있다.

다른 유래를 보면 1541년 프랑스 헨리 8세 때 부룬스윈 공작이 자택으로 친지를 초대하여 만찬을 갖게 되었는데, 공작은 준비된 요리와 자신 앞에 놓인 메모를 보며 식사하게 되었다. 이를 지켜본 친지 한분이 테이블 위에 놓인 메모에 대하여 묻자, 공작은 오늘 준비된 요리의 목록이라 말한 것을 만찬에 참석한 친지들이 이를 모방하여 요리 목록을 작성하였으며, 이후에 이 목록이 정찬메뉴(table d'hote menu)의 효시라 전해지고 있다.

현재에도 연회(banquet)행사 시 정찬 등의 메뉴가 참석자들에게 제공되고 있는데, 이러한 메뉴는 점차 상업화되고, 대형화 된 레스토랑에서 다양하게 구성되어 사용되고 있다. 따라서 메뉴는 식음료의 상품 안내 및 가격표라는 단순한 목록이 아닌 상품을 알리는 중요한 수단으로, 그 레스토랑을 알리는 얼굴이라 할 수 있다. 즉, 레스토랑 직원에게는 요리와 음료를 판매하는 도구가 되는 것이며, 고객입장에서는 주문의 수단이 되는 것이다. 이와 같이 메뉴의 개념은 관리자의 관점이나 시대의 변화에 따라 변화되어 왔는데, 현 시점에서 볼 때 60년대의 메뉴를 '차림표'의 개념으로 정의한다면, 70년부터는 '마케팅과 관리'의 개념이 가미된 '차림표'라 정의되어 질 수 있고, 80년대 이후부터는 '마케팅과 내부 통제 도구'로 정의되고 있어, 메뉴에 대한 정의도 마케팅과 관리적인 양면성이 강조되고 있다.

따라서 메뉴는 '내부적인 통제의 도구일 뿐만 아니라 판매와 판매촉진을 포함한 마케팅의 도구라고 정의'할 수 있다.

2. 메뉴의 역할

메뉴의 내용에 따라 식음료의 구매, 저장, 조리, 판매, 서비스 등 여러 가지 메뉴관리의 내용이 결정되고, 결과적으로 식음료 원가에 영향을 미치게 된다. 따라서 레스토랑은 메뉴에 의해 평가되어 지고, 메뉴는 호텔 식음료 경영에 있어 전 과정에 영향을 미친다고 할 수 있다. 또한 메뉴의 내용과 범위에 따라 조리하는데 필요한 설비가 결정되기 때문에, 식음료 경영에 따른 많은 요소들은 메뉴의 계획으로부터 시작된다고 할 수 있다.

성공적인 식음료부문의 운영을 위해서 메뉴는 단순히 품목과 가격을 기록하는데 그치는 것이 아니라, 고객에게 메뉴에 있는 식음료를 제공하겠다는 서약이 의미하는 역할도 있는 것이다. 또한 고객과 레스토랑을 연결하는 판매 촉진의 모체로서 판매한다는 역할도 하고 있다. 그리고 메뉴는 고객과의 의사소통을 위한 소중한 수단으로서 마케팅의 도구 역할도 한다. 따라서 현대의 식음료 경영을 함에 있어 메뉴의 역할은 중요하며, 식음료 업종의 목표달성을 위하여 그 계획과 관리과정 또한 중요하다고 할 수 있기 때문에, 메뉴의 역할은 다음과 같이 정리 할 수 있다.

1) 레스토랑 경영방침의 집약체

레스토랑에서는 메뉴가 기초가 되어, 주방과 설비, 직원 수, 재료의 선택 등이 결정된다. 또한 메뉴에 의해 서비스방식이 결정되기 때문에 주방설계나 레스토랑 규모가 사전에 결정될 수 없다. 그러므로 레스토랑의 경영방침을 토대로 메뉴가 작성되어야 한다.

2) 레스토랑의 개성과 이미지를 표현

메뉴에는 요리 명, 가격이 명기되어있을 뿐만 아니라, 최근에는 재료, 서비스 방식까지 상세하게 기입한 메뉴도 있다. 따라서 이러한 메뉴는 레스토랑의 개성을 나타내고, 이미지를 드러내기도 한다.

3) 고객과의 약속한 가치

메뉴를 통하여 고객이 느끼는 이미지, 예상되는 맛과 서비스는 식음료 상품을 구매하려는 고객이 기대하는 가치라 할 수 있다. 즉, 식음료는 주문생산을 한 후 음식의 실체를 보고 구매하는 것이 아니라, 고객은 메뉴라는 매개체가 주는 가치를 주문하는 것이다.

4) 고객과 직원간의 의사소통 역할

고객은 메뉴를 보고 음식을 주문하면 직원은 주문한 것을 전달하는 단순한 관계라고 볼 수 있지만 그렇게 단순한 관계는 아니다. 즉 메뉴를 보고 망설이는 고객에게 직원은 다가가 메뉴를 설명하고 요리를 권하게 된다. 이때 직원이 추천해준 요리를 선택한 고객은 직원과 고객 간의 의사소통이 되었다는 뜻이다. 레스토랑에서 직원과 고객의 대화로 마음이 통하게 되면 이때부터 본격적인 서비스가 시작된다고 할 수 있다.

5) 무언의 세일즈맨

고객은 메뉴를 보고 요리를 선택하고 주문을 하게 된다. 직원이 특별한 설명을 하지 않아도 레스토랑에서 서비스 되는 요리를 안내하고 있기 때문이다. 그러므로 메뉴는 아무 말을 하고 있지는 않지만 세일즈맨의 역할을 하고 있는 것이다.

6) 서비스의 약점을 보완

하버드 비즈니스 스쿨의 레비트 교수는 무형의 상품을 판매하는 기업일수록 서비스의 유형화를 중시해야 한다고 하였다. 그 의미는 레스토랑에서 제공하는 서비스가 보이지 않기 때문에 사전에 시험할 수 없는 것인 만큼, 고객의 판단은 어려워질 수 있다. 이러한 무형의 서비스의 약점을 메뉴는 보완해 줄 수 있기 때문이다.

7) 요리의 발전계기

메뉴는 레스토랑 고객의 음식 선호도를 가려준다. 다수의 음식 중 주문한 요리를 분석해 보면 선호하는 요리를 알게 되고, 그것을 통하여 새로운 요리를 개발하게 된다. 즉, 고객을 창출하기 위한 새로운 메뉴의 개발은 요리의 발전에도 중요한 계기가 될 것이다.

앞서 설명되었듯이 식음료 상품은 주문에 의해서만 생산되므로, 사전에 모양을 보거나 맛을 볼 수도 없는 상태에서 메뉴를 통하여 식음료를 판매한다는 것은 구매 시점에서 광고의 역할을 하는 것이다. 요즈음 많은 레스토랑에서 메뉴의 내용 못지않게 그 형식이나 모양에 대해서 연구를 하는 것도 충분한 효과를 얻을 수 있다는 메뉴에 대한 새로운 인식의 결과라 할 수 있겠다.

3. 메뉴 계획

1) 메뉴 계획의 의의

메뉴 계획은 식음료 관리자가 해야 할 가장 중요한 업무 중 하나이다. 그러므로 고객이 원하는 욕구가 무엇인지 파악하고, 조직의 목표를 평가한 후 메뉴의 계획을 세워야 할 것이다.
성공적인 메뉴 계획은 레스토랑의 종류와 형태를 정한 후 어떠한 고객을 대상으로 할 것인지 정해야 한다. 또한 판매하게 될 음식의 품목, 품목의 수와 다양성, 식자재 조달 조건, 조리방법, 매출 예상액, 서비스 방식 등을 고려하여 고객이 원하는 품목들 결정한다. 그리고 목표를 달성할 수 있는 이상적인 품목과 수를 정하되 다양성을 고려하여 결정을 한다.

품목의 선정은 합리적인 메뉴계획 과정을 거쳐 팀웍에 의해 실행되어야 하며, 창조적인 것이어야 한다. 이러한 과정을 거쳐야만 차별화될 수 있는 품목이 선정될 수 있고, 차별화된 품목만이 가격경쟁이나, 고정고객 확보에서 우위를 점할 수 있기 때문이다.

그러므로 메뉴 계획이란 제공될 여러 가지 종류의 음식을 판매하기 전 예상 고객에게 어떠한 재료를 가지고, 어떻게 조리하여 얼마에 판매할 것인가를 종합적으로 검토하여 작성하는 작업을 말한다. 즉, 메뉴 계획은 구매를 하여, 검수된 물품을 저장하고, 저장된 물품을 수령하여 상품인 음식을 생산한 다음 판매를 하게 된다. 그리고 평가와 심사 분석을 통하여 결과를 도출하게 된다. 이상과 같이 피드백(Feedback)의 전 과정에서 발생하는 일련의 일들을 업장과 사무실에서 유기적인 체계로 구축하고, 그리고 성공적인 계획을 위해서는 메뉴 계획을 전문으로 하는 팀이 있어야만 가능하겠다.

2) 메뉴 계획 시 고려해야 할 사항

① 고객의 필요와 욕구

목표 고객의 선호도와 경향을 파악하기 위해서는 목표 시장에 대한 흐름과 주력 메뉴의 종류를 결정하는 것이 중요하다.

② 식자재 공급시장의 다변화

고객이 원하는 식음료 상품을 원활하게 제공하기 위해서는 경제적인 가격으로 들어오는 것이 중요하다. 뿐만 아니라 필요로 하는 시간에, 필요로 하는 양만큼의 식자재를 공급받아야 함으로 식자재 공급시장의 다변화가 요구된다.

③ 다양성 계획

호텔의 레스토랑에서는 다국적 고객을 대상으로 하기 때문에, 메뉴는 많은 고객들이 즐길 수 있도록 다양성을 지닐 수 있도록 계획을 해야 한다. 특히 주력상품은 음식을 방향, 조리시설 등 경영 전반에 영향을 미치기 때문에 확고히 해 놓을 필요가 있는데, 확실한 주력 메뉴는 약간의 변형으로도 다방면의 음식을 제공할 수 있기 때문이다.

④ 직원의 업무 숙련도

모든 조리사가 메뉴에 있는 품목 모두를 잘 만들 수는 없다. 조리사들의 수준을 잘 파악하여 메뉴 계획을 실행하여야 하는데, 일관된 음식의 질과 서비스를 제공하기 위해서는 정기적인 교육을 통하여 업무의 숙련도를 높일 필요가 있다.

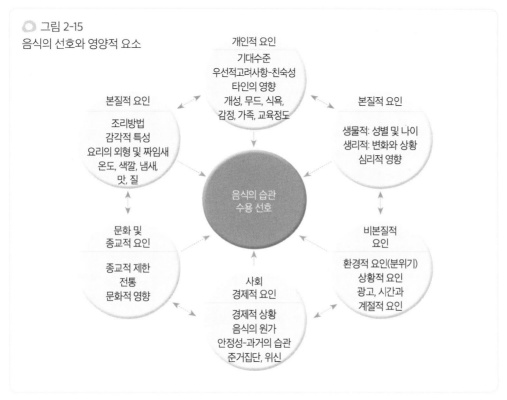

○ 그림 2-15
음식의 선호와 영양적 요소

개인적 요인
기대수준
우선적고려사항-친숙성
타인의 영향
개성, 무드, 식욕,
감정, 가족, 교육정도

본질적 요인
생물적: 성별 및 나이
생리적: 변화와 상황
심리적 영향

본질적 요인
조리방법
감각적 특성
요리의 외형 및 짜임새
온도, 색깔, 냄새,
맛, 질

음식의 습관
수용 선호

비본질적
요인
환경적 요인(분위기)
상황적 요인
광고, 시간과
계절적 요인

문화 및
종교적 요인
종교적 제한
전통
문화적 영향

사회
경제적 요인
경제적 상황
음식의 원가
안정성-과거의 습관
준거집단, 위신

자료: Mahmood A. Khan, "Menus and Menu Plannig", in Manmood A. Khan, Michael D. Olsen and Turgut Var, eds., VNR, eds., *VNR'S ENCTCLOPEDIA of HOSPITALITY and TOURISM*(N.Y: VNR, 1993), p.31

⑤ 음식의 선호도와 영양적 요소

고객의 욕구는 음식의 질뿐만 아니라 원하는 서비스 수준도 높아지고 있다. 따라서 선호하는 음식에 대하여 식자재의 신선도, 영양소의 균형, 음식의 양 등을 지속적으로 모니터링(monitering)을 하여 고객의 수준에 부합되도록 노력해야 한다. 그러기 위해서는 다음과 같은 요인들을 고려해볼 필요가 있다.

⑥ 시설과 장비의 파악

음식의 질과 서비스에서 경쟁업체와 경쟁력을 갖추기 위해서는 신속하고, 경제적으로 상품을 생산할 수 있는 장비가 필요하다. 그러기 위해서는 생산과 관련된 시설적인 면에서의 생산 시스템과 효율적 공급을 위한 서비스 시스템에 대한 유기적 관계가 형성될 수 있도록 철저한 계획이 이루어져야 한다.

3) 메뉴 계획의 모형

메뉴 계획단계에서 고려되어야 할 사항은 많지만, 대체로 고객 관점과 관리적 관점으로 생각해 볼 수 있다. 다음의 Ninemeier 모형은 고객과 아이템의 질이라는 두 가지 관점을 중심으로 발표된 메뉴 계획과정을 보여주고 있다.

모형을 살펴보면 현재의 시설에서 메뉴에 있는 품목을 고객입장에서 생산할 수 있는가를 평가하는 시스템과 메뉴상의 질을 높이기 위한 시스템으로 나누어져 있다. 또한 경제적이며 효율적으로 관리할 수 있는가를 평가하는 원가 시스템(cost system)을 이용하여, 가장 경제적 이면서 효율적으로 생산할 수 있는지를 평가하는 서비스 시스템(service system) 등이 유기적인 체계로 구축할 수 있어야만, 성공적인 메뉴 계획이라 할 수 있다.

○ 그림 2-16
Ninemeier의 메뉴계획 모형

자료: Jack D. Ninemeier(1984), *Principles of Food and Beverage Operations*, AH & MA, p. 115., Idem(1986), *F & B Control*, AH & MA, P. 91., Anthony M. Rey and Ferdinand Wieland(1985), *Managing Service n Food and Beverage Operations*, AH & MA, P.44.

4) 메뉴 계획의 진행과정

메뉴 계획은 조직의 목적과 목표, 예산, 현재의 생산과 서비스 시설, 직원의 수와 숙련도, 공급시장의 조건, 식자재의 재고관리 등과 같은 관리적 관점에서 고려되는 사항과 목표시장의 고객을 중심으로 하는 메뉴의 선정, 조리법, 메뉴의 다양성, 메뉴의 특성을 기본적으로 고려해야 한다.

○ 그림 2-17
메뉴계획의 진행 과정

자료: 쉐라톤 워커힐 조리부 메뉴얼

즉, 목표시장의 고객을 중심으로 고객이 원하는 메뉴, 고객을 만족시킬 수 있는 메뉴, 생산이 가능한 메뉴, 수익성이 있는 메뉴를 선정하는 것이다. 위에서 살펴본 것과 같이 전반적으로 만족도를 높이고, 전체적이면서 보편적인 메뉴계획의 진행과정은 다음 같이 나타낼 수 있다.

5) 메뉴 마케팅

메뉴를 계획할 때는 마케팅적 노력이 요구된다. 우선 시장기회 및 경쟁업체를 분석한 다음 환경 분석을 실시한다. 내적 환경 분석에서는 주방의 설비와 기물, 주방인원 및 조리 기술 능력, 식자재 조절능력, 조리시간, 영업장의 수용능력 등을 고려해야 한다. 한편 외적 환경 분석으로는 법제와 규제, 사회 환경요인, 윤리와 종교적 요인 등을 고려해야 한다. 그리고 환경 분석이 끝나면 시장 세분화에 따른 표적시장을 추출하여 그 표적시장에 맞는 마케팅 믹스 즉, 상품, 가격, 유통, 촉진 전략을 수립해야 한다.

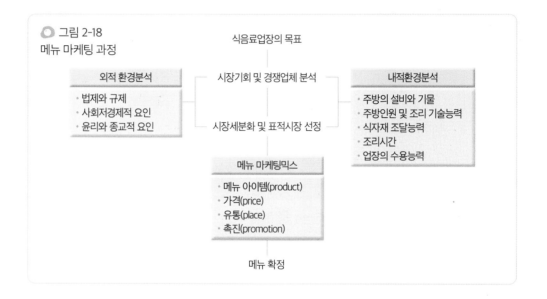

그림 2-18
메뉴 마케팅 과정

위 그림을 토대로 메뉴 작성 시 주의해야 할 사항은 다음과 같다.

① 구성된 메뉴를 만들기 위한 충분한 주방 시설을 갖추어야 한다.
② 영업장 시설에 적합한 인원 및 조리사의 기술을 고려해야 한다.
③ 냉장고와 식음료 창고(food & beverage store)에 있는 재고를 파악한다.
④ 같은 색의 요리가 중복되지 않도록 한다.
⑤ 같은 재료의 요리를 중복되지 않도록 한다.
⑥ 비슷한 소스를 중복하여 사용하지 않는다.
⑦ 같은 요리에 같은 조리방법을 2번 이상 적용하지 않도록 한다.

⑧ 제공되는 요리의 순서는 경식에서 중식으로 균형을 맞춘다.

⑨ 계절감각과 특산물을 고려하여 작성한다.

⑩ 주 요리에 곁들어지는 부수적인 음식의 배합과 유색에 유의한다.

제2절 메뉴 분류

1. 품목 구성에 의한 분류

1) 정식 메뉴(table d'hote menu)

Table d'hote menu는 'table of host'를 뜻하는 것으로 오늘날의 숙박 기능을 하는 여인숙이나 여관에서 유래되었다고 한다. 즉, 여인숙이나 여관에 숙박하는 고객을 위해서 제공된 식사로, 똑같은 내용의 식사를 정해진 가격에 제공한 것이다.

오늘날의 정식 메뉴도 정해진 순서에 따라 제공되는 것은 예전과 차이가 없다. 또한 메뉴 내용이 정해져 있어 각각의 요리를 별도로 주문할 필요도 없다. 그러나 레스토랑에 따라서 정식 메뉴 중 한 두 개의 음식을 선택하는 경우도 있는데 샐러드, 디저트, 차와 같은 품목은 종류가 다양하여 택일하는 경우가 많다.

정식메뉴는 풀코스(full course)로 제공되는데, 풀코스 요리는 중세시대에는 매우 복잡한 요리로 구성되었으나, 현재는 비슷한 요리나 조리방법이 비슷한 요리는 생략을 하여 5코스, 7코스, 9코스 등으로 이루어 졌다.

정식 메뉴는 음식을 서비스 순서도 정해져 있지만, 가격도 정해져 있어 'Fixed Price'라고도 하는데 특징을 살펴보면 다음과 같다.

① 메뉴가 정해져 있어 신속한 서비스가 이루어지므로 테이블 회전율이 빠르다.
② 제공되는 요리의 품목이 정해져 있다.
③ 메뉴관리가 용이한 반면, 고객의 기호와는 달리 선택의 폭은 좁다.
④ 상대적으로 가격이 저렴하다.
⑤ 식자재관리가 용이하며, 원가가 절약된다.
⑥ 가격의 변화에 대한 탄력적 대응이 쉽지 않다.
⑦ 메뉴에 대한 전문지식이 그다지 필요하지 않다.

2) 일품요리 메뉴(a la carte menu)

일품요리는 정식메뉴의 코스에 따라 여러 종류의 메뉴를 나열해 놓고, 고객의 기호에 따라 자유로이 한 품목씩 선택하여 주문에 의해서 제공되는 요리를 말하는데, 한 품목씩 가격이 정해져 있어 고객이 선택한 품목의 가격만큼 지불하면 된다.

대부분 레스토랑에서 사용하는 일품요리의 메뉴는 정식메뉴에 비해 다음과 같은 특징이 있다.

① 메뉴의 품목이 다양하여, 선택의 폭이 크다.
② 가격이 상대적으로 비싸다.
③ 메뉴의 종류가 많아 식자재 관리가 어렵다.
④ 인건비가 많이 든다.
⑤ 식자재 낭비가 클 수 있다.
⑥ 메뉴관리가 어렵다.
⑦ 메뉴에 대한 전문지식이 필요하다.
⑧ 직원의 노력으로 객단가를 높일 수 있다.

3) 콤비네이션 메뉴(combination menu)

콤비네이션 메뉴는 정식메뉴와 일품요리 메뉴의 장점만을 혼합하여 만든 메뉴로서, 최근 들어 많은 레스토랑에서 사용하고 있는 메뉴이다. 일명 set menu, clip on 등으로 불리어지고 있으며, 특징은 다음과 같다.

① 정식요리와 일품요리의 혼합으로 객단가를 높일 수 있다.
② 고객의 측면에서 선택의 폭이 넓다.
③ 메뉴의 품목이 1인분(portion)으로 구성되어 있어, 고객의 식사패턴 변화에 유연하게 대처할 수 있다.
④ 현재 대부분의 호텔 레스토랑 메뉴는 이러한 방식을 채택하고 있으며, 어느 레스토랑이나 어울리는 적합한 메뉴이다.

2. 제공되는 기간에 의한 분류

일정기간 동안 메뉴를 바꾸지 않고 반복적으로 판매하는 고정메뉴, 일정기간 간격을 두고 주기적으로 판매하는 반복메뉴(cycle menu), 기간을 정해놓고 짧은 기간 동안만 바뀌는 변화메뉴 등이 있다.

1) 고정메뉴

정식요리 메뉴, 일품요리 메뉴, 컴비네이션 메뉴를 모두 포함하는 것으로, 고객에게 제공될 품목을 인쇄하여 일정기간 동안 반복하여 제공하는 메뉴를 말하며, 다음과 같은 특징이 있다.

① 주어진 기간 동안 같은 메뉴만을 반복하여 제공함으로, 원가를 절약하고 생산성이 높아진다.
② 메뉴관리가 용이하다.
③ 신속한 생산과 서비스로 좌석 회전률이 높다.
④ 원가와 음식문화의 변화에 탄력적으로 대처할 수 없다.

2) 반복메뉴(cycle menu)

일정한 간격을 두고 주기적으로 품목이 바뀌는 메뉴로, 주로 학교, 병원, 회사의 구내식당과 같은 단체급식에 많이 사용된다. 고객에게 선택의 폭을 넓혀 주기 위해서는 다음과 같은 Cycle Menu Pattern을 이용하고 있다.

① Typical

일정 주기를 정하고, 같은 날 같은 메뉴가 제공되는 것으로, 고객입장에서는 메뉴가 매우 단조롭다.

② Typical-break

Typical menu의 같은 날 같은 메뉴가 제공되는 단점을 보완하기 위하여, 6일 주기로 음식을 제공함으로서 단조로움에 변화를 줄 수 있다.

③ Split

메뉴에 있는 모든 항목에 각각 주기를 부여하여 다른 품목과 함께 균형을 이룰 수 있도록 고안된 형태로, 먼저 선호도가 높은 순서대로 품목을 배열하고, 선호도가 낮은 품목은 제공 빈도를 낮게 하여 단조로움을 덜 수 있다.

④ Random

전형적인 주기적 패턴(typical cycle pattern) 메뉴같이 보이지만, 미리 계획된 메뉴품목을 식자재의 구매시장, 원가 상승, 음식패턴의 변화에 유연하게 대처할 수 있도록 한 패턴이며, 변칙적인 배열이다.

3) 변화메뉴

변화메뉴는 일별, 월별, 계절별 메뉴의 변화가 가능하여, 메뉴의 권태로움을 제거하는 효과는 있지만, 재고가 증가할 가능성이 높다. 또한 고도의 숙련된 종사원을 필요로 하는 등 비용의 증가라는 문제점이 있다.

3. 특별 메뉴

1) 축제 메뉴(gala & festival menu)

특정 나라의 축제일이나 기념일에 특별히 제공되는 메뉴인데, 추수감사절 때 칠면조 요리나 독일 축제의 하나인 옥토버페스트(octoberfest) 때에는 독일의 전통축제로 노래, 맥주나 다양한 소시지 등을 즐기며 축제를 한다.

2) 계절 메뉴(seasons menu)

식자재의 성숙기인 계절을 선택하여 일정기간 운영하는 메뉴인데, 가을에 송이버섯 요리 등을 들 수 있다.

3) 오늘의 특선 메뉴(daily special menu)

요일별로 메뉴를 다양하게 세트화 하여 만든 메뉴이다. 이 메뉴의 운영상 장점은 매일 준비된 메뉴로 신속한 서비스를 할 수 있고, 재고를 활용할 수 있으며, 저렴하면서 고객의 흥미를 유발시켜 매출을 증진시킬 수 있다.

그 밖에 시간적인 분류로는 breakfast menu(조식 메뉴), branch menu(브런치 메뉴), lunch menu(점심 메뉴), dinner menu(저녁 메뉴), supper menu(심야 정찬 메뉴)로 나누어지며, 영업장에 의한 분류로는 양식당, 한식당, 일식당, 중식당, 뷔페식당, 룸서비스, 라운지 등 각 영업장에서 판매되는 메뉴를 말한다.

제3절 메뉴의 디자인과 구성

1. 메뉴의 디자인(menu design)

1) 메뉴 디자인의 개요

메뉴 디자인이란 메뉴 계획에서 선정된 품목을 메뉴판에 옮기는 과정이라 할 수 있다. 메뉴를 통하여 선정된 품목을 가장 효과적이면서 경제적인 방법으로 고객에게 알리기 위해서는, 메뉴가 단순한 요리의 목록이 아닌 마케팅 도구로 활용되어야 할 것이다. 그러기 위해서는 광고의 도구로 디자인 되어야 할 것이다.

메뉴의 계획과 디자인은 똑같은 중요도가 주어짐과 동시에, 동일 시 되어야 할 것이다. 그러므로 성공적인 메뉴를 디자인하기 위해서는 메뉴를 계획하는 관계자와 긴밀한 관계를 가지고 충분한 대화가 이루어져야 할 것이다. 예전에는 메뉴가 미적인 면을 중요 시 여겼다면 현대에는 미적보다는 기능적인 면이 더 중요시되는 경향이 있다.

2) Communication 도구로서의 메뉴 디자인의 방법

고객이 레스토랑에 도착한 후 테이블에 착석하게 되면 가장 먼저 접하게 되는 것이 메뉴일 것이다. 메뉴를 본 고객은 본인이 원하는 품목을 선택하는 과정에서, 메뉴와 고객은 무언의 대화(communication)가 이루어진다.

이때 찾고자 하는 품목이 잘 보이지 않고, 복잡하게 구성되었거나 이해하기 어렵다면 고객은 메뉴선택을 포기하고, 가장 낮은 가격의 메뉴를 선택할 가능성이 높다. 그러한 과정 속에서 선택한 식사의 만족도는 당연히 떨어뜨리는 결과가 나타날 것이다. 그러므로 레스토랑에서 메뉴는 상품을 설명하는데 매우 중요한 도구라 할 수 있으며, 만드는 과정을 보면 다음과 같다.

① 고객에게 제공할 품목의 그룹을 결정하고, 품목의 수, 품목의 이름, 품목의 설명 그리고 가격을 결정한다.

② 메뉴의 외형, 크기, 사용할 활자의 스타일과 크기, 색, 메뉴의 배치와 순서, 가격 표시 위치 등을 결정한다.

이렇게 만들어진 메뉴를 고객이 접하면 메뉴의 외형에 반응을 보이고, 메뉴 계획자와 디자이너가 의도한 전달하고자 하는 메뉴의 메시지를 이해하게 된다. 고객은 메뉴에 나타나는 여러 가지 양상을 수용 또는 거부로 나타난다. 결국 심혈을 들여 만든 레스토랑의 메뉴는 고객의 선택 또는 거부를 함으로써 메뉴와 고객과의 대화는 끝나는 것이다.

2. 메뉴의 구성

메뉴를 만드는데 있어서 도형, 사진, 문자 등을 일정한 공간에 배열, 배치하는 것을 구성이라 한다. 메뉴에서 구성은 고객의 심리적 접촉효과를 고려하고, 전략적 품목이 고객의 시선을 얼마만큼 끌 수 있느냐가 중요하다고 하겠다.

메뉴의 기본 디자인은 크기, 형태, 페이지 수 등 다양한 요소들을 고려하며 만들어지는데, 너무 크거나 작아서는 안 되며, 페이지 수가 너무 많아서도 안 된다는 원칙을 지켜야 한다.

1) 메뉴의 크기와 모양

메뉴의 모양은 레스토랑의 형태와 규모, 품목 수, 목표 고객에 따라 다양하게 나타난다. 연구결과에 의하면 고객이 메뉴를 읽는 시간을 조사하였는데, 1페이지일 경우 36%, 2페이지일 경우 41%, 3페이지일 때는 33%를 소요되는 것으로 나타나, 페이지 수가 많을수록 메뉴를 건성으로 검토하는 것으로 나타났다.

페이지 수에 대한 논란 속에서도 페이지 수가 많으면 많을 수록, 고객은 메뉴의 품목선택이 어려워지고, 소요하는 시간도 많아진다는 사실과 품목의 다양성은 특별 메뉴가 있다 하더라도 겉 페이지를 제외하고 3페이지 이내로 제한을 하는 것이 바람직하다.

메뉴의 크기를 결정하는 데는 일정한 규칙은 없으나, 메뉴의 크기와 식탁의 크기, 레스토랑의 수준과 관계가 있으므로 이를 유념해야 한다. 특히, Coffee Shop 또는 Cafe 등에서 사용하는 메뉴는 실용성과 내구성, 유연성이 강조됨으로서 많은 페이지 보다는 간단한 주메뉴를 중심으로 특별 메뉴 형태을 취하는 것이 기술인 것이다.

2) 품목의 기본 배열

(1) 품목의 배열순서

일반적으로 메뉴에 배열되는 품목은 음식이 제공되는 순서에 의한 것이 일반적이며, 그래야 고객이 음식을 선택하는데 용이하다. 즉, appetizer - soup - fish - sherbet - entree - salad - cheese - dessert - coffee or tea 등과 같이 구별한 후, 각 품목마다 제공되는 음식의 종류를 주어진 공간에 나타냄으로써 전체적인 조화를 이루게 된다.

(2) 품목의 기본배열

메뉴의 각 페이지에 보여주는 품목의 배열은 여러 형식이 있는데, 가장 기본적이고 보편적인 item layout은 정방형, X-man tree형, 비대칭형을 들 수 있다. 그러나 어떠한 형식의 배열이 이상적이라고 할 수는 없으며, 품목의 수나 레스토랑의 형식에 따라 적절한 배열 방식을 선택하면 된다.

그림 2-19
Menu Item Layout

대부분의 레스토랑에서는 가로와 세로를 정렬하는 대칭형을 선호하고 있으며, 가격은 오른쪽에 일렬로 정렬하여 표시를 하는 것이 가장 일반적이다. 다음은 메뉴의 일반적인 레이아웃의 보기를 나타낸 보기이다.

(3) 메뉴를 보는 고객의 시선

모든 메뉴를 볼 때 고객의 시선이 집중되는 곳이 있다. 시선이 가장 집중되는 곳은 메뉴의 포맷, 페이지 수에 따라 조금씩 다르게 나타내고 있다. 다음은 메뉴를 볼 때 고객의 시선이 어떻게 움직이는 가를 연구한 메뉴의 디자이너이자 메뉴 컨설턴트인 William Doefler는 시각 중심과 시선의 이동방향을 이용해 메뉴를 디자인하였는데, 이를 전략적으로 사용하고 있으며, 메뉴의 페이지 수에 따라 시각 중심점과 시선 이동방향을 다르게 표시하고 있다.

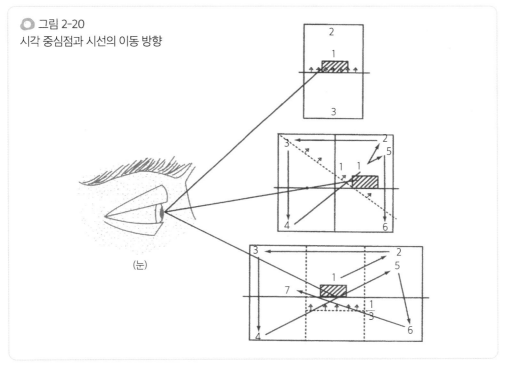

◯ 그림 2-20
시각 중심점과 시선의 이동 방향

* ↑↑↑는 Doefler이 시작 중심점
* ▨은 다른 식자의 시각 중심점

자료: Jack E. Miler Menu(1992): *Pricing and Stratergy*, 3rd ed, VNR, p.27; Idem(1980), CBI, pp. 1~2., *Making a Menu, Restaurant Business*, Nov. 1991, No. 20, P.26.

제 4 절 메뉴가격의 결정

1. 메뉴가격 결정의 개요

메뉴 가격을 결정함에 있어 식자재비, 인건비, 일반관리비와 같은 원가의 분석 없이 메뉴 가격을 결정할 수는 없다. 그러므로 가격을 결정할 때는 원가를 충분히 분석하여 결정해야 한다.

1) 원가의 구조와 분류

(1) 원가의 구조

① 총 고정비: 상품을 생산하고, 판매되는 양에 관계없이 일정하게 발생되는 비용
② 평균 고정비: 제품을 한 단위에 할당된 고정비용으로, 총 고정비용을 총 제품단위 수로 나눈 것
③ 변동비: 생산과 직결되는 자재비와 직접 노무비
④ 평균 변동비: 생산된 제품 단위당 변동비용으로, 총 변동비용을 총 제품 수로 나눈 것
⑤ 총 비용: 총 고정비와 변동비를 합한 것
⑥ 한계비용: 추가적으로 한 단위를 생산, 판매함으로써 발생하는 총 비용의 증가분

(2) 원가의 분류

① 제조원가와 비 제조원가

제조원가는 제품을 생산하는 과정에서 소요되는 모든 요소의 원가로 직접 재료원가, 직접 노무원가, 제조 간접원가를 말한다.

비 제조원가는 제조활동과 직접적인 관련 없이, 단지 판매활동 및 일반 관리활동과 관련하여 발생하는 원가, 판매비, 일반관리비로 구성된다.

② 취득원가와 예측원가

취득원가는 재화나 요역을 취득한 당시의 교환가격으로 특정 이벤트가 발생한 시점에서 결정된 원가를 말한다.

예측원가는 특정 이벤트가 발생하기 전의 분석과 예측을 통하여 결정되는 원가를 말한다.

③ 변동원가와 고정원가

변동원가는 원가요인에 직접적으로 비례하여 총액이 변하는 원가이다.

고정원가는 원가요인이 변한다 할지라도 총액이 변하지 않는 원가를 말한다.

2) 가격결정에 영향을 미치는 요소

(1) 경쟁

가격결정에 큰 영향을 미치는 요소로, 상품의 차별화만이 가격경쟁에서 우위를 점할 수 있는 유일한 방법으로, 메뉴계획 단계부터 차별화가 이루어져야 한다.

(2) 수요의 탄력

메뉴의 품목, 가격, 질, 기타 환경의 변화는 수요의 증가 또는 감소하게 되는데, 특히 가격의 인상은 수요에 민감한 반응을 보인다.

(3) 고객이 느끼는 가치

고객이 레스토랑을 이용하고, 지불하면서 느끼는 식사요금과 모든 서비스를 포함한 가치를 말한다. 그러므로 음식의 가격은 음식 자체만을 고려하여 결정해서는 안 되며, 고객이 인식하는 만족도 등을 포함한 모든 가치를 말한다.

(4) 접근성

레스토랑이 위치한 장소에 따라 가격결정에는 영향을 미친다.

(5) 음식의 맛과 질

음식의 질은 식자재의 신선도와 질, 조리방법, 직원의 서비스 수준에 따라 영향을 미친다.

(6) 식료원가와 제비용

식료원가는 가격결정에 큰 영향을 미치며, 상품을 만드는데 들어가는 비용 역시 가격결정에 중요한 요인이라 하겠다.

2. 메뉴가격 결정의 방법

상품의 판매가를 결정하는 방법은 많다. 하지만 모든 상황에 최적의 가격을 결정한다는 것을 쉽지 않다. 그러므로 주어진 상품가격에 대한 일정률의 수익과 고객 만족이라는 두 가지 조건을 만족시키기 위해서는 여러 가지 가격결정의 방법과 변수들을 고려하여 결정하여야 한다. 경영자 입장에서 가장 중요하게 여기는 수익과 고객만족을 위해서는 지속적인 평가와 분석만이 경영의 목표에 달성할 수 있을 것이다.

1) 가격결정의 전략

레스토랑에서 메뉴가격을 설정하는데 있어, 사용하는 일반적인 기준은 이미 언급했듯이 고객들이 인식하는 메뉴가치와 원자재 가격이라고 말할 수 있다. 그러나 레스토랑의 매출규모에 영향을 미칠 수 있는 것은 다음 표와 같은 가격결정을 전략적으로 이용하면 된다. 즉, 가격의 전략화가 이루어지는 일반적인 방향을 세 가지로 설명하고 있는데, 이것을 참고로 영업장에 맞는 전략적 선택이 중요하다.

● 표 2-5 가격결정 전략

전략적 위치	전략목표	비 고
저가 전략	폭넓은 시장 침투	상품가격의 인하로 높아진 매출증가
대등 전략(경쟁가격)	대등한 경쟁여건	동종업체와의 대등한 가격전략으로 메뉴의 상대적 가치를 높인다.
고가 전략	품질의 우위성 확보	품질의 고급화로 높은 가격대 형성

2) 가격결정 방법 분류

메뉴가격의 결정은 과학적으로 계산하는 것 이라기보다는 전략이라 할 수 있다. 즉, 가격결정의 궁극적인 목표는 이익의 극대화와 꾸준한 영업활동이다. 기업의 입장에서 가격은 이익의 원천으로서 총수익에 영향을 미치며, 목표이익을 달성하기 위한 기본요건이 되는 동시에 판매량에 영향을 준다.

● 표 2-6 가격결정 방법

수요중심 가격	인지된 가치방법 명성가격 설정 단수가격 설정
경쟁중심 가격	가격 선도제 관습적 가격 결정 시장 점유율 확보가격 설정
원가중심 가격	원가가산 설정 투자수익률 기준가격 설정 경험곡선에 의한 가격 설정
복합적인 가격	경쟁 입찰에 의한 가격 설정 다단계 방식에 의한 가격 설정 한계분석에 의한 가격 설정

3) 실제 원가를 이용한 가격결정 방법

가격결정 방법에는 여러 가지 방법이 있지만, 여기서는 구조적인 방법 중 하나인 실제원가를 이용하는 가격을 결정하는 방법을 알아보고자 한다. 이 방법은 생산과 운영에 소요되는 제비용과 목표를 두고 있는 이익까지 포함하여 가격을 산출하는 방법이다.

식음료 원가, 인건비를 제외한 변동비율, 고정비율, 이윤율을 바탕으로, 다음과 같은 공식에 의해 가격이 결정된다.

가격(100%) = 식료원가 + 총인건비 + {(총매출액에 대한 변동비(%) + 총매출액에 대한
고정비(%) + 총매출액에 대한 이윤(5)}

(1) 가격 계산에 요구되는 정보를 수집한다.

가격에서 고정비, 변동비, 이윤이 차지하는 비율을 계산하다.

(2) 특정 상품에 대한 식료원가와 인건비를 금액으로 표시한다.

예를 들어 다음과 같은 정보를 이용하여 가격계산의 절차를 설명하면 다음과 같다.

식료원가(3,000원) 총인건비(2,000원)
변동비(매출액)의 (10%) 고정비(매출액)의 (15%)
이윤(매출액)의 (10%)

(3) 가격은 항상 100%가 된다.

(4) 식료원가와 인건비가 가격 100(%)에서 차지하는 비율을 계산한다.

변동비(10%)+고정비(15%)+이윤(10%)-100%=식료원가와 인건비가 차지하는 비율 (65%) 이다.

(5) 주어진 공식을 이용하여 가격을 계산하면 다음과 같다.

$$3,000원 + 2,000원 + \{(0.10 + 0.15 + 0.10)가격\} = 가격(100\%)$$
$$5,000원 + 0.35가격 = 가격(1)$$
$$5,000원 = 0.65가격$$
$$가격 = 5,000원/0.65$$
$$가격 = 7,692원이 된다.$$

(6) +α를 고려한 가격을 결정한다.

실제 원가를 이용하여 판매가를 계산하는 방식은 모든 원가와 일정률의 이윤까지를 가격 계산에 포함하고 있기 때문에, 비교적 구체적인 가격 계산 방식이라고 할 수 있다.

제5절 메뉴분석과 평가

1. 메뉴분석과 평가의 개요

메뉴에 대한 분석과 평가는 단체급식 분야에서 많은 진전이 있었으나, 모든 레스토랑에 공통적으로 적용되는 분석과 평가기법은 연구가 활발하지 못하였다. 이상적인 메뉴 분석과 평가는 각 레스토랑에 알맞은 평가기준을 정하여 그 기준을 측정할 수 있는 방법을 발전시키면 된다.

메뉴의 분석과 평가는 메뉴가 계획되고 디자인 되는 과정, 실제의 메뉴, 일정기간 동안의 영업성과를 바탕으로 수익성과 선호도를 평가하고 분석하는 것이다. 분석과 평가의 결과는 피드백(feed bake) 과정을 거쳐 메뉴계획, 디자인, 실제의 메뉴에 반영되어야 한다.

2. 메뉴평가의 절차

1) 메뉴의 계획과 디자인 과정의 평가

메뉴의 계획과 디자인 과정의 평가는 메뉴의 계획과 디자인 과정에서 고려되어야 하는 일반적인 변수들을 나열한 다음, 그 변수들 중에서 특정한 레스토랑에 적합한 변수들만을 선정하여 주어진 변수로 하고, 메뉴 계획자와 디자이너가 메뉴의 계획과 디자인 과정에서 주어진 변수들을 고려하는 정도를 측정하는데, 그 과정을 측정하는 것이다.

2) 메뉴의 평가

메뉴의 평가는 메뉴의 계획과 디자인 과정의 평가와 동일한 평가기준으로 이루어지나, 사람이 아닌 메뉴 자체가 평가 대상이 된다. 여기서는 Kreck, Miller의 메뉴 평가항목에 대하여 살펴보고자 한다.

(1) Lother A. Kreck의 메뉴 평가 항목

① 디자인(design)

✿ 메뉴를 전문적으로 디자인하는 전문가가 하였는가.

✿ 메뉴의 디자인과 칼라, 전반적인 외형이 레스토랑의 스타일, 수준과 일치하는가.

✿ 삽화(illustration)가 매출을 증가시킬 수 있도록 되어 있고, 품목 설명이 용이한가.

✿ 컬러 일러스트레이션이 식욕을 돋울 수 있도록 보이는가.

② 배열(layout)

✿ 품목 배열은 음식제공 순서로 되었는가.

✿ 고객이 주문하기 쉽도록 구별하였는가.

✿ 품목 별로 구분이 가능하도록 활자나 크기, 삽화, 그래픽 등을 이용하였나.

✿ 레스토랑에 판매하기를 원하는 아이템을 최상의 위치에 배열하였나.

✿ 상위 메뉴가 다른 내용을 가리고 있지는 않나.

✿ 메뉴상의 공간을 잘 활용하는가.

③ 활자(printing type)

✿ 레스토랑의 조명하에서 고객들이 메뉴를 쉽게 읽을 수 있도록 활자크기는 충분한가.

✿ 머리 부분 활자는 품목을 설명하는 서체와 구별되는가.

✿ 대문자와 소문자를 혼용하여 사용하고 있는가.

✿ 서체가 레스토랑 스타일과 일치하는가.

④ 광고문(copy)

✿ 조리방식과 원자재가 고객의 흥미와 식욕을 돋을 수 있는가.

✿ 비싸다고 인식되는 전체요리와 스프의 설명은 충분한가.

✿ 메인요리에 들어가는 샐러드, 식재료, 소스의 설명은 충분한가.

✿ 특별한 샌드위치의 설명은 충분한가.

✿ 스테이크의 질과 무게는 표시되어 있는가.

✿ 후식은 고객의 흥미를 유발할 수 있는가.

✿ 후식 드링크나 칵테일의 설명은 잘 되어 있는가.

✿ 와인은 음식에 따라 설명되어 있는가.

● 표 2-7 메뉴의 계획과 디자인의 평가 기준표

구 분	변 수
메뉴의 계획	·타깃 고객의 기호와 욕구 ·레스토랑의 전체적인 컨셉 ·아이템 수 ·다이어트 아이템 수 ·아이템 분산의 원칙 ·아이템의 차별화 ·다양성(조리방식, 아이템의 소스 등등) ·가격 분산의 원칙 ·설정된 질의 표준 ·음식의 추세 ·종업원 수 ·종업원의 기능 ·주방 공간과 기기 ·서비스 방식 ·식사가 제공되는 시간 ·경제성 추구 ·수익성 ·경쟁 ·식자재의 공급시장 ·재고현황 ·분석된 결과
메뉴의 디자인	·디자인의 전문성 ·디자인의 독창성 ·레스토랑의 전체적인 컨셉 ·아이템의 차별화 ·아이템의 포지션 전략(위치, 순위) ·메뉴의 외형 ·메뉴의 크기 ·메뉴교체의 유연성 ·배열(Layout) ·활자체와 크기 ·메뉴의 컬러(전체적인 컨셉, 종이의 질, 활자 잉크 등) ·메뉴 유지와 관리상태 ·아이템 설명의 용이성 ·판매가 표시 전략 ·판매가에 따른 아이템 배열 순위 원칙

자료: 나정기(1994), 박사학위논문 참고

⑤ 상품(merchandising)

✿ 레스토랑에 대한 정보가 메뉴에 표기되어 있는가.

⑥ 시장(marketing)

✿ 수익성이 높은 아이템과 낮은 품목을 차별화하고 있는가.

✿ 지난 3개월 동안 아이템 별 판매실적을 관찰하고 있는가.

✿ 인건비, 식자재 등 기타 비용을 메뉴의 판매가격에 반영하고 있는가.

✿ 수익성 증대 또는 고객유치를 위하여, 특별한 품목을 계획하고 있는가.

⑦ 화학(chemical)

✿ 메뉴 종이의 질은 적합한가.

✿ 메뉴의 크기는 적합한가.

✿ 메뉴판의 유지와 관리 상태는 양호한가.

⑧ 독창성(creativity)

✿ 메뉴의 디자인과 색, 모양은 다른 메뉴와 구별되는가.

✿ 메뉴의 설명이 독창적인가.

(2) Jack E. Miller의 메뉴 평가 항목

✿ 메뉴 상 품목의 맛, 조화, 색이 대조를 이루고 있는가.

✿ 모든 품목을 만드는데 필요한 장비는 충분한가.

✿ 아이템을 준비하는데 걸리는 시간, 수준 높은 스킬을 요하는 품목을 포함되고 있는가.

✿ 조리방식이 반복되어 단조로운가.

✿ 메뉴의 모든 품목을 만드는 재료는 국내시장에서 구입가능 한가.

✿ 매출증진에 영향을 미치는 특별한 품목은 있는가.

✿ 고객에 대한 품목 선호도 분석을 하고 있는가.

✿ 음식을 제공함에 있어 특별한 숙련도를 요하는 품목은 있는가.

✿ 다양한 고객을 대상으로 하기 위한 가격대 범위를 고려하였는가.

✿ 새로운 품목에 대한 설명은 잘 되어 있는가.

❖ 품목에 대한 진실성(원산지, 양, 질, 무게 등)은 있는가.

❖ 특별한 메뉴는 특별한 고객층이나 행사 또는 시간대에 잘 활용되고 있는가.

❖ 메뉴의 모양이 레스토랑을 고려한 독창성(위치, 역사, 지역 등)이 있는가.

❖ 오늘의 특별요리가 고정 메뉴와 중복되지는 않는가.

❖ 타깃 고객을 대상으로 한 품목을 최근의 음식 추세(trend)를 고려하였는가.

❖ 메뉴 상 품목을 가격대별로 정리하였는가.

❖ 품목의 가격은 고객의 지각과 일치하는가.

❖ 판매가의 가격 변동 시는 즉시 수정하였는가.

❖ 수익성 없는 품목이 아직도 메뉴에 올라와 있는가.

❖ 계절적인 식자재나 저렴한 식자재를 이용하기 위한 메뉴는 교체되었나.

❖ 수익성이 높은 음식을 생산하는데 방해되는 품목은 없는가.

❖ 메뉴 상 아이템을 생산하는데 주방 종사원들의 업무는 평평하게 이루어지고 있는가.

❖ 인건비 절약과 시설비를 제한하기 위하여 가공된 음식을 사용하는가.

❖ 레스토랑의 개성을 표현하기 위한 독자적인 디자인, 색깔, 로고를 사용하고 있는가.

❖ 메뉴판의 소재, 색상, 디자인이 레스토랑의 주제(theme)와 장식(decor)에 일치하는가.

❖ 메뉴 품목은 머리 부분과 삽화, 사진이 구분되어 있는가.

❖ 메뉴에 사용된 활자는 읽기 쉬운가.

❖ 품목을 설명함에 있어 정확성과 진실성이 있는가.

❖ 포장메뉴(take out)를 위한 시설과 용기가 준비되어 있는가.

❖ 과거 3개월 동안의 식자재 원가, 인건비, 기타 제비용을 분석하여, 품목이 판매가에
   적용되고 있는가.

❖ 판매하는 품목의 수에 비례하여 레스토랑 크기는 적절한가.

❖ 메뉴는 견고하게 만들어 졌고, 교체가 가능하도록 되어 있는가.

3. 메뉴 분석

일정기간 동안 영업성과를 바탕으로, 메뉴 상에 있는 품목의 수익성과 선호도를 중심
으로 한 분석을 말한다.

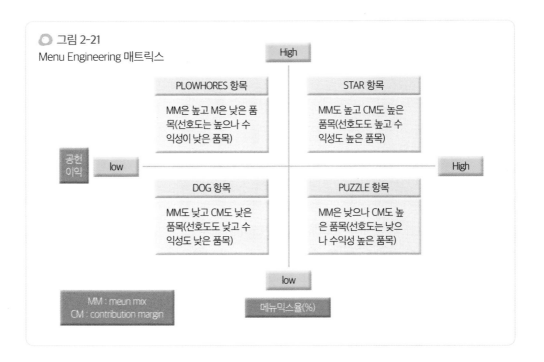

그림 2-21
Menu Engineering 매트릭스

분석기법에는 Kasavana and Smith 기법, David V. Pavesic 기법, David K. Hayes and Lynn Huffman 기법 등 여러 가지가 있으나, 여기에서는 학계나 업계에서 많은 호응을 받고 있는 것으로 알려진 1982년에 Michael Kasavana and Donald Smith에 의해 개발된 menu engineering이라는 체계화 된 메뉴 분석 프로그램을 통하여 개념을 이해 하고자 한다.

그림을 보면 menu mix(전체 판매량에서 각 품목이 팔린 수량), contribution margin(공헌 이익)에 중점을 두고 개발한 프로그램으로, 각 품목의 공헌 마진, 판매량을 기준으로 수익성과 선호도를 분석하였다. 우선 menu engineering worksheet에 모든 품목의 판매현황을 기록하고, 그 기록을 기초로 하여 결과를 얻은 다음, 아래와 같은 형태로 4그룹으로 나누어 각 항목에 맞는 차후 전략을 계획할 수 있도록 한다. 위 분석결과를 기초로 한 메뉴 품목의 의사결정을 보면 다음과 같다.

1) Star 항목

✿ 영업에 가장 영향을 미치는 품목으로 현재의 수준을 엄격히 지킨다.

❀ 메뉴에 품목을 넣을 때는 잘 보이는 곳에 배치한다.

❀ 융통성 있는 가격 인상을 시도해 필요가 있다.

❀ 비수기에는 promotion을 실시한다.

❀ Tent card을 이용한 menu를 설치하거나 제안판매(suggestive selling)를 실시해 필요가 있다.

2) Plow Horse 항목

❀ 가격 인상을 고려해 볼 필요가 있다.

❀ 선호도가 높은 품목이므로, 상대적으로 시선이 덜 집중되는 곳에 배치를 한다.

❀ 원가가 높거나 낮은 품목의 조화를 통하여 원가를 줄임으로써, 공헌이익을 높일 수 있는 방안을 강구한다.

❀ 1인분(portion)의 양을 약간 줄여본다.

3) Puzzle 항목

❀ 품목을 생산하는데 특별한 기능을 요구하거나, 많은 노동력을 필요로 하는 품목은 삭제한다.

❀ 메뉴판에서 최상의 위치에 배치한다.

❀ 가격과 양을 이용하여 대중성을 높인다.

❀ 제안판매(suggestive selling) 및 promotion을 강화한다.

❀ 이 항목에 속해 있는 품목을 최소화 한다.

❀ 새롭게 개발된 품목의 인기도를 적절히 시험한다.

4) Dog 항목

❀ 거의 모든 항목을 삭제한다.

❀ 가격을 인상하여 Puzzle 항목으로 편입한다.

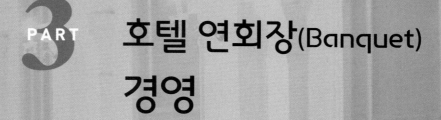

PART 3

호텔 연회장(Banquet) 경영

호텔 연회의 개요

CHAPTER 1

제 1 절 연회의 개념 및 특성

1. 연회의 유래

연회라는 의미가 여러 사람이 모여서 서로 축하하고 환영하고, 정든 사람들이 헤어질때 모여서 위로도 해주며 음식과 술을 나누며 즐기는 잔치라고 한다.

서양에서는 에티켓과 의복의 격식을 갖추고 사람들이 많이 모이는 곳인 은행(bank)과 벤치(banch)에서 파생된 단어들이, 오늘의 연회장을 Banquet Room이라고 부르게 되었다.

그러나 현대사회인 요즘은 연회장에서 파티로만 향연을 즐기는 것이 아니라, 국제회의와 기업세미나, 신제품 발표회, 각종 전시회와 이벤트, 와인 박람회, 연예인들의 행사(콘서트, 디너쇼, 패션쇼) 등으로 많이 이용되며 특히 주말에는 결혼식이 큰 비중을 차지하고 있는 추세이다.

2. 연회(Banquet)의 개요

연회란 식음료를 판매하기 위한 제반시설이 완비된 별도의 장소에서 단체고객에게 식음료와 기타 부수적인 사항의 목적을 달성하도록 도와주고, 그에 따른 응분의 대가를 수수하는 행위를 말한다. 한편 사전적 의미로는 축하, 위로, 환영, 석별 등을 위하여 여러 사람이 모여 베푸는 잔치로 되어 있다. 하지만 호텔에서는 연회의 의미는 각종회의, 전시회, 세미나, 교육, 패션쇼 등 다목적의 의미도 있다. 연회장을 Banquet Room이라고 하지만, Function Room이라고 부르는 것도 다목적 기능을 가진 룸으로서의 의미도 강하기 때문이다.

연회장은 일반 레스토랑과 같이 테이블과 의자가 준비되어 있는 것이 아니라, 일정한 장소에서 고객의 요구, 행사의 성격, 인원, 방법에 따라 다양한 행사를 수행하는 식음료 영업장 중 하나이다. 특히 오늘날에는 사회가 복잡해지고 경제가 발전함에 따라, 연회 역시 대형화되고 다양하게 이루어지기 때문에, 호텔 연회행사도 점차 방대하고 다발적으로 이루어진다. 때문에 그에 따른 연회를 전문으로 담당하는 부서가 조직화되어 있고, 호텔 경영 차원에서도 연회유치에 많은 관심을 갖고 있다.

3. 연회의 종류

연회의 종류는 참석자 전원이 식탁에 앉아서 요리의 순서대로 음식을 제공받는 착석형식과 입식형식의 두 가지가 있다. 전자는 테이블 파티 또는 디너파티라고 하며, 후자는 칵테일파티, 환영 립셉션, 다과연 등 여러 종류가 있으며 돌아다니며 음식을 먹는 형식이다.

연회는 일반적인 파티형식을 띠고 있는 것이 대부분이지만, 국가적인 행사나 국제적 규모의 성격을 띠고 있는 경우도 있으므로, 연회 담당자는 사전에 각각의 연회 내용과 목적을 잘 파악하여 업무수행에 차질이 없도록 해야 하며, 대고객 서비스 안전에 만전을 기하여 성공적인 연회행사가 이루어질 수 있도록 최선을 다해야 한다.

연회의 종류는 식음료 판매를 하여 매출을 올리는 행사와 연회장을 대여해 주고 대여료를 받는 행사로 나누어볼 수 있는데 다음과 같다.

1) 식음료를 판매하는 연회

(1) 정찬 파티(table service party)

정찬 파티는 정식인 연회(formal party)로 규모가 클 뿐만 아니라, 사교적인 중요한 목적을 띠고 있다. 그러므로 초대장을 보낼 때 연회의 취지, 주빈성명, 복장 등을 명시할 수 있으므로 예복을 입고 참석을 해야 한다. 또한 참석자는 좌석 배치도(seating arrangement)가 결정되면 place card(좌석위치)를 테이블위에 비치하여 지정된 좌석에 앉게 해야 한다. 많은 고객을 초대한 주최자는 연회장 입구에 배치도를 설치하여 혼잡을 피하도록 해야 한다.

행사 중 후식을 제공하게 되면 주최자는 일어서서 인사말(speech)을 하게 된다. 인사말이 끝나고 나면 커피나 홍차 류 등을 제공한다.

(2) 리셉션 파티(reception party)

리셉션 파티는 격식이 높고 공식적인 행사로 공식만찬(formal dinner)과 함께 행하여지며, 공식만찬에 들어가기 전에 별실에서 주빈과 초청인사들 간의 인사를 겸하는 영접 칵테일 파티(reception cocktail party)라고 할 수 있다. 리셉션 파티는 칵테일 파티와 큰 차이는 없으나 참석자들은 복장, 시간, 예의에 유념해야 한다. 리셉션에 참석한 손님들 중에는 만찬에 초대된 인사들 외에는 칵테일 파티가 끝나면 돌아가게 된다.

(3) 칵테일 파티(cocktail party)

칵테일 파티는 각종 주류와 음료를 주제로 하고 오도블(hors d'oeuvre) 또는 핑거 샌드위치(finger sandwich)을 곁들인 입식형식으로 행하여지는 연회이다. 칵테일 파티는 격식이 없고, 자유로운 분위기로 진행되기 때문에 자유롭게 이동하면서 담소를 나눌 수 있고, 복장도 제한을 받지 않기 때문에 사교모임에 적당한 파티이다.

초대된 손님들은 파티장 입구에서 주최자와 인사를 나눈 뒤 입장하여, 파티장 입구에 마련된 바(Bar)에서 음료를 주문하여 받은 다음 손님들과 어울리게 된다.

(4) 뷔페 파티(buffet party)

뷔페는 standing buffet와 sit down buffet가 있다. 스탠딩 뷔페인 경우는 칵테일 리셉션에 나오는 음식보다 많기 때문에 충분한 한 끼의 식사가 될 수 있다. 참석자 중에 여성이나 노약자가 있을 경우에는 가장자리에 약간의 의자를 준비해 놓아야 한다. 최근에는 여러 가지 음식이 제공되는 퓨전 스타일(fusion style)로 식사가 제공된다.

Sit Down Buffet의 경우 open buffet(일반 뷔페레스토랑의 뷔페)는 충분한 음식이 제공되기 때문에 문제가 되지 않지만, closed buffet(연회 뷔페)의 경우 때로는 음식이 충분하지 못하여 문제가 일어날 수 있기 때문에 이러한 사정을 고객들에게 알려줄 필요가 있다.

(5) 가족모임(family party)

수년전부터 호텔에서는 가족 모임 행사의 빈도수가 높은 것으로 나타나, 호텔 마케팅 담당자들도 많은 관심을 갖고 있다. 그 만큼 신장률도 높고, 충분한 잠재력이 있기 때문이라 할 수 있다. 특히 도심에 위치한 호텔들은 교통이 편리하여 접근성이 뛰어난데다, 주차장 시설이 잘 되어 있는 장점을 살려 가족모임 유치에 적극 나서고 있다.

가족모임의 종류에는 생일잔치, 돌잔치, 회갑, 칠순, 약혼식, 결혼식 등이 있으며, 가족모임 행사 시 준비해야 할 사항으로는 고객이 예약한 식사는 물론이고, 케익, 꽃, 아이스 카빙(ice carving), 방명록, 현수막 등이 있으며, 때로는 밴드(band)를 요청하기도 한다.

(6) 출장연회 파티(outside catering party)

출장연회 파티는 고객이 호텔을 방문하여 호텔에서 파티를 하는 것이 아니라, 고객이 원하는 장소, 시간, 인원수 등에 맞춰 파티를 열어주는 하나의 외부 행사이다. 출장연회 파티의 경우는 외부에서 행하여지는 것인 만큼 완벽한 준비가 이루어져야 한다. 왜냐하면 음식, 음료, 테이블, 글라스, 린넨, 비품, 집기류, 차량, 서비스 인원, 고객이 특별 주문한 것 등 하나라도 준비에 차질이 생기면 행사를 할 수 없기 때문이다. 또한 행사 현장 책임자는 반드시 사전답사를 하여 위치, 파티 할 장소, 엘리베이터 이용가능 여부, 주방시설, 전기, 주차장 등을 확인해 놓아야 한다. 또한 야외행사 시에는 우천 시 대비책도 강구해 놓아야 한다.

출장연회 파티의 종류에는 가족모임, 결혼 피로연, 사옥 준공 또는 이전, 개관식 등이 있다.

(7) 가든 파티(garden party)

정원이나 경치 좋은 야외에서 칵테일 리셉션, 뷔페 등의 연회파티를 개최하는 것을 말한다. 자연의 경치나 풍경을 만끽하며 행하여지는 연회라 색다른 분위기를 느낄 수 있으면서, 실내에서 하는 파티와 동일하게 진행된다.

야외에서 행사가 이루어지기 때문에 바이킹(viking), 갈비나 바비큐(barbecue) 등을 직접 구워도 문제가 될 것이 없으며, 새로운 분위기의 파티를 느낄 수 있다. 주의해야 할 점은 우천 시 대비책도 강구해야 한다.

(8) 티 파티(tea party)

일반적으로 티 파티는 오후시간에 간단하게 이루어지는 공식행사이다. 칵테일 파티와 같이 입식으로 파티를 하지만, 좌석을 준비하고 착석하여 커피나 홍차, 인삼차, 주스, 콜라, 사이다 등을 마신다. 이때 디저트 종류나 샌드위치, 소시지, 과일이나 아이스크림 등을 곁들여 제공하기도 한다.

2) 연회장을 대여해 주고 대여료를 받는 행사

(1) 국제회의(convention)

일반적으로 국제회의 하면 2개국이상이 참가하는 회의라고 할 수 있지만, 우리나라의 경우 2010년 G-20을 주최하는 등 국제적으로 공신력이 높아졌을 뿐만 아니라, 경제수준도 높아져 매년 다국적 수상들이 참여하는 세계적인 국제회의가 자주 개최되고 있다.

국제회의의 경우 회의를 할 수 있는 연회장 시설을 대여해 주고 대여료만 받고도 하루에 수 천 만원의 대여료를 받는 경우도 있다. 또한 부가적으로 만찬과 같은 파티도 발생할 수 있기 때문에 호텔경영에서 국제회의 개최는 매우 중요하다고 할 수 있다.

국제회의 종류는 교육을 목적으로 하는 세미나(seminar), 새로운 지식이나 기술을 습득하기 위한 모임인 워크 샵(work shop), 구성된 조직이 테마를 풀기 위한 회의 형식인 컨퍼런스(conference), 국제적으로 열리는 회의의 지칭인 콩그레스(congress), 특정 주제를 선정해 놓고 문제해결을 위한 소규모 회의 형식인 클리닉(clinic), 공개토론 형식의 포룸(forum), 미리 정해진 2명 이상의 연설자가 요점을 발표한 다음 해당 사항을 전문가들이 토론하는 회의 형식의 패널(panel) 등 다양하다.

국제회의에서 진행 상 꼭 있어야 할 것이 통역인데, 3종류로 나누어진다. 첫째 동시통역은 스피커 내용을 받아 즉시 통역하는 것을 말하며, 둘째 순차통역은 스피커 내용을 듣고

순간순간 통역하는 것이며, 셋째 동 순차 통역은 정상회담에서 볼 수 있는 방식으로 통역 설비 없이 옆에서 즉시 통역해주는 방식이다.

(2) 전시회(exhibition)

전시회는 무역, 산업, 그림, 의료시설 등 상품 판매를 목적으로 호텔 연회장을 대여하여, 대규모 상품전시회를 하는 행사를 의미하며, 회의를 수반하는 경우가 많다. 다른 표현으로 table show라고도 하는데, 유럽에서는 table fare라는 용어로 사용된다.

4. 연회의 특성

호텔의 중추적인 수익성을 창출하는 영업장이 연회장이다. 과거에는 호텔수익성의 대부분은 객실과 식음료 영업장 몇 군데에서 매출이 발생되었지만, 현재의 호텔사업에서는 연회장의 광범위한 업무들로 높은 매출의 수익성을 내고 있는 연회장이 하나의 부서로 자리를 잡고 있다.

최근에는 호텔 결혼식의 활성화로 식음료부에서 연회장으로 소속된 구조들이 이제는 연회부로 독립된 사업팀으로 변신하고 있다. 이것은 연회업무 자체가 식음료부의 레스토랑과 업무성격이 다르기 때문이다. 레스토랑에서는 고객에게 인적 서비스와 물적 서비스를 상품으로 판매를 해서 매출이 발생하지만, 연회영업은 팀웍(team work)과 창조성에 의해서 상품이 만들어 지고, 판매되어지므로 다음과 같이 생각해 볼 수 있다.

첫째, 하나의 팀으로 움직여야하는 연회 상품판매인 세일즈 팀과 연회장의 현장 팀 그리고 음료담당 팀이 함께 연회고객을 맞이해야만 업무의 효율성이 뛰어나며, 고객만족 서비스를 이루어 낼 수 있다는 특성이 있다.

둘째, 연회장의 업무가 식음료만을 판매하는 것은 아니고, 그야말로 무에서 유를 만들어 내는 창조성의 부분이 크다고 할 수 있다. 사실 연회영업은 텅 비어 있는 대형 카펫 위에서 무엇을 어떻게 해야만 주최 측이 만족할 수 있을까를 매 행사 때마다 많은 생각과 아이디어를 창출해야하는 고민에 빠진다. 우리의 생각이 고객의 생각과 맞지 않을 경우와 생각이 같을 경우, 많은 성향들을 볼 수 있다. 그래서 연회의 특성은 다음과 같이 나누어 볼 수 있다.

1) 호텔의 홍보효과

호텔의 이미지와 호텔의 홍보와 브랜드를 부각시킬 수 있는 가장 큰 몫이 바로 연회장에서 이루어지는 행사 때문이다. 예를 들어 세계적인 국제회의와 그에 따른 VIP고객들을 모시게 되었을 때와 유명한 연예인들의 행사가 있을 때 방송통신 매체에 의한 파장이 큰 호텔의 홍보효과를 얻어낼 수 있는 곳이 바로 연회 업무이다.

2) 불규칙한 매출

호텔연회장의 매출측면으로 볼 때 그 폭이 탄력적인 변화가 심하다. 연회장 수입은 일정한 것이 아니고, 계절과 주변정세에 따라 영업의 굴곡이 많은 특성이 있다. 계절적으로 볼 때 예식문화는 봄과 가을에 많이 이루어지며, 학회의 세미나역시 춘·추계로 이어지고 있다. 겨울철에는 연말연시의 기업 송년회와 각종 모임행사 및 디너쇼 콘서트 송년특집 행사들로 점유되며 여름에는 큰 비수기에 접어들며 큰 폭으로 하락하는 특성들이 있다. 한편, 성수기에는 출장연회 행사까지 겹치면 많은 인력을 동원해야 하는 즐거운 비명이라는 표현이 무색할 정도로 큰 폭으로 뛰어오르는 탄력성이 강한 특성이 있다.

3) 식자재 원가 절감 효과

연회행사의 업무는 사전예약에 의해 이루어지며, 예측을 충분히 할 수 있는 부분이기 때문에 대량으로 구매를 할 수도 있고, 또한 판매도 한꺼번에 모두 소비를 할 수 있다. 식자재 비축을 항상 하여야 되는 호텔 창고이기에 어느 날 갑자기 재고정리라도 하듯이 많은 물량을 출고시킬 때, 식자재 원가는 낮아지는 것이 당연할 것이다. 또한 똑같은 메뉴로 공급을 하는 매력이 식자재 원가 절감과 관리에 많은 도움이 되는 것도 특징이 된다.

4) 연회의 다변화

호텔 내에서 이루어지는 연회뿐만 아니라, 출장연회가 많이 이루어지고 있으며, 외부 판매활동이 가능한 것이 큰 매력이다. 가장 중요한 장소가 없어도 매출을 달성할 수 있는 출장연회 행사가 계속적으로 늘어나고 있으며, 시간적으로나 공간적으로 제약이 없는 특성으로 가족모임의 행사 등 외부연회가 많이 생기고 있는 것이 현실이다.

5) 비수기 극복

매출에 탄력이 강한 연회장에서는 재미있는 아이디어로, 기획을 잘하면 비수기인 대형 연회장을 비수기 타계에 기여를 할 수 있는 것도 방법이다. 계절적으로 도저히 판매가 되지 않는 연회장을 어떻게 하면 판매가 가능하도록 유인하여, 비수기 타계에 기여할 수 있는데, 예를 들면 옥토페스트(Octofest)와 같은 세계적으로 유명한 독일축제를 연회장에서 개최함으로써 호텔홍보도 하고, 매출도 올릴 수 있다.

6) 호텔매출에 기여

호텔 연회장에서 대형 행사가 이루어지면 그에 대한 파급효과는 무궁무진하게 크게 작용된다. 수백 명에서 수천 명의 고객이 동원될 때 어느 호텔이나 할 것 없이 주변 도로부터 정체현상이 발생된다. 거의 같은 시간에 이루어지기 때문에 커피숍과 로비라운지, 델리 등 영향을 받지 않는 곳이 없을 정도로 대 성황을 이룬다. 특히 주말 결혼식은 연회장을 비롯한 레스토랑과 뷔페식당 등 매출에 큰 파급효과를 나타낸다.

7) 예약에 의한 진행

호텔 연회행사를 하기위해서는 사전에 미리 예약을 통하여 정확하게 예약대장에 기록하고 연회예약 지시서(event order)를 발행하여 관련부서에 알려야한다. 여기에는 행사 주최자(organizer)가 요구하는 데코레이션과 테이블 배치의 표기가 반드시 있어야 하며, 행사의 분위기 연출을 할 수 있는 특별한 공간이므로, 예약에 의하여 사전에 행사장 준비와 진행까지 잘되어야 성공적인 행사를 할 수 있다.

8) 연회장 용도의 다양성

연회업무는 행사가 있을 때는 연회장이 운영되지만, 연회예약이 없을 경우에는 레스토랑에서도 활용할 수가 있다. 레스토랑에 인접해있는 소규모 연회장은 레스토랑 단체 고객들에게 좋은 반응을 얻고 있다

9) 전부서의 협조

연회가 성공적으로 이루어지기 위해서는 호텔의 모든 부서가 관련되기 때문에 구성원 모두가 협조를 하여야만 원만한 영업이 이루어진다. 도어 데스크와 컨시어즈(concierge), 하우스키핑, 교환, 주차서비스, 건축, 기계, 방재, 전기, 음향과 조명, 꽃과 아이스카빙, 각 조리주방, 바, 캐셔(cashier)까지 정확하고 책임감 있게 업무를 수행하여야 되며, 모두가 협조를 해야만 성공적인 연회가 된다.

10) 가격의 다양성

연회상품은 경우에 따라서는 가격이 가변적인 것도 특징이다. 예를 들면, 어떠한 행사를 주최할 때 호텔영업과 광고에 지대한 영향을 미치는 행사라면 가격은 특별요금이 될 수도 있다는 것이 연회상품의 매력이다.

만약, 유명한 연예인이 어느 특정 호텔에서 결혼식을 하게 되면 방송, 신문, 잡지 등에 호텔홍보가 자연적으로 이루어지며, 그것으로 인한 호텔의 홍보효과는 엄청난 파장을 일으킬 수 있으므로 연회장 이용가격을 다양하게 이루어질 수 있다.

제2절 호텔연회의 경영조직 및 직무분석

어느 기업이든 조직이 있는데, 조직은 기업이 추구하는 목표를 달성하기 위하여 지위와 개개인의 역할분담을 통해서 구성원들을 통제하고 업무의 지시를 하달하고 수행하는 것이다. 즉, 조직이란 특수 목적을 달성하기위해 각 조직 구성원의 행위를 통제하는 유대관계의 구조라 정의 할 수 있으며, 다양한 업무가 이루어지는 틀이라 할 수 있다. 그것은 기업과 기관내의 업무분담, 책임과 권한이 부여되는 직위 그리고 이런 요소들 간의 관계이다.

1. 호텔 연회부문의 조직

호텔의 연회업무는 식음료부서에 소속되어 있고, 식음료 부서장이 연회의 전반적인 조직을 담당하고 관리하고 있다. 그러나 최근 일부의 호텔에서는 연회부문이 호텔을 경영함에 있어 기여도가 큰 만큼 식음료부서와는 별도로 독립된 조직을 갖추고 있는 곳도 있다.

호텔 연회부문의 조직은 크게 연회를 판매하는 부서와 연회장을 직접 서비스하고 진행하는 부서, 판매와 서비스의 원활한 케뮤니케이션과 코디네이션 역할을 하는 연회예약 부서로 구별되어 진다. 이들 3부서는 고객에게 만족된 연회서비스를 제공하기 위하여 상호 긴밀한 조직 체계를 갖추고 있어야 하는 것이 특징이다.

연회분야도 어떤 행사이든 성공적인 고객만족 서비스를 추구하여 매출을 창출하기 위한 서로의 관계 협조가 중요하지만, 호텔마다 경영방식이 약간씩 다르기 때문에 호텔기업의 조직도는 여러 방법이 있다.

외국 체인호텔의 경영방식과 한국기업의 경영스타일은 다를 수 가 있다. 우선 체인호텔의 경영방법은 식음료부서(food & beverage department)내에 조리(kitchen Part)부서가 소속되어 있고, 연회 서비스팀(banquet service)이 식음료부(F&B)내에 소속되어 있다. 연회판촉팀(banquet sales)은 세일즈마케팅(sales marketing)에 소속되어 있다. 대부분 특 1급 호텔들은 이와 같은 경영시스템을 도입 하고 있다.

그림 3-1
연회부서의 조직도

2. 호텔연회의 직무분석

1) Banquet Service(연회부)

연회부는 하나의 영업장이라고는 하지만 다수의 연회장을 관리하고 있으며, 일반 영업장과 달리 독자적인 운영형태를 띠고 있다. 이부서는 많은 시설물과 장비 그리고 협력회사와의 협조로 행사가 치러지기 때문에, 연회부 직원들은 일반 영업장 직원들과 달리 직무가 많고 복잡하다고 할 수 있다.

행사를 진행하기 위해서는 연회 예약과로부터 전달 받은 행사 지시서(event order)에 따라 준비하는데, 책임자인 연회부 지배인은 다양한 행사 형태에 따라, 고객이 원하는 완벽한 행사가 될 수 있도록 철저한 지시와 확인, 관리와 감독이 이루어져야 한다. 일반 영업장과 달리 여러 장소에서 행사를 진행해야 하는 연회부 지배인은 같은 시간대에 행사를 하는 경우도 발생되므로, 팀별로 운영을 할 수 있도록 계획을 하되, 직원 배치에 신경을 써야 한다. captain급 정도의 경력자만이 행사를 책임질 수 있으므로, 지배인이나 부지배인은 몇 개의 행사장이나 층별로 나누어 관리하고, 개별 연회는 captain의 책임 하에 행사를 마칠 수 있도록 한다.

직급분류에서 외국의 경우 catering manager라고 부르기도 하지만, 우리나라에서는 banquet manager라고 부른다. 그리고 직책이 영문과 국문 직책으로 달리 부르며, 연회부분의 직급체계는 다음과 같다.

1) 연회부장(banquet director)

연회현장에서 이루어지는 모든 업무를 책임지고 총괄하는 책임자이다. 그러나 호텔마다 직급 시스템이 다르기 때문에 반드시 연회부장이라고 칭하지는 않는다.

2) 연회차장 또는 과장(banquet manager)

통상적으로 연회지배인으로 부르기도 하며 연회실무 책임자로서 event order(행사 지시서)에 관한 모든 것을 서로 협조하며 관리 감독 한다.

3) 연회부지배인(banquet assistant manager)

연회지배인의 업무지시를 받아 서비스 계획을 세우고, 행사의 제반사항들을 부하직원들과 함께 서비스에 만전을 기한다.

4) 캡틴(captain)

연회부지배인과 함께 연회행사 지시서(event order)의 내용을 분석하고, 행사장내의 셋업과 테코레이션을 완벽하게 준비하며, 부하직원들에게 실무교육을 시킨다.

- 직원들에 대한 근무 자세와 용모를 점검한다.
- 행사 준비에 따른 업무를 할당 한다.
- 행사장의 lay out을 정하고, 고객의 요구사항을 면밀히 검토 준비한다.
- 필요한 기물들의 이상 유무를 확인한다.
- 준비된 기물을 table set up 한다.
- 행사에 따른 협력부서와의 협조를 확인하여 행사에 차질이 없도록 재확인한다.
- 행사 주최자에게 준비사항을 미리 보여주고, 수정하거나 추가할 사항을 협의 한다.
- 마지막으로 행사 준비사항을 검토하고, 행사시작 30분전에 서비스 meeting을 주관한다.
- 직원들은 담당구역에서 stand by 시키고, captain은 입구에서 고객을 영접한다.
- 모든 행사의 진행을 주도하고, 고객의 사소한 요구에도 신속히 대응한다.
- 행사가 끝날 무렵이면 계산서를 작성해 놓고, 고객이 요구 시 즉시 도와드린다.
- 행사를 마무리한 후 고객을 환송하고, 감사의 마음을 표한다.
- 그날의 행사에 대한 결과를 지배인에게 보고하고, 계산서를 비롯한 제반 보고서 서

류를 호텔의 양식에 의거 작성한다.

✿ 다음의 행사 준비를 계획한다.

5) 웨이터 & 웨이츄레스(waiter & waitress)

캡틴을 보좌하여 셋업과 데코레이션 부분을 준비하며 친절한 서비스로 고객만족 서비스에 만전을 기한다. 특히 연회 서비스는 다른 업장과 달리 정해져 있는 틀에서 서브를 하는 것이 아니고, 고객의 요구에 따라 서비스 형식을 만들어야 되므로 책임은 매우 중요하다고 하겠다.

따라서 철저한 준비만이 성공적인 행사를 가져올 수 있으므로, 철저히 준비한다는 자세가 중요하다고 하겠다. 무엇보다도 웨이터 & 웨이츄레스는 지배인이나 부지배인의 지시에 적극적인 협조가 요구되는 위치이다. 그러므로 담당해야 할 근무내역을 보면 다음과 같다.

✿ 지배인과 캡틴의 지시에 따라 근무한다.
✿ 행사 지시서에 의거 테이블, 의자, linen 및 각종 기물을 준비한다.
✿ 행사에 필요한 준비사항을 점검하고, 미비 된 점을 보완한다.
✿ 행사장에 필요한 제반 기물 및 장비를 관리한다.
✿ Captain이 행사장을 비울 때는 그의 업무를 대행한다.
✿ Captain이 고객을 영접하는 시간에 행사장 내에서 ice water, butter, bread 등을 준비한다.
✿ 행사 중에 고객의 불편은 없는지 수시로 확인하고, 문제 발생 시 captain에게 보고한다.
✿ 행사가 끝나면 정리하고, 다음 행사 준비를 한다.

6) 버스보이(bus boy)

행사가 순조롭게 진행되고, 완벽한 행사가 되기 위해서는 현장에서 직접 일을 수행하는 busboy의 능력이 매우 중요하다고 할 수 있다. 따라서 busboy는 지배인이나 웨이터의 지시에 민첩하게 행동을 해야 한다. 행사준비에 가장 기초적인 일을 담당하는데 업무를 보면 다음과 같다.

- ⚙ 행사 준비를 위한 제반 기물을 준비한다.
- ⚙ 행사장에 들어가는 장비 및 테이블과 의자 등을 준비한다.
- ⚙ 제반 linen 류 준비한다.
- ⚙ 연회장 back side 공간을 정리하여 원활한 서비스가 진행되도록 한다.
- ⚙ 행사 중에는 웨이터와 함께 배정된 지역 서비스를 보조한다.
- ⚙ 사용된 기물, 린넨, 장비 등을 반납한다.
- ⚙ 지배인이나 웨이터의 지시에 따라 다음 행사를 위한 기물과 린넨 류 준비한다.

7). 그레츄레스(greetress)

항상 밝은 모습으로 행사장 입구에서 고객맞이 서비스를 하며, 모든 분야를 안내하는 역할은 한다.

CHAPTER 2 호텔 연회 서비스와 예약업무

제 1 절 연회 서비스의 중요성 및 분류

1. 연회 서비스의 중요성

우리나라 호텔들은 호텔의 총수입에서 식음료 매출액 비율이 비교적 높은 것으로 나타나고 있다. 식음료부문 중에서 연회행사 수입은 매우 크기 때문에 어느 호텔이나 연회행사 유치를 위한 각종 판촉활동을 전개하고 있다. 그러므로 식음료와 관계된 세일즈는 그 대부분이 연회, 회의, 결혼식 등이라 하여도 지나친 표현이 아니다.

호텔 영업에 있어서 객실, 식음료 부대시설의 3요소가 주종을 이루고 있지만, 객실의 경우 공간(객실수)이 한정되어 있고, 고정자산 투자비율이 식음료부문보다 훨씬 높다. 반면에 식음료부문 중에서도 연회부문은 시장성이 매우 높으며, 서비스의 정도에 따라 행사 량이 증감될 수 있으므로, 연회장에서의 서비스는 중요하다고 하겠다. 특히, 이들에 대한 적극적인 서비스로는 호텔이 추구하고자 하는 매출증진의 효과를 가져올 수 있다고 하겠다.

2. 연회 서비스 분류

연회 요구서(banquet event control)가 도착하면 연회담당 지배인은 연회 진행을 위한 계획을 수립하여 행사가 성공적으로 이루어 질 수 있도록 해야 한다. 연회서비스는 일반 레스토랑과 달리 정해진 시간에 많은 고객을 담당해야 한다는 점과 연회의 성격에 따라 새롭고 많은 준비를 해야 한다는 것이다. 따라서 담당 지배인은 행사에 필요한 지시 내용과 서비스 방법을 결정하여 직원들에게 충분히 숙지시켜야 한다. 또한 연회에 참석하는 고객은 30분전부터 행사장에 도착하게 됨으로, 직원들은 고객이 도착하기 20분전부터 각자 맡은 업무에 임해야 하며, 부지배인이나 캡틴은 행사장 입구에서 고객을 영접해야 한다.

연회서비스는 테이블 서비스(table service)와 스탠딩 서비스(standing service)로 양분할 수 있는데, 리셉션(reception) 또는 티 파티(tea party)의 경우는 스탠딩 서비스를 하지만, 그를 제외한 대부분 테이블 서비스를 한다.

1) 테이블 서비스(table service)

테이블 서비스는 정찬이나 파티와 같이 식사를 하는 경우와 회의와 같이 식사를 하지 않는 경우로 나누어 생각해 볼 수 있다. 정찬이나 파티인 경우는 고객이 모두 입장하고 나면 정해진 메뉴의 순서에 따라 음식을 서비스하면 된다. 그러나 행사를 1부 회의와 2부 식사로 나누어 진행하는 경우는 행사의 진행상황에 따라 약간의 차이가 있을 수 있다. 하지만, 연회에서 메뉴는 일반 레스토랑에서와 같이 한사람씩 주문을 받는 것이 아니라, 동일하게 정해진 메뉴(set menu)를 제공하기 때문에, 지배인이나 캡틴이 주빈(host)에게 식음료를 제공할 때 다른 고객들에게도 음식이 제공되는 신호이므로, 일사분란하게 움직여 직원간의 충돌 사고가 발생하지 않는다면 원만한 테이블 서비스가 이루어진다.

테이블 서비스 중 식사를 하지 않는 회의인 경우에는 사전에 완벽한 준비가 되어 있을 경우 크게 문제될 것은 없다. 회의시작 전에 차를 마실 수 있는 회의장 입구나 한정된 공간에 미리 준비를 해놓고, 담당자를 배치하여 주최 측이 원하는 주문에만 대비하면 된다. 그리고 회의 중에 티타임(coffee break)이 있으면 담당자는 회의장 주변정리와 별도의 고객 요구에 도움을 주면 된다.

2) 스탠딩 서비스(standing service)

스탠딩 서비스는 칵테일파티를 하거나 스탠딩 뷔페로 행사를 하는 경우를 말한다. 기본 테이블에 음식을 차려놓고 고객들이 자유롭게 이동하면서 음식이나 음료를 먹기 때문에, 사용한 접시 또는 글라스를 치워주고, 부족한 음식을 보충하는 서비스로 적은 인원으로 행사를 담당할 수 있다.

제 **2** 절 연회 예약업무

1. 연회예약의 개념과 중요성

연회 예약은 고객이 직접 내방하거나 판촉사원에 의한 전화 또는 팩스, E-Mail 등으로 이루어진다. 근래에는 주위에 있는 호텔보다 경쟁우위를 점해야 될 뿐만 아니라, 고객확보를 위한 적극적인 판촉활동을 통해 최선의 노력을 해야 하는 경쟁시대에 들어섰다. 따라서 친절한 서비스를 바탕으로 최고의 시설, 선택 가능한 다양한 요리, 주차와 같은 부가 서비스가 제공되어야 고객은 관심을 갖게 된다. 또한 정중한 예절과 언어구사, 상품지식 등을 습득하여 고객에게 좋은 이미지를 심어주는 것도 연회상품을 판매하는데 중요한 요인이 될 수 있다.

연회예약이 성립되기 위해서는 예약 담당자와 판촉사원간의 밀접한 협력체계를 갖추고 능률과 기능을 최대한 발휘하여 최대의 효율성을 올려야 한다. 현재는 고객으로부터 예약을 기다리는 시대는 지났으며, 적극적인 판촉활동을 통하여 고객확보에 최선의 노력을 기울여야 한다. 또한 경쟁업체 보다 우위를 유지하려면 최고의 시설, 특징 있는 요리, 품위 있는 장식, 최고의 서비스를 지속적으로 개발하여 예약 시에 또 하나의 상품으로 판매될 수 있도록 유도한다.

호텔내의 연회예약부서는 주로 워킹고객이나 전화문의 고객의 안내를 돕거나 행사를 예약하고, 진행하고 있으며 그 결과를 분석하며 고객창출과 고객관리를 위해서 새로운 판촉물까지 기획하며 그 호텔만의 노하우를 개발해야 한다.

그러므로 연회예약은 호텔 내에서 이루어지는 국제회의, 연회, 가족 모임 등을 유치하고 적극 진행시키는 것이라 할 수 있다. 이때 국제회의나 연회 등의 행사들이 개최됨으로써 각 관련분야의 국제화 내지 자질향상은 물론 일반국민의 자부심을 향상시키고 관광진흥, 문화선양, 환경개선, 의식수준의 향상을 꾀할 수 있다. 뿐만 아니라, 호텔홍보는 물론 객실, 영업장, 기타 부대시설의 매출증진에도 크게 기여하고 있으므로 연회예약의 업무는 매우 중요하다고 하겠다.

2. 연회예약의 경로

연회예약을 접수 받기 위해서는 연회를 구성하고 있는 요소 즉, 연회장의 규모, 시설, 기자재, 좌석배치(lay out), 무대, 조명, 식음료의 메뉴와 가격을 사전에 충분히 숙지하고 있어야 한다. 연회장에서의 식음료 상품은 일반 레스토랑과 달리 요금이 정해진 상품만 판매하는 것이 아니고, 행사에 맞는 상품을 만들어 판매해야 하기 때문에 연회예약 담당자의 역할은 매우 중요하다.

또한 연회는 연회를 담당하는 부서 단독으로 행사를 치를 수 없기 때문에, 사내 관련부서와의 긴밀한 협조가 있어야 고객이 요구하는 만족스러운 행사를 할 수 있다. 만약 관련부서와의 불충분한 협의는 완벽한 상품을 만들 수 없고, 그것으로 인한 고객의 불평과 불만족은 재방문고객으로 기대하기는 힘들 것이다. 그러므로 연회예약 담당자는 연회예약에 의한 행사 지시서(event order)를 바탕으로 관련부서와의 충분한 협조가 이루어져야 할 것이다.

1) 전화문의에 의한 예약

예약접수 방법 중 가장 신중을 기해야 하는 것이 전화 접수다. 고객과 직접 대면하고 있지 않기 때문에 소홀히 할 우려가 있으며, 또한 고객은 예약담당자의 말만으로 음식, 장소, 행사 전반에 걸친 안내를 받아야 하기 때문에 충분한 상품 지식과 예의바른 전화응대법으로 고객을 설득하여 유치하도록 해야 한다.

전화 예약 시 유의사항은 다음과 같다.
① 일시, 예상인원, 행사형식 등을 알아보고, 장소 사용여부를 확인한다.
② 장소, 행사규모에 따른 예상되는 예산을 말한다.
③ 자세한 사항을 요구할 때는 판촉사원을 파견하거나, 예약사무실로 내방하여 줄 것을 정중히 권한다.
④ 상기의 통화내용(시간, 장소, 일자, 요일 인원)을 고객에게 주지시켜 확인한 후 예약담당자의 직책, 성명, 전화번호 등을 알려 준다.
⑤ 예약업무 담당자는 항시 자신의 이름이나 직책이 많이 알려지도록 노력하며, 고객이 전화만 하면 많은 도움을 받을 수 있게 된다는 인식을 갖게 하도록 노력한다.

전화 예약 시 지켜야 할 사항은 다음과 같다.
① 전화벨은 3번 울리기 전에 받는다.
② 표정은 미소를 머금고 목소리는 밝고 부드럽게 한다.

③ 통화 시 잠시대기(holding)는 가능한 한 하지 않고, 대화를 이어 나간다.

④ 상품지식을 숙지하여 행사전문가로서 신뢰가 가게 한다.

⑤ 전문용어는 가급적 쓰지 않는다.

⑥ 고객의 사소한 질문에도 친절히 대답해 준다.

⑦ 전화는 절대 먼저 끊지 않는다.

⑧ 상품가격은 봉사료와 세금이 포함된 가격으로 알려준다.

⑨ 행사 문의전화에 대한 사항은 판촉부에 통보하여 방문토록 한다.

2) FAX, E-mail 에 의한 예약

FAX, E-mail 의한 예약 접수는 예약의 가부를 정확히 고객에게 통보해 주어야 한다. 고객에게 menu 도면, 견적서 등을 첨부해주어서 고객이 서류만으로도 행사를 결정할 수 있도록 자세한 자료를 보내주어야 한다. 또한 예약을 접수하는 과정에서 차후 행사시에 문제가 발생하지 않도록 정확한 예약이 되도록 한다.

3) 직접 방문하여 예약하는 경우

호텔에 직접 찾아오는 고객은 그만큼 그 호텔에 대해 잘 알고 있으며 또한 그 호텔을 이용하고자 하는 마음의 결정을 한 고객이라고 할 수 있다. 따라서 내방객은 99% 그 호텔을 이용할 고객으로 볼 수 있다.

올바른 자세와 단정한 용모, 고운 말씨로 손님을 맞이하여 풍부한 상품지식으로 고객에게 신뢰감을 주어야 한다. 고객으로부터 날짜, 시간, 인원 등을 확인하고 적절한 연회장을 소개한 후에 예약상담에 들어간다. 예약절차가 끝나면 고객에게 room show를 시켜 확인할 수 있도록 한다. 예약전표(예약접수)를 기록하고 고객으로부터 예약금을 받아서 행사에 차질이 없도록 하고 control chart에 기록하도록 한다.

4) 판촉사원에 의한 예약

판촉사원이 거래처에 가서 예약을 수주하는 경우이다. 담당 판촉직원이 출사 중에 거래처에서 전화가 오거나 긴급을 요하는 경우에는 같은 업무를 담당하는 다른 직원이 직접 거래처에 가서 예약을 접수하기도 한다.

● 표 3-1 견적서 및 행사계약서

Sheraton Incheon Hotel
견적서
ESTIMATE as of November 3, 2015

Sheraton
Incheon
HOTEL

COMPANY 회사명	:	청운대학교	FUNCTION DATE 행사일	:	2015년 11월 10일
ORGANIZER 행사담당자	:	박영기 교수님	Offer validity 견적내용유효기간	:	
TELEPHONE 전화번호	:	010-2323-	EXPECTED NO. OF PERSONS 예상참석인원	:	75명
e-MAIL ADDRESS 이메일주소	:	ykmspark@hanmail.net	GUARANTEED NO. OF PERSONS 최소보증인원	:	75명

\<FOOD & BEVERAGE\>

FOOD & BEVERAGE 식사 & 음료	DATE 일자	Event Type 행사종류	TIME 시간	VENUE 장소	MENU 메뉴	Q'TY 수량	Nr. 회수	PRICE 가격	TOTAL 합계
FOOD	11/10	점심	12:00-13:00	Grand Ballroom 1	양식세트메뉴	75	1	50,000	3,750,000
				호텔체험프로그램포함					-
									-
BEVERAGE					House wine	10	1	75,000	750,000
					Soju			12,000	-
					Beer			8,000	-
					Soft drink			6,000	-
OTHER									-
									-
F&B Total (All Inc.)									4,500,000

** REMARK : If you have allergic intolerance or dietary requirements, please inform us in advance
알러지나 식이요법이 있는 분은 행사전 담당자에게 알려 주시기 바랍니다.

\<FUNCTION ROOM RENTAL & OTHERS\>

FUNCTION ROOM 행사장	DATE 일자	VENUE 장소	TIME 시간	SETTING 세팅	RACK RATE 정상가(1일)	Special Charge 특별가
ROOM RENTAL	미정	Grand Ballroom1 (77평)	10:00-15:00	원형테이블	7,500,000	호텔제공
AV EQUIPMENT				빔프로젝터	300,000	호텔제공
				포디움 & 이동식마이크		호텔제공
				유선인터넷	50,000	선택사항
				무선인터넷	30,000	선택사항
MICELLANEOUS				명패	1,000	선택사항
				내부현수막 - 5m * 1m	100,000	선택사항
Room Rental & Others Total						-
10% VAT						-
Function Total						-

** REMARK : 행사 견적 내용은 유효기간에 명시된 날짜까지 서명 혹은 날인 된 계약서를 호텔측에 제공 하여야 합니다.
명시된 유효 기간까지 서명 혹은 날인된 계약서가 호텔측에 전달 되지 않을 시 견적내용의 모든 사항은 자동 해지 됩니다.

ESTIMATED FUNCTION GRAND TOTAL 예상 총 합계	4,500,000

박상엽
연회판촉지배인
쉐라톤 인천 호텔
전화번호 : 82 32 835 1144
팩스 : 82 32 835 1111

양승철
판촉팀장
쉐라톤 인천 호텔

고객서명일시 : 2015년   월   일
고객성명 :

고객서명 : _____

* 1페이지와 2페이지에 서명하셔서 팩스 또는 메일로 보내 주시기 바랍니다.

행 사 계 약 서

1. 본 계약서는 쉐라톤 인천 호텔 객실 및 연회장(이하 '호텔')을 이용하는 이용자(이하 '고객')간의 호텔 제반사항
   이용에 대한 계약 사항의 규정을 목적으로 합니다.

2. 행사 예약시, 총 행사 비용의 30% 이상을 계약금으로 예치 하여야 하며, 아래 규정에서 정한 규약을 제외하고
   환불되지 않습니다.

3. '고객'은 행사 대금 지불에 있어 행사가 종료됨과 동시에 지불이 완료되어야 하며, 만일 불가피하게 후불이 발생 하여야 하는
   경우에는 사전에 협의된 '고객'에 한하여 행사일로부터 1주일 이내에 결제가 완료됨을 원칙으로 합니다.

4. '고객' 은 "호텔"에 계약된 최소 객실 수를 보증하고 "고객"이 이를 보증 하지 못하거나 취소하는 경우, 공정거래법에 준하여
   다음과 같이 "호텔"은 손해를 계산하여 "고객"에게 위약금을 청구 합니다. (단, 객실 위약금은 봉사료를 제외한 금액으로 산출합니다.)
   - 행사일로부터 30일 이전 감소 및 취소 시: 총 예상 객실 비용의 20%까지는 위약금이 발생 하지 않습니다.
     단, 추가 취소 객실에 대해서는 추가 취소된 객실 비용의 50%를 위약금으로 지불 하셔야 합니다.
   - 행사일로부터 7일 전 까지 감소 및 취소 시: 취소된 총 예상객실 비용의 50%를 위약금으로 지불하셔야 합니다.
   - 행사일로부터 4일 전부터 1일 전 까지 감소 및 취소 시: 취소된 총 예상객실 비용의 90%를 위약금으로 지불하셔야 합니다.

5. '고객'은 호텔의 공시된 체크 인(15:00) 및 체크 아웃(12:00) 의 규정 시간을 이행하는데 동의 합니다.
   '고객'은 상기 공시 된 시간 이상으로 객실 이용시 발생 될 수 있는 비용에 대해 호텔에서 청구하는 기타 초과비용 지불에 동의합니다.

6. '고객'은 '호텔'에 계약된 연회 행사 최저 보증인원을 보장하고 '고객'이 이를 보증 하지 못하거나 또는 취소하는 경우, 공정거래법에 준하여
   다음과 같이 '호텔'은 손해를 계산하여 '고객'에게 위약금을 청구 합니다.
   - 행사 60일 이내 취소 시: 행사 취소는 가능하지만 계약금 30%는 환불되지 않습니다.
   - 행사 30일 이내 취소 시: 호텔 예상매출 손해액 50%를 배상금으로 호텔에 지불하셔야 합니다.
   - 행사 15일 이내 취소 시: 호텔 예상매출 손해액 70%를 배상금으로 호텔에 지불하셔야 합니다.
   - 행사 7일 이내 취소 시: 호텔 예상매출 손해액 전액을 배상금으로 지불하셔야 합니다.

7. '고객'께서는 연회 행사 비용을 지불함에 있어 계약된 인원보다 적은 인원이 참석 하셨더라도 계약된 인원에 대한 금액을 지불 하셔야
   합니다.

8. 연회 행사에 있어 '고객'은 행사인원수 및 행사 내용에 변동이 생기는 경우, 최소 행사 시작 72시간 전 '호텔'에 그 변동사항을 알려 주어야 하며,
   사전 동의 없이 발생하는 비용 및 행사 진행시 발생되는 문제는 '고객'이 책임을 지게 됩니다.

9. 불가항력 또는 기타 호텔에서 조정할 수 없는 원인으로 인하여 호텔 내 행사 장소를 사용할 수 없게 된 경우에는 '호텔'은 '고객'에게 다른
   장소를 대체해 드릴 수 있는 권리를 갖습니다. 이에 '고객'은 대체된 장소를 원하지 않으시는 경우 예약을 취소할 수
   있으며 이미 지불된 계약금은 전액 환불 됩니다.

10. '호텔'과 사전 합의 및 승인 없이 '고객'은 임의로 연회장에 식·음료, 외부 이벤트 업체 및 기타 각종 시설물을 반입 할 수 없습니다.

11. '호텔'은 '고객'이 호텔 내의 행사(객실 및 연회) 기간 동안 '고객' 또는 행사 참석자 에게 발생한 손실, 손해, 상해에 대하여 그 책임을 지지 않습니다.

12. '호텔'은 연회 행사에 참석하시는 고객의 손님 그리고 고객 '호텔'의 재산, 기물 등에 발생된 모든 손실 및 파손된
    것의 보수, 대체 비용을 청구 금액에 포함시킬 수 있습니다.

13. '고객'은 연회 행사 당일, 행사 장소에서 명시된 폐회시간까지, 행사 종료를 위해 행사 참석자 들이 퇴장하도록 하는데
    동의합니다. '고객'은 폐회 시간 초과로 발생 될 수 있는 비용에 대해, 호텔에서 청구하는 기타 초과비용을 지불 하는데 동의합니다.

14. 계약 해지
    - '고객'은 '고객'의 사정에 따라 서면으로 본 계약을 해지할 수 있으며, 서면 통지(우편 혹은 이메일)가 도착한 날로 부터 효력이 발생 됩니다.
    - 본 계약이 해지되는 경우 "호텔" 의 손해 배상 규정은 객실에 대해서는 4항, 연회 행사에 대해서는 6 항에 따라 손해 배상이 청구 됩니다.
    - '고객' 과 '호텔'은 자연재해 및 재난, 전쟁, 정부 규제 및 법령, 테러, 내란 등 통제 불가능한 위급상황 발생 등 쌍방에게 책임 질 수 없는
      사유로 인해, 본 계약상의 의무를 이행하는 것이 불가능한 경우 이를 3일 내에 쌍방에 통보하고 본 계약의 전부 또는 일부를 해지 할 수 있으며,
      이 경우 쌍방은 손해배상을 청구 할 수 없습니다.

※ '고객'께서는 '쉐라톤 인천 호텔'로부터 본 계약서의 내용 및 이용 요금, 각종 부대 사항, 제반 사항에 대한 설명 및 '고객'께 불리하거나
   불공정한 내용이 없음을 안내 받았고 이와 관련한 일체의 이의가 없음을 확인 합니다.
   본 계약이 공정하고, 호텔과 고객 쌍방의 확인을 거쳐 작성 되었음을 증명하기 위하여 계약서 2부를 작성하여 기명 또는 서명 날인 후 보관합니다.

박 상 엽
연회판촉지배인
쉐라톤 인천 호텔
전화번호 : 82 32 835 1144
팩스 : 82 32 835 1111

양승철
판촉팀장
쉐라톤 인천 호텔

고객서명 일시 : 2015년   월   일
고객 성명 :

고객 서명 : _____

_____

* 1페이지와 2페이지에 서명 후 팩스 또는 이메일로 보내주시기 바랍니다.

3. 연회 예약 접수 시 유의사항

연회예약이란 요금이 정해진 상품을 판매하는 것이 아니라, 연회라는 상품을 창조하여 판매하는 것으로 간주하고 아래사항을 정확히 확인하여야 한다.

- 일시확인
- 행사명
- 주최자와 초청손님
- 행사성격
- 참석인원
- 1인당 예산
- 연회장소
- 장식(꽃, 얼음조각, 기타)

- 음식물 결정
- 식탁 및 좌석배치
- 최저 지불보증 인원확정
- 연예인 사용여부
- 기타 특별사항
- 지불방법
- 예약금 지불 여부

4. 연회 요구서(Function Sheet)의 작성

행사 주최 측과 견적서를 주고받아서 행사가 유치되면 control chart를 재확인하여 확정된 내용을 기록하는 서식을 function sheet 또는 event order라고 한다. 즉, function sheet는 행사를 진행시킬 수 있도록 하는 행사진행 주문서이다.

행사진행 관련부서(조리, 연회서비스, 바, 전기, 음향, 통신실 등)에서는 고객과의 대화 없이 function sheet에 의해서만 행사를 추진하기 때문에, 고객과의 협의 내용과 필요한 사항은 모두 function sheet에 기록되어 져야 하는데 <표 2-2>와 같다.

● 표 3-2 연회 요구서

Millennium Seoul Hilton
Sales & Catering Office

Function Sheet

51333.2
Mirae Forum

Account Name :	Mirae Forum		Catering Status :	DEF
Booking Contact :	Mr. kwang Joo Lee		Currency :	KW
Street :			Sales/Service :	Jin Young Lee / Jin Young Lee
City :	Seoul		Market Segment :	Corporate thru local
Telephone	758 4378		Arrival / Departure :	11.03.2011 / 11.03.2011
Telefax	010 9966 1201		Represented by :	Mr. kwang Joo Lee

Date: Thursday, November 3rd, 2011

Event Listing

Time	Event	Room	Setup	Status	Attend.	Room Rental Fee
12 : 00 - 13 : 50	VIP West LN	Topaz	Rectangular	DEF	11	Complimentary
13 : 00 - 14 : 30	VIP Room	Catering Centre	Office	DEF	10	Complimentary
13 : 30 - 14 : 00	Registration	Grand Ballroom AB	Banquet	DEF	150	Complimentary
14 : 00 - 18 : 00	Seminar	Grand Ballroom AB	Classroom Style	DEF	150	11000000.00

Food & Beverage		**Food & Beverage**	
Western Set G'll	**Topaz**	**Topaz**	**12 : 00 - 13 : 50**
11E / 11 G	**12 : 00 - 13 : 50**	ATTENTION : BANQUET ARTIST	
A 90000.00 KW		- Place Card for Seminar	
Seared Sea Scallop Carpaccio		: name list - see attached.	
Fennel Salad in Hazelnut Oil &		Audio Visual - Internal	
Lemon Dressing		- Microphone Podium	
*		FURNITURE	
Tomato Basil Cream Soup		- Tables	1
Mascarpone Tortellinis		Rectangular	1
*		: 5 pax × 6 pax	1
Lime Sherbet		- Reception Desk	11
*		Set For 2	
The Chateaubriand & Garlic Flavor Roast Tige		MISCELLANEOUS	
Saffron Buckwheat Risotto		- Parking Stamp	
*		TABLE MENU CARD	
Pistachio Raspberry Ice Cream Caramelized M		- Table Menu w/ String & Title	
*		(1) ea per person	
Coffee or Tea		**Catering Centre**	**13 : 00 - 14 : 30**
*** 5.2% discounted price ***		FURNITURE	
Coffee Break B'11	**Catering Centre**	- Folding Screen	1
10E / 10G	**13 : 00 - 14 : 30**	: to hide entrance !!!	
a 8000.00 KW		**Grand Ballroom AB**	**14 : 00 - 18 : 00**
Serve time : 13 : 15 - 14 : 30		ATTENTION : AJOO AV	
Coffee, Tea, Decaffeinated Coffee &		- LCD Projector	
Assorted Cookies		Guest Pay	
Coffee Break B'11	**Grand Ballroom AB**	: 10, 000 ANSI	
60E / 60 G	**13 : 30 - 14 : 00**	: KW 800,000 + guest pay.	
a 8000.00 KW		- SIS Booth	
Serve time : 13: 15 - 14 : 30		Guest Pay	1 a 600000.00
Coffee, Tea, Decaffeinated Coffee		: 3 separate tables !!!	
& Assorted Cookies		: see attached table layout !!!	
Coffee Break B'11	**Grand Ballroom AB**	- Receiver(Ear Phone)	
60E / 60 G	**14 : 00 - 18 : 00**	Guest Pay	50
a 8000.00 KW		: KW3,000 + x 50ea	
Service time : 16 : 00 - 16 : 10		: guest pay	
Corree, Tea, Decaffeinated Coffee		ATTENTION : BANQUET ARTIST	
& Assorted Cookies		- Place Card for Seminar	
Bottled Mineral Water	**Grand Ballroom AB**	: (1) name list - see attached !!!	
10E / 10 G	**14 : 00 - 18 : 00**	: (2) "PRESS" - 10ea	5
a 5000.00 KW		- Numbering Stand	
⋯→ Setup on HEAD Table !!!		: "PRESS"	
		ATTENTION : MAGINET	
		- Wire Internet Line	
		Guest Pay	5 a 30000.00
		AV Ballroom only	
		- Wall Screen 6m×5.8m	1

CHAPTER 3 연회서비스 실무

제 1 절 테이블과 좌석 배열

연회행사에서는 어떤 테이블, 어떤 의자를 사용하느냐에 따라 분위기와 기능에서 많은 차이가 난다. 연회의 성격에 따라 의자와 테이블의 배치가 달라지므로, 어떻게 하는 것이 가장 적합하며 효율적인가를 많은 생각과 창의력을 통해 다양한 연출을 할 수 있도록 해야 한다.

1. 극장식 배열(theater style)

위치가 극장식으로 배열될 경우 의자와 의자 사이를 공간이라 부르며, 의자의 앞줄과 뒷줄 사이를 간격이라 한다. 연설자의 테이블 위치가 정해지면 의자의 첫째 번 줄은 앞에서 2m 정도의 간격을 유지하고, 400명 이상의 홀 좌석배치는 통로 복도가 1.5m 넓이의 간격이 유지 되도록 하며, 소연회일 경우는 복도 나비가 1.5m 되도록 한다, 의자의 배치가 똑바로 하기 위해서는 긴 줄을 이용하거나 카펫 무늬를 이용하여 가로. 세로를 잘 맞춘다.

● 사진 3-1
극장식 배열

2. 강당식 반월형 배열(auditorium, center aisle)

무대의 테이블은 일반 배열과 동일하나 의자를 배열하는데 있어서는 무대에서 최소 3.5m 간격으로 배열하고, 중앙 복도는 1.9m 간격을 유지하여 놓고 의자를 양쪽에 한 개씩 놓아서 간격을 조절하여야 한다. 이러한 의자 배열은 큰 공간을 차지하기에 많은 인원을 수용하는데 어려움이 있다.

● 사진 3-2
강당식 반월형 배치

3. 원형 테이블 배열(round table shape)

많은 인원을 수요하여 식사와 함께 제공하는 디너쇼나 패션쇼 등이 테이블을 배치할 때 많이 쓰이며, 테이블 간격은 3.3m 정도, 의자와 의자 사이의 간격은 90cm 정도로 하고, 양쪽 통로는 60cm 공간을 유지하도록 한다. 테이블은 무대를 중심으로 중앙부분을 고정한 뒤 앞줄부터 맞추면서 배열하면 되나, 뒷줄은 앞줄이 중앙부분이 보이도록 맞춘다.

원형 테이블은 2~14인용까지 있다.

● 사진 3-3
원형 테이블 배열

4. U형 배열(U-shape)

U형에서는 일반적으로 60″×30″의 직사각형 테이블을 사용하는데, 테이블 전체 길이는 연회행사인원수에 따라 다르며, 일반적으로 의자와 의자 사이에는 50cm~60cm의 공간을 유지하며, 식사의 성격에 따라 넓은 공간을 필요로 할 경우도 있다. 테이블 크로스는 양쪽에 드레입스(drapes)를 쳐서 다리가 보이지 않게 하여야 한다.

● 사진 3-4
U형 배열

5. T형 배열(T-shape)

이 형은 많은 손님이 head table에 앉을 때 유용하다. Head table을 중심으로 T형으로 길게 배열할 수 있으며, 상황에 따라서 테이블의 나비를 2배로 늘릴 수 있다.

○ 사진 3-5
T형 배열

6. I형 또는 직사각형 배열(Oblong - Shape)

예상되는 참석자 수에 따라 테이블을 배열하며, 60″×30″, 72″×30″ 테이블을 2개 붙여서 배치하는데 의자와 의자의 간격은 60cm의 공간을 유지하도록 한다.
특히 고객의 다리가 테이블 다리에 걸리지 않게 유의한다.

○ 사진 3-6
I형 배열

7. 타원형 배열(oval shape)

I형 테이블 모형과 비슷하게 배열하나, Oval형은 양쪽에 half round를 붙여 사용한다.

○ 사진 3-7
타원형 배열

8. 공백 사각형 배열(hollow square)

U형 테이블 모양과 비슷하게 배열하나, 테이블 사각이 밀폐되기 때문에 좌석은 외부 쪽에만 배열해야 한다.

○ 사진 3-8
공백 사각형 배열

9. 기타

 말굽 좌석형(horse shoe), 공백식 타원형 배열(hollow circular), 학교 교실형 배열(school style), 타원형(circular), 양머리형(lamb's head)과 같은 형이 있으나, 무엇보다도 연회장에 가장 잘 맞는 이상적인 형태를 사용하는 것이 제일 좋은 방법이다.

제2절 연회서비스의 과정

1. 행사 전(before service) 준비

1) Meeting

미팅은 행사를 함에 있어 원활하게 진행하기 위한 회의라 할 수 있다. 그러므로 행사준비 전, 식사 서브 전, 행사 끝난 후 세 번 실시한다. 먼저, 행사 준비 전 미팅은 인원계획서에 의한 금일 행사성격, 테이블 배치, 아이스 카빙 위치, 바 위치 등을 전달한 다음, 행사 준비조, 기물 준비조, back side 준비조로 나눈 뒤, 조별로 준비하여 테이블 세팅을 하도록 지시한다.

둘째, 식사 서브 전 미팅은 function order에 의거 최종 체크한 다음, 행사시작 한 시간 전에 table arrange에 따른 인원배치와 메뉴, 식사 서비스 순서를 게시판에 붙여 놓고 설명하며, 서비스 순서 및 요령을 전달한다. 이때 칵테일조, 서비스 준비조, back side 준비조, cloak room(외투보관 룸) 운영조, 안내조 등으로 업무를 배정한 후 전원 용모, 복장을 점검하고 행사시작 30분전에 stand by 한다.

셋째, 행사 끝난 후 meeting은 행사에 대한 평가와 현장 정리조, back side 정리조로 인원을 나눈다. 현장 정리조는 cloth napkin, chair, table, glass ware, silver ware 등을 원위치 시킨다. back side 정리조는 홀 밖에 있는 기물을 정리하고 원위치 시킨다.

2) Side table 준비

Side table(보조 테이블)을 깨끗이 닦은 다음 고객 30명에 1개꼴로 행사장 벽면에 비치해 놓는다. side table 위 상단에 tabasco sauce, hot sauce, tooth pick case, ashtray, arm towel, ice water 또는 오차 pitcher 등을 준비하고, 중간하단에는 추가세팅에 필요한 기물, 은기 류, 유리류, 도자기류, 등을 구비해 놓는다. silver류는 약물처리 확인 후 준비하며, 소스류는 유효기간 확인 후 청결하게 닦아 놓는다.

3) Table Skirt

행사 lay out이 끝나면 table 위에 cloth를 펼쳐놓고, 접힌 부분이 구석진 곳으로 가도록 세팅한다. skirt의 색상은 각종 행사분위기에 맞게 선택한다. skirt를 펼쳐놓은 상태에서 핀의 간격이 10cm가 되게 왼손으로 팽팽하게 당기면서 오른손으로 핀을 꽂는다. 마무리 할 때에는 Skirt 남는 부분을 말아서 표시나지 않게 table 안쪽 다리 부분에 걸어 놓는다. 철수할 때에는 핀을 뺀 다음, 끝부터 어깨넓이로 접어 끝이 조금 남았을 때 말은 후 skirt 보관걸이에 보관한다.

4) 의자커버 서비스

의자를 table setting에 맞추어 배열한 뒤 의자커버를 행사성격에 맞게 씌운다. 의자커버의 색상은 빨강, 노랑, 청색, 아이보리, 검정 등 여러 색상을 보유하고 있으며, 약혼식의 경우 청실, 홍실의 커버를 사용한다. 목재의자는 물기나 습기가 없도록 하며, 왁스를 묻혀 마른 dish towel로 주 1회 이상 닦고, 운반 시 하나씩 들어서 운반한다. stock chair는 8개씩 적재해서 의자운반 왜건으로 운반한다.

2. 영접 서비스

1) 영접 서비스

행사 책임자는 주최자에게 행사준비 상환을 말씀드리고 그 날의 스케줄을 최종 점검한다. 행사 30분 전까지는 모든 준비를 완료하고, 각자 맡은 위치에서 고객을 맞을 준비를 한다. 회전문 입구에 있는 greetress는 고객이 오시면 eye contact을 하면서, 밝은 표정으로 인사말과 함께 cloak에 옷을 맡길 것인지 확인한 후 행사장으로 안내한다.

2) 식사 서비스

식사 종류를 확인하고 식사코스에 맞게 기물을 준비하여 세팅한 다음, 최종 체크하고 고객이 오시기 한 시간 전에 meeting을 실시한다. 안내조를 식사 시작30분 전부터 행사장 입구에서 고객을 맞으며, 밝은 표정으로 인사말과 함께 영접한다.

주빈이 리셉션 라인에 도열하면 고객을 칵테일 장으로 유도하고, tray에 칵테일을 종류별로 들고 대기한다. 고객이 오시면 밝은 표정으로 인사말과 함께 칵테일을 추천하며 주문 시 칵테일 냅킨으로 글라스를 감싼 후 eye contact을 하며, 설명과 함께 드린다.

고객이 빈 글라스를 들고 계실 때에는 더 마실 의향이 있는지 확인하고 서브한다. 주최 측과 인원을 재점검하여 주방에 통보한 뒤 변경된 인원수에 맞게 테이블 세팅하며, 버터 및 기본반찬을 올려놓은 다음, 백포도주는 코르크 마개를 open해서 사이드 테이블에 준비하여 놓는다.

테이블에 초가 있으면 점화를 해야 하며, 고객이 이동할 때에는 종소리를 세 번 울려 식사 장으로 가시는 것을 알리고, 테이블에 앉을 때 착석보조하고 물을 따라 드린 후 number tag을 뺀다. 주최 측의 행사계획에 따라 진행하며, 서브를 담당하는 직원들은 홀에서 대기한다. 식사시간이 되면 담당테이블 앞에 와인을 들고 대기한다. 행사 책임자가 호스트 오른쪽에서 wine tasting을 한 다음 sign을 보낼시 15도 인사한 후 인사말과 함께 상석부터 고객의 오른쪽에서 와인을 보여드린 후 서브한다.

Main table에 맞추어 전채요리를 고객에게 보여드린 후 음식 코스대로 서브한다. Soup 서브 후 bread를 시계 방향으로 서브한다. 식사 기물을 치울 때에는 고객의 의향을 먼저 확인한다. 레드 와인이 있을 경우 meat 서브 전에 일제히 서브한다. 요리 서브 후 재떨이 및 기본반찬, 차, 물, 빵, 와인 등을 보충해드리고, 고객이 음식을 다 드셨을 때 준비된 dessert를 드리면서 음식에 대한 평가를 여쭌다.

3) Coffee & Tea Service

테이블을 깨끗이 치운 후, 기물 이상여부를 확인하고 뜨거운 tea spoon, cream milk, sugar, sweet low 등을 tray에 담아 인사말과 함께 고객의 오른쪽에서 tea spoon은 컵 앞에 손잡이가 오른쪽을 향하도록 2인 1개 기준으로 테이블에 세팅한다. 인원이 많을 때에는 상황에 따라 세팅한다. tea는 tea set case를 보여드려 고객이 직접 tea를 선택할 수 있도록 한 뒤 고객의 의향을 여쭌다.

 표 3-3 Banquet Menu

WESTERN LUNCH SET

Selection of fresh baked breads and rolls from our onsite bakery
갓 구워낸 빵과 롤

Roasted butternut squash soup with pecan nuts and maple syrup
호박 수프와 피칸, 메아플 시럽

Slow roasted beef sirloin, parmesan flavored mashed potatoes, tomato confit, buttered green beans and
roasted garlic jus
등심 스테이크와 파마산 치즈 향의 감자 매쉬, 토마토 콩피, 그린 빈스와 구운 마늘 향의 소스

Banana parfait with mango and berries
망고와 베리를 곁들인 바나나 파페이트

Freshly brewed coffee or tea
커피 또는 차

₩50,000 per person

국내산 쌀, 김치, 돼지고기, 닭고기, 오리 그리고 호주산 소고기를 사용합니다
If you have allergic intolerance or dietary requirements, please inform our order taker
알러지나 식이요법이 있으신 분은 직원에게 알려주세요

3. 환송 서비스

1) 환송 서비스

식사가 끝난 후 고객이 문을 나갈 때에는 문 입구에 도열해서 환송인사를 한다. 연회행사를 마친 후 고객이 일어서면 입석 보조해 드리고, 연회장을 나가실 때 서비스 인원이 입구에 도열해서 고객을 환송한다.

고객이 나가시고 행사 주최 측만 계실 때 준비된 꽃을 포장하여 행사 책임자가 주최 측에 건네주며, 계산서를 보이면서 내용을 설명한다. 고객에게 서명을 받으면서 행사에 대한 서비스를 평가받고 감사의 인사말을 전한다. 그리고 꽃과 행사용 물품이 많을 때에는 주차장 또는 현관 1층까지 운반해 드리고 배웅한다.

2) Cloak Service

고객이 오시면 eye contact을 하며, 밝은 표정으로 인사말과 함께 인사한다. 고객이 귀중품 또는 외투를 맡길 경우 번호표 두 개 중 하나를 고객에게 드리고, 다른 하나는 외투 또는 귀중품에 달아 놓는다. 귀중품은 한곳에 잘 놓아 바뀌거나 분실되지 않도록 주의한다.

3) 행사 종료

연회 종류 후 미팅을 하여 행사 중 발생한 불평사항을 전원에게 숙지시켜, 차후 같은 내용의 불평이 발생되지 않도록 하고, 마무리 인원을 배치한다.

현장 정리조는 cloth Napkin, 의자, table, 기물 류 등 행사에 사용한 물건을 원위치한 다음, 카펫 바닥에 떨어진 종이류 등을 수거한다. 또한 사용했던 세탁물은 홀과 주방으로부터 떨어진 곳에서 분리한다. 린넨의 오물을 깨끗이 제거한 후 냅킨을 10개 묶음으로 만들어 종류별로 왜건에 적재하고, 벽에 부딪히지 않게 조심스럽게 밀고 반납한다.

Back side 정리조는 기물 및 table을 완전히 치우고, 바닥까지 물걸레로 깨끗이 닦는다. 행사 책임자는 정리정돈 상태와 back side 청결상태를 최종 확인한 후, 전원을 끄고 마무리한다.

○ 표 3-4 Invoice

Millennium Seoul Hilton

Outside Catering Quotation

I would like to take this opportunity to thank you for considering Millennium Seoul Hilton for your upcoming event. We are delighted to be given this opportunity to be of service to you. Please review the details listed and contact us should there be any changes or additional requirements

ORGANIZER : Conventus.de	DATE & TIME : Nov 28th, **2015**
FUNCTION : Food & Beverage	VENUE : EWHA Womans University
	NO. OF GUARANTEE : 130 people

▶ FOOD & BEVERAGE

Classification	Q'ty	Unit Price	Price	Remarks
Coffee,Tea with Danish and Croissant	130	13,000	1,690,000	10:30 ~ 11:00 AM
Buffet Lunch	130	60,500	7,865,000	See attached Menu (D /C Price)
Coffee, Tea With Cookies	90	10,000	900,000	14:30 ~ 16:30 PM
Soft Drink	40	7,500	300,000	Per glass/ Actual Charge
Danish Pastry	4	88,000	352,000	Per Tray
Buffet Dinner	130	66,000	8,580,000	See attached Menu (D /C Price)
F&B TOTAL			19,687,000	
SUB TOTAL -(1)			**19,687,000**	

▶ GENERAL ARRANGEMENT

Classification	Q'ty	Unit Price	Price	Remarks
Catering Charge		880,000	880,000	Transportation(Table, Chair, Manpower)
Flower (Vase)				Hotel pay
SUB TOTAL -(2)			**880,000**	
GRAND TOTAL			**20,567,000**	

▶ PAYMENT	
INITIAL DEPOSIT	**10% of Total estimated amount**
BANK INFORMATION	Bank Name : Korea Exchange Bank, Namdaemoon Branch
	Account Number : 030-11-00213-6
	Payee : CDL Hotel Korea
	Bank address : 84-11, 5-Ka, Namdaemun-Ro, Chung-gu, Seoul, Korea

※ When settling for payment, the payment should be made for the actual number served and if the actual number is lower than the guaranteed number, the guest should pay the guaranteed number. And the deposit paid is not refundable although event is cancelled.

We would certainly do all we can to ensure a smooth and successful event and it would be appreciated if you would return this agreement signed by fax if you agree on all terms.

Chha

SIGNATURE BY ORGANIZER

Campany : Conventus.de

Name : Mr/Mrs. Jutta Vach

Tel :

Fax :

CDL HOTEL(KOREA) LTD. / Millennium Seoul Hilton

Catering Sales Manager / Chae-Hun Ha

E-mail : Chaehun.ha@hilton.com

Tel: (+82 2)317-3371   FAX: (+82 2)317-3203

395, 5-Ka Namdaemun-ro, Chung-ku, Seoul 100-676

4 호텔 주장경영

CHAPTER 1

호텔 주장조직 및 직무분석

1. 주장의 개요

주장은 일반 레스토랑의 분위기와 다르게 조명이 밝기도 낮으며, 아늑하게 조성된 장소이면서 조주사(바텐더; bartender)에 의해 술을 팔거나 서비스를 제공하는 장소이다. 하지만 주장이라 불리어지기 보다는 일반적으로 많이 불리어지는 바(bar)의 어원은 불어의 'Bariere'에서 온 말로, 고객과 바텐더 사이로 가로 막혀 있는 Bar라고 하는 개념이 현재에 와서는 술을 파는 장소의 총칭으로 사용되고 있다.

따라서 본서에서는 주장이라는 언어사용에 있어 주장과 바를 같은 의미로 사용하고자 한다. 즉, 주장은 음료나 술을 판매하는 곳으로써, 레스토랑이 음식을 통하여 고객의 식욕을 충족시켜 주는 물적 공간이라면, 주장 즉, 바는 각종 음료를 제공하면서 인테리어와 같은 시설적인 면과 분위기, 엔터테인먼트(entertainment) 요소를 가미한 환경적인 서비스를 통하여 고객에게 심신을 회복시켜 주는 정신적 공간이라 할 수 있다.

Bar의 종류에는 American Bar, Dancing Bar, Restaurant Bar, Night Club Bar, Pub으로 구분하기도 하고, Main Bar, Sky Lounge, Cocktail Lounge, Night Club & Discotheque, Membership Bar 등으로 구분하기도 한다.

2. 주장의 조직

주장의 조직은 지휘계통과 책임의 한계를 확립시켜 주는 것으로, 홀의 넓이와 테이블 수, 영업시간, 서비스 형태, 경영방침 등에 따라 달라질 수 있으나, 일반적인 조직은 다음과 같다. 하지만 계획 하에 만들어진 조직이라도 호텔의 환경이나 영업장 내의 변화가 있으면 조직에 맞는 특수성이나 현실에 적합한 조직표로 수정되어 있다.

○ 그림 4-1
주장의 조직

제 2 절 주장 직원의 직무분석

대부분 호텔에서는 식음료 판매를 총 담당하는 식음료 부서(Food & Beverage Department)의 하위부서로 음료만을 담당하는 Bar라고 하는 업장(Outlet)이 있으며, Bar에는 지배인과 팀원들로 구성되어 있다.

1. 매니저(manager)

업장 내의 모든 서비스와 직원에 대한 책임, 권한을 갖고 고객뿐만 아니라 직원까지 관리해야 하는 책임이 있다. 영업에 대한 제반사항을 통제하며 직원들을 교육한다. 또한 시설부, 객실부, 객실관리부, 판촉부 등 타부서와의 협조사항이 필요할 때 협조사항을 요청하여 영업장이 원활할 수 있도록 조치를 취한다.

2. 부지배인(assistant manager)

지배인 부재 시 업무를 대행하며, 대 고객서비스 관리를 주 업무로 하며, 업장 운영관리에 만전을 기한다.

3. 캡틴(captain)

수장 또는 헤드 웨이터(head waiter)라고 불리기도 하는데, 부 지배인 부재 시 그 역할을 대행한다. 캡틴의 경우는 접객을 주 업무로 하며, 웨이터나 실습생을 관리 감독한다. 특히 영업을 함에 있어 문제가 없는지 준비사항과 구성원에 대하여 점검하고, 영업장 사용 기물과 린넨류를 관리한다.

4. 바텐더(bartender)

시니어 바텐더(senior bartender)를 소믈리에(sommelier)라고도 불리는데, 양식당에서 와인(wine)을 담당하고 감별하는 사람을 지칭하기도 한다. 바텐더는 음료 및 부재료에 대한 적정재고를 파악하고 보급 및 관리업무를 한다. 또한 바 카운터, 진열대, 작업장 내부의 청결과 정리정돈 등을 수시로 점검하며, 칵테일을 제조할 때는 제조법(recipe)에 의해서 만들되 계량기와 글라스를 이용하여 영업 종료 후 판매량과 재고조사(inventory)에서 차질이 없도록 한다.

5. 웨이터와 웨이트리스(waiter and waitress)

주문된 식음료를 직접 취급하여 고객에게 제공하며, 영업 준비 및 정리정돈을 하여 대고객서비스를 함에 있어 이상 유무를 확인한다. 그리고 와인뿐만 아니라 주류에 대한 충분한 지식과 칵테일 제조법을 숙지하고 있어 고객의 질문에 충분한 대답을 할 수 있어야 한다.

CHAPTER 2 음료의 정의 및 분류

제 1 절 음료의 정의 및 술의 제조과정

1. 음료의 역사

　　인간이 생존하기 위해서는 물 없이는 안 되지만, 1919년에 발견된 1만 년 전 스페인 발렌시아 부근 동굴에서 벌꿀을 취하는 인간의 모습을 발견한 것이 최초의 음료라고 전해지고 있다. 벌꿀 다음으로 발견한 음료는 과즙이라고 한다. 기원전 6000년경 바빌로니아에서 레몬과즙을 마셨다는 기록이 있다. 그 후 밀 빵이 물에 젖어 발효된 맥주를 발견해 즐겨 마셨고 중앙아시아 지격에서는 야생의 포도가 쌓여 자연 발효된 포도주를 마셨다고 한다. 탄산음료는 자연적으로 솟아나오는 천연광천수를 마시는 데에서 비롯된다. 이러한 사실은 기원전 그리스시대 기록으로 전해지고 있다.

　　유제품은 목축을 하는 유목민의 염도 다양의 질로 16세기경부터 향료에 관심을 보였고, 19세기에 과학의 발달로 천연향료나 합성향료가 제조되기 시작했다. 그리하여 19세기에는 식품공업의 발달로 제품의 다양화와 함께 시장에 나오게 되었다. 오늘날은 여러 가지 색을 띤 음료들이 등장했다.

2. 음료의 정의

모든 생명체는 물로부터 발생하였으며, 인간의 신체도 약 70%는 물로 구성되었다. 보통 성인의 경우 하루 필요한 물의 양이 2~3리터 정도인데, 이 중 47% 정도는 음료수에서 충당하고, 39%는 음식물에서 섭취하며, 나머지 14%는 인체의 생화학 작용인 세포 호흡의 부산물로 체내에서 생성된다. 이와 같이 인간은 생명을 유지하고, 생활을 영위하는데 있어서 음식과 더불어 음료는 불요 불가결한 것이며, 물은 모든 음료의 기본이라 할 수 있다. 사람들은 갈증해소를 위해 물을 마시고는 있지만, 현대인들은 문명의 발전과 함께 순수한 물에 만족하지 않고, 각종 음료를 개발하여 기호음료로 즐기고 있다.

따라서 음료란 인간의 갈증 해소나 기호 충족 등을 위하여 마시는 모든 것을 말하며, 알코올성 음료(alcoholic drink)와 비알코올성 음료(non alcoholic drink) 모두를 포함한다.

3. 음료의 분류

일반적으로 음료를 구분할 때는 알코올성 음료(alcoholic beverage)와 비 알코올성 음료(non alcoholic beverage)로 분류할 수 있는데, 술이라 불리어지는 호칭은 만드는 방법에 따라 구분된다. 알코올성 음료는 양조주, 증류주, 혼성주로 나누어지며, 비 알코올성 음료로는 영양음료와 기호음료로 구분되어 진다.

1) 알코올성 음료(alcoholic beverage)

(1) 양조주

과실에 함유되어있는 과당을 발효하거나 곡물에 함유되어있는 전분을 당화하여, 효모의 작용으로 1차 발효시켜 만든 알코올성 음료이다. wine, beer, 청주, 탁주 등이 있는데, 과당의 대표적인 것으로는 Beer이며, 우리나라 고대부터 전해 내려오는 약주가 여기에 속한다.

(2) 증류주

양조주보다 순도 높은 주정을 얻기 위해 1차 발효된 양조주를 다시 증류시켜 알코올 도수를 높인 술이다. 위스키(whisky), 브랜디(brandy), 진(gin), 럼(rum), 보드카(vodka), 데킬라(tekila), 아쿠아비트(akvavit, akevitt) 등이 있다.

(3) 혼성주

증류주, 양조주에 초근목피(草根木皮)의 향미성분을 다시 배합하고 감미료, 착색료 등을 첨가하여 만든 술의 총칭이다. 리큐어(liqueur), 드람뷰(drambuie), 코인트류(cointreau), 페퍼민트(peppermint), 베네딕틴(benedictine) 등이 있으며, 때로는 식후음료로 쓰이기도 한다.

2) 비알콜음료(non alcoholic beverage)

(1) 청량음료(soft drink)

칵테일의 재료로 쓰이기도 하는데, 비 탄산음료는 무색, 무미, 무향의 음료로 광천수, 에비앙 등이 있다.

(2) 탄산음료

칵테일 부재료로 많이 쓰이며, 콜라, 세븐업, 토닉, 소다, 진저엘, 페리워터 등이 있다.

(3) 영양음료

과일주스, 야채주스 등이 있다.

(4) 기호음료

커피, 무카페인 커피(Sanka Coffee), 홍차, 녹차, 인삼차 등이 있다.

4. 알코올 음료의 도수

알코올 음료에서 도수란 일정한 물에 알코올 함유 농도의 비중을 말한다. Percent,

Proof 등으로 표시한다.

미국의 술은 표준도수 표시를 프루프(proof)단위로 하고 있다. 이는 주정도를 그대로 계산한 숫자로 100 Proof는 주정도 50%라는 의미인데, 80Proof = 40°이다.

⬤ 표 4-1 음료의 분류

음 료 Beverage	비알콜성 음료 (Non-Alcoholic Beverage)	청량음료 (Soft Drink)	탄산음료(Carbonated)	
			무탄산음료(None-Carbonated)	
		영양음료 (Nutritious)	주스류(Juice)	
			우유류(Milk)	
		기호음료 (Fancy taste)	커피(Coffee)	
			홍차(Tea)	
	알콜성 음료 (Alcoholic Beverage)	양조주 (Fermented)	맥주(Beer)	
			포도주(Wine)	
			과실주(Fruit Wine)	
			곡주(Grain Wine)	
		증류주 (Distilled)	위스키 (Whisky)	스카치 위스키 (Scotch Whisky)
				아이리쉬 위스키 (Irish Whisky)
				아메리칸 위스키 (American Whisky)
				캐나디안 위스키 (Candian Whisky)
			브랜디(Brandy)	
			진(Gin)	
			보드카(Vodka)	
			럼(Rum)	
			데킬라(Tequila)	
			아쿠아비트(Aqvavit)	
		혼성주 (Compounded)	약초, 향초류(Hers and Spices)	
			과실류(Fruits)	
			종자류(Beans and Kernels)	
			크림류(Creme)	

제 2 절 술의 제조과정

술은 곡류의 전분과 과실, 당분 등을 발효시켜 만든 1% 이상의 알코올 성분이 함유된 음료를 총칭하고 있다.

1. 양조주의 제조과정

양조주의 제조방법은 국가별, 원료별, 증류법 등에 따라 약간의 차이는 있지만, 일반적으로 쌀, 보리, 호밀, 옥수수, 귀리, 감자 등 곡류의 전분을 분쇄하고, 이를 발효시킨 후 증류기를 통해 증류시키면 알코올이 생성된다. 이 알코올을 오크(oak)통에 수년간 저장하고 숙성시키면 위스키가 완성된다. 처음 생성된 위스키는 무색이지만, 오크통에서 숙성되는 동안 착색되고 향이 생겨난다.

2. 증류주의 제조과정

일반적으로 과실이나 곡물을 이용해 만든 양조주는 효모의 성질이나 당분의 함유량에 의해 8%~14% 내외의 알코올이 함유된 알코올음료를 산출할 수 있다. 그리고 더 순도가 높은 주정을 얻기 위해서는 알코올을 분리해 내는 방법을 이용하는데, 이때 사용되는 방법을 증류법이라고 하는데, 증류법은 단식증류(pot still)법과 연속증류(patent still)법이 있다.

1) 단식증류

밀폐된 솥과 관을 이용한 단식증류기는 시설이 간단하여 시설비가 적게 들고, 주정의 맛과 향이 적게 파손되는 이점이 있는 반면, 대량생산이 불가능하다.

2) 연속증류

연속증류는 높은 온도에서 연속적으로 대량생산이 가능하여 생산원가가 단식증류기

보다 적게 드는 장점이 있지만, 높은 온도에서 증류하기 때문에 주요성분을 잃게 되고, 현대적인 자동설비를 해야 함으로써 시설부담이 크다.

○ 그림 4-2
술의 제조과정

곡류의 전분

↓

당화시켜 효모로 발효

↓

탄산가스 생성

↓

곡주(청주, 맥주, 탁주)

↓

여과, 저장

↓

증 류

↓

저장속성

↓

위스키, 진, 보드카

제3절 술의 분류

1. 맥 주(Beer)

맥주는 대맥아를 발효시켜 쓴맛을 내는 호프와 물 그리고 효모를 섞어서 만든 탄산가스가 함유된 알코올성 음료이다.

1) 맥주의 역사

고고학자들의 연구에 의하면 B.C 4200년경에 바빌론(지금의 이라크)에 살던 슈벨인들은 빵조각을 물에 담그어, 빵의 이스트로 발효시킨 맥주를 마셨다 한다.

2) 맥주의 원료

① 보리: 양조용 보리품종은 주로 유럽에서 육성되었다.
② 홉: Hop의 원산지는 유럽이다. 맥주 양소를 위해 특별하게 재배된다. 5~6m의 높이까지 성장하는 뽕과에 속하는 다년생 식물로, 암꽃 안쪽에 붙어있는 Lupulin이라는 금색가루가 맥주에 향기와 쓴 맛을 주고 거품을 일게 하는 작용을 한다. 호프는 풍토에 예민한 식물로서 냉지 및 건조지에서 재배하기 적합한 식물이다. 우리나라에서는 강원도 지방에서 재배 하고 있다.
③ 물: 맥주는 90%가 물이다. 때문에 수질이 좋은 물을 사용하지 않으면 맥주의 품질에 크게 영향을 미친다.
④ 효모(yeast): 맥주에 사용되는 효모는 맥아즙 속의 당분을 분해하고, 알코올과 탄산가스를 만드는 미생물로 발효후기에 표면이 떠오르는 상면 발효(고온에서 발효) 효모와 일정기간을 경과하고 밑으로 가라앉는가 하면 발효(저온에서 발효) 효모가 있다. 어떤 효모를 사용하는가에 따라 맥주의 질도 달라진다. 상면발효 효모는 영국, 미국의 일부 캐나다, 벨기에에서 사용하며, 하면발효 효모는 독일, 덴마크, 체코슬로바키아, 우리나라 등에서 사용한다. 세계 맥주의 생산량의 3/4 정도가 하면 발효효모를 사용하는데, 맥아의 진문을 보충하기 위해 쌀, 옥수수, 기타 잡곡 등이 사용된다.

3) 맥주의 제조법

보리는 제진기를 거쳐 먼지를 제거한 뒤 선립기에서 알맹이를 고른다. 다음은 침맥조라는 탱크에서 2일 전후로 담가 수분을 흡수시킨다. 이것을 발아조에 넣어 약 8일간 통기와 온도를 조절 하면서 발아시킨다. 이것을 green malt라고 하는데, green malt는 45%의 수분을 함유하고 있으므로 건조실에 보내 열풍으로 건조 시킨다. 이후 맥아의 뿌리를 제거하고 약 20℃의 맥아 저장실에서 6~8주간 건조시키는데, 건조한 맥아를 dry malt라 한다. dry malt를 분쇄기에 갈아 잘게 분쇄한 후 통에 담고, 여기에 5~6배 무게의 온수를 넣어 죽과 같은 상태로 만드는데 이것을 mash라 한다.

Mash를 자비부로 옮겨 끓으며 이때 hop를 가해준다. 동시에 맥주의 독특한 쓴맛도 생긴다. 여과기와 원심분리기로 고형물이나 침전물을 제거하면 투명한 액체가 되고, 그것이 발효조로 옮겨진다. 발효는 약 1주일에서 10일 정도 걸리는데, 이렇게 만들어진 맥주는 아직 쓴맛도 강하고 탄산가스로 불충분하여 어린맥주라 한다. 이를 주발효 또는 전발효라고 한다. 이 어린맥주는 저장탱크에서 약 60~90일간 0℃에서 숙성을 계속 한다. 이를 후발효라 한다.

4) 맥주의 종류

(1) 병맥주(lager Beer)

우리가 흔히 마시는 병맥주는 상당기간 보존을 위하여 저온 살균과정을 거쳐 병입된 것이며, 효모의 활동을 중지시킨 것이다. 또한 맥주는 일광에 약하고 직사광선에 노출되면 맥주성분이 햇빛에 반응하여 맛이 변할 수 있다. 때문에 일광을 차단하는 다갈색이나 짙은 녹색의 병을 사용한다.

(2) 생맥주(draft beer)

효모의 작용을 멈추게 하는 보통맥주와는 달리 열처리를 하지 않아 효모가 살아있어 맥주 고유의 맛과 향은 병맥주보다 우수하다. 살균하지 않은 것이므로 저온에서 운반, 저장해야 하며 장기 보존이 어렵다.

5) 맥주 서브 온도

계절이나 지방에 따라 약간씩 차이는 있으나, 3~4℃로 보관 하였다가 서브하는 것이 일반적이다. 맥주 글라스에 따랐을 때 약 7℃ 정도가 음주의 적온이라 하겠다.

병을 글라스에 약 5cm 정도 떼어서 글라스에 7부 정도 붓는다. 나머지 3부 정도는 거품이 솟도록 하는 것이 맥주의 취량을 맛보는데 가장 이상적이다. 미지근한 맥주는 거품이 너무 많고 쓴맛이 나며, 반대로 너무 차가우면 거품이 잘 일지 않을 뿐만 아니라 맥주 특유의 향도 사라진다.

2. 위스키(Whisky)

위스키는 고대 게릭(gaelic)어에서 나왔는데, 우스크(uisqe)에서 어스키(usky)로 변하면서 현재 쓰이고 있는 whisky, whiskey로 변화되었다. 위스키의 종류에서 여러 가지가 있으나 대표적인 것으로는 스코틀랜드에서 생산되는 스카치 위스키(scotch whisky), 아일랜드에서 생산되는 아이리쉬 위스키(Irish whisky), 미국에서 생산되는 아메리칸 위스키(American whisky), 캐나다에서 생산되는 캐나디안 위스키(Canadian Whisky) 등이 있다.

1) 스카치 위스키(scotch whisky)의 유래

12세기경 이전에 처음으로 아일랜드에서 제조하기 시작하여 15세기경에는 스코틀랜드로 전파되었으며, 오늘날의 스카치 위스키의 원조가 된 것으로 본다. 1707년 스코틀랜드와 잉글랜드의 의회가 합병하여 대영제국이 탄생되었는데, 그로부터 6년 후인 1713년에 영국정부는 잉글랜드와 마찬가지로 스코틀랜드에도 맥아세를 과세했다. 이에 Glasgow와 스코틀랜드의 수도인 Edinburgh에서 대규모 폭동이 일어나는 등 스코틀랜드의 Highland지방 사람들은 인종적 편견으로 보고, 이에 대항하여 목숨을 걸고 싸웠던 것이다.

그 당시 Highlander들은 단호히 저항하며 벽지의 산속으로 들어가 위스키의 밀조, 밀수를 하게 되었다. 이때 발견된 것이 스카치 위스키 제조에 있어서 중요한 역할을 하는 이탄(peat: 피트)의 사용이다. 왜냐하면 세무 관리의 눈을 피하려면 낮에 햇빛으로 맥아를 건조시킬 수 없어 밤에 이탄을 사용하여 건조시켰던 것이다.

이탄(peat)이라고 하는 것은 스코틀랜드에만 있는 것으로, 관목이 몇 백 년이나 축적되어 생긴 일종의 진흙 탄으로 땅속에 묻혀있다. 이탄을 이용함으로써 얻게 된 향기와 증류한 위스키를 셰리와인(sherry wine)의 빈 통에 넣어 저장함으로써, 원주를 조금씩 색을 내며 숙성시키는 것은 이 시대에 Highland들이 발견한 우연한 수확이었다. 당시에는 스페인으로부터 포도주를 다량으로 수입했기 때문엔 빈 통은 쉽게 구할 수 있었고, 나중에 술을 팔기위해 술통을 열어보니 시간의 경과와 더불어 통의 영향으로 투명한 호박색의 짙은 향취를 지닌 부드러운 맛의 술이 되어 있었다.

(1) 스카치 위스키의 종류

① 몰트 위스키(Malt whisky)

몰트위스키는 맥아만을 원료로 사용하여 만든 위스키로써 맥아를 건조시킬 때 피트의 훈향(smoky flavor)이 배이게 하며, 단식증류기로 2회 증류한 후 오크통에 숙성시키는 피트향과 통의 향이 배인 독특한 맛의 위스키이다.

② 그레인 위스키(Grain whisky)

일반 곡물류, 주로 옥수수를 원료로 하여, 피트향을 주지 않은 소량의 맥아를 가해 당화 발효시킨 후, 연속식 증류기로 고농도의 알코올을 증류하는 위스키를 말한다. 그레인 위스키로만 판매하는 경우는 드물고 몰트위스키와 혼합하여 브랜디드 위스키를 만드는데 주로 사용된다.

③ 브랜디드 위스키(Blended whisky)

브랜디드 위스키는 몰트 위스키와 그레인 위스키를 적당한 비율로 혼합한 것인데, 우리가 마시고 있는 스카치 위스키의 대부분이 브랜디드 위스키이다.

(2) 스카치 위스키의 제조과정

① 원 료

위스키의 원료는 보리, 옥수수, 호밀 기타 곡류 등으로, 이는 위스키의 품질을 결정하는 중요한 요소이며, 스카치의 맛을 좌우하는 몰트위스키는 보리를 싹틔운 맥아로 만든다.

② 제조과정

🔹 정선: 보리를 정선기에 넣어 마른 알맹이가 불량한 보리를 완전히 제거한다.

🔹 침맥: 보리를 깨끗이 씻고 속이 빈 보리를 제거하고, 발아의 준비를 위해 물을 주어 2일 동안 침수시킨다.

🔹 발아: 침맥한 보리를 발아실로 보내 1주일 정도 발아시킨다. 항상 온도나 습도가 발아에 적당한 상태로 유지되어야 한다.

🔹 건조: 발아한 보리는 건조함에서 상단과 하단으로, 각각 1주일씩 바꿔주면서 이탄의 열로서 건조시킨다.

🔹 분쇄: 건조한 맥아의 뿌리는 불필요하므로 제거하고 당화하기 쉽게 분말로 만드는데, 이것을 mash(분쇄)라고 한다. 몰트위스키의 경우 발아한 맥아만을 분쇄 시키지만, 그레인 위스키의 경우는 그밖에 발아하지 않은 보리, 호밀, 밀 등의 분쇄한 것을 첨가한다.

🔹 당화: 분쇄한 맥아에 뜨거운 물을 혼합하면 맥아의 성분 중 전분질이 당분으로 분해되어 맥즙이라고 불리는 당화액이 된다.

🔹 발효: 발효탱크에 냉각된 맥즙을 태운 후, 배양된 효모를 첨가하면 적당한 온도에서 맥즙의 당이 알코올과 탄산가스로 변화되며, 2~3일 후에 5% 정도의 알코올 농도인 발효액이 만들어진다.

🔹 증류: 증류를 통해 발효액으로부터 알코올을 분리 농축시켜 알코올 농도를 증가 시키고, 고유한 맛과 향의 성분을 선택하며 몰트위스키는 단식증류기로 2회 증류한다.

🔹 저장: 2차 증류를 마친 위스키원주는 알코올 성분 60%~70%로 수정과 같이, 맑고 무색투명한 액체이다. 이 원주는 술통에 저장되고 오랫동안 숙성에 들어간다. 저장통으로는 떡깔나무, 참나무가 사용된다. 저장연한은 캐나다 2년, 영국은 3년, 미국은 4년으로 법령에 따라 강제 숙성기간을 설정하고 있지만, 경우에 따라서 20~30년 동안 저장하는 수도 있다.

🔹 혼합: 같은 조건으로 증류·저장된 위스키라도 연수가 경과함에 따라 각각 미묘한 다른 맛과 향기를 갖게 된다. 이를 테스트하고 각자의 특징을 살려 이상적으로 조합하여 균일한 품질로 만들기 위해 혼합하는데 이를 Blend라고 한다.

🔹 병입: Blend가 끝난 위스키는 다시 술통에 넣어 수년간 후속시킨 뒤 병에 넣어 시판된다.

(3) 스카치 위스키의 유명상표

조니 워커(Johniewalker), 발렌 타인(Ballentine), 시바스 리갈(Chivas Regal), 로얄 살루트(Royal Salute), 딤플(Dimple), 글렌피딕(Glenfiddich), 제인엔비(J&B), 블랙엔 화이트(Black&White), 화이트 호스(White Horse), 드위스 화이트 라벨(Dewar's White Label)이 대표적이다.

2) 아이리쉬 위스키(Irish whisky)

아이리쉬 위스키는 아일랜드에서 제조된 위스키의 총칭이며, 아이랜드 사람들은 그들이 세계에서 가장 먼저 위스키를 만들었다고 주장한다. 그래서 위스키(Whisky)철자도 E자를 하나 더 넣어서 자신들의 위스키에 자부심을 나타낸다.

아이리쉬 위스키는 훈향이 없다. 스카치 위스키처럼 피트탄을 사용하여 몰트를 건조시키는 것이 아니라, 석탄으로 건조되므로 맥아가 연기에 접촉하는 일이 없기 때문이다. 스카치 위스키는 2회 증류하는데 비하여 아이리쉬 위스키는 3회 증류하며, 반드시 단식 증류기를 사용한다. 명유상표로는 존 제임스(John Jameson), 올드 부시밀(Old Bushmills)가 있다.

3) 아메리칸 위스키(American whisky)

미국에서 생산되는 위스키를 총칭하는 것으로, 미국 위스키는 곡류를 발효시켜 만든 양조수를 증류하여 95% 이하의 알코올을 만든 다음, 오크통에 2년 이상 숙성시켜 알코올 농도 40%이상으로 병입한 것으로 규정한다.

유명상표로는 버번위스키, 테네시 위스키, 라이 위스키, 콘 위스키 등이 있는데, 아메리칸 위스키는 통상적으로 라이(rye)위스키라고 한다.

4) 캐나디안 위스키(Canadian whisky)

캐나디안 위스키는 라이(rye) 위스키와 콘(corn) 위스키를 블렌딩하여 만든 가벼운 맛과 부드러운 맛이 특징인 블렌디드 위스키이다. 캐나다에는 광대한 지역에서 호밀, 옥수수, 대맥 등 모든 곡류가 재배되므로 위스키의 생산량도 매우 많다. 캐나디안 위스키는 전체적으로 라이트타입인 것이 특징으로 순한 술을 선호하는 요즈음 사람들의 취향에 맞아 최근 세계시장에서 상승세를 타고 있다.

유명상표로는 캐나디안 클럽(Canadian Club), 시그램스 V.O(Seagram's V.O), 크라운 로얄 (Crown Royal), 블랙 벨벳(Black Velvet) 등이 있다.

5) 스트레이트 위스키(Straight whisky)

스트레이트 위스키는 옥수수, 호밀, 밀, 대맥 등의 원료를 사용하여 만든 주정을 다른 곡주나 위스키를 혼합하지 않고, 그을린 참나무통에 2년 이상 숙성시킨 것을 말한다.

유명 상표로는 짐 빔(Jim Beam), 와일드 터키(Wild Turkey), 어얼리 타임즈(Early Times) 올드 그 랜데드(Old Grand-dad), 잭 다니엘(Jack Daniel's) 등이 있다.

6) 브랜디드 위스키(Blended whiskey)

브랜디드 위스키는 한 가지 이상의 스트레이트 위스키에 중성 곡주를 혼합하여 병입한 것으로, 배합 비율은 스트레이트 위스키 20%와 중성곡주 80% 미만의 것으로 혼합한 것 을 말한다.

유명상표로는 시그램 세븐 크라운(Segram's 7 Crown), 선레이 리저브(Schenley Reserve) 등이 있다.

3. 진(Gin)

1) 진(Gin)의 유래

진의 어원은 두송열매(Juniper Berry)의 프랑스어인 쥬네브레(Genievre)에서 유래한다. 쥬네 브레는 네덜란드어로 전환되어 주네바(Genever)가 되고 영국으로 건너가 Gin이 되었다.

진은 네들란드의 라이덴(Leiden) 대학 의학교수인 실비우스 박사(Drisylvius)가 열대성 질병 치료제를 목적으로 개발한 약주인데, 이뇨작용과 해열제로 효과가 있는 것으로 밝혀져 약주에서 약용으로 판매하기 시작하였다.

진은 곡류를 원료로 하여 발효 증류한 주정에 두송나무의 열매(Juniper Berry)나 각종 향 료 등을 첨가하여 증류한 것이다.

위스키와 브랜디는 나무통의 숙성에 의해서 향과 맛이 개선되는 술이지만, 진은 숙성과정을 거치지 않기 때문에 무색투명하며 쥬니퍼 베리와 각종 향료의 첨가 등으로 맛이 향 긋하고 산뜻한 향기가 있는 것이 이 술의 특징이다.

2) 진의 종류

(1) 네덜란드 진(Holland Gin): 주네바(Genever), 실버톱(Silver Top)

(2) 영국 진(England Gin): 바휘터(Beeteater), 봄베이(Bombay), 길베이스(Gilbey's), 고르동(Gordon) 시그램스(Seagram's), 탱키래이(Tunqueray)

(3) 미국 진(American Gin): 플라이쉬만(Fleischmann's), 하이럼워커(Hiram Walker's), 센데이 (Schenley), 스미노프(Smirnoff)

(4) 독일 진(German Gin): 슈리히테슈타인헤거(Schlichte Steinhager), 도오른 카트(DoornKaat), 싱 켄헤거(Schinkenhager)

4. 럼(Rum)

럼은 사탕수수의 즙을 농축시켜 사탕의 결정을 분리하고 남은 당밀(suger cane)이나 시럽 등을 주정 발효시킨 후 증류시켜 얻어진다. 럼의 발생지는 사탕수수의 보고인 카리브해의 서인도 제도인데, 현재의 사탕수수는 열대지방에서 널리 재배되고 있어 각 지방마다 럼을 생산하고 있다.

1) 럼의 유래

사탕수수를 증류한 술을 처음 마셔본 이 지역 원주민들이 모두 취하여 흥분(rumbullion) 하였다고 한다. 럼벌리언이라는 영어가 현재의 어두만 남아서 럼이 되었다는 설과 럼의 원 료인 사탕수수의 라틴어 사카럼(Saccharum)의 어미인 럼으로부터 생겼다는 식이 있는데, 후 자가 가장 유력하다.

2) 럼의 종류

럼은 세 가지로 분류하는데, 라이트 럼(light rum), 해비 럼(heavy rum), 중간타입인 미디엄 럼

(medium rum) 등으로 맛과 향기에 따라 분류한다. 럼은 열대 과일주스와 혼합이 잘 되어 미국사회에서는 혼합음료인 칵테일의 기본주로 널리 이용되고 있다.

(1) 해비럼(Heavy Rum: Dark Rum): Myer's(마이어스), Old Jamaica Golden(올드 자메이카 골드), Ronrico 51(론리코 51) 등이 있다.

(2) 미디엄 럼(Medium Rum: Gold Rum): Bacardi Gold(바카디 골드), Old Oak(올드오크), Negrita(네그리타)

(3) 라이트 럼(Light Rum: White Rum): Bacardi Light(바카디 라이트), Green Island(그린 아일랜드), Packe pott(라케포트), Old Jamaica(올드자메이카), Pinga Pontal(핑키폰탈) 등이 있다.

5. 보드카(Vodka)

보드카는 곡류와 감자를 원료로 하여 발효, 증류한 무색투명한 증류주로서 러시아인의 주민주이다. 다른 증류수와는 달리 증류한 후 자작나무 숯으로 여과하기 때문에 냄새가나는 성분이 제거되어 무색, 무미, 무취에 가까운 술이 된다.

1) 보드카의 유래

보드카의 어원은 12세기경 러시아 문헌에서 즈에즈이즈 보타(Zhiezenniz vodiwater of life)라는 기록에서 유래되었는데, 15세기경에는 보타(voda: water)라는 이름으로 불리었고 18세기경부터는 보드카라고 불리어졌다. 보드카가 전 세계적으로 알려지기 시작한 것은 1917년 러시아 혁명이후 양조제조의 기록이 백인계 러시아인에 의해 남부유럽에 전해지면서 부터고, 1933년 미국의 금주 폐리와 더불어 칵테일 기본주로 급격히 발전하였다.

보드카는 병째로 차게 하여 식전주(aperitif)로 마시며, 특히 캐비아(caviar)와 잘 어울리고 칵테일 베이스로 쓰면 어떠한 재료와도 잘 혼합되어 그 풍미를 그대로 살린 칵테일이 탄생한다.

2) 유명 상표

Stolichnaya(스콜리치나야), Smirnoff(스미노프), Absolut(앱솔루트), Petroff(패트로프), Bolzoi(보르조아), Zubrowka(주브로브카) 등이 있다.

6. 데킬라(Tequila)

1) 데킬라의 유래

멕시코의 대중음료인 데킬라는 용설란과의 아가베(Agave)의 수액을 발효시켜 만든 증류주이다. 멕시코의 중앙고원지대의 데킬라 마을이 원산지로 이 지역에서 자라나는 특정 품종인 아가베 데킬라나(Agave Tequilana)를 원료로 한 것만 데킬라라고 부를 수 있다. 보통 다른 지방이나 다른 품종의 아가베를 증류하여 만든 술은 메즈칼(Mezcal)이라고 한다. 데킬라를 만들려면 우선 특정 품종인 아가베 데킬라를 재배해야 하는데, 10년 정도 자란 용설란의 잎을 잘라내고, 직경 50cm 정도의 줄기를 반으로 잘라 증기 속에 넣어 열을 가하면 줄기속의 전분이 당화되어, 이 당화액을 발효하면 멕시코 원주민이 즐겨 마시는 발효주 풀케(pulque)가 만들어 진다.

이 풀게주를 증류한 것이 데킬라인데, 단식 증류법으로 증류하기 때문에 원료에서 우러나오는 고유의 독특한 풍미가 있다. 나무통속에 1년 이상 숙성시킨 것은 골드 데킬라(gold tequila)라고하며, 숙성시키지 않는 것은 화이트 데킬라(white tequila)라고 부른다.

2) 유명 상표

Jose Cuervo(호세 쿠에르보), El Toro(엘토로), Herradurd(에라두라), Mariachi(마리아치), Ole(올레), Pancho Villa(판초빌라), Orendain(올랜다인), Sauza(사우자), Two Fingers(투핑거스) 등이 있다.

7. 아쿠아비트(Akvavit)

아쿠아비트는 곡류다. 감자를 원료로 하여, 케러웨이나 아니스 등으로 향을 낸 증류주로서 북유럽의 특산주이다. 노르웨이와 독일에서는 Aquavit, 덴마크에서는 Akvavit라고 부른다. 아쿠아비트는 감자를 당화시켜 연속식 증류법으로 증류하며, 고농도의 알코올을 얻은 다음 물로 희석하여 각종 향료 성분을 첨가한 후 재증류하여 만드는 것으로 진(Gin)의 제조법과 비슷하다. 이는 무색투명한 증류주로 마실 때는 아주 차게 해서 스트레이트로 식전주에 적합하며, 독일인들은 주로 맥주를 곁들여 마시기도 한다.

유명 상표로는 AAl Borg(올보고), Gilde Taffel(길드타펠), Bommerlunder(보멀룬터), O.P.Anderson(O.P.앤드슨), Skane(스카네), Svart Vinbars(스바르트 빈바르스) 등이 있다.

8. 브랜디(Brandy)

브랜디는 원래 주원료가 포도로 만든 증류주를 일컫는다. 오늘날에는 넓은 의미로 모든 과실류의 발효액과 그 찌꺼기 등으로 증류한 물을 총칭 한다. 브랜디는 와인을 증류한 알코올 도수가 높은 액체이다. 와인을 걸러낸 찌꺼기를 발효, 증류한 브랜디와 포도이외의 과실류를 대체 원료로 사용한 것으로 노르망디지방의 사과 브랜디 칼바도스(Calvados)와 알사스 지방의 체리브랜디인 키르쉬(Kirsh) 등을 꼽을 수 있다. 그러나 가장 선호하고 있는 것은 포도로 만든 브랜디이며, 그 중에서도 프랑스의 꼬냑과 아르마냑이 대표적이라 할 수 있다. 이 두 지역은 1909년 제정된 프랑스의 국내법에 의해 지역적 명칭으로 보호되고 있는데, 꼬냑지방에서 생산되는 브랜디만을 꼬냑(Cognac)이라고 부르며, 아르마냑 지방에서 생산되는 브랜디만을 아르마냑(Armagnac)이라고 부를 수 있도록 제도화 한 것이다.

1) 꼬냑(Cognac)

꼬냑은 원래 프랑스의 지명인데 이 지역에서 생산되는 브랜디를 꼬냑이라고 한다. 꼬냑지방이 양질의 브랜디를 생산하게 된 것은 포도의 품종과 토양이 포도 재배에 적합하기 때문이다. 꼬냑지방의 포도는 산도가 높고 당분이 낮아 와인을 만들면 좋은 와인이 되지 못하였으나 이것을 증류하면 와인의 산이 브랜디의 방향성분으로 바뀌고, 알코올 성분이 적어 강한 브랜디를 만들기 위해서는 다량의 와인을 여러 번 증류해 농축시키게 되므로 향기가 높은 브랜디가 되는 것이다.

그랜드 샹파뉴(Grand Champagne), 프티트 상파뉴(Petite Champagne), 보르드리(Borderies), 팜브와(Fins Bois), 봄브와(Bons bois), 브와 오르시네르(Bois Ordinaires)는 품질의 우량순위이며, 위 여섯지구의 이름은 꼬냑제품 라벨에 표기되어있다.

유명상표로는 헤네시(Hennessy), 카뮈(Camus), 레미마틴(Remy Martin), 마텔(Martell), 쿠르브아제(Courvoisier), 비스키(Bisquit), 샤토폴레(Chateau Paulet)

등급은 ☆☆☆(3stras): 5년, VSOP(Very Superior Old Pale): 10년, Napoleon: 15년, XO(Extra Old): 20년으로 나누어진다.

2) 아르마냑(Armagnac)

아르마냑은 꼬냑 지방에서 80마일 떨어진 보르도의 남부 피레네 산맥에 가까운 가스코뉴 지역에서 생산된 와인을 증류한 브랜디를 지칭한다. 꼬냑은 단식증류기로 2번 증류하는데 비해 아르마냑은 반연속식 증류기에 한번만 증류한다. 그렇기 때문에 아르마냑은 알코올 도수가 낮은 반면 향이 매우 짙다.

주요 생산지역으로는 바 아르마냑(BAs Armagnac), 테나레즈(Tenareze), 오 아르마냑(Haut Armagnac)으로 나누어지며, 유명상표로는 샤보(Chabot), 자뉴(Janneau), 말리악(Malliac) 등이 있다.

3) 기타 브랜디(Brandy of other)

(1) 마르(Eaux-de-Vie de Marc)

마르는 포도로 와인을 만들고 난 찌꺼기를 재 발효한 후 증류하여 만든다. 공기와의 접촉을 피해 며칠 동안 양조로 속에 눌러 채워 넣는다. 증류직후 오드비는 50~70℃도 사이의 알코올을 함유하나 40℃로 알코올 도수를 낮추어 상품화 한다.

(2) 그라파(Grappa)

그라파는 포도주를 만든 후 생기는 찌꺼기를 증류하여 만드는 것으로 35~50도의 알코올을 함유하고 있으며, 이탈리아 북부지방이 주요 산지로 깔끔한 풍미의 식후주이다. 포도주를 만들 때 포도를 짜게 되면 씨와 껍질 과즙 등이 섞인 찌꺼기가 남게 되는데, 이 찌꺼기를 비나키아(vinaccia)라고 하며 이를 증류해 그라파를 만든다.

(3) 칼바도스(Calvados)

칼바도스는 사과주(cidre)를 증류하여 만든 오드비로 프랑스 노르망디 지방의 특산주이다. 그러나 이 지방에서 생산되는 사과로 만든 오스비를 전부 칼바도스라고 부르는 건 아니다. 꼬냑지방에 꼬냑과 같이 생산지역 제조 방법 등에 있어서 A.O.C법의 통제를 받아서 생산되는 것만을 칼바도스라고 하며, 그 외의 것은 오드비드 시드르(Eaux-de-viede cidre)라고 한다.

<칼바도스 숙성 연도 수>

- ☆☆☆(3 Stars), 🍎🍎🍎(3 Apple): 2년 숙성
- Vieux(비유), Reserve(레제르브): 3년 숙성
- V.O(Very Old), Vieille Reserve(비에이으 레제르브): 4년 숙성
- VSOP(Very Superior Old Pale): 5년 숙성
- Extra, Napoleon, Hors d'age(오르다쥬): 6년 이상 숙성

(4) 오드비(Eaux de vie)

포도이외의 다른 과실류를 주원료로 사용하여 만든 증류수를 보통 오드비라고 부르며, 북유럽인들은 슈납(Schnaps)이라고도 한다.

술의 생산 국가는 프랑스와 독일을 들 수 있는데, 프랑스에서는 오드비 다음에 과일이름을 붙여 부르며, 독일에서는 과실이름 다음에 밧서(Wasser) 또는 가이스트(Geist)라는 말을 붙인다. 밧서는 원료인 과실류를 발효 증류한 것에 사용하고, 가이스트는 과실을 알코올에 담가서 함께 증류한 종류에 붙인다. 대표적인 원료로는 배를 들 수 있는데, 이 배로 만들어진 오드비를 프랑스에서는 포와르 윌리엄(Porie William)이라고 하며, 독일에서는 비르가이스트(Birngeist)라 부른다.

9. 혼성주(Cordial)

1) 혼성주의 개요

혼성주는 과실류나 곡류를 발효시킨 주정을 기초로 증류주에 식물성 향미성분(초, 근, 목, 피)을 배합하고 다시 감미료, 착색료 등을 첨가하여 만든 술의 총칭이다. 이와 같은 혼성주를 프랑스와 유럽에서는 리큐르(liqueur), 영국과 미국에서는 코디알(cordial)이라고 한다.

2) 제조 방법

- 증류법(distillation): 증류주에 원료를 배합하여 단식 증류법으로 만드는 방법으로서, 증류과정에서 없어진 맛과 향을 보충하여 준다. 이렇게 만들어진 향기 좋은 리큐르에 설탕 또는 시럽을 첨가하여 만든다.

- 침출법(infusion): 증류하면 변질될 수 있는 과일이나 약초, 향료 등에 증류주를 가해 향미성분을 용해시키는 방법이다.
- 에센스법(essence): 독일에서 많이 사용하는 방법으로 주정에 천연 또는 합성의 향료를 첨가하여 만드는 일종의 향유 혼합법이다.

3) 혼성주의 종류

- 아니세트(Anisette): 아니스의 종자와 코리엔더, 레몬과피, 시나몬 등을 물과 함께 증류한 원액을 증류주에 배합하여 시럽으로 단맛을 낸 것이다.
- 페르노(Pernod): 아니스 종자의 즙으로 만든 것이다.
- 리카르도(Ricard): 페로노에 가까운 리큐르도 아니스의 종자와 감초, 프랑스의 프로방스 지방의 식물을 배합한 것이다.
- 샤르트르즈(Chartreuse): 리큐르의 여왕으로 일컬어지는 것으로 여러 가지 약초를 발효시켜 만든 것이다.
- 베르베느 베르트(Verveine Verte): 진정제로서 각종 약초와 과실을 배합하여 식후주 타입으로 만든 것이다.
- 두보넷(Dubonet): 프랑스산으로 레드 와인을 주원료로 한 리큐르이다.
- 도미니칸(Dominicaine): 박하 아니스 등의 향미성분을 배합한 것이다.
- 베네딕틴 D.O.M(Benedictine D.O.M): 1510년 프랑스 북부지역의 베제딕트파 수도원에서 생산되었다. 27종의 재료를 사용하며 양조한 후 오크통에서 숙성시킨다.
- 베네딕틴 B&B: 베네딕틴 60%와 꼬냑 브랜디 40%를 배합한 것이다.
- 프리조 민트(Freezomint): 페퍼민트의 리큐르도 박하향이 특징이다.
- 크리스탈 쿰멜(Cristallise Kummel): 쿰멜은 캐리웨이(회향품)의 종류도 여기에 커리엔터, 시나몬 등을 가미하여 증류한 것이다.
- 파르페 아무르(Parfait Amour): 파르페 아무르는 완전한 사랑이라는 뜻으로 오렌지, 레몬의 과피와 바닐라, 장미, 아몬드 그밖에 스파이스 류를 배합한 리큐르이다.
- 아이리쉬 미스트(Irish Mist): 아이리시 위스키에 오렌지 과피, 향초, 벌꿀을 혼합하여 숙성시킨 것이다.
- 드람뷰이(Drambuie): 장기간 숙성시킨 아일랜드산 몰트위스키에 수십 종의 스카치위스키를 배합한 후 각종 식물의 향기와 벌꿀을 첨가시킨 것이다.

- 아메르 피곤(Amer Picon): 증류주에 오렌지 과피, 용담뿌리, 설탕을 배합하여 만든 리큐르이다.
- 캄파리(Campari): 비터, 오렌지 과피, 케리웨이 케리엔더, 용담뿌리 등을 배합한 것으로 식전주이다.
- 시나(Cynar): 포도주에 여러 가지 약초의 즙을 배합한 것이다.
- 갈리아노(Galliano): 이탈리아 갈리아노 소령의 영웅적인 업적을 기리기 위해 만들어졌다. 알프스와 지중해의 열대지방에서 생산되는 40여종이 넘는 향료들을 배합하여 만든 부드럽고 상쾌한 맛이 특징이다.
- 삼부카(Sambuca): 이탈리아에서 자라는 엘터 나무의 열매를 추출하여 증류주에 배합한 것으로 볶은 커피콩을 세알정도 띄워서 제공한다.
- 앙고스투라 비터(Angostura Bitter): 럼을 베이스로 용담뿌리의 즙을 배합한 것으로 주로 칵테일 방향제로 사용된다.

4) 과실(Fruits)주의 종류

과실류의 리큐르는 식후주(after dinner drinks: digestif-디제스티프)로 디저트와 함께 제공되는 술로서, 근대 미식학적 요청에 의해 탄생된 것인데, 종류는 다음과 같다.

- 큐라소(Curacao): 큐라소 리큐르를 말린 오렌지 껍질과 매우 단 오렌지 껍질을 추출하여 제조된 것으로 오렌지 향과 푸른색을 연출하는 칵테일 첨가제로 White와 Blue 두 종료가 있다.
- 코인트로(Cointreau): 오렌지 과피의 향미를 브렌디에 배합한 리큐르로 프랑스의 르와르(Loire)에서 생산하고 있다.
- 트리폴섹(Triple Sec): 오렌지를 원료로 만드는 리큐르이며 코인트도와 유사한 제품으로 품질이 떨어진다.
- 그랑 마니에(Grand Marnier): 꼬냑과 오렌지의 향미를 배합한 것으로 오크통에 숙성시킨 리큐르이다.
- 만다린(Mandarin): 만다린 과실과 약초를 알코올 주정에 담가 짙은 향미가 있는 리큐르이다.
- 피터헤링(Peter Heering): 체리를 원료로 한 리큐르로 덴마아크 산이다.

- 체리 브랜디(Cherry Brandy): 체리를 사용한 것으로 종류가 다양하여 칵테일과 제과용으로 많이 사용된다.
- 마라스키노(Maraschino): 이탈리아와 유고슬라비아의 국경에 많은 마라스카종의 체리로 만든 것이며 단기간 숙성으로 무색이다.
- 키르쉬 리큐르(Kirsch Liqueur): 키르쉬 밧서에 시럽을 첨가해서 리큐르화 한 것이다.
- 블랙 베리(Black Berry): 블랙베리와 라즈베리를 혼합하여 알코올에 담가서 만든 리큐르이다.
- 프람보아즈(Framboise): 다즈베리를 알코올 주정에 담가서 숙성한 후 여과하여 당분을 첨가한 것으로 적색과 무색 두 종류가 있다. 적색은 실내온도에서 마시는 것이 이상적이고 무색은 차갑게 해서 마신다.
- 에프리코트 브랜디(Apricot Brandy): 주원료인 살구를 알코올에 담가 각종 향료와 시럽을 첨가해서 만든 리큐르이다.
- 포아르 윌리엄(Liqueur de poire William): 원래는 배로 만든 브랜디의 일종으로, 시럽을 첨가하여 리큐르화 한 것이다.
- 슬로우 진(Slow Gin): 미국산 야생 오얏(Sloeberry)을 진에 첨가해서 만든 리큐르로 증류주의 진(Gin)과는 다르다.
- 서던 컴포트(Southern Comfort): 버번 위스키에 복숭아 향미를 첨가한 리큐르이다.
- 멜론 리큐르(Melon Liqueur): 식물의 약초성분에 멜론의 향미를 첨가한 리큐르로 네덜란드에서 주로 생산한다.

5) 종자류(Beans & Kernels)

종자류의 리큐르는 과일의 씨(seeds)에 함유되어 있는 방향성분이나 커피, 카카오, 바닐라, 콩 등의 성분을 추출하여, 향미와 감미를 첨가한 식후주로서 이용되고 있으며, 종류는 다음과 같다.

- 아마레토(Amaretto di Saronno): 살구의 핵과 물을 함께 증류하여 향초성분과 혼합하고 시럽을 첨가해서 만든 리큐르이다.
- 바닐라(Vanille): 바닐라 콩을 알코올과 함께 증류한 리큐르이다.
- 칼루아(Kahlua): 럼 베이스에 멕시코산의 커피로 만든 리큐르이다.

❀ 티아마리아(Tia Maria): 브랜디 베이스에 자메이카산의 커피로 만든 리큐르이다.

❀ 크림 드 카페(Creme de Cafe): 프랑스의 커피 리큐르이다.

❀ 아이리쉬 벨베트(Irish Velvet): 아이리쉬 위스키에 커피의 향미를 배합한 리큐르이다.

❀ 초코레트(Chochlate): 베네주엘라 커피로 만든 리큐르이다.

❀ 노체로(Nocelle): 호두의 향미를 알코올 주정에 배합한 리큐르이다.

❀ 아신티 콜드(Ashanti Gold): 가나의 카카오 콩을 사용한 리큐르이다.

CHAPTER 3 칵테일(cocktail) 서비스

제 1 절 칵테일 서비스 개요와 분류

1. 칵테일(Cocktail) 개요 및 유래

1) 개 요

칵테일은 두 가지 이상의 알코올성 음료를 혼합하거나 알코올성 음료에 비알코올성 음료를 혼합하여 마시는 음료를 총칭하는 것으로, 혼합주(mixed drink)를 말한다. 세계 각국에서 공통적으로 사용하는 기본주에는 위스키, 브랜디, 진, 보드카, 럼, 데킬라가 6대 기주라고 불린다. 그밖에 리큐르, 포도주, 맥주 등도 기주로 사용되고 있다.

부재료에는 탄산음료, 주스, 향신료, 시럽 등이 주로 쓰이는데, 기본주와 부재료를 어떻게 혼합하여 조화를 이루게 하느냐에 따라서 칵테일의 맛은 수백, 수천가지로 달라질 수 있다.

2) 유래

칵테일이란 어원이 어느 시대 어느 곳에서 유래되었는지 뚜렷한 정설은 없으나, 몇 가지를 소개해보면 칵테일(cocktail)의 영어풀이는 말 그대로 수닭(cock)과 꼬리(tail)이다. 그래서 장닭의 꼬리 깃털로 장식한 그라스에서 비롯되었다는 설이 있다.

다른 하나는 미국 독립전쟁때 "베티플레나건"이라는 미망인이 버지니아 기병대의 주보로 일하고 있었는데, 어느 날 반미 아일랜드인의 정원으로 몰래 들어가 아름다운 꼬리를 가진 수닭을 훔쳐다가 닭고기를 병사들에게 대접하였다. 한 병사가 그녀에게 술을 섞어서 한잔 만들어 달라고 부탁하자 혼합한 술을 벽에 장식된 장닭의 꼬리로 저어서 만들어 주었다. 병사들은 수닭의 꼬리로 술을 젓는 것을 보고 오! 브라보 칵테일하고 환성을 질렀다. 그 이후부터 믹스트 드링크(mixed drink)는 칵테일이라고 불리게 되었다는 설이 있다.

2. 칵테일의 분류

1) 쇼트 드링크(short drink)

용량이 적은 6oz(180㎖) 미만의 칵테일 글라스에 제공되는 음료를 말하는 것으로 좁은 의미의 칵테일이 해당된다.

2) 롱 드링크(long drink)

용량이 많은 8oz(240㎖) 이상의 칵테일 글라스에 제공되는 음료를 말하는 것으로 넓은 의미의 칵테일이 해당된다.

3) 식전 칵테일(aperitif cocktail)

아페리티프는 식욕을 증진시키기 위해 식전에 마시는 것으로, 마티니와 맨하탄 칵테일이 대표적이다. 현재에는 와인이나 증류주등 여러 종류의 칵테일이 식전주로 이용되고 있다.

4) 식후 칵테일(after dinner cocktail)

식후에는 소화를 돕기 위하여 마시는 칵테일로서 프랑스에서는 디제스티프(digestif)라고도 한다.

5) 올데이 타입 칵테일(all day type cocktail)

식사와는 구분 없이 별도로 마실 때에 알맞은 칵테일로 신맛이나 단맛이 함유된 칵테일이 주류를 이루고 있다.

3. 칵테일 형태에 의한 분류

1) 하이볼(high ball)

하이볼은 칵테일의 기본이 되는 것으로 배합과정이 매우 간편하다. 원래는 위스키에 탄산음료만을 혼합한 것이었으나 근래에 들어오면서 증류주를 베이스로 물, 진저엘, 주스류, 토닉워터, 소다수 등 각종 청량음료가 혼합되어 만들어진 믹스트 드링크의 총칭이다. 스카치소다. 버번콕, 보다카토닉, 진토닉, 럼콕, 스카치워터 등이 대표적이다.

2)크러스타(crusta)

브랜디를 기본 베이스로 레몬주스, 비터즈, 설탕 등을 혼합해서 레몬이나 오렌지 과일의 껍질을 나선형으로 벗겨 장식한다. 이 칵테일은 스노우 스타일로 위스키, 진, 럼 크러스타 등이 대표적이다.

3) 피즈(pizz)

진 또는 리큐르를 베이스로 하여 레몬주스, 설탕시럽, 소다수를 혼합하고 과일장식을 한다. 국내에서는 칼린스 믹스도 대용하여 간편히 하고 있는데 진, 카카오, 슬로우진 피즈 등을 많이 볼 수 있다.

4) 사우어(sour)

위스키, 브랜디 등의 각종 증류주를 기본으로 하여 레몬주스와 설탕 시럽을 혼합한 형태로 만들어지며, 과일 장식을 한 것에 붙여지는 타입의 칵테일로 Sour는 "시큼한"이란 뜻이다. 위스키, 브랜디, 럼, 사우어 등이 대표적이다.

5) 칼린스(collins)

위스키, 진, 럼, 보드카 등의 증류주에 레몬주스와 설탕시럽을 첨가하고 소다수로 채우는 것이 기본 제법이다.

6) 슬링(sling)

피즈(pizz)와 만드는 제법이 비슷하나, 용량이 많고 리큐르를 첨가하여 맛을 부드럽게 한 것이 특징으로 과일 장식을 한다. 싱가폴 슬링이 대표적이다.

7) 릭키(rickey)

증류주에 신선한 라임 열매의 즙을 넣어 소다수를 채우는 것이 기본 기법이다. 진, 럼, 스카치 등이 대표적이다.

8) 쿨러(cooler)

증류주나 양주조에 레몬이나 라임주스, 설탕시럽등을 첨가하여 소다수나 진저엘 등을 채운다. 진, 럼, 와인, 쿨러 등이 대표적이다.

9) 프라페(frappe)

칵테일 글라스나 샴페인 글라스에 눈가루 얼음을 쌓아 올리고, 그 위에 원하는 리큐르를 넣고 체리와 함께 짧은 스트로우를 꽂는다. 민트, 카카오, 블루큐라쇼, 프라페 등이 대표적이다.

10) 플립(flip)

와인이나 증류주에 계란 노른자와 설탕, 시럽 등을 첨가하여 혼합한 후 너트 맥을 뿌린다. 기본 베이스에 따라 Port플립, 셰리 플립, 브랜디 플립 등이 대표적이다.

11) 프러즌 스타일(frozen style)

기본 베이스를 눈가루 얼음과 함께 믹스기로 혼합하여 샤벳 상태로 만든 칵테일이다.

12) 스노우 스타일(snow style)

글라스 가장 자리에 레몬즙을 발라 소금이나 설탕을 묻히는 스타일이다. 마가리타, 블러디 메리 등이 대표적이다.

13) 생거리(sangaree)

와인이나 증류주에 설탕이나 레몬 주스를 넣고 물로 채운다. 생거리는 스페인어로 피를 의미하는 것에서 온 이름으로, 적포도주를 묽게한 색에서 유래되었다. 레 디와인, 셰리 와인, 포트와인, 위스키, 브랜디 등도 기본주로 사용되고 있다.

14) 펀치(punch)

주로 파티 행사를 위한 음료로 펀치볼에 과일, 주스, 설탕, 물, 기본주등을 혼합하여 큰 얼음을 띄워 여러 사람이 떠서 마시는 음료이다.

15) 트로피칼(tropical)

열대성 칵테일을 의미하는 것으로 럼, 과일주스, 시럽, 열대과일 등을 사용하여 달콤하고 시원하며 과일을 장식한 용량이 많은 롱 드링크 칵테일이다. 피나콜라다, 마이타이 등이 대표적이다.

16) 스매시(smash)

스매시는 설탕과 소량의 물을 넣고 녹인 다음, 박하의 잎을 넣고 으깬 후 얼음과 증류주의 기본재료를 넣고 소다수로 채운다.

17) 데이지(daisy)

각종 증류주에 레몬주스, 그레나딘시럽 또는 리큐르를 첨가한다. 고블렛 글라스나 와인 글라스에 분쇄얼음을 채우고 계절과일을 장식하여 스트로우를 꽂아 제공한다. Drand Daisy, Whisky Daisy, Rum Daisy를 기본 베이스로 바꾼 여러 종류가 있다.

18) 토디(toddy)

하이볼이나 올드 패션드 글라스에 설탕을 넣고 증류주 베이스를 넣은 다음, 뜨거운 물로 채우는 것이 기본 제법이다. 핫 드링크 칵테일이며 브랜디, 진, 데킬라, 아쿠아비트 등의 여러 종류가 사용된다.

19) 줄렙(julep)

먼저 글라스에 박하잎을 넣고 스푼을 으깨어 향기가 배어 나오게 한 후 얼음과 위스키, 설탕시럽을 붓고 잘 젓는다.

20) 벅(buck)

각종 증류주에 레몬 주스와 진저엘을 첨가하여 만드는 것이 일반적이다. 진, 브랜디, 럼, 벅 등이 대표적이다.

21) 에이드 & 스카시(ade & squash)

에이드는 과일즙에 설탕시럽과 물을 혼합한 것으로 비알코올성 칵테일이며, 스카시는 물대신 소다수를 넣은 것을 말한다. 레몬에이드, 오랜지 스카시 등이 있다.

22) 스트레이트 업 & 언더락스(straigh up & on the rocks)

스트레이트는 주장에서 음주 방법 중 가장 간편한 것으로 체이스(chaser)가 함께 제공된다. 위스키 스트레이트, 브랜디 스트레이트 등의 각종 증류주나 혼성주도 이와 같은 방법으로, 술 자체의 원료나 향기를 즐길 수 있다. 온더락스(on the rocks)는 6oz의 올드 패션 글라스에 얼음과 함께 제공된다.

23) 하프 앤 하프(half and half)

두 종류의 알코올성 음료와 비알코올성 음료를 반반씩 섞는 것을 말하는데, 샌디는 맥주와 진저엘을 영국에서는 흑맥주와 담색맥주를 반반씩 섞는 것을 말한다.

제2절 칵테일 기법 및 재료

1. 칵테일 기법

1) 세이크 기법(shake method)

세이크 방법은 잘 섞이지 않는 재료나 아주 차게 할 때 쓰이는 것으로, 세이크에 얼음과 재료를 넣고 혼합하여 만드는 기법이다. 주로 리큐르, 계란, 크림 등의 비교적 비중이 무거운 재료를 사용한 칵테일을 만들 때 사용하는 것이다. 재료를 넣는 순서는 맨 처음 얼음을 6부 정도 넣고, 다음은 기본 베이스, 계란, 크림 등의 부재료를 넣는다.

2) 브렌드 기법(blend method)

믹서기의 기구를 이용하는 기법으로, 프러즌 스타일의 칵테일이나 과일을 사용하는 트로피칼 칵테일 류를 만들 때 사용하는 것이다. 대부분 샤벳 형태의 칵테일이 많다.

3) 스터 기법(stir method)

믹싱 글라스에 얼음 6부 정도를 넣고 기본 베이스와 부재료를 넣어, 바 스푼으로 저어서 만드는 간단한 기법이다. 재료의 비중이 가벼운 대부분의 칵테일이 해당된다.

4) 플로트 기법(float method)

술이나 재료의 비중을 이용하여 서로 섞이지 않도록 띄우는 방법으로, 바 스푼을 뒤집어 글라스 안쪽에 대고 조심스럽게 따르는 기법이다.

5) 빌드 기법(build method)

세이크나 스터 기법을 사용하지 않고 글라스에 직접 얼음과 재료를 넣어, 바 스푼으로 저어서 만드는 기법이다. 대부분 하이볼 류의 칵테일이 이 방법에 의해 조주된다.

305

2. 칵테일의 부재료

1) 탄산음료(carbonated drink)

탄산음료는 청량음료의 대명사로 칵테일을 조주할 때 가장 많이 이용하고 있는 음료이다.

(1) 소다수(soda water)

소다수는 탄산카스와 무기염류를 함유한 음료이며, 천연광천수와 인공적으로 제조된 것 등이 있다. 위스키와 잘 배합되는 칵테일을 조주할 때 가장 많이 이용된다.

(2) 토닉수(tonic water)

영국에서 만들어진 무색투명한 음료로 소다수에 레몬, 라임, 오렌지, 키니네 등을 즙으로 만들어 첨가하고 당분을 배합한 음료이다.

(3) 진저엘(ginger ale)

Ginger는 생강이며 Ale는 알코올이란 뜻으로 생강주를 의미한다. 우리나라 진저엘은 알코올성분이 없는 순수한 청량음료이다.

(4) 사이다(cider)

유럽에서의 사이다는 신과를 발효해서 양조한 과실주로서, 알코올 함량이 6% 정도 함유되어 있는 사과주이다. 우리나라와 일본의 사이다는 구연산과 감미료, 탄산카스를 함유시켜 만든 청량음료이다.

(5) 콜라(coke)

콜라는 열대 지방에서 생산되는 콜라 열매(coke bean)를 가공 처리한 즙을 당분과 각종 향료(레몬, 라임, 오렌지, 시나몬, 너트맥) 등을 혼합한 후 탄산가스를 주입한 것이다.

2) 주스류

칵테일 조주에 쓰이는 주스는 천연 과일주스와 가공주스를 사용하고 있는데, 종류는 라임주스, 레몬주스, 오렌지주스, 파인애플주스, 그레이프주스, 토마토주스, 딸기주스 등이 있다.

3) 시럽(syrup)류

(1) 그라나딘 시럽(grenadine syrup)

석류의 향기와 맛을 지닌 적색의 시럽으로 대부분 인공 착색에 의한 것이 많으며, 칵테일의 착색료로 가장 많이 이용되는 시럽이다.

(2) 설탕시럽(sugar syrup)

과거에는 가루 설탕을 이용했지만 현재에는 설탕시럽을 이용해서 조주시간을 단축시킨다. 만드는 방법은 설탕과 물을 2:1로 넣고, 끓여서 만든 후 병에 담아 사용한다.

4) 스파이스(spice)류

완성된 칵테일에 풍미와 조화를 이루기 위한 것으로서 향신료나 양념류가 사용되는데, 시나몬(cinnamon), 너트 맥(nut meg), 민트(mint), 타바스코소스(tabasco), 우스터소스(worcestershire), 소금(salt), 설탕(sugar) 등이 있다.

5) 비터스(Bitters)류

여러 가지 약초와 과실류로 만든 술로서 쓴맛이 나며 식욕을 증진시키고, 강장, 건위에 효과가 있다. 종류에는 베네쥬엘라산의 앙코스트라 비터(angostura bitter)와 영국산의 오렌지 비터(orange bitter) 등이 있다.

6) 버무스(vermouth)류

여러 가지 약초, 색소, 감미재료 등을 첨가하여 만든 독특한 맛과 향기를 지닌 혼성 와인으로 백색의 드라이 버무스(dry vermouth)와 적색의 스위트 버무스(sweet vermouth) 등이 있다.

7) 얼음(ice)의 종류

(1) 셰이브 아이스(shaved ice)

빙수용으로 쓰이는 얼음으로 깎아낸 것으로 프러즌과 프라페 스타일의 칵테일에 주로 쓰이는 얼음이다.

(2) 크러쉬 아이스(crushed ice)

잘게 깬 알갱이 모양의 얼음으로 덩어리를 타월에 싸서 두들겨 깨서 만드는데, 위생적으로 관리하는 것이 중요하다. 때로는 셰이브 얼음을 대용으로 사용하기도 한다.

(3) 큐브 아이스(cubed ice)

하이볼 글라스나 셰이커에 사용하기 편리하게 좋게 정사각형 모형으로 얼려진 얼음이다.

(4) 블록 오브 아이스(block of ice)

연회 행사에서 주로 펀치볼에 넣어 사용되는 것으로 1kg 이상의 큰 덩어리 얼음이다.

3. 칵테일 도구

칵테일을 만들 때 필요한 도구로서, 정확하고 일관성 있는 칵테일을 만들기 위해서는 다음과 같은 도구를 사용한다.

1) 쉐이커(shaker)

칵테일을 만드는데 사용되는 대표적인 기구로, 재료를 잘 섞이게 할 때 또는 차게 할 때 사용하며, 뚜껑(cap), 거름기(strainer), 몸통(body)로 나뉘어져 있다. 재료를 넣고 흔들 때는 몸통에 손바닥이 닿지 않도록 손가락을 감싸 쥔다.

2) 믹싱 글라스(mixing glass)

쉐이커와 같이 술을 섞을 때 사용되는 기구이나, 가볍게 혼합 또는 차게 할 때 사용하는 것으로, 쉐이커를 사용한 것과는 다른 맛의 칵테일을 만들고자 할 때 사용한다. 바 글라스(bar glass)라고도 한다.

3) 바 스푼(bar spoon)

믹싱 스푼이라고도 하며, 재료를 섞거나 소량을 잴 때 또는 레시피(recipe)에 1tsp은 바 스푼의 한 개 분량이다. 한쪽은 작은 스푼, 다른 쪽은 포크형태로 되어 있으며 손잡이 부분은 나선형으로 되어 있다.

4) 계량 컵(jigger or measure cup)

바(bar)에서 칵테일을 만들 때 각종 주류의 용량을 측정하기 위한 기구로, 윗부분은 1oz(30ml), 아랫부분은 1½oz(45ml)로 되어 있다. 다른 말로 지거(jigger)라고도 한다.

5) 거름기(strainer)

믹싱 글라스에서 조주된 칵테일을 글라스에 따를 때 얼음이 글라스에 떨어지지 않도록 해주는 역할을 하는 기구로 철사망으로 되어 있다.

6) 콜크 스크류(cork screw)

와인이나 기타 음료의 코르크 마개를 빼낼 때 사용되는 기구로, 끝 부분이 나선형으로 되어 있다.

7) 스퀴저(squeezer)

레몬이나 오렌지의 생과일 즙을 짤 때 사용되는 기구로, 중앙에서는 나선형의 돌기가 있어 레몬이나 오렌지를 반으로 잘라 여기에 대고 눌러 돌리면서 과즙을 짜낸다.

○ 사진 4-1
칵테일 기구

8) 푸어러(pourer)

병 입구에 끼워 사용하는 기구로서, 각종 주류를 따를 때 흘리지 않도록 하기 위해 사용하는 것이다.

9) 얼음집게(ice tong)

얼음을 집을 때 사용한다.

10) 머들러(muddler)

잔의 음료를 저을 때 사용하나, 원래는 잔 안에 있는 레몬조각을 눌러 즙을 낼 때 사용했던 것이다.

4. 칵테일 글라스의 분류와 종류

1) 칵테일 글라스의 분류

칵테일 글라스(잔)은 맑고 깨끗하며 가격이 저렴하고 모양이 예쁜 것이면 무난하나, 일부 호텔에서는 크리스탈이나 수입품을 사용하는 경우도 있다. 바에서 사용되는 글라스를 분류하면 그림과 같이 크게 4가지로 분류할 수 있다.

○ 사진 4-2
글라스의 분류

① Cylindrical Glass

원통형으로 된 받침이 따로 없는 글라스 류를 말하며, stemless glass(손잡이 없는 글라스)라고도 한다.

② Stemmed Glass

몸통과 아래 손잡이, 받침이 있는 글라스로 footed(아래 손잡이가 있는) 글라스라고도 한다.

③ Mug

받침이 없는 몸통에 옆 손잡이가 있는 것을 말한다.

④ Jug

Mug 잔과 비슷하나, 용량이 크고, 따르는 홈이 있다.

2) 칵테일 글라스의 종류

① 위스키 글라스(whisky glass; shot glass)

위스키 글라스는 여러 형태가 있는데 스트레이트(straight), 언더락스(on the rocks)의 올대 패션 글라스, 하이볼 류의 텀블러 글라스 등이 있다. 그림은 1oz 정도의 원통형 글라스로 위스키용 스트레이트 글라스 이다.

② 올드 패션드 글라스(old fashioned glass)

올드 패션드 칵테일을 비롯하여 각종 언더락스 스타일의 칵테일과 위스키를 마실 때 사용되는 글라스이다. 두툼한 원통형으로 용량은 6oz(180㎖)가 보편적이다.

③ 텀블러 글라스(tumbler glass; high bal glass)

롱 드링크나 비알코올성 칵테일, 과일주스, 청량음료 등의 사용범위가 넓은 글라스로 용량은 8oz(240㎖)이다.

④ 칵테일 글라스(cocktail glass)

칵테일 글라스 중에 제일 많이 사용되는 것으로, 역삼각형 모양의 것이 표준이나 다양한 형태로 변형된 것이 있으며 용량은 3oz(90㎖)이다.

⑤ 리큐르 글라스(liqueur glass)

스트레이트로 위스키나 리큐르를 마실 때 사용되는 글라스이다. 용량은 1oz(30㎖)이며, 손잡이가 달린 것으로 코디알(cordial)글라스라고도 한다.

⑥ 셰리 와인 글라스(sherry wine glass)

쎄리나 포트 와인을 마실 때 주로 사용되는 글라스로 손잡이가 있으며 용량은 2oz(60㎖) 정도가 대부분이다.

⑦ 화이트와인 글라스(white wine glass)

레드와인과 화이트와인 글라스의 2종류가 있는데, 레드와인 글라스는 용량이 크고 너비가 넓으며 글라스 입구가 안쪽으로 더 오므라져 있다.

⑧ 레드와인 글라스(red wine glass)

레드와인 글라스는 다양한 디자인으로 유통되는데, 그림의 레드와인 그라스는 4~6oz의 적포도주 잔입니다.

⑨ 샴페인 글라스(champagne glass)

샴페인 글라스는 소서(saucer)형과 플루트(flute)형의 두 종류가 있다. 입구가 넓은 소서형은 축하주로서 건배용으로 사용하며, 플루트형은 식사용으로 천천히 마시며 향기가 나가지 못하도록 글라스의 입구가 오므라져 있다.

● 사진 4-3 칵테일 글라스의 종류

⑩ 브랜디 글라스(brandy glass)

몸체부분이 넓고 글라스의 입구가 좁은 튤립형의 글라스이다. 이 모양은 꼬냑이나 브랜디의 향이 밖으로 퍼지지 않도록 하기 위한 것이다.

⑪ 필스너 글라스(pilsner)

처음에는 맥주전용으로 사용했으나, 근래에는 칵테일용으로도 많이 쓰인다. 특히 그림과 같이 8~12oz의 아래 손잡이가 달려 있다.

제 3 절 　칵테일 레시피(Cocktail Recipe)

1. 위스키 베이스 칵테일(Whisky Base Cocktail)

1) 맨하탄(Manhattan)

- 버번 위스키(Bourbon Whisky)　　　　　1oz
- 스위트 벌무스(Sweet Vermouth)　　　　¾oz
- 앙고스투라 비터즈(Angostura bitters)　　1dash

→ 세이커에 위의 재료를 넣고 흔들어 칵테일 글라스에 따르고, 레드체리로 장식한다.

2) 올드 패션드(Old Fashioned)

- 버번 위스키(Bourbon Whisky)　　　　　1½oz
- 앙고스투라 비터즈(Angostura bitters)　　2dash
- 설탕시럽(Suger Syrup)　　　　　　　　2tsp

→ 올드 패션드 글라스에 위의 재료를 넣고 바 스푼으로 잘 섞은 다음 레몬과 체리로 장식한다.

3) 위스키 사우어(Whisky Sour)

- 버번 위스키(Bourbon Whisky)　　　　　1½oz
- 레몬주스(Lemon Juice)　　　　　　　　½oz
- 설탕시럽(Suger Syrup)　　　　　　　　1tsp
- 소다수 (Sodar Water) 적당량

→ 소다수를 제외한 위의 재료를 세이커에 넣고 흔들어 사우어 글라스에 따르고 소다수로 적당량 채운후 레몬과 체리로 장식한다.

4) 갓 파더(God Father)

- 🔹 스카치 위스키(Scotch Whisky)   1oz
- 🔹 아마레토(Amaretto)   ¾oz
- → 올드 패션드 글라스에 위의 재료를 넣고 가볍게 섞는다.

5) 버번 콕(Bourbon Coke)

- 🔹 버번 위스키(Bourbon Whisky)   1½oz
- 🔹 콜라(Coke) 적당량
- → 하이볼 글라스에 얼음 3~4개를 넣고 버번 위스키를 넣은 다음 콜라를 적당량 채우고 가볍게 저어준다.

6) 홀인원(Hole in one)

- 🔹 스카치 위스키(Scotch Whisky)   1oz
- 🔹 드라이 벌무스(Dry Vermouth)   ¾oz
- 🔹 레몬 주스(Lemon Juice)   1tsp
- 🔹 오렌지 비터즈(Orange Bitters)   1dash
- → 세이커에 위의 재료를 넣고 흔들어 샴페인 글라스에 따르고 레몬으로 장식한다.

7) 스카치 소다(Scotch Soda)

- 🔹 스카치 위스키(Scotch Whisky)   1oz
- 🔹 소다수(Soda Water) 적당량
- → 하이볼 글라스에 얼음 3~4개를 넣고 스카치위스키를 넣은 다음 소다수를 적당량 채우고 가볍게 저어 준다.

2. 브랜디 베이스 칵테일(Brandy Base Cocktail)

1) 알렉산더(Alexander)

- ⚙ 브랜디(Brandy) — 1oz
- ⚙ 크림드 카카오 브라운(Creme de cacao brown) — 1oz
- ⚙ 스위트 크림(Sweet Cream) — 1oz

→ 세이커에 위의 재료를 넣고 흔들어 샴페인 글라스에 따르고 너트멕(Nut meg)을 뿌린다.

2) 사이드 카(Side Car)

- ⚙ 브랜디(Brandy) — 1oz
- ⚙ 트리플 섹(Triple sec) — ½oz
- ⚙ 레몬주스(Lemon Juice) — ½oz

→ 세이커에 위의 재료를 넣고 흔들어 칵테일 글라스에 따른다.

3) 비 앤 비(B & B)

- ⚙ 브랜디(Brandy) — 1oz
- ⚙ 베네딕틴(Benedictine D.O.M) — ½oz

→ 리큐르 글라스에 먼저 베네딕틴을 붓고 그 위에 브랜디를 넣는다.

B and B와 같이 재료의 첫글자를 따서 이름 붙인 것을 이니셜 칵테일(Initial Cocktail)이라고 한다.

4) 올림픽(Olympic)

- ⚙ 브랜디(Brandy) — ¾oz
- ⚙ 오렌지 큐라소(Orange Curacao) — ¾oz
- ⚙ 오렌지 주스(Orange Juice) — ¾oz

→ 세이커에 위의 재료를 넣고 흔들어 칵테일 글라스에 따른다.

5) 허니문(Honeymoon)

- ⚙ 사과 브랜디(Apple Brandy)   ½oz
- ⚙ 베네딕틴 디오엠(Beneditine D.O.M)   ½oz
- ⚙ 레몬주스(Lemon Juice)   ⅓oz
- ⚙ 트리플 섹(Triple sec)   3dash

→ 세이커에 위의 재료를 넣고 흔들어 칵테일 글라스에 따른다.

3. 진 베이스 칵테일(Gin Base Cocktail)

1) 드라이 마티니(Dry Martini)

- ⚙ 드라이 진(Dry Gin)   1½oz
- ⚙ 드라이 벌무스(Dry Vermouth)   ½oz

→ 믹싱글라스에 위의 재료를 넣고 차갑게 저은 후 칵테일 글라스에 따르고 올리브를 장식한다.

2) 진 토닉(Gin & Tonic)

- ⚙ 드라이 진(Dry Gin)   1½oz
- ⚙ 토닉수(Tonic Water)   적당량

→ 하이볼 글라스에 진을 넣고 토닉수로 채워서 가볍게 저은 다음 레몬으로 장식 한다.

3) 톰 칼린스(Tom Collins)

- ⚙ 드라이 진(Dry Gin)   1½oz
- ⚙ 레몬주스(Lemon Juice)   ½oz
- ⚙ 설탕시럽(Suger Syrup)   1tsp
- ⚙ 소다수(Soda Water)   적당량

→ 소다수를 제외한 위의 재료를 세이커에 넣고 흔들어 칼린스 글라스에 넣고 소다수로 채운후 레몬과 체리로 장식한다.

4) 싱가폴 슬링(Singapore sling)

❀ 드라이 진(Dry Gin)	1½oz
❀ 체리 브랜디(Cherry Brandy)	½oz
❀ 레몬주스(Lemon Juice)	½oz
❀ 설탕시럽(Suger Syrup)	1tsp
❀ 소다수(Soda Water) 적당량	

→ 소다수를 제외한 위의 재료를 세이커에 넣고 흔들어 칼린스 글라스에 얼음과 함께 따르고 소다수로 채운다. 오렌지와 체리로 장식한다.

5) 핑크 레이디(Pink Lady)

❀ 드라이 진(Dry Gin)	1oz
❀ 스위트 크림(Sweet Cream)	½oz
❀ 그레나딘 시럽(Grenadine Syrup)	1tsp
❀ 레몬주스(lemon Juice)	½oz
❀ 계란흰자(Egg White)	1ea
❀ 설탕시럽(Suger Syrup)	1tsp

→ 세이커에 위의 재료를 넣고 흔들어 샴페인 글라스에 따르고 체리로 장식한다.

6) 블루문(Blue Moon)

❀ 드라이 진(Dry Gin)	1oz
❀ 블루 큐라소(Blue Curacao)	¾oz
❀ 레몬주스(Lemon Juice)	½oz

→ 위의 재료를 세이커에 넣고 흔들어 칵테일 글라스에 따른다.

4. 보드카 베이스 칵테일(Vodka Base Cocktail)

1) 스크류 드라이버(Screw Driver)

⚙ 보드카(Vodka)   1½oz
⚙ 오렌지 주스(Orange Juice) 적당량
→ 하이볼 글라스에 보드카를 넣고 오렌지주스를 채운후 가볍게 저어준다.

2) 블랙 러시안(Black Russian)

⚙ 보드카(Vodka)   1½oz
⚙ 칼루아(Kahlua)   ¾oz
→ 올드 패션드 글라스에 위의 재료를 차례로 넣고 가볍게 저어준다.

3) 키스 오브 파이어(Kiss of Fire)

⚙ 보드카(Vodka)   ¾oz
⚙ 슬로우진(Sloe Gin)   ¾oz
⚙ 드라이 벌무스(Dry Vermouth)   ¾oz
→ 먼저 글라스의 가장 자리에 레몬즙을 적셔 브라운 설탕을 묻힌 후(Rimmed with Suger)
  세이커에 위의 재료를 넣고 흔들어 칵테일 글라스에 따른다.

4) 보드카 토닉(Vodka&Tonic)

⚙ 보드카(Vodka)   1½oz
⚙ 토닉워터(Tonic Water)   적당량
→ 하이볼 글라스에 보드카를 넣고 토닉수로 잔을 채워서 가볍게 저은 다음 레몬으로
  장식한다.

5) 블러디 메리(Bloody Mary)

- 보드카(Vodka)   1½oz
- 레몬주스(Lemon Juice)   1dash
- 우스터 소스(Worcestershire Sauce)   1tsp
- 타바스코 소스(Tabasco Sauce)   2~3drops
- 소금과 후추(Salt & Pepper)
- 토마토 주스(Tamato Juice)   적당량

→ 먼저 올드 패션드 글라스에 소금으로 프러스트(Salt Frost)를 한 다음 보드카와 위의 양념류, 소스를 넣고, 바 스푼으로 혼합한후 얼음을 넣고 토마토주스로 잔을 채워서 샐러리 스틱으로 장식한다.

5. 럼 베이스 칵테일(Rum Base Cocktail)

1) 대큐리(Daiquiri)

- 럼(Light Rum)   1½oz
- 라임주스(Lime Juice)   ½oz
- 설탕시럽(Suger Syrup)   1tsp

→ 세이커에 위의 재료를 넣고 흔들어 칵테일 글라스에 따른다.

2) 바카디(Bacadi)

- 바카디 럼(Bacadi Rum)   1½oz
- 라임주스(Lime Juice)   ½oz
- 그레나딘 시럽(Grenadine Syrup)   1tsp

→ 세이커에 위의 재료를 넣고 흔들어 칵테일 글라스에 따른다.

3) 마이타이(Mai Tai)

- 럼(Light Rum)   1oz
- 트리플 섹(Triple Sec)   ½oz
- 라임주스(Lime Juice)   ½oz
- 오렌지 주스(Orange Juice)   1oz
- 파인애플 주스(Pineapple Juice)   1oz
- 그레나딘 시럽(Grenadine Syrup)   2~3dash
- 다크 럼(Dark Rum)   2tsp

→ 다크 럼을 제외한 위의 재료를 세이커에 넣고 흔들어 칼린스 글라스에 따른 후 다크 럼(Dark Rum)을 띄운다. 파인애플, 체리, 우산 등으로 장식한다.

4) 블루 하와이(Bule Hawaii)

- 럼(Light Rum)   1oz
- 블루 크라소(Blue Curacao)   1oz
- 파인애플 주스(Pineapple juice)   3oz
- 레몬주스(Lemon Juice)   ½oz

→ 세이커에 위의 재료를 넣고 흔들어 칼린스 글라스에 따르고 파인애플과 체리로 장식한다.

5) 엑스. 와이. 제트(X. Y. Z)

- 럼(Light Rum)   1½oz
- 레몬주스(Lemon Juice)   ½oz
- 트리플 섹(Triple Sec)   ½oz

→ 세이커에 위의 재료를 넣고 흔들어 칵테일 글라스에 따른다. 이 칵테일은 알파벳의 끝 부분에 있는 철자로(X. Y. Z) 칵테일의 마지막을 상징한다.

6. 데킬라 베이스 칵테일(Tequila Base Cocktail)

1) 마가리타(Magarita)

- 데킬라(Tequila)   1½oz
- 트리플 섹(Triple Sec)   ½oz
- 라임주스(Lime Juice)   ½oz

→ 먼저 글라스에 소금으로 프러스트(Salt Frost)를 한 다음 세이커에 위의 재료를 넣고 흔들어 샴페인 글라스에 따르고 레몬으로 장식한다.

2) 데킬라 선라이즈(Tequila Sunrise)

- 데킬라(Tequila)   1½oz
- 오렌지 주스(Orange Juice) 적당량
- 그레나딘 시럽(Grenadine Syrup)   1~2dash

→ 필스너 글라스에 데킬라를 넣고 오렌지 주스로 채운 후 그레나딘 시럽을 천천히 띄우고 오렌지와 체리로 장식한다.

3) 데킬라 토닉(Tequila & Tonic)

- 데킬라(Tequila)   1½oz
- 토닉수(Tonic Water) 적당량

→ 하이볼 글라스에 데킬라를 넣고 토닉수로 채운 다음 가볍게 저어서 레몬으로 장식한다.

7. 리큐르 베이스 칵테일(Liqueur Base Cocktail)

1) 아메리카노(Americano)

- 캄파리(Campari)   1oz
- 스위트 벌무스(Sweet Vermouth)   1oz

❀ 소다수(Soda Water) 적당량

→ 하이볼 글라스에 캄파리와 스위트 벌무스를 넣고 소다수로 채운 후 레몬으로 장식
한다.

2) 캄파리 소다(Campari & Soda)

❀ 캄파리(Campari)   1½oz

❀ 소다수(Soda Water) 적당량

→ 하이볼 글라스에 캄파리를 넣고 소다수를 채워서 레몬으로 장식한다.

3) 칼루아 밀크(Kahlua & Milk)

❀ 칼루아(Kahlua)   1½oz

❀ 스위트 크림(Sweet Cream)   ¾oz

→ 올드 패션드 글라스에 칼루아와 스위트 크림을 넣고 가볍게 저어준다.

4) 카카오 피즈(Cacao Fizz)

❀ 크림 드 카카오 브라운(Creme de cacao Brown)   1½oz

❀ 칼린스 믹서(Collins Mixer)

→ 하이볼 글라스에 카카오 브라운을 넣고 칼린스 믹서로 채운 후 레몬과 체리로 장식
한다.

8. 와인 베이스 칵테일(Wine Base Cocktail)

1) 키어 로얄(Kir Royal)

❀ 크림 드 카시스(Creme de Cassis)   1oz

❀ 샴페인(Champagne) 적당량

→ 레드와인 글라스에 크림 드 카시스를 넣고 샴페인으로 채운다.

2) 스피리처(Spritzer)

- 🔧 백포도주(White Wine)　　　　　　　　　　　　　4oz
- 🔧 소다수(Soda Water)　적당량

→ 하이볼 글라스에 백포도주를 넣고 소다수로 채운후 가볍게 저어준다.

9. 비알콜성 칵테일(Non-Alcoholic Cocktail)

1) 레몬에이드(Lemonade)

- 🔧 레몬주스(Lemon Juice)　　　　　　　　　　　　2oz
- 🔧 설탕시럽(Suger Syrup)　　　　　　　　　　　　1oz
- 🔧 소다수(Soda Water)　적당량

→ 칼린스 글라스에 위의 재료를 넣어 가볍게 저어주고 레몬으로 장식한다.

2) 푸르트 펀치(Fruit Punch)

- 🔧 파인애플 주스(Pineapple Juice)　　　　　　　　3oz
- 🔧 오렌지 주스(Orange Juice)　　　　　　　　　　2oz
- 🔧 레몬주스(Lemon Juice)　　　　　　　　　　　　½oz
- 🔧 그레나딘 시럽(Grenadine Syrup)　　　　　　　2~3dash

→ 칼린스 글라스에 위의 재료를 넣어 가볍게 저어주고 오렌지와 체리로 장식한다.

CHAPTER 4 와인(Wine) 서비스

제 1 절   와인(Wine)

1. 와인의 역사

와인은 고대 이집트 파라오가 지배하던 시절부터 포도 재배 기술과 와인(포도주) 제조가 발전하였다. 그때 제조된 포도주(wine)는 카라반이나 배를 통해 주요 무역 도시로 운반되었으며, 포도주 무역은 현대 경제의 기반에 영향을 미쳤다고도 할 수 있다. 비슷한 시기에 고대 그리스도 포도주 생산의 전성기를 누렸으며, 생산되는 포도주의 명성은 국경을 초월했다. 그 당시 포도주는 꿀을 포함 향료 등 재료를 포도주에 첨가하는 제조법이 널리 퍼졌으며, 오래 보존하기 위해 바닷물을 섞기도 했다.

의학자인 히포크라테스(Hippocrates)는 포도주를 발열이나 염증 완화에 쓰이는 치료제로 개발하여 그리스인들에게는 포도주의 신으로 불리어졌다. 이후 로마인들은 포도 재배를 수익성이 제일 높은 부분으로 간주해 경제적, 사회적 안정에 기여할 수 있는 산업 부문으로 인정받기 시작했다. 로마의 가장 중요한 와인(포도주) 생산의 중심지였던 폼페이(Pompeii)는 A.D 79년에 베수비어스(Vesuvius) 화산 폭발 전까지 지금의 보르도(Bordeaux)까지 수출되었다.

오늘날 가장 중요한 포도주 생산국인 프랑스와 독일에서도 로마와 비슷한 시기에 포도 재배가 시작되었다. 프랑스의 보르도와 독일의 트리어(Trier)는 로마의 포도주를 영국과 아일랜드로 수출하던 중심지였다. 17세기에 들어서 포도 재배 지역이 현재의 면모를 갖추게 되었다. 유리병이 발명되었고 공기가 통하지 않으면서 막아주는 코르크 마개가 등장했다. 포도주 맛을 섬세하게 만들고 맛이 오래 유지되도록 하기 위해 오크통을 이용하는 방법이 개발되기도 했다. 18세기에는 발포성 와인을 생산하는 기술이 처음 개발되었다. 당시의 발포성 와인인 샴페인은 병속 재발효가 약한 보통의 포도주에 지나지 않았다. 19세기 초 무겁고 강한 병을 도입해 병속 발효를 체계적으로 시험해 보고 산업 혁명의 소산인 샴페인 제조법을 부활시킨 사람은 뵈브 끌리코(Veuve Clicquot)라는 여성이었다.

와인(포도주) 역사에 있어 획기적인 발전은 20세기에 와서야 시작되었다. 지난 1~2백년 동안은 보르도, 부르고뉴 지방, 라인강 유역을 제외하고는 세계적으로 뛰어난 와인을 생산하는 곳은 없었다. 그러나 30여년 전부터는 호주, 뉴질랜드, 캘리포니아, 칠레 등지에서 프랑스산 포도주의 제조 방식을 체계적으로 본따 직접 우수한 상품을 시장에 내놓기 시작한 것이다. 이탈리아에서 마침내 조상이 물려 준 위대한 유산을 토대로 이탈리아 포도주의 수준을 단번에 높여 이제는 일약 세계 정상급 와인 생산국으로 존경받고 있다. 또한 남아프리카, 이스라엘, 아르헨티나, 케냐 같은 나라도 질 좋은 와인을 생산하고 있다.

1) 와인의 분류

(1) 색에 의한 분류

① 화이트 와인(white wine)

백포도주라고 하며 연한 녹색부터 황색까지의 색을 갖는 와인을 총칭하는 것으로, 주로 백포도를 원료로 사용하지만 흑포도의 과피를 벗겨서 양조하여 무색투명한 병에 넣는다. 특징으로는 레드와인에 비해 당분함량이 적어 숙성 기간이 짧다. 양조 후 질과 색의 퇴화 현상 빨라 저장과 보관이 짧고, 양조 후 단기간에 마실 수 있는 이점도 있다. 생선과 닭고기 요리에 잘 어울린다. 저장온도는 약 8°C~10°C가 적당하다.

⬤ 표 4-2 와인의 분류

와 인 Wine		ENGLISH	FRENCH	ITALIAN	PORTUGAL	SPANISH
	색에 따른 분류	White Wine	Vin Blanc	Vino Bianco	Vinho Branco	Vino Blanco
		Red Wine	Vin Rouge	Rosso	Tinto	Tinto
		Rose Wine	Vin Rose	Rosta	Rosado	Rosado
	맛에 따른 분류	Sweet Wine	Vin Doux	Dolce	Doce	Dulce
		Dry Wine	Vin Sec	Secco	Seco	Seco
	알콜의 첨가유무에 따른 분류	Forified Wine(강화주)				
		Unfortified Wine(비강화주)				
	탄산가스의 유무에 따른 분류	Sparkling Wine(발포성 와인)				
		Still Wine(비발포성 와인)				
	식사에 따른 분류	Aperitif Wine Fortified Or Aroatized Wine				
			Sherry Wine	Fino		
				Amonrillado		
				Vino De Pasto		
			Madeira Wine			
			Campari			
			Vermouth			
			Bitters			
			Anisette			
		Table Wine(Full Boiled Or Heavy Boilded Wine)				
		Dessert Wine(Sweet Or Port Wine)				
	저장기간에 따른 분류	Young Wine : 1~2년				
		Aged Or Old Wine : 5~15년				
		Great Wine: 15년 이상				
	지역별 분류	France Vin : Bordeaux, Bourgogne Cost Du Rhone, Alsace, Champagin				
		German : Rhine, Moselle, Steinwein				
		Spain Vino : Sherry				
		Portugal Vino : Rose				
		Italy Vino : Vermouth, Chianti				
		America Wine : California Wine				

② 레드와인(red wine)

적포도주는 암적색부터 담적색까지의 와인을 말하고 포도의 껍질까지 즙을 내어, 발효시켜서 과피에서 우러나는 색으로 인하여 적색이 나게 되는 것이다. 포도 씨와 과피를 함께 양조하기 때문에 탄인 산과 기타 미네랄 성분이 많아 일반적으로 오래 보관할 수 있다. 병 밑바닥에 찌꺼기 방지 홈이 있다. 육류와 잘 어울리는 와인이다. 온도는 약 16℃~18℃ 정도로 실내온도에 적합하다.

③ 로제와인(rose wine)

화이트 와인과 레드와인의 중간 정도 되는 연한 홍색을 띤 와인으로, 백포도주와 적포도주 혼합 형식으로 만들거나 흑포도 과즙을 짜는 과정에서 원하는 색이 나왔을 때 과피를 제거하는 방법 착색료를 상용하는 방법 등이 있다. 많이 사용하지 않는 와인이다.

(2) 맛에 의한 분류

① 스위트 와인(sweet wine)

주로 단맛이 함유된 와인으로 소화 촉진에 적합한 와인이며 포트와인(port wine), 크림 쉐리(cream sherry) 등 식후주(dessert wine)가 이에 속한다.

② 드라이 와인(dry wine)

완전히 발효되어서 당분이 거의 없는 와인으로 단맛이 없고 식욕 촉진주(aperitif)에 적합한 와인이다.

(3) 알코올 첨가 유무에 따른 분류

① 주정 강화와인(fortified wine)

발효과정에 있는 와인에 높은 알코올 도수를 얻기 위하여 포도 브랜디를 첨가하여 발효를 정지시켜 약간의 당분율이 잔류된 상태에서 20도까지 주정을 강화한 와인으로 드라이(dry)에서 스위트(sweet)한 맛이 있다. 주정은 16~23% 정도이며, port wine이 있다.

② 비 주정 강화와인(unfortified wine)

발효과정에서 아무것도 첨가하지 않은 자연 그대로의 와인을 말한다.

(4) 탄산가스 유무에 의한 분류

① 비발포성와인(natural still wine)

가장 일반적인 와인으로 순수한 자연 그대로의 포도만 가지고 양조한 발포성이 없는 와인으로 대부분의 와인이 이에 속한다. 우리가 일반적으로 생각하는 와인이 이에 속한다. 알코올 도수는 12.5℃이다.

② 발포성 와인(sparkling wine)

거품이 나며 1차 발효가 끝난 다음 2차 발효에서 생긴 탄산가스를 그대로 함유시킨 와인으로 프랑스 상파뉴지방에서 생산되는 샴페인(champagne)이 대표적이다. 경축주로 널리 사용하고 있다. 샴페인 병은 조금 두껍게 제작된다. 도수는 14%이다.

(5) 식사에 따른 분류

① 식전 주(aperitif wine)

식욕 촉진을 위하여 전체요리(appetizer)와 함께 마시는 와인이다. 쉐리(sherry)와인, 혼성와인(aromatized wine), 버무스(vermouth) 종류를 주로 마신다. 이밖에 캄파리(campari bitters), 아니셋(anisette) 등이 있다.

혼성와인 비발포성와인에 약효, 향료, 색소, 감미료 등을 첨가하여 독특한 맛을 낸다. 대표적인 것이 버무스(vermouth), 두보넷(dubonnet), 기타 리큐어가 이에 속한다.

② 식중 주(table wine)

테이블 와인은 식사 중에 요리를 먹으면서 마시는 것으로 특히, 주 요리와 함께 마시는 와인을 말한다. 생선 류를 먹는 경우 백포도주를 붉은 살 육류와 함께 식가 할 때는 적포도주를 마시는 것이 보통이다.

③ 식후 주(dessert wine)

식사 후 소화를 촉진시키기 위해 마시는 와인으로 cake같은 달콤한 디저트와 함께 제공되는 와인이다. 포트와인(port wine), 크림 쉐리(cream sherry)와인 등이 있다.

2) 와인의 양조과정과 포도품종

(1) 와인의 양조과정

재배(Planting)

나무를 심고 나서 약 5년이 지나야 상업용으로 사용할 수 있고,
85년 정도 계속 수확이 가능하다.

↓

전지(Pruning)

포도나무는 늦가을에 가지치기를 하는데,
수확을 줄이고 경작을 용이하게 하기 위함이다.

↓

적과(Thinning)

초봄에 행해지고 포도나무의 불필요한 부분을 제거하는 것으로
포도의 질을 좋게 하고, 당분 함유량을 높이기 위함이다.

↓

수확(Harvesting)

수확을 늦여름에 시작된다.
경작을 용이하게 하기 위함이다.

↓

줄기제거(Stemming)

포도는 stemmer라는 기계에서 포도의 줄기와 대를 분리시킨다.

White Wine	Red Wine
압 축	발 효
발 효	압 축
여 과	여 과
숙 성	숙 성
병 입	병 입

※ 압축: 포도 껍질과 씨를 분리시키기 위해 압축한 다음 발효시킨다.

※ 발효: 껍질, 씨와 함께 발효한 후 압축한다. 껍질에 의해 착색되고 향이 나게 된다.

※ 숙성: 숙성을 위해 나무로 된 통에 보내진다. 나무 그 자체와 통에 담겨 있는 시간에 따라 향에 영향을 준다.

※ 와인의 빈티지(vintage of wine): 포도의 경작과 수확은 해마다 날씨와 기후의 영향으로 다소 차이가 있는데, 날씨가 적당히 가물고 일조량이 많은 해에 생산된 포도는 당도 가 높아 상급 원료가 된다. vintage는 포도의 수확 연도를 뜻하는 것으로, 와인의 라 벨에 표기되어 있다. 발포성와인, 쉐리와인, 포트와인 등은 표기되어있지 않다. 품질 이 좋은 포도가 수확된 연도에는 와인의 양조 조건에 알맞은 우량한 것으로 와인도 반듯이 좋은 것이 만들어진다.

(2) 와인의 포도 품종

포도의 품종은 전 세계적으로 수천종이 넘으나, 그대부분이 식용의 포도이고 양조용으 로 쓰이는 당도 높은 포도는 약 50여종에 불과하다.

① 화이트 와인의 포도 품종

알리고테(aligote), 사르도네(chardonnay), 슈냉블랑(chenin blanc), 게부르츠 트라미너(gewurz traminer), 물르트르가우(muller thrugau), 무스카테(muscadet), 삐노블랑(pinot blanc), 리슬링 (riesling), 쇼비뇽블랑(sauvignon blanc), 실바너(sylvaner), 세미용(semillion)

② 레드 와인의 포도 품종

바르베르(barbera), 카베르제쇼비용(cabernet sauvignon), 가메(ganay), 그르나쉬(grenache), 멜로 (merlot), 네비올로(nebbiolo), 피노노와(pinot noir), 산지오베제(sangiovese), 시라(syrah), 진판델(zinfandel)

3) 나라별 와인

(1) 프랑스 와인

① 프랑스 와인의 역사

프랑스 포도재배 역사는 고대 그리스 로마인에 의해 마르세이유에서 르느강을 거슬러 올라가며 재배가 이루어졌다. 프랑스는 우리나라보다 위도가 높은 북위 40°에 위치하는데 난류의 영향으로 포도 재배에 알맞은 기후조건을 갖추고 있어 품질이 뛰어난 포도를 생산하고 있다.

※ 대표적인 단지: 보르도(bordeaux), 브로고뉴(bourgogne), 보졸레(beaujolais), 르와르(loire), 상파뉴(chanpagne), 알사스(alsace) 등

② 프랑스 와인에 관한 법률

비도덕적인 와인 생산업자들은 부정적인 방법으로 그들의 와인에 상표를 붙였는데, 이를 방지하기위해 프랑스 정부가 1935년에 이를 통제하는 강력한 법을 제정하였다.

❁ A. O. C(appellation d'origine control'ee; 아벨라시용 도리린 꽁트롤데): 최고급 와인

❁ V. D. Q. S(vin d'elimlite' de qualite superieur; 벵 델리미떼 드 깔리떼 쉬뻬리에): 고급 와인

❁ vin de pay(뱅 드 빼이)

❁ vin de table(뱅 드 타블)

③ 프랑스 와인 산지에 의한 분류

❁ bordeaux(보르도): medoc(메독), saint-emillion(쎙테밀리용), grave(그라브), sauternes(쏘떼르느), pomerol(뺄므롤)

❁ bourgogne(브르고뉴): shablis(샤블리), cotede nuits(꼬단드뉘), cote de beaune(꼬뜨드본), maconnais(마꼬네), beaujolais(보졸레)

❁ cote du rhone(꼬뜨뒤론): alsace(알사스), val de loire(발드르와르), champagne(상파뉴)

(2) 이탈리아 와인

이탈리아 와인의 생산량은 프랑스를 능가 하여 세계 제 1위이다. 와인의 대부분이 국내에서 소비 되고 있다. 이탈리아의 전국토가 포도원이라 해도 과언이 아닐 만큼 포도를 재배하고 있어, 그 생산량은 세계 산출 와인의 약 19%를 차지하고 있다. 1963년 제정된 원산지 통제 호칭법으로 와인의 등급 분류는 와인의 품질 향상을 개선하기 위해 와인의 생산지, 포도의 품종최저 알코올 함유량. 숙성기간 등을 엄격히 규정하였는데, D.O.S와 D.O.C 그리고 D.O.C.G 등의 3단계로 분류하였다.

① 이탈리아 와인의 구분

❁ D.O.S(denominazione di orihine semplice; 데노미 나지오네 디 오리지네 샘플리체) Wine: 단순한 원산

지 호칭 와인으로 기본적이고, 대중적인 와인이다.

❀ D.O.C(denemazione di orihine controllata; 데노미 나지오네 디 오리지네 콘트롤라타) wine: 원산지 통제표시 와인으로 품질을 결정하는 위원회에 의하여 특정 포노품종으로 제조방법, 제한된 수확량, 숙성기간 등이 갖추 여진 와인에 붙여진다. 이러한 조건을 충족시킨 와인에만 정부 공인 D.O.C 표기를 라벨에 붙일 수 있다.

❀ D.O.C.G(denominzione di origine controllata garantita; 데노미 나 지오네 디 오리지네 콘트롤라타 기란티타) Wine: 이탈리아에서 생산되는 와인 중 최고급으로 분류되며, 와인의 전 생산과정을 정부가 규제하고 품질을 보증하는 와인이다.

② 주요 생산지역

❀ 피에몬테(piemonte)주: 프랑스에서 가장 가까운 지역으로 토리노(torino)시 근처인 이탈리아 북서쪽에 위치한다. 아스티 스푸만테를 생산하며, 디저트와인으로 유명하다.

❀ 토스카나(toscana)주: 이탈리아 중부지역으로 피렌체 도시근처에 있으며, 이탈리아에서 널리 알려진 와인생산 지방으로 미안티 와인이 유명하다.

❀ 베네토(Vemeto)주: 이탈리아 동북쪽에 위치한 지역으로 유명한 관광지 베니스와 베로나가 있다. 특히, 베네토주에는 로미오와 줄리엣의 거리로 유명한 베로나 주변에서 대량와인을 생산하며, 화이트 와인용 소아베(Soave)가 유명하다.

(3) 스페인 와인

와인은 여러 가지가 생산되지만 세계적으로 알려진 와인은 sherry(셰리) wine밖에 없다. 셰리 와인은 jerez de la frontera의 거리 이름에서 나온 것으로, 스페인어 jerez(테레스)가 xeres(셰레스)로 되었고, 이 와인이 영국으로 수출되면서 셰리 와인으로 고쳐 부른 것이 오늘날 Sherry 로 되었다.

발효가 끝난 셰리 와인은 주정을 강화시키기 위해 브랜디를 첨가하고, 솔레라(solera) 시스템을 거쳐 병입(bottle in) 된다. 이 시스템은 오래 숙성시킨 와인과 새로운 와인 과 혼합시켜 같은 맛을 지니게 하는 방법이다. 셰리 와인은 단맛이 거의 없는 드라이 셰리가 가장 많이 이용되고 있으며, 스위트 셰리와 미디엄스위트 한 것은 필요에 따라 생산하고 있다.

(4) 포르투칼 와인

포르투칼에는 주목할 만한 와인이 있는데, 포토와인과 로제와인으로 세계적으로 알려진 와인이다. 오포르토(oporto)지역에서 생산되는 이 와인은 도시이름(oporto)에서 유래 되었고 영어로 포트와인 (port wine)이라 불린다.

포트와인은 포도즙이 나무통 속에서 발효하는 동안 브랜디를 첨가 하여 발효를 중지시켜, 당분이 남게 되어 달고 강한 와인이 된다. 일반적인 와인은 발효하는 동안에 포도의 껍질에서 색소를 내지만, 포트와인은 발효기간이 짧기 때문에 인공적으로 미리 색소와 타인을 얻어내는데 큰 통에 발효약을 담고 휘저어 거품을 낸다.

종류에는 빈티지 포트(vintage port), 루비 포트(ruby port), 토니 포트(towny port), 화이트 포트(white port) 등이 있다.

4) 와인 서비스와 보관 방법

우리 식탁에 항상 오르는 김치처럼 서양인들은 식사 중 와인을 즐기고, 애호하므로 손님에게 와인을 주문받기위한 방법을 요약하면 식사주문이 끝난 후 와인리스트를 호스트에게 제시하고, 약 3분간의 시간을 두고 어떤 종류의 와인을 선택할 것인가를 묻는다.

고객이 추천해 달라고 요청할 경우에는 가능한 고객으로 하여금 선택할 수 있도록, 와인에 대한 종류와 특성을 자세히 설명해드리고 가급적 음식과 조화를 이루도록 한다. 낮이나 간단한 식사를 할 경우에는 글라스로 판매하는 하우스 와인(house wine)을 추천하는 것도 좋은 방법이다.

(1) 와인 서비스(wine service)

① 고객이 원하는 와인을 결정하면 종사원은 와인 서비스를 하기 전에 먼저 고객이 주문한 와인인가를 보여드리고(showing) 한번 더 확인을 해드린다.

② 만찬을 준비한 호스트(host)가 먼저 wine testing을 한다. 그 이유는 손님에게 접대하기 전에 그 와인의 향미와 특성을 알기 위한 것이다.

③ 만찬이나 공식석상에서 와인을 서비스할 때는 여성에게 먼저 따르는 것이 상례이며, 테이블에 따라 시계방향으로 돌면서 모든 여성에게 따르고 난 후 같은 방향으로 남성에게 따른다.

④ 이때 만찬의 주최자(organizer)가 여성이거나 남성이거나 구분 없이 호스트의 와인 잔에는 가장 나중에 따른다. 가끔 고객의 건강 또는 종교상의 문제 등으로 마시고 싶

지 않을 때는 와인 잔을 위로 올려놓으면 주인의 성의를 무시하지 않고도 정중하게 거절하는 방법이다.

(2) 와인 보관방법

① 와인을 보관하기 위한 적절한 장소에는 환기가 잘되고, 빛이 차단되는 12℃ 정도의 온도를 유지 할 수 있는 지하 창고를 최고의 장소로 볼 수 있다.

② 와인을 보관할 때는 반드시 병을 눕혀서 보관해야 한다. 와인을 세워두면 코르크 마개가 건조, 수축하여 외부 공기와의 접촉으로 산화되며, 맛이 시어지고 또한 외부의 균이 침입하게 되어 부패할 우려가 있다.

(3) 와인 마시는 방법

와인은 종류에 따라 색과 향기와 맛에서 미묘한 차이가 있으므로, 저마다 다른 섬세한 풍미를 느끼며, 와인의 특성에 알맞은 음미 법을 터득해 두는 것이 중요하다.

① 화이트 와인과 샴페인은 10℃이하로 반드시 차게 해서 마셔야 좋다. 그것은 쾌적한 냉기와 함께 술이 지닌 순수하고, 고유한 자극성을 제대로 음미하기 위해서이다.

② 레드 와인은 대체로 18℃쯤의 상온을 유지시키면서 술이 지닌 복합 미묘한 풍미가 충분히 일어날 수 있도록 한다.

③ 와인은 맛뿐만 아니라, 빛깔도 함께 즐기며 마시는 술이기 때문에 와인을 마실 줄 아는 사람은 술의 빛깔부터 먼저 확인을 한다.

④ 또한 와인의 향기는 그 술이 지닌 맛과 풍미에 대해서도 말해준다.

⑤ 와인은 술잔을 입에 기울이기 전에 먼저 은은히 퍼져 나오는 그 향기를 깊이 들이마시면서 천천히 즐긴다.

5) 와인과 음식

와인은 음식의 이상적인 동반자이다. 와인은 소화를 촉진시키고 음식으로 하여금 체내에 알코올이 흡수되는 속도를 늦춰 주어 알코올을 잘 받아들이게 해 준다. 일반적으로 육류에는 적포도주, 생선류에는 백포도주, 화이트 소스에는 백포도주, 레드 소스에는 적포도주의 원칙은 널리 알려져 있다. 하지만 음식과 와인의 궁합을 맞추는 기본원칙은 자신이 좋아하는 음식에 자신이 좋아하는 와인을 마시는 것이다. 그러나 중요한 것은 와인과 음식의 궁합뿐만 아니라 음식과 와인이 각각 서빙되는 순서이다. 기본 원칙은 화이트 와인 다음에 레드 와인이고, 드라이 다음에 스위트 와인, 갓 빚은 포도주 다음에 오래 묵은 포도주가 오는 것이다.

그에 반해 음식의 순서는 원칙을 지켜야 하며, 너무 강하게 양념된 음식부터 먹어서는 안 된다. 맛과 향이 점점 강해지는 순서로 먹어야 한다는 것이다. 음식을 먹기 전에는 입맛을 돋우어 주는 발포성 와인이나 산미가 강한 백포도주를 마시는 것이 가장 좋다. 식초는 모든 와인의 적이며, 레몬도 와인에게 해가 된다. 그리고 계란과 마늘은 와인 맛을 떨어트리며, 소금기가 많은 음식 즉, 굴과 산미가 강한 와인을 함께 하는 것도 피해야한다. 그리고 일반적으로 야채, 그 중에서도 아스파라가스와 같은 철성분이 많이 함유한 채소와 밀가루 음식도 피하는 것이 좋다.

2. 와인 맛의 결정요소

1) 기 후

와인(wine)의 품질을 결정하는 요인으로는 기후, 토양, 경작자의 노력 즉, 포도밭과 저장고에서 일하는 사람들의 작업을 꼽을 수 있다. 포도는 온대 기후 지역에서 가장 잘 자라며 햇빛을 풍부하게 쐬어 줘야 할 뿐 아니라, 적당한 기후와 강우량에 너무 찬바람은 막아 줘야 한다. 일반적으로 포도 재배에 필수조건으로 1년에 천 3백 시간의 일조량과 9℃의 기온, 성장기에는 18℃의 기온, 연간 400~500mm의 강수량을 필요로 한다.

실제로 포도수확에 결정적인 영향을 미치는 것은 일조량이나 강우량보다는 환경 조건이다. 포도밭의 땅이 태양열을 보존할 수 있는지, 빛을 반사해 부수적인 열 공급원 역할을 할 수 있도록 넓은 수면을 가진 강이나 호수가 근처에 있는지가 큰 역할을 한다. 즉 태양의 위치를 고려해 포도나무를 배치해야 하고, 포도나무 사이에 바람이 통하게 적당한 간격을 두어야 하며, 포도 열매에 햇빛이 비칠 수 있게 나무의 높이를 조절해 줘야 한다.

2) 토 양

기후와 마찬가지로 토양은 와인(포도주)의 품질에 큰 영향을 끼친다. 토양은 인간의 손으로 바꾸기에 한계가 있다. 일반적으로 화산암 토양에서는 맛이 진하고 강렬한 포도주가, 석회질 토양에서는 알코올 함유량이 많은 포도주가 생산되며, 황토가 많이 섞인 토질에서는 향이 풍부한 포도주가 나오는 것으로 알려져 있다. 다만 우리가 정원에서 흔히 볼 수 있는 부식토는 포도 재배에는 부적합하다. 대개 돌이 많이 섞인 땅일수록 포도주는 과실향이 진하고 모래가 많은 땅일수록 알코올 함량이 낮은 포도주가 나온다. 포도밭의 토양은 너무 축축해서도 안 되고 너무 비옥해서도 안 된다. 포도나무는 오히려 메마른 토양을 선호하며 그렇지 않으면 나무가 크게 자라 열매가 너무 많이 열리게 되며 그 결과 맛의 농도와 당도가 낮은 포도를 얻게 되는 것이다. 그러므로 품질이 우수한 포도재배를 위해서는 포도의 성장기동안 물을 적게 공급해야만 한다.

토양의 구성에서 화학적인 요소보다는 물리적 요소가 더 중요한데 석회석, 진흙, 석판암, 모래의 함량도 중요하지만 토양의 구조가 등이 더 중요할 수 있다. 짙은 색의 토양이 연한 색보다 열을 많이 보존하고, 건조한 토양은 뿌리가 양분을 찾아 더 깊숙이 뻗도록 함으로써 포도나무가 바람과 날씨에 강한 자생력을 갖추어 무기질을 섭취하도록 돕는다.

3) 경작자의 노력

기후와 토양에 의해 자연적으로 생기는 포도의 특성은 다른 요소의 영향을 받을 때가 많다. 각기 다른 포도밭에서 가져온 두 가지 품종의 포도를 접목시킨 것인가, 포도주를 빚는 사람들이 포도를 어떤 방법으로 압착했는가 등 포도를 재배하고 가꾸는 경작자들의 손길 없이는 기후나 토양이라는 것도 아무 의미 없는 요소이다. 만약 경작자가 적절한 조치를 취하지 않으면 아무리 좋은 기후와 토양에서 자란 포도라 해도 양질의 와인을 생산할 수 없기 때문이다.

알코올 도수가 낮은 와인으로, 10% 미만이어야 한다.

제**2**절 오크(Oak)통과 코르크(Cork)

1. 오크통

2,000년 전 로마시대의 와인 제조업자는 이미 오크통의 중요성을 인식하고 있었다. 전 세계의 뛰어난 와인을 통해 느낄 수 있는 다양화된 맛과 향(바닐라, 커피, 삼나무, 구운 땅콩, 초콜릿, 향신료) 등 이 모든 맛과 향들은 숙성기간 동안 오크통과 포도즙 사이에서 복잡한 상호작용이 발생되며, 이 과정 중에 타닌(Tannin)이 첨가되고 와인의 맛과 향이 풍부해지며, 와인은 서로 융합하는 시간을 갖게 된다는 사실을 오래 전에 와인 제조업자들이 알고 있었기에 포도품종 만큼이나 중요시하였음을 짐작할 수 있다. 가장 유명한 오크나무는 프랑스 리무쟁(Limousin)지역에서 생산되는 것으로, 프랑스에는 현재 약 4백만ha의 참나무 숲을 국가에서 관리하고 있으며, 이것은 루이14세 때 재무장관 콜베르(Colbert)가 최초로 조성한 것이다.

오크통이 전달해 주는 풍부한 맛과 향은 많은 오크통의 질, 오크의 원산지, 나뭇결의 크기, 오크통으로 쓰인 나무의 나이, 그을린 정도, 오크통의 크기와 사용기간, 오크통 속 숙성기간 등과 같은 요인들에 의해 영향을 받는다. 작은 오크통일수록 포도주와 나무의 표면적이 넓어져 성분 교환이 활발하여 깊은 맛을 내지만 경제적이지 못해, 전통적으로 우수한 와인을 생산하는 나라에서는 고급 와인에만 오크통 숙성을 한다. 따라서 일반적인 포도주와 적포도주 및 백포도주의 경우, 일부 오크통 숙성을 하는 경우에는 4,000~7,000L의 대용량 오크 배럴(Oak Barrel)을 사용하고 있다.

2. 코르크

코르크는 지중해 연안국에서 주로 생산되는데, 전세계 소비량의 50%를 생산하는 포르투갈에서는 9년 정도 된 나무에서 코르크 껍질을 첫 수확하고 8~10년마다 6~9월에 수확한다. 그리고 프랑스에서는 11년 이상 된 나무에서 첫 수확을 하며 5~6년에 한 번씩 코르크나무 껍질을 벗겨서 일정한 품질의 코르크를 생산한다. 채취한 코르크 껍질은 6개월~1년 정도 방치하여 성분을 균일화시키고 자연 건조시킨 다음, 뜨거운 물로 삶아 멸균과 광물성 염류를 제거하고 탄력성을 증가시킨다. 코르크 마개는 직경 24mm 정도로 만들어 기계에 압축하여 약 18mm의 병목에 삽입된다. 샴페인의 경우, 직경 31mm 정도로 만들어 병 내부의 압력에 잘 견딜 수 있도록 일반 코르크보다 더 압축하여 만든다.

병마개의 중요한 역할은 내용물의 보존인데, 코르크는 탄성이 좋아 병에 쉽게 삽입할 수 있고, 마개를 빼낼 때도 쉽게 빠지는 장점이 있으며, 삽입 후에는 팽창되어 완벽하게 밀봉 상태를 유지하는 인체에 무해한 최고의 소재이다. 또한 통기성과 신축성으로 벌집 구조의 작은 방이 1cm 당 수천만 개의 세포조직으로 이루어진 미세한 세포집이 압축 상태에서도 최소한의 산소를 공급하여 와인의 숙성을 도와준다. 와인을 눕혀서 보관할 경우, 코르크를 통하여 유입되는 공기의 양은 한 달에 약 0.02~0.03cm로 알려져 있다.

와인을 눕혀서 보관하는 것도 바로 이 코르크의 접촉면을 와인이 적셔 밀봉성을 유지하기 때문이다. 병을 장기간 세워서 보관하면 상하기 때문인데, 와인 오픈 시 코르크의 냄새를 맡아보는 것은 코르크의 상태로 와인의 이상유무를 확인할 수 있기 때문이다.

호텔식음료경영론

5

호텔 식자재 관리 및 위생관리

CHAPTER 1 호텔 식자재 관리

제 1 절 식자재 관리의 개요

1. 식자재 관리의 정의

기업 활동에 필요한 자재를 효율적으로 관리하는 것은 과학적인 관리기술이라 할 수 있으며, 호텔 식음료에서 식자재 관리는 호텔 경영활동에 필요한 품목을 명확히 파악하면서부터 라고 할 수 있다.

효율적인 관리란 합리적이며 능률적인 관리로서 자재를 분류하고, 소요량 산정, 구매, 보관, 공급, 분출이라는 일련의 과정을 합리적이며 능률적으로 수행하는 것이며, 과학적인 기술이란 전문기술과 경험을 필요로 하는 관리영역으로서, 고도로 발전된 관리기술에 대한 전문지식과 경험을 갖추어야 하는 숙련된 특수 업무를 뜻한다.

식자재와 음료를 관리하기 위해서는 식음료 업무의 유동 및 그 시간적 경과에 따라 원가가 발생되어가는 추이의 흐름을 관리해야 되는데, 이것이 식음료 관리 활동의 내용이기도 하므로 각 업무의 효율적인 수행여부는 곧 레스토랑 식음료 원가관리의 능률을 결정하게 되고, 나아가서는 식음료사업의 성과를 좌우하게 된다. 그러므로 식자재와 음료관리는 필요한 자재의 소요산정, 구매, 저장, 분배 및 처리의 제기능을 합리적으로 수행하기 위한 관리 기술로 정의할 수 있으며, 식음료 자재관리는 구매관리, 검수관리, 저장관리, 출고관리로 크게 나눌 수 있다.

2. 식자재의 기초적인 관리

주로 식음료 원재료에 대한 관리활동으로 원재료의 구매, 검수, 저장, 출고업무의 수행으로 식재료 원가가 발생하는데, 식음료 자재를 취급하는 관계자들의 원가에 대한 의식을 높이게 하고, 합리적 방법으로 관리되어 낭비가 되풀이 되는 일이 없도록 하는 것이 식자재 기초적인 관리이다.

1) 식자재 관리의 효과

① 낭비가 방지되어 예정된 목표이익을 실현한다.
② 실제 원가계산이 정확하게 계산되므로, 식음료자재 처리에 있어서 낭비의 요인이 발생하는 것을 방지한다.
③ 식음료 자재의 가격변동에 민감해 진다.
④ 식음료 자재의 원가를 알게 되므로 취급에 주의하게 된다.
⑤ 낭비방지와 절약의식이 다른 분야에도 시너지효과를 일으킨다.
⑥ 식음료 상품의 생산이 계획적으로 진행되며, 영업성적에 지대한 관심을 갖게 된다.
⑦ 서로서로의 업무를 이해하게 되어, 인간관계 형성에 도움이 된다.
⑧ 검품검량이 확실해지므로 재고수량에 관심을 갖게 되고, 보관에 최선을 다하게 된다.
⑨ 메뉴의 인기파악도 명확해지므로 메뉴 엔지니어링에 도움 된다.
⑩ 식음료 생산부서인 주방과 Bar의 관리가 용이해 진다.

2) 식자재 관리의 기능

(1) 기본기능

식음료 자재의 관리도 생산관리의 일환으로 생산 제1차 관리가 적용된다.

① 품질관리

구매명세의 결정, 납품검사, 구매처에 대한 품질 및 기술 지도를 통하여 품질의 향상과 불량의 감소를 도모한다.

② 원가관리

구입품의 원가관리 또는 허용원가를 설정하며 적시적량 발주, 적정재고 운용, 구입처와의 공동연구 또는 기술 지도를 통하여 원가절감을 꾀한다.

③ 공정관리

소요량 납기의 결정, Lead Time(기획에서 생산까지의 시간 또는 발주에서 배달까지의 시간)에 기준한 발주조정, 진도의 점검을 통하여 납기 및 수량의 확보와 납품지연을 방지한다.

(2) 부수적인 기능

자재관리의 고유기능으로서 다음과 같은 관리가 시행되며, 종합적인 실시가 효과적이다.

① 구매관리

구매는 하나의 영업행위로서 그 방법과 합리성 여부에 따라 이익을 추구할 수도 있고 손실을 초래할 수도 있다. 대체재 및 신개발, 거래선, 거래조건 등을 연구하고 가격에 따라 선구매, 단가계약 체결, 구입처 간의 경쟁유도 등이 필요하다.

② 저장관리

자재의 보관이나 운반을 합리화하고 이에 소요되는 인건비, 기타 비용을 절감하며 자재의 품질을 유지하여야 한다. 입고 시에는 구입처로부터 납품되는 방식에 대한 규제가 필요하며, 출고 시에는 현장 운반 관리자와의 협조가 필요하다.

③ 재고관리

원가절감, 적정 재고유지, 원재료 회전율 향상으로 요약되며, 저장품의 적정재고 유지에 중점을 둔다. 사내 전 재고자산에 대한 재고 관리로 재고수량과 금액의 기준을 설정할 필요가 있다.

④ 출고관리

일정한 절차 및 서류의 작성에 의해 식음료 원재료를 필요한 부서에 인도해 주고, 그 결과를 기록·정리·보관하는 것이다. 선입선출(FIFO: First In First Out)법에 의한 출고 기준이 필요하며, 선 입고된 재고파악을 위해 출고의 정확한 날짜 기록이 필요하다.

제 **2** 절 식자재 구매 관리

1. 구매 관리의 의의

식음료의 구매, 검수, 저장, 출고에 관련된 업무활동은 식음료 원가의 흐름에 있어 첫 단계라고 할 수 있다. 그러므로 식음료관리의 기초단계로 이러한 제반활동이 효율적으로 수행될 수 있어야만, 최소의 비용으로써 최고 품질의 식음료 상품을 준비할 수 있는 기반을 마련하게 된다 하겠다.

식음료부문 만큼은 제조가 그 본질적 업무의 성격을 갖고 있으므로, 매일 경영활동 결과로 발생되는 제비용 중 식음료의 재료비가 최대의 단일비용 항목으로 나타나고 있다. 그러므로 이러한 식음료 재료원가의 효율적인 관리여부는 레스토랑 운영에 있어 성패를 좌우하는 중요한 요인으로 작용하고 있다. 뿐만 아니라 레스토랑 수익이 실제로 호텔경영 성과에도 차지하는 비중이 크므로, 호텔 전체 경영성과에 직접적인 영향을 미친다고 하겠다.

아무리 훌륭한 요리사라 할지라도 상하거나 부패한 식재료로 최고의 음식을 만드는 것은 불가능할 것이다. 그러므로 식재료를 구매할 때 좋은 식재료 반입이 중요하다고 하겠다. 안전한 식재료를 공급받기 위해서는 공급자의 회사나 원산지 등 구매절차 확인이 매우 중요하므로, 식재료 구매절차는 일정한 기준에 의해 운영되어야 한다.

대체로 과대한 식음료 원가는 재료의 구매와 이에 따른 검수, 저장, 출고에 이르는 모든 활동을 수행하는 동안 야기되는 모든 형태의 재료손실과 낭비에 기인하고 있다. 그러므로 식재료 관리 중 첫 번째로 구매한 식재료를 담당하는 구매 관리자는 이러한 과정에서 발생하는 불필요한 비용을 최대한 줄이는 효율적인 관리로 노력해야 할 것이다.

2. 구매의 기본요건

어느 회사를 막론하고 양적이나 질적으로 최고의 상품을 최저가격으로 구매하고자 하는 것은 똑같은 목표일 것이다. 이러한 목표를 효과적으로 달성하기 위해서는 다음과 같은 기본적인 요건이 요구된다.

1) 자격을 갖춘 구매자

구매를 담당하는 사람은 구매하고자 하는 상품에 대하여, 충분한 지식을 갖추고 있어야 하며 다음과 같은 요건을 갖추고 있어야 한다.

① 계절에 따른 상품의 생산지 및 적기에 관한 지식
② 산지 가격에 관한 분석 능력
③ 품질 면에서 그 상품이 지니고 있는 성질
④ 상품의 저장조건 및 온도 등에 관한 지식
⑤ 표준 구매규격 명세서에 관한 지식
⑥ 책임감 있고, 정직·성실·공정한 인품 함양
⑦ 모든 관련자들 간에 원활한 인간관계 형성 유지

2) 표준 구매규격 명세서

어떤 특정상품에 요구되는 품질, 크기, 무게, 수량 또는 중량 등과 같은 사항에 대한 서술서로서, 상품을 발송 또는 수령하는데 있어서 구매인이나 수령인을 위한 적절한 지침이 될 수 있을 만큼 상세히 서술하여야 한다.

구매자, 수령자, 물품 조달자는 각각 상품의 규격명세서를 3부 복사하여 1부씩 가지고 있어야 한다.

3. 구매계획의 수립

1) 기초 구매정보의 자료 확보

구매에 관한 기록, 자료의 보관, 가격변화에 대한 기록 보유, 원재료 재고 및 그 소비에 관한 계속적 기록의 보유, 식음료 판매업자에 관한 기록 유지, 구매명세서 파일, 취급 품목에 대한 카탈로그(catalog) 등 구매정보의 자료를 확보하고 있어야 한다.

2) 조사연구

시장에 관한 연구, 취급 품목에 대한 연구, 원가분석, 공급원에 대한 평가, 생산업자에 대한 조사, 다수의 공급원 확보, 대체품목 개발을 위해서 사전 조사를 통하여 원자재 공급에 차질이 생기지 않도록 해야 한다.

3) 물품의 획득과 조달

물품 청구서의 검토, 견적서 관리, 견적내용 분석, 구매와 입고 일정계획, 계약내용의 협상 및 법적여건 검토, 발주 및 각 부서별 주문 접수, 대금 영수증 확인, 청구서 내용확인, 판매 및 납품업자의 연락처 확보만이 각 부서에서 요구하는 정확한 구매물품 확보와 조달이 원활하게 이루어질 것이다.

4) 물품관리

최소한의 재고량 유지, 재고량의 일정량 유지, 회전률의 개선, 선입선출(FIFO)법 적용, 물품의 정리, 포장 및 용기의 표준화, 물품관리 업무수행에 대한 정기적 보고 등을 통하여 일정수준 이상의 물품이 보관될 수 있도록 하여야 한다.

5) 기타

비용 계산, 잔여물이나 노후물품 폐기처리, 잉여물품 처리를 하며, 물품 납품업자와의 상호거래 관계에 대하여 처리를 한다.

4. 구매절차

구매활동은 구매 청구서(purchase requestion)를 접수하면서부터 시작되어, 구매 요구된 물품이 납품되어 검수를 마치면 구매절차는 종료된다. 하지만 식음료 사업을 위해서는 필요한 원자재가 적시에 입고되어야 하는 것인데, 무엇보다도 적량과 품질의 요건이 맞는 물품이 들어오는 것이 중요하다. 재료부족으로 영업에 문제가 야기되는 일이 있어서는 안 되며, 다음과 같은 구매절차 흐름을 통하여 문제점을 예방할 수 있을 것이다.

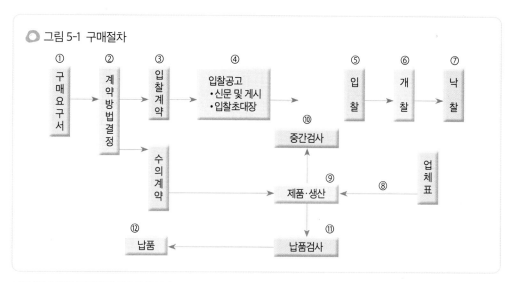

그림 5-1 구매절차

자료: [현대호텔식당경영론], 원용희, 박영사, 1989, P.267

식음료 구매 품목은 그 종류가 다양하나 다음과 같이 분류해 볼 수 있다.

- 육류(meat)
- 조류(poultry)
- 생선(fish)
- 과실류(fruits)
- 야채류(vegetables)
- 낙농제품(dairy products)
- 빵과 과자류(bakery items)
- 아이스크림(ice cream)
- 주류(wines)
- 기타 음료(beverages)

1) 능률적인 구매관리와 원가관리

대부분의 경영에서와 같이 식음료 경영자들은 원가절감에 있어서 구매 관리의 중요성을 낮게 평가하는 경우가 많으며, 노무비 절감 또는 생산능률 증지, 판매가격 등에만 관심을 갖고, 이러한 방법을 통해서만 원가관리가 능률화될 수 있다고 생각하는 경향이 많다. 구매비용 절감은 단지 저렴한 구매단가에만 의존하는 간단한 문제는 아니다.

부당한 원재료는 과도한 낭비나 생산을 지연시키는 요인이 될 뿐만 아니라, 재료공급이 원활하지 못하면 아이들 타임(idle time)으로 인하여 결국은 제조원가가 높아지는 원인을 야기한다. 그러므로 구매 관리 업무의 제 측면에서 발생가능한 모든 문제를 면밀히 검토, 관리한 것이 요청된다.

2) 구매업무와 수행절차

구매 계획을 수립함에 있어 계획은 내용이 충실하고, 정확한 것이야 하며, 각종자료와 연구를 통하여 이루어져야 한다. 그리고 구매업무는 다음과 같은 내용을 기초로 하고 있다.

(1) 구매 필요성에 대한 인식

식음료부서에서 필요로 하는 특정 항목이나 수요량은 구매부가 공식적인 채널을 통하여 인식하게 됨을 의미하며, 여기부터가 구매업무의 시작이라 할 수 있다. 물품은 사용할 부서의 직원이나 책임자를 통하여 인식이 이루어지며, 구매 청구서가 접수된다. 구매 청구서는 필요로 하는 식음료 재료의 품목과 수량 등을 내용으로 하는 기재가 구매활동의 기초가 된다.

(2) 소모품 요건의 기술

소모품 요건의 기술이라 함은 구매하려고 하는 소요품목에 대한 정확한 내용의 기술이다. 어떤 품목의 식음료 원재료가 필요하다는 것을 알게 되면 관련된 모든 부서에서 그 내용요건을 정확하게 파악할 수 있도록 상세하게 기술해야 할 것이다.

(3) 동일 품목을 취급하는 많은 거래처의 선정 및 확보

구매부에서는 식음료 원재료의 납품업자를 여러 곳 알고 있는 것은 중요하다. 호텔에서 필요로 하는 품목이 제날짜 또는 정확한 품목이 납품되지 못하는 영업을 함에 있어 차질이 생길 수 있기 때문이다. 따라서 동일한 품목을 취급하는 여러 곳의 거래처를 확보할 필요가 있다.

(4) 구매가격의 결정

구매가격은 식음료 판매업자를 선정하는 과정에서 함께 고려되어야 할 요인이다. 구매 가격의 크기는 구매비용 절감에 직접적인 관련이 있는 요소이므로, 경제적인 가격으로 물품을 구입하는 것은 중요한 구매 목표이다.

(5) 발주와 주문내용의 사후 점검

주문은 반드시 서식을 이용하는 것이 상례이며, 특정인의 서명이 있어야 한다. 판매업자로부터 보내어진 주문서는 여러 장의 사본을 만들어 검수, 회계, 물품 사용부서, 재고관리부서 등에 보내는데, 이는 업무를 수행함에 있어 능률을 기하려는 목적이 있다. 각각의 사본은 색깔로 구분하고 있다.

(6) 송장의 점검

송장이란 주문한 물품과 함께 판매업자가 보내온 물품대금 청구서를 말하는데, 대금 지불 전에 반드시 확인해 보아야 한다. 송장을 검토해 본 결과 잘못 기재된 내용이 발견될 경우에는 대금을 지불하기 전에 이를 수정해야 함은 물론이고, 재확인 후 올바르게 처리되었다면 회계부서에 보내어 대금을 결재하도록 행 한다.

(7) 납품된 물품의 차질 처리 및 반품

송장과 배달된 물품내용에 대한 주문한 내용과 차질이 발견되면, 주문을 담당했던 구매 담당자가 이를 확인한 후 납품업자에게 송장을 반송하여 수정토록 조치를 취한다. 또한 납품된 내용물에 이상이 발견되면 교환 또는 대체할 수 있도록 조치를 한다.

(8) 기록 및 장부관리

구매업무 수행에 있어 마지막 단계는 구매거래 내용을 기록하고, 정리하여, 보관하는 것이라 할 수 있다. 장부에는 구매에 대한 주문서 사본, 구매 청구서, 물품 인수장부, 검사 또는 반품에 대한 보고기록에 관한 것 등이 있는데, 보관기간은 회사의 방침에 따라 다르기는 하지만 대체로 3년을 보관한다.

제**3**절 검수관리

1. 검수의 의의

검수는 구매과정 못지않게 중요한 업무이다. 아무리 좋은 물품을 구매하였다 하더라도 주문한 부서에서 필요로 하는 크기나 양에 대한 물품을 수령단계에서 제대로 검수하지 못한다면 회사에서 계획하고 있는 식음료 상품을 판매할 수 없기 때문에, 결국은 회사에 손실을 초래할 수도 있다.

검수는 주문에 따라 배달된 식음료 재료를 검사하고 받아들이는데 따른 관리활동이다. 검수관리의 근본적인 목적은 계약된 가격에 의해 주문한 내용의 물품과 수량에 일치되는 식음료 재료를 획득하려는데 있다. 그러므로 검수를 담당하는 직원은 무엇보다도 주문한 상품에 대한 품질내용을 숙지해야 한다. 그래야만 검수장에 도착한 물품의 품질, 수량, 구매명세서, 가격 등 제요소에 비추어 정확하게 검사하고 평가할 수 있으며, 그 물품을 받아드릴 것이지 반품시킬 것인지를 결정할 수 있을 것이다.

2. 검수에 관련된 정책

① 검수를 함에 있어서는 구매자나 판매자 양측에서 보아 공정하며, 타당성을 갖는 것이라야 한다.

② 검수의 형태나 그 정밀성의 정도는 구매한 물품의 중요성에 따라 결정될 문제이며, 너무 소홀이 다루어지거나 혹은 검수에 너무 많은 시간을 소비해도 안 될 것이다.

③ 검수는 배달된 후 즉시 이루어져야 한다.

④ 검수결과에 대한 내용은 항상 기록을 해야 하며, 검수원의 서명이 들어간 관련된 서류는 보관을 해야 한다.

⑤ 검수부는 구매거래 내용을 필요로 하는 자료를 제공해 줌으로써 구매자에 대한 협조자로서의 역할까지 수행하도록 해야 한다.

3. 검수에 따른 서식

1) 크레디트 메모(credit memorandum)

배달된 식음료 재료의 품질이나 수량 등에 차질이 생겼을 경우 반품하지 않더라도, 그 것이 올바른 수량, 가격이나 품질 또는 구매명세서에 의한 것이 아님을 명확히 함으로써, 호텔이 식음료 판매업자에 대한 신용관리를 도모하려는 목적으로 작성, 이용되는 서식이다.

그러므로 구매자는 이것을 작성한 후 반드시 식음료 판매업자가 보낸 배달인의 서명을 받아둠으로써 판매업자와 신용관리의 목적을 다하고자 하는 것이다. 이 서식은 원본과 함께 사본 2장을 작성하여, 원본은 식음료 판매업자에게 보내고, 한 장은 회계부서, 한 장을 검수담당 부서에서 보관한다.

2) 송장(invoice)

송장은 판매업자가 상품배달과 동시에 호텔에 제시하는 물품대금 청구서인데, 그 내용을 보면 물품명, 수량, 단가, 각 품목에 대한 총액 그리고 총 합계액이 기재되어 있다. 송장을 보내오면 송장 확인도장(invoice stamp)을 찍어줌으로써 물품이 도착한 날짜를 확인하는 것으로, 그 내용에 대한 모든 것을 증명할 수 있도록 한 것이다.

3) 검수 보고서(receiving sheet)

검수원은 검수를 거쳐 인수한 식음료 및 기타 물품에 대한 일일검수보고서를 작성해야 하는데, 이것을 receiving sheet라고 한다.

4) 육류 기록표(meat tag)

호텔에서 구매하는 식재료 가운데에서도 육류가 차지하는 부분이 상당히 많은 양을 차지 할 뿐만 아니라, 그것이 점유하는 구매비도 매우 높다. 육류는 요리의 종류나 조리의 내용에 따라 달리 사용되므로, 검수가 끝나면 즉시 검수일자, 일련번호, 납품업자, 고기의 부위 이름, 중량, 무게 당 가격 및 총액을 기재한 tag(꼬리표)를 붙여 놓아야 한다.

4. 검수에 따른 관리활동

검수활동 자체에 대해서도 정기적인 점검이 이루어져야 할 것이다. 일단 검수를 거친 물품에 대해서는 표준구매 명세서 목록에 있는 상품을 재확인할 필요가 있다. 검수업무에 대한 관리는 다음과 같은 내용을 참고로 할 필요가 있다.

① 정확한 계량설비와 도구 및 척도 사용 여부에 대한 것
② 저장 및 검수공간의 확보와 그 위생적 관리 여부
③ 검수원 직무 수행 등에 대한 정기적인 점검

검수과정에서 나타나는 일반적인 문제는 구매물품 납품업자와 직원간의 관계에서 나타나는 검수관리의 관대화이다. 그러므로 구매와 검수는 각각의 다른 사람에 의해 수행되어야 하며, 비리와 같은 문제점을 방지하기 위해서는 근본적인 인사관리 기능을 강화하는 것도 하나의 방법이라 할 수 있겠다.

5. 주요 식자재의 검수

식재료나 음식물 검수 시에는 통제할 수 있는 기준이 있어야 한다. 예를 들면 쇠고기를 수령할 때는 오염성과 부패성을 검사하되, 온도계를 사용해서 고기의 온도를 측정한 다음 5℃ 이상의 온도를 나타내는 고기류는 받아서는 안 된다. 쇠고기가 그 이상의 온도에서 유통되면 오염이나 부패의 위험성이 매우 높기 때문이다.

또한 포장상태를 잘 확인해야 하며, 냄새가 나거나 끈적거림이 있어서는 안 된다. 야채류를 받을 때에도 고기류와 마찬가지로 오염과 부패성을 확인해야 하며, 다른 음식과 접촉이 없어야 한다. 또한 벌레나 쥐 종류에 의한 손상이 없어야 한다.

다음은 영업장에서 식재료를 수령할 때 일반적으로 적용되는 검수요령이다.
① 허가를 받고, 명성 있는 공급자 및 제품을 제대로 검사하고, 위생규칙을 준수하는 제공업자로부터 식재료를 구입해야 한다.
② 식재료는 배달 즉시 검사를 해야 한다. 그래야만 반품을 하거나 계산을 할 때 정확하게 처리할 수 있다. 뿐만 아니라, 부패하기 쉬운 식재료는 적절하지 않은 환경에서 오래 방치할 수 없기 때문이다. 그리고 납품된 식재료는 무작위로 추출하여 세밀한 검사를 해야 한다. 그 이유는 아무리 공급회사에서 사전 검사를 하였다 하더라도 운반과정에서 잘못될 수 있기 때문이다.

제4절 저장관리

1. 저장관리의 의의와 목적

저장은 미생물의 번식과 오염을 방지하는 방법으로, 음식물을 저장하는 기간이 길수록 품질은 저하되며, 적절하지 않은 저장방법은 심각한 문제를 일으킬 수 있다. 그러므로 식재료의 검수가 이루어지고 나면 즉시 출고할 것은 각 영업장에 불출하고, 나머지는 합리적인 방법으로 보존하는 것이 필요한데 이렇게 재료를 다음 출고 일까지 보존하는 상태를 저장(storing)이라 한다.

저장을 함에 있어서는 금전적 수지계산과 음식물 안전 그리고 적절한 저장절차는 직접적인 관계를 가지고 있다. 예를 들면 건조한 물품의 저장에 있어서 저장방법이 나쁠 경우 해충이 몰려들어 음식물을 오염시킴으로서 금전적인 손해를 볼 수 있는 것이다. 그러므로 호텔에서는 일반자재창고(general store), 식음료 저장창고(food store), 음료 저장창고(beverage store) 등을 준비하여 운용하고 있다.

인력과 시설을 투자하여 저장하는 것이 물품의 적정 보관 상태와 재고관리를 효율적으로 하며, 파손과 부패 등으로 인한 손실을 최소화하는데 목적이 있다고 하겠다.

① 부패나 폐기에 의한 식음료 손실을 최소화함으로써 식음료 원재료의 적정재고를 유지하는데 있다.
② 식음료의 출고가 올바르게 이루어지도록 하는데 있다.
③ 입고 및 출고된 식음료 재료의 현황을 매일 확인한다.
④ 물품청구서에 의한 식음료재료의 출고는 특별한 사유가 없는 한 그것이 사용되는 시점에서 이루어지도록 하는 데 있다.

2. 저장관리의 일반원칙

레스토랑에서는 많은 종류의 음식물을 취급하지만, 몇 가지 저장원칙은 모든 저장방법에 적용된다. 일반적으로 모든 음식물의 저장방법은 다음과 같다.

1) 선입선출법의 원칙(FIFO: First In, First Out)

먼저 입고된 물품은 먼저 사용한다는 규칙을 따르는 것이다. 각각의 포장에 그 제품의 검수한 날짜를 기록한 뒤, 저장시킬 때는 사용기한을 기록한다. 또한 나중에 들어온 식품은 뒤쪽으로 저장하여 오래된 것을 먼저 사용하도록 하며, 정기적으로 사용기한을 점검한다.

이러한 원칙은 재료의 저장기간이 짧으면 짧을수록 재고자산의 회전율이 높고, 자본의 재투자가 효율적으로 이루어질 수 있다. 특히 변질 되기 쉬운 품목과 유효기간이 설정되어 있는 품목은 출고관리에 유의해야 한다.

2) 품질유지의 원칙

일반적인 식자재의 적정 저장온도와 습도, 저장기간 등을 적용하여, 품질의 변화가 생기지 않도록 최고 품질수준을 유지한다.

특히 육류, 가금류, 조리한 곡류와 같은 잠재위해식품은 온도위험 구간인 5℃에서 57℃ 사이에는 보관하지 않는다. 냉장고에 저장된 음식은 잠재적인 위해가 있으므로 7일안에 사용되어야 하며, 해동된 식품은 24시간 안에 소비되어야 한다.

3) 저장위치 표시의 원칙

식음료 재료가 어디에 있든지 쉽게 파악하고, 확인될 수 있도록 하여야 한다. 그러므로 재고위치제도를 적용하여 품목별로 카드를 만들어 누구든지 쉽게 원하는 물품을 관리할 수 있도록 한다.

4) 분류저장의 원칙

식품은 원래 저장소에만 저장해야 한다. 화장실, 보일러실, 층계 밑이나 출입구 같은 곳 옆에는 음식물을 저장해서는 안 된다. 또한 식품은 쓰레기장으로부터 떨어져서 저장되어야 한다. 왜냐하면 음식물 오염이 될 확률이 높기 때문이며, 저장소는 식품의 안전성을 위해 검수와 음식 준비 및 조리지역으로부터 접근이 쉬워야 한다.

최적의 상태로 저장하는 저장기준을 참고로 하여, 식음료 자재의 성질, 용도, 기능 등에 분류기준을 설정한다. 같은 종류의 물품끼리 저장함으로써 입출고 시 번잡과 혼동을 줄일 수 있다.

5) 위생관리의 원칙

저장소에 있을 수 있는 벌레, 세균, 박테리아 등으로부터 식음료자재를 보호하기 위해서는 음식을 만들기 위한 원자재를 보관하는 저장소부터 깨끗하게 건조해야 한다. 냉장고나 냉동고뿐만 아니라 온장고(heated cabinet)도 마찬가지이다.

또한 식품을 운반하는 카트(cart)나 다른 이동수단도 청결을 유지해야 한다. 예를 들어 육류를 적절한 방법으로 포장하고 적절한 온도로 냉장하였다 하더라도, 사용할 음식물을 쓰레기 옮기는 기구를 이용하여 주방으로 옮긴다면 지금까지의 위생관리는 무의미할 것이다.

3. 식재료의 저장관리

1) 냉장저장

대부분의 식재료가 그러하지만 요리 후 남은 뜨거운 음식을 적절히 냉각하지 않거나, 차가운 음식물을 5℃ 이하가 아닌 범위 내에서 저장을 했을 때는 식중독의 발생 원인이 된다. 이런 식중독을 방지하기 위해서는 적절한 냉장저장(refrigerated storage) 기준을 세워 철저히 지켜야 한다. 음식물을 내부온도 5℃ 이하로 유지한다면 박테리아의 성장을 늦출 수 있기 때문이다.

하지만 냉장저장을 했다고 영원히 간직할 수는 없으며, 냉장고를 장기 저장소로 사용해서도 안 된다. 냉장기간이 길수록 부패되는 음식물은 햄버거가 가장 빠르며, 지방이 많은 생선(고등어, 연어, 푸른 생선), 칠면조, 돼지고기, 크림종류의 음식물, 소스, 푸딩 등이다.

2) 냉동저장

냉동저장(frozen storage)은 식품의 온도를 -18℃로 유지하기 위한 것이다. 그러나 몇몇 냉동식품은 다른 온도로 저장되어져야 하기도 한다. 냉동은 식품에 있는 미생물을 제거할 수는 없으나 성장을 늦출 수는 있다.

　냉동식품은 검수가 끝나면 즉시 냉동실에 보관되어야 하는데, 원래의 포장된 상태로 저장해야 한다. 뜨거운 식품은 냉동기에 넣어선 안 되며, 내부 온도를 높여 다른 식품을 녹게 할 수 있기 때문이다. 또한 한번 해동된 식품은 다시 냉동해서는 안 되는데, 부패할 확률이 높기 때문이다. 그리고 요리할 만큼만 꺼내 사용하되, 사용은 선입선출법을 이용해야 한다.

3) 건조저장

　쌀과 캔류 등의 건조물품을 저장하는 저장소는 넓은 곳이 좋으며, 밝아야 하며, 청결해야 되고, 통풍이 잘 되어야 한다. 그리고 해충이나 습기와 열에서 음식물을 보호할 수 있는 장소라야 한다.

　건조저장(dry storage) 시에는 환기가 잘 이루어져야 한다. 수분과 열은 건조식품이나 캔류식품에 가장 큰 위해가 되기 때문이다. 저장소의 온도는 10℃~21℃를 유지해야 하며, 상대습도는 50~60%가 적당하다. 그리고 건조식품은 바닥이나 벽에서 적어도 15cm 이상 떨어진 곳에 보관해야 한다.

4. 개별식품의 저장방법

　지금까지는 냉장·냉동·건조저장의 일반적인 사항들을 살펴보았다. 다음은 구체적인 식품들의 저장방법에 대하여 알아보고자 한다. 모든 식목들은 품목별 특성과 적정온도를 파악하고 있어야 하며, 가능한 검수 후 즉시 저장해야 한다. 특히 관리자들은 저장고의 상태, 환기상태 등을 면밀히 확인하여 보관하도록 해야 하며, 안전과 품질을 최대한 유지하려면 저장기간을 가능한 짧게 잡아야 한다.

1) 육류 저장방법

　육류(meat)는 배달되는 즉시 저장해야 하며, 냉장고의 온도는 5℃ 이하 범위에서 저장하는 것이 좋다. 냉동된 고기는 -18℃ 이하의 온도로 보관해야 하며, 냉동고에 넣기 전에 수분을 방지하기 위한 용기에 넣어 봉해 놓아야 한다. 잘못 포장되면 오래 저장할 경우 냉동 식품의 경우 품질이 많이 떨어질 수 있기 때문이다.

날고기는 느슨하게 포장해서 공기순환이 잘 되게 하되, 갈은 소고기(ground beef)는 공기와 접촉하면 밤색으로 변하므로 밀폐 포장해야 한다. 특히 가공된 고기는 냉동되어 배달되면 냉동시키고, 그렇지 않은 것은 냉동고에 저장하면 안 된다.

(1) 소고기(beef)

Fresh beef는 -2℃가 되면 동결되기 때문에 일반적인 보관온도는 2℃ 이하가 적당하다. 소고기는 구입할 때는 부패의 가능성이 있기 때문에 사용할 양을 미리 측정하여 낭비가 없도록 해야 한다.

냉장고는 벽, 선반 등을 깨끗하게 유지하여, 냄새가 나지 않도록 해야 하며, 정기적인 소독을 하여 청결하게 사용하도록 한다. 냉장고는 공간을 어느 정도 확보하여 통풍이 잘 되도록 만들어 줘야 한다.

(2) 돼지고기(pork)

보관 적정온도는 2℃에서 7~10일간 보관이 가능하다. 냉동의 경우는 3~7일 정도의 보관하는 것이 좋다. 돼지고기의 주성분은 단백질과 지방질이며, 무기질과 비타민이 소량 함유되어 있다.

소고기와 달리 상온에서 방치하면 쉽게 육즙이 생겨 조리 시에 양이 줄어드는 손실이 오게 된다.

(3) 송아지고기(veal)

수분이 많은 송아지 고기의 보관기간은 1주일 정도가 적당하며, 냉장고에서 꺼내면 즉시 사용해야 한다.

(4) 양고기(lamb)

양고기는 도살 즉시 냉동시켜야 한다. 해동시킨 것은 4~7일 정도 보존가능하다. 양고기는 소고기보다는 엷으나 돼지고기 보다는 선홍색이다. 근섬유는 가늘고 조직이 약해 소화가 잘 되고 특유의 향이 있다.

(5) 닭고기(chicken)

0~2℃에서 4~6일간 보관이 가능하지만, 맛의 변질이 빠르기 때문에 신선한 것을 사용하는 것이 좋다. 2~3일 동안 낮은 온도의 냉장고에서 숙성시키면 육질이 연하고 맛이 좋다.

(6) 햄, 소시지, 베이컨(ham, sausage, bacon)

Ham, sausage류는 10℃ 이하에서 보관하는 것이 좋다. 냉장고에 보관(3℃ 이하)된 sliced ham, bacon은 2~3일 정도가 좋고, 가열처리 안된 sausage는 1주일, 가열처리 된 것은 2주일 정도 보관하는 것이 좋다.

(7) 계란(egg)

계란은 강한 냄새가 나는 식료품으로부터 분리해서 냄새의 오염을 막아야 한다. 습기 찬 계란은 썩지 않도록 건조시키고, 계란 사이에 통풍이 잘 되도록 간격을 만들어 준다. 또한 냉장고의 파이프로부터 떨어지도록 하여 보관한다.

(8) 버터(butter)

버터는 광선과 공기를 접하면 쉽게 부패하고, 색깔도 퇴색하므로 주의 깊게 포장하여 뚜껑을 덮어야 한다.

(9) 치즈(cheese)

치즈는 냉동상태를 견디지 못한다. 치즈는 유제품에서 분리시켜 보관하고, 응어리진 것은 젖은 천을 사용하여 건조함을 예방하고, 다른 품목으로부터 스며드는 냄새도 방지한다.

2) 가금류 저장방법

대개 가금류(poultry)는 고기보다 더 빨리 상한다. 분리하지 않은 완전한 가금류는 느슨하게 포장해서 냉장고에서 5℃ 이하의 온도에 저장한다. 냉장된 가금류는 검수 후 3일 안에 사용해야 한다. 부분육과 조리된 가금류는 2일 이내에 사용해야 한다.

냉동된 가금류는 자체배수가 되는 용기에 보관하며, 얼음은 자주 갈아 주고, 용기를 정기적으로 위생 처리해야 한다.

3) 낙농제품 저장방법

대부분의 낙농제품(dairy)은 강한 냄새를 잘 흡수한다. 또한 같이 저장한 다른 음식물의 맛도 흡수한다. 이러한 이유 때문에 낙농제품은 뚜껑을 꼭 닫아서 보관하고, 냄새가 강한 음식물과 멀리 저장해야 한다.

우유나 치즈, 크림과 같은 유제품은 유통기간의 날짜가 지난 것을 사용해서는 안 된다. 그러므로 사용할 수 있는지 확인하는 것이 중요하다.

낙농제품은 제공할 때만 실내온도의 요리에서 사용하고, 2시간 이상 실내온도에서 보관하면 안 된다. 또한 실내 온도에 보관했던 우유를, 냉장고에 저장한 우유와 함께 부어 보관해서도 안 된다. 아이스크림이나 냉동 요구르트는 -14℃~-12℃에서 저장해야 한다.

4) 생선 저장방법

물이 자동으로 빠지는 얼음에 저장한 생선(fish)은 검수 후 3일 동안 보관할 수 있다. 부서지거나 얇은 얼음을 생선저장에 사용하며, 네모지거나 큰 얼음은 생선을 손상시키고, 부패시킬 가능성이 높다. 얼음은 정기적으로 바꿔주고 위생처리를 해야 한다.

생선을 저장할 때는 생선이 물에 잠기는 것을 방지하기 위하여 포장해서 저장한다. 두껍게 썬 생선은 밀폐하여 수분을 방지할 수 있게 포장하고, 얇은 조각으로 된 얼음을 채워서 저장한다. 만약 0℃ 온도에서 저장했음에도 얼음을 채워 놓지 않으면 48시간 이내 사용해야 한다. 날것으로 제공되거나 부분 조리될 냉동된 생선은 -20℃ 이하에서 7일 또는 급속 냉동기(blast freezer) 안의 -35℃ 이하에서 15시간 동안 냉동되어 있어야 한다.

5) 갑각류 저장방법

살아있는 갑각류(shellfish)는 원래의 통에 7℃의 온도에 저장한다. FDA에 따르면 연체조개류(대합, 굴, 홍합 등)는 지방보건 당국으로부터 특례인가를 받을 경우에만 대중에게 보여주기 위하여 투명한 전시용 탱크에 저장할 수 있다.

6) 과일 저장방법

대부분의 과일은 냉장 저장하는 것이 가장 좋은 방법이다. 저장 온도는 0~15℃로 품목에 따라 다르나 보통 6℃가 적당하다. 그러나 사과, 배, 바나나는 실내 온도에 저장하면 잘 익고, 감귤류는 온도가 시원한 곳에 두는 것이 가장 좋다.

반면에 딸기, 앵두, 자두는 냉장하기 전에 씻지 말아야 하는데, 수분 농도가 높을 수록 곰팡이가 발생하기 쉽기 때문이다.

(1) 사과

썩은 것은 분류하고, 포장지가 젖지 않은 상태면 상자채로 보관한다.

(2) 배

포장된 채로 보관한다. 익지 않은 것은 시원한 장소에서 보관하면 서서히 익힐 수 있다. 완전히 익은 후에는 더욱 빨리 상하므로 세심한 주의가 요구된다.

(3) 바나나

환기가 잘되는 곳에 보관해야 하는데, 공기를 빨아드리는 곳은 적당치 못하다. 노란색에 검은 점이 보이면 완전히 익은 것이나, 완전히 익기 전에 건조하게 보관하는 것이 좋다.

(4) 딸기

습기가 많은 곳은 빨리 익으므로 건조한 곳에 보관하고, 환기를 해 줌으로써 곰팡이 방지를 할 수 있다.

(5) 레몬

오래 보관하려면 습한 곳을 피해서 포장한 채로 보관하되, 젖었을 경우는 물기를 닦은 후 보관한다.

(6) 수박

냉장고에 보관하며, 매일 두 번씩 돌려놓는다.

(7) 파인애플

디저트용과 요리 장식용 두 가지가 있다. 장식용은 표면이 딱딱한 것이 좋고, 디저트용으로는 장식용보다 더욱 신선한 맛이라야 한다. 보관은 냉장고에서 3~4일 정도 가능하다.

7) 야채 저장방법

모든 종류의 야채 저장목적은 신선하고 풍부한 영향을 그대로 유지하는데 있으므로, 야채를 싱싱하게 보관하기 위해서는 2~7℃의 냉장저장이 가장 적절하다. 또한 야채는 어느 정도의 공기가 필요하지만, 공기의 양이 너무 많으면 야채의 필요한 수분을 잃을 수 있다.

특히 양파는 감자나 수분이 많은 야채와 같이 저장하면 냄새를 흡수하므로 분류해서 저장한다. 그리고 감자는 검수 후 2주까지는 보관 가능하나, 공기가 잘 통하는 통에 담아 건조한 곳에 저장하는 것이 좋다. 그러나 고구마, 양파, 껍질이 두꺼운 호박, 가지, 순무의 일종인 우엉은 냉장저장하지 말고 실온에 보관한다.

파슬리(parsley)의 경우는 물을 자주 뿌려주면 싱싱함을 유지할 수 있으나, 밀폐된 용기에 보관을 해주는 것이 좋다.

버섯(mushroom)은 강한 불빛에는 빠르게 검게 변색된다. 이 검은 색은 부패의 징조이므로 뚜껑을 덮어 건조하게 따로 보관한다. 주문은 하루 분량씩만 하는 것이 좋다.

8) 캔류와 건조식품 저장방법

캔류와 건조식품 저장 규칙에는 같은 원칙을 따른다. 여기서 중요한 것은 캔이나 건조식품도 오랜 기간 동안 저장하면 부패되며, 품질이 저하된다는 것이다. 캔류식품의 적절한 저장온도는 10~21℃이며, 습도는 50~60%이다. 온도가 높을수록 박테리아 성장이 빠르고, 부패가 쉬우며, 습기가 많으면 캔이 녹슬기 쉽다.

토마토와 딸기 같이 산성이 높은 캔류식품은 산성이 낮은 보통 음식물보다 저장기간이 짧으며, 통이 부식되어 구멍이 날수도 있으므로, 캔을 열 때는 항상 외부를 깨끗이 닦은 다음 열어야 외부의 이물질 들어가는 것을 방지할 수 있다.

9) 초고온 및 무균처리 된 식품

UHT(ultra high temperature)라고 라벨이 붙여진 제품은 초고온순간살균 처리되고, 무균처리 된 식품이다. 이러한 식품들은 개봉하기 전까지는 냉장 또는 실온에서 보관될 수 있다. 그러나 개봉된 이후에는 반드시 5℃ 이하에서 냉장 저장되어야 한다.

제 5 절 출고관리

1. 출고관리의 의의와 목적

출고란 검수를 마친 후, 다음사용을 위해 저장해 놓은 저장창고로부터 물품을 인출하는 과정을 관리하는 것을 의미하나, 더 넓게 생각해 보면 직접구매에 의한 물품의 취급까지도 물품 저장고에서의 출고와 함께 출고관리 영역에 내포된 다고 할 수 있다. 즉, 일정한 절차 및 서류의 작성에 의한 식음료 원자재를 필요한 부서에 인도해 주고, 그 절차를 기록·정리·보관하는 것이다.

2. 출고관리의 목적

적절한 절차에 의한 식음료의 출고관리는 반드시 물품 청구서(food requestion)의 작성 및 제출에 의하여 이루어져야 한다. 또한 저장고로부터의 식료품 인출에 필요한 청구서는 창고에 있는 식음료 원재료의 재고와 출고된 식료에 사용될 뿐만 아니라, 식음료 매출에 대한 원가를 구하는데도 사용된다.

따라서 출고관리의 목적은 정해진 사람이 적절한 절차에 따라서 물품을 출고함으로써 원가의 낭비를 방지할 수 있고, 물품출고를 날짜에 따라 계산을 용이하게 하는데 출고관리의 목적이 있다.

3. 출고와 원가관리

원가관리를 담당하는 직원은 저장고 관리인이 보낸 출고 요청서를 접수하여, 재고 장부기록으로부터 얻은 단가를 출고된 식음료 재료의 품목별 수량에 관련시킴으로써 각 품목별 총 소비액을 구한다.

즉, 단위수량 × 단가 = 재고사용 총계이다. 이 금액은 그날의 재고소비액으로부터 재고장부에 각 항목별 수량을 기재한 후 전체의 재고에서 이 금액을 차감해야 한다.

4. 출고에 따른 제반 관리 활동

① 출고는 반드시 물품청구서(store requestion)의 작성 및 제출에 의하여 이루어져야 한다.

② 물품 인출에 필요한 청구서는 창고에 있는 식음료재료의 재고와 출고된 물품의 계산에 사용될 뿐만 아니라, 월중 식음료 매상에 대한 원가율을 구하는데 자료로서 사용된다.

③ 출고 직원과 업장에서 물품을 수령하러 온 직원과의 정확한 수량파악에 의해 출고가 이루어져야 한다.

④ 출고에 사용되는 대표적인 것은 출고전표인데, 전표에는 품목, 수량, 코드번호, 부서장의 서명이 있어야 한다.

⑤ 출고업무 담당자는 국산제품과 수입제품을 구분하여 처리한다.

⑥ 출고를 담당하는 직원이나 수령하는 직원 모두는 일의 능률이나 위생, 파손방지 등을 위하여 운반용 카트를 사용한다.

⑦ 물품 청구서에 의한 물품 출고는 1일 2회를 오전과 오후로 나누어 정해진 시간에 출고함으로써 업무의 능률화를 꾀한다.

⑧ 출고가 이루어진 후에는 물품청구서의 사본을 잘 보관하고, 반드시 컴퓨터를 정리하여 재고관리 목적에 이용하도록 한다.

⑨ 물품청구서는 출고 담당자와 수령자의 서명이 반드시 있어야 한다.

CHAPTER 2 위생 및 식품 안전관리

레스토랑의 위생관리

레스토랑은 고객들이 자신의 건강증진을 위해 찾는 곳이다. 레스토랑의 불결과 병원균으로부터의 노출은 심각한 사태를 불러오는 일이 되므로 각별히 유의하여 예방하여야 한다. 먼저 청결한 레스토랑의 관리와 개개인의 위생관리는 식중독 방지에 있어 매우 중요하며, 또한 고객들은 레스토랑에 근무하는 종사원들로부터 받은 인상으로, 그 레스토랑을 평가를 하게 된다. 그러므로 조직적인 방법으로 레스토랑 직원들을 고용하고, 훈련시키며, 관리해야 한다. 위생관리는 일반적으로 공중위생과 직원들의 개인위생으로 분류하여 다루어지고 있는데 다음과 같다.

1. 공중위생 관리

1) 법적인 배경

식품 위생법은 식품위생의 향상과 증진을 도모하여, 국민의 건강한 식생활을 확보하고자 하는 법률이다. 그 목적은 식품으로 인한 위생상 위해를 방지하고, 식품영양의 질적 향상을 도모함으로써 국민건강의 증진에 이바지함에 두고 있다.

식품, 첨가물과 같은 식품으로 기인하는 것 이외에 음식이라는 행위자체에 직접적으로 영향을 끼치는 식품 또는 기타의 기구 및 용기와 포장 등에 불필요한 이물질의 혼입, 병원 요인 물질의 함유 또는 병원균의 오염 등에 의하여 국민건강에 장애를 일으킬 수 있다. 그 러므로 이와 같은 원인을 제거하고, 안전성을 확보하기 위한 수단이나 기술은 식품 위생 법상 가장 기본적인 규제대상이라 할 수 있다.

2) 미생물학상의 기본원칙

미생물학의 원칙에 대한 지식은 근본적으로 식품위생을 이해하는데 있다. 미생물은 음 식을 부패시키고, 음식을 매체로 각종 질병을 일으킬 수 있다. 음식 부패균으로는 효모, 박테리아, 곰팡이가 있으며, 대부분 음식에 발생하는 병은 박테리아에 의한 것이고, 바이 러스, 선모충 등이 음식을 매체로 질병을 일으킬 수 있다.

그러므로 조리사, 영양사와 같이 음식을 취급하는 모든 사람들은 음식부패, 질병의 원 인을 파악하는 것이 중요하며, 식품의 가공 처리과정, 운송, 저장관리, 식사제공 과정에서 균에 오염되지 않는 방법을 알아야 하는데 다음과 같다.

① 박테리아, 바퀴벌레, 파이, 쥐, 해충으로부터 음식 보호
② 저장, 조리, 보관하는 동안에 음식 온도의 효과적인 조절
③ 화학적이고, 해독한 유동성 물질로부터 음식 조절
④ 개인 건강과 위생을 지켜 안전하게 음식을 취급

3) 일반적인 위생

레스토랑에 근무하는 주방직원이나 홀 직원, 고객뿐만 아니라 각자 자신의 질병으로부 터 보호하기 위하여 다음과 같은 위생 사항을 실행해야 한다.

① 모든 음식은 spoon, fork, knife로 다루어져야 한다.
② 고객이 입을 대며 사용하게 될 기물은 직원의 손이 닿지 않도록 한다.
③ Ice machine 통 안에 손을 넣거나 이물질을 넣지 않도록 한다.
④ 음식을 조리하는 곳에는 애완동물이 없어야 하며, 음식을 다룰 때는 어느 누구도 애 완동물을 만져서는 안 된다.

⑤ 고객이 마시는 물과 차 종류는 항상 깨끗한 상태에서 적절한 온도를 유지하도록 한다.

⑥ 쓰레기는 하루에 일정한 시간을 정하여 업장에서 멀리 떨어진 하지장에 버리고, 기계 장치나 청소차가 자주 방문 청소해야 한다.

⑦ 영업장 주변은 항상 깨끗이 관리하여, 위생의 사각지대를 사전에 차단한다.

⑧ 조리부나 레스토랑 영업장에 사용하는 카트(cart)를 비롯한 기계, 기구, 장비 등을 철저히 관리하고, 청결을 유지한다.

2. 개인위생 관리

공중위생이 아무리 깨끗하게 유지된다 하더라도, 음식을 제공하는 레스토랑에 근무하는 직원 개개인의 위생이 불량하다면 큰 문제가 아닐 수 없다. 평상 시 철저한 위생관리를 통해 최고의 시설에서, 최고의 음식을 판매하고자 하는 직원의 노력은 레스토랑 경영에서 가장 기본적인 조건이라 할 수 있으며, 품질 좋은 음식을 공급하기 위한 개인위생 관리를 위해 다음과 같은 사항들을 지켜야 한다.

① 건강한 외모와 청결은 깨끗한 신체에서 시작되므로, 구강, 머리, 피부 등을 깨끗하게 유지해야 한다.

② 손톱은 짧고 청결해야 하며, 항상 청결한 손을 유지하기 위하여 위생적인 손 세척과 정을 지켜야 한다.

③ 적절한 유니폼을 착용하고, 항상 최상의 상태를 유지해야 하며, 머리카락은 날려서 음식에 들어가지 않도록 고정시켜야 한다.

④ 법정 전염병이나 피부병 등이 있는 직원은 원칙적으로 취업이 금지되어 있으므로, 본인 스스로가 자신의 건강을 잘 챙겨야 하며, 질환이 있을 경우 보고를 해야 한다. 일반적으로 호텔에서는 1년에 1회 또는 2회 건강검진을 실시함으로 꼭 참여 한다.

⑤ 손을 베었거나 상처를 입었을 경우는 절대로 음식을 취급하지 않는다.

⑥ 지나친 화장이나 치장은 예상치 못한 일이 생길 수 있으므로, 항상 신경을 써야한다.

1) 위생적인 손 관리

개인위생에서 가장 중요한 것은 손을 자주 씻는 것이다. 몸에서 나는 냄새나 목욕을 자주 하지 않으면 박테리아가 빨리 성장하며, 더러운 손과 손톱은 음식물을 제일 많이 오염시킨다. 그러기 때문에 손을 씻는 것을 기본 사항이지만, 많은 취급자들이 필요한 때에 자주, 적절하게 손을 씻지 못하고 있다. 그러므로 관리자들은 식품 취급자들이 손을 제대로 씻을 수 있도록 교육시키며 감독을 해야 한다.

최근 들어서는 피부표면에 발생하는 미생물 제거를 목적으로 액체로 만들어진 소독약을 많이 사용하고 있으나, 소독약으로 손을 씻는 것으로 대신해서는 안 된다.

손 관리에 있어 또 하나의 방법은 장갑을 사용하는 것이다. 장갑의 적절한 사용에 따라 음식물을 처리하는 사람과 음식물 사이에 위생적인 차단벽이 될 수 있다. 장갑은 음식을 처리하는 사람들에게는 맨손보다 위생적이다. 그러나 이런 생각 때문에 사용했던 장갑을 다른 음식물 조리 때 다시 사용해서는 안 된다. 이런 경우를 접촉 이중오염이라 하는데, 예를 들면 닭고기를 자르고 난 뒤 그 장갑을 끼고 다른 음식물을 만지는 것이다.

2) 적절한 시설과 개인위생

식음료 서비스를 함에 있어 음식을 안전하게 취급할 수 있는 규정이나 규칙은 식음료의 안전성 확보에 시작일 뿐이다. 관리자들은 적절한 장비와 공간을 제공함으로써 위생으로 인한 문제가 발생하지 않도록 하는데 주위를 기울여야 한다.

휴게실이나 개인 사물함과 같은 시설은 직원들이 출입하기에 편리한 장소로 청결하고, 밝아야 한다. 그리고 고객 화장실과 직원 화장실을 구분되어 있어야 하며, 세면시설은 손을 소독한 다음 오염되지 않도록 발이나 무릎 등으로 자동조절 할 수 있는 설비가 필요하다.

3) 기타 개인위생 실천

적절한 손 위생관리와 더불어 식품 취급자들은 일을 시작하기 전에 샤워를 해야 한다. 또한 기름기가 있고 더러운 머리카락은 병원균이 잠복할 수 있으며, 비듬 또한 음식 표면에 떨어질 수 있으므로 두발을 항상 깨끗이 해야 한다.

손톱은 청결해야 하는데, 비위생적인 손톱은 세균이 잠복함으로 위생상 문제가 많다. 긴 손톱은 음식물에 들어갈 수도 있기 때문이다. 또한 복장은 오염방지에 중요한 역할을 하므로, 직원의 단정한 몸가짐을 규칙으로 정하고, 근무복과 장신구에 관해서도 관리규칙을 세워야 하는데, 끈이 어깨에 있는 옷은 삼가야 한다.

제 2 절 식품의 안전성

1. 개 요

음식을 먹는다는 것은 즐거운 일이다. 사람들은 음식물을 먹거나 음료를 마시면서 서로의 활력소를 찾게 된다. 고객들은 호텔의 레스토랑을 찾을 때 많은 것을 기대하고 있다. 맛이 있어야 하고, 위생적으로 제공되는 깨끗한 음식, 주위환경, 친절한 접객서비스를 통하여 즐거운 만남과 식사하는 기쁨을 갖고자 한다.

그러므로 레스토랑을 경영하는 경영자나 관리자는 체계적이고, 합리적인 방법으로 신선하고, 안전한 식재료를 구입하여 훌륭한 조리 작품을 만들어 고객에게 제공하여야 한다. 이와 더불어 레스토랑 직원에게 친절한 접객서비스 교육을 실시하여, 품위 있고, 수준 높은 서비스를 제공할수록 재방문 고객이 증가하면서 레스토랑은 성장할 것이다. 이러한 욕구를 부응하기 위하여 레스토랑에서는 위생적이며, 안전한 음식을 제공한다는 인식을 심어주는 것이 매우 중요하다.

2. 음식물의 안전성과 위험성

레스토랑에서 고객에게 제공되는 식음료를 안전하게 제공하기 위해서는 음식물의 안전성과 위험성 요소에 대하여 생각해 볼 필요가 있는데, 다음과 같이 세 가지로 나눌 수 있다.

1) 음식물

레스토랑에서 사용되는 식재료들이 모두 안전하게 사용할 수 있는 것은 아니다. 닭이나 칠면조와 같은 경우는 외부의 세균들로부터 오염되어 입고될 수도 있기 때문이다. 따라서 구매를 담당하는 관리자나 조리를 담당하는 관리자들도 식재료의 구입경로와 음식물을 공급받아 준비하는 과정들을 분석하여 오염이나 세균이 퍼지지 않도록 철저한 관리가 이루어져야 한다.

맛이 변질된 음식이나 건조된 음식물, 오래되어 신선해 보이지 않은 음식물은 고객에게 만족을 줄 수 없기 때문에, 레스토랑에서 제공되는 음식물의 품질과 안전성은 매우 중요하다. 근래에 소비자들은 위생에 많은 관심을 갖고 있다. 그러므로 음식을 만드는데 중요한 요소 중 하나인 위생적으로 관리된 식재료만이 안전하고, 좋은 품질의 음식을 만들 수 있기 때문이다. 즉, 올바른 음식물의 구매와 저장과 조리 및 고급은 좋은 품질의 음식물을 보장할 수 있다. 훌륭한 음식을 만들기 위해서는 안전성 외에 조리의 적합도, 영양가, 모양, 첨가된 성분, 맛의 조화가 잘 이루어져야 한다.

그러므로 올바른 음식물 처리와 안전한 음식제공은 식음료 서비스에서 중요한 부분이다. 이러한 부분에 소홀하게 되면 레스토랑 홀뿐만 아니라, 사용하는 기물 등 모든 시설물에 대한 소독과 청소, 식재료를 폐기해야 하는 상황도 발생할 수 있다. 또한 심할 경우는 일정기간 레스토랑을 폐쇄해야 하는 경우도 생길 수 있다.

그러므로 안전한 음식을 공급하기 위해서는 음식을 재료와 양을 적절히 조절함으로써 버리는 양을 줄일 수 있고, 식재료비용도 절약할 수 있다. 또한 위생규칙이 표준화되어 음식의 질을 향상시킬 수 있다. 그러므로 음식물을 담당하는 직원의 교육과 훈련을 통하여 관리를 철저히 하고, 담당 업무에 대한 의무를 실명화 할 때 음식물의 안전도는 높아지고, 작업능률도 향상될 것이다.

2) 직 원

안전한 음식물의 가장 위험한 장애요인은 사람이다. 레스토랑 경영에 있어 성공하는 데는 많은 요인이 있지만, 그 중하나는 직원에 대한 위생교육이라 할 수 있다. 직원에 대한 위생교육을 시키고, 위생적인 행동을 보여야만 식중독 발생을 최소화 할 수 있다. 또한 관리자는 비위생적인 고객에게도 관심을 두어야 하는데, 철저히 훈련된 직원은 비위생적인 고객이 사용하던 기물에 대해서는 별도의 관리가 되어야 한다는 것을 인식하고 있기 때문에, 보다 더 위생적인 레스토랑이 유질될 수 있다. 그러므로 정기적인 위생훈련이나 교육을 받은 직원의 역할은 매우 중요하다고 하겠다.

3) 시 설

식음료 자재가 많이 적재되어 있는 창고나 일정량 이상 저장된 냉장고, 청소하기 어려운 곳, 비위생적인 환경, 습기가 많아 해충들이 생길 수 있는 비위생적인 곳은 고쳐야 한다. 또한 레스토랑에서는 시설물, 용기, 청소에 필요한 도구, 브러시, 소독제 등을 점검하여 사용함에 있어 문제가 없도록 준비되어 있어야 한다.

3. 식품의 안전성 유지

레스토랑에서 사용되는 식품의 안전성을 유지하기 위해서는 보관하는 식품의 시간과 온도 조절, 교차오염, 미숙한 개인위생으로 분류하여 생각해 볼 수 있다. 지금까지 보고된 식품과 관련된 사고를 보면 대체로 이러한 각각의 분류에 속하는 요인들 중 하나의 요인이 관련된 것으로 나타났다. 그러므로 식품의 안정성을 유지하기 위해서는 이러한 요인들을 잘 통제할 필요가 있다.

1) 시간과 온도의 조절

식품 보관에서 시간과 온도의 조절은 매우 중요한데, 미생물이 성장하기 좋은 온도에 너무 오래 방치하면 식품을 사용할 수 없기 때문이다. 식품의 안전과 관련하여 식중독이 발생하는 주요요인은 다음과 같다.

① 식품보관 시 적절한 온도에서 유지하지 않은 경우
② 식품의 미생물을 죽일 수 없는 온도에서 조리하는 경우
③ 냉동식품을 완전하게 냉동시키지 못한 경우
④ 서비스 할 음식을 하루 전에 만들어 놓은 경우

● 표 5-1 식품의 흐름 중에 시간과 온도

검수(receiving)	식품을 구입하자마자 곧바로 저장
저장(storage)	식품을 적절한 온도에서 저장
준비(preparation)	온도 위험구간(5℃~57℃)에 두는 시간을 최소화
조리(cooking)	필요한 최소 내부온도로 식품을 조리
유지(holding)	뜨거운 음식은 57℃ 이상을 유지하고, 찬 음식은 5℃ 이하로 유지
냉각(cooling)	조리된 음식은 6시간 이내에 냉각시킴
재가열(reheating)	식품의 재가열은 2시간 이내에 15초 동안 74℃의 내부온도로 가열

미생물은 식품의 안전성에 가장 큰 위협요인이 된다. 다른 생물과 마찬가지로 미생물도 적절한 온도 범위 밖에서는 생존할 수 없다. 따라서 식품의 흐름(flow of food) 중에 미생물의 성장을 최소화할 수 있는 시간과 온도를 지키는 것이 중요하다.

2) 교차오염 방지

교차오염은 미생물이 하나의 식품에서 다른 식품으로 전달될 때 발생하는 것을 말하는데, 다음과 같은 주요 요인에 의해 교차오염이 발생할 수 있다.

① 조리하지 않을 식품에 날것의 오염된 성분이 첨가될 때
② 조리되었거나 즉시 먹을 식품에 깨끗하지 않은 장비나 기구 등이 접촉되었을 때
③ 조리되었거나 즉시 먹을 음식에 날것의 음식이 닿거나 액체가 흘러내릴 때
④ 오염된 식품을 만진 후 즉시 먹을 식품을 만졌을 때
⑤ 위생처리 안된 오염된 천을 사용할 때

레스토랑에 근무하는 직원들은 식품과 식품접촉 사이에 교차오염이 발생할 수 있음을 인지하여, 이에 대한 철저한 교육이 이루어져야 하며, 교차오염을 방지할 수 있는 몇 가지 방법을 소개하면 다음과 같다.

① 날것의 식품을 다룰 때는 자주 손을 씻어야 한다.
② 날것의 식품을 만지고, 즉시 먹을 식품을 만져서는 안 된다.
③ 즉시 먹을 식품에 날것의 식품이 닿거나 액체가 흘러내려서는 안 된다.

3) 개인위생

개인위생관리가 잘 되지 않은 직원은 고객에게 불쾌감을 줄 뿐만 아니라, 식품을 오염시키고 질병을 유발시킬 수 있는데, 다음과 같은 요인이 있다.

① 화장실 이용 후 손을 씻지 않을 때
② 식품에 기침이나 재채기를 했을 때
③ 상처 난 손으로 음식을 만진 직원

4. 식품위생의 공공성

위생(sanitation)이란 건강을 유지하는 것이며, 건강의 조건이다. 위생이란 원어는 라틴어 새니타스(sanitas)이며, '건강'이라는 뜻이다. 그러나 레스토랑에서 사용되고 있는 식품위생이란 병균이 없고, 위생적으로 준비한 안전한 음식을 뜻한다. 즉 식품위생이란 안전한 음식의 근본이라고 할 수 있다. 그러나 위생이 반드시 청결한 것은 아니며, 깨끗이 보이는 모든 음식이 위생적인 것은 아니기 때문이다.

청결이란 오염되어 있지만 눈에 안 보이는 것을 말하며, 외적인 미 또는 외부의 상태를 말한다. 즉, 반짝이는 유리컵, 먼지 없는 선반 등을 들 수 있다. 한편 위생이란 병균을 지닌 미생물이 모두 제거되었을 때를 말한다. 즉, 반짝이고 깨끗한 유리잔으로 보여도 박테리아나 화학물질이 묻어 있을 수 있다. 반대로 끓는 물에 세척한 유리컵이 뿌옇게 보이거나 물 자국이 보일 수 있어도 병균은 제거된 상태이다. 이러한 상태를 위생이라 한다.

레스토랑을 이용하는 고객을 보호해야 하는 이유 중 하나는 식품위생법이 있기 때문이며, 비위생적인 음식공급은 불법이다. 그러므로 위생관계법령은 비위생적인 음식을 공급할 때 벌금이나 영업장을 벌하는 것으로 규정하고 있다. 무엇보다도 식품위생법의 목적은 공중의 위생과 안전에 목적을 두고 있지만, 일반적으로 호텔의 레스토랑은 위생에 대한 신뢰도가 높은 만큼 안전하고 위생적인 음식공급이 되어야 할 것이다.

레스토랑 관리자의 기본업무는 고객들에게 안전하고 위생적인 음식을 공급해야 하고, 직원들에게는 위생교육을 시켜야 한다. 손이 많이 가고 복잡한 일이라 할지라도 위생적인 재검토는 필수이다. 만약 레스토랑에서 본인 실수로 식중독이나 불평이 야기되면, 금전적 손해나 운영상의 타격, 법적인 처벌을 받게 됨을 알고 있어야 한다. 그러므로 위생적이고 안전한 음식을 공급하기 위해서는 훈련을 시켜야 하고, 위생에 대한 관심을 갖게 할 뿐만 아니라 감시 또한 철저히 해야 한다.

호텔 레스토랑에서 제공되고 있는 모든 식음료가 안전하고 위생적으로 공급됨으로서, 금전적 이익과 단골고객의 증가는 물론 영업장의 피해도 줄일 수 있고 경쟁력과 신용도는 높아질 것이다. 이상과 같은 내용을 고려해 볼 때 고객을 보호하는 것은 레스토랑을 운영함에 있어 성공의 지름길이라 할 수 있다.

제3절 음식제공 시 위생관리

1. 개 요

음식물은 여러 방법으로 공급할 수 있다. 전통적인 방법은 주방에서 조리를 하여 업장에 있는 고객에게 제공하는 방법이 있다. 또한 테이크아웃(take out)이나 케이터링(catering) 등을 이용한 방법도 있다. 식재료의 유통과정에서 고객에게 음식을 공급할 때까지의 여러 단계에서 식품의 안전에는 문제가 있을 수 있으므로, 안전시스템을 고안하는 것이 중요하다.

아무리 식품을 구입, 조리, 보관할 때까지 적절하게 다룬다 해도 음식물을 공급 시에는 또 다른 요소로 음식물이 오염될 수 있다.

즉 직원, 기물, 고객으로 인해 음식물이 위험해질 수도 있다. 그러므로 레스토랑 관리자는 철저한 공급방법과 규칙을 만들어 교육시킴으로서, 음식의 오염으로 발생되는 문제를 최소화할 수 있다.

2. 음식보관의 일반적 규칙

제공되는 음식의 품질도 중요하다고 하지만, 무엇보다도 우선시 되어야 할 것은 음식의 안전성이다. 제공될 음식을 보관할 때는 뜨거운 음식은 뜨겁게, 찬 음식은 차게 해야 한다.

1) 뜨거운 음식

음식을 57℃ 이상으로 보관하면 건조해질 수 있으나 정해진 온도보다 낮은 온도에 보관해서는 안 된다. 만약 57℃ 이하로 보관해야 맛이 유지할 수 있는 음식은 필요한 그 당시에 만들어 즉시 공급할 수 있도록 한다.

다음은 조리된 음식을 뜨겁게 유지하는 방법이다.
① 조리된 음식의 내부온도를 57℃ 이상으로 유지할 수 있는 장비(Hot holding Equipment)만을 사용해야 한다.
② 조리된 음식은 뚜껑을 이용함으로서 열도 보존하고, 이물질이 들어가는 것을 방지한다.

③ 적어도 2시간 마다 온도계를 사용하여 음식의 내부온도를 측정한다. 장비에 설치된 온도 측정기에 의존해서는 안 된다.

④ 잠재위험 식품은 57℃ 이상으로 보관하지 않은 상태로 4시간 지났을 때는 폐기해야 한다.

⑤ 새로 만든 신선한 음식과 오래된 음식은 섞어 보관해서는 안 된다. 왜냐하면 교차오염을 일으킬 수 있기 때문이다.

2) 찬 음식

차가운 상태로 고객에게 제공해야 하는 음식들은 다음과 같은 사항에 유의해서 보관해야 한다.

① 음식의 온도를 5℃ 이하로 유지할 수 있는 저온유지 장비만을 사용해야 한다.

② 적어도 2시간 마다 온도계를 사용하여 음식의 내부온도를 측정해야 하며, 만약 그 이상의 온도가 되었다면 적절한 조치를 취해야 한다. 이러한 조치는 음식온도와 함께 기록되어야 한다.

③ 조리된 음식이 오염되지 않도록 뚜껑을 이용하고, 이물질이 들어가는 것을 방지한다.

④ 음식을 직접 얼음위에 보관해서는 안 된다. 과일이나 조개류는 예외이나 즉시 먹을 수 있는 음식은 직접 얼음위에 놓아 보관해서는 안 된다.

3. 안전한 음식의 제공

식재료를 안전하게 다루고, 적절한 온도에서 조리했다 해도 그것을 고객에게 제공하는 과정에서 오염될 수 있다. 따라서 직원들이 위생적으로 제공될 수 있도록 음식제공 절차에 대한 교육이 요구된다.

1) 주방 조리사와 레스토랑 직원의 유의사항

음식을 만드는 조리과정을 정립시켜 직원들로 하여금 식재료와 고객을 보호할 수 있도록 해야 한다. 그러기 위해서는 직원들의 업무배정을 서로 다르게 부여하여 식사 서비스,

식탁정리, 기물정리와 같은 일을 동시에 하지 않도록 하는 것이 위생적이다.

다음은 음식 서비스 시 유의해야 할 사항이다.

① 음식을 서비스하는 기물들은 적절하게 보관해야 한다. 기물들 중 손잡이가 있는 것은 위로 올라오게 보관한다. 아이스크림이나 으깬 감자와 같은 것을 제공할 때 쓰이는 스푼이나 스쿱(scoop)은 흐르는 물에 보관할 수 있다.

② 음식을 서비스할 때 쓰이는 기물은 청결하고, 위생적으로 처리된 것을 사용한다. 사용한 후에는 위생처리를 해야 하며, 계속적으로 사용한다 해도 매 4시간 마다 세척을 해야 한다.

③ 음식을 서비스할 때 쓰이는 기물은 손잡이가 긴 것을 사용한다.

④ 철저한 개인위생을 실천한다. 손을 씻지 않고 음식을 제공하거나 고객이 사용할 기물을 준비할 때 오염 가능성이 높다는 것을 직원들에게 인지시켜야 한다. 그리고 직원들의 비위생적인 행동은 즉시 지적하여 차후 같은 행동이 반복되지 않도록 한다.

⑤ 조리된 음식이나 즉시 먹을 수 있는 음식은 맨손으로 만져서는 안 된다. 음식을 잡을 수 있는 집게(tong)나 국자를 사용하게 한다.

⑥ 접시 및 식기류, 글라스, 컵과 같은 종류는 음식을 담은 부분에 손가락이 닿지 않도록 주의해서 다루어야 한다.

⑦ 흘린 음식물을 치우는데 사용했던 행주(cloth)는 다른 용도로 사용해서는 안 된다.

2) 제공되었던 음식의 재사용

식품안전을 위해 고객에게 제공되었던 음식을 재사용하는 데는 규칙을 지켜야 한다.

① 포장된 양념과 포장된 크래커 또는 스틱 빵과 같은 것은 개봉하지 않았을 경우 재사용할 수 있다.

② 장식으로 사용된 과일이나 피클 등을 절대로 재사용해서는 안 된다.

③ 개봉된 양념류는 다시 사용할 수 없다. 남아있는 신선한 것들과 섞어 사용해서도 안 된다.

④ 먹지 않고 남은 빵을 다른 손님에게 제공해서도 안 된다.

⑤ 빵을 담는 바구니에 사용했던 린넨(linen)은 다른 고객에게 제공할 때 사용해서도 안 된다.

3) 셀프 서비스

셀프 서비스는 고객입장에서 보면 일정금액을 지불하고 다양한 음식을 맛볼 수 있으므로 장점이 있는가 하면, 경영자 입장에서는 경비를 낮출 수 있다는 장점이 있다. 그래서 근래에는 간단하게 식사를 해결할 수 있는 고기 부페, 샐러드 뷔페와 같은 다양한 패스트푸드 서비스(fast food service)점이 많이 생긴 것을 볼 수 있다. 하지만 식품 안전성을 해칠 우려도 있어 다음과 같은 행동에 유의해야 한다.

① 썰은 당근이나 올리브와 피클 같은 음식물을 손으로 잡는 행위
② 푸드 바(food bar)에 줄을 서서 기다리면서 음식을 먹은 행위
③ 사용한 접시를 다시 샐러드 바로 가지고 가서 사용하는 행위
④ 남은 음식물을 낭비하지 않으려고, 도로 샐러드 바에 놓는 행위
⑤ 재채기 방지기(sneeze fuard)를 열어 놓고, 반대쪽 음식물을 집으려는 행위

위와 같은 행동으로 진열된 음식들은 쉽게 오염될 수 있다. 따라서 식품안전에 관해 교육을 받은 직원들의 주의 깊은 관리가 필요하다. 또한 한번 사용한 접시를 재사용하지 않도록 직원들은 푸드 바로 가는 고객에게 깨끗한 접시를 주어, 사용했던 접시를 재사용하지 않도록 해야 하며, 푸드 바를 이용하는 방법에 대하여 공고할 필요가 있다.

제4절 레스토랑의 안전관리

식음료부서에서 근무하는 직원들은 언제나 안전사고에 노출되어 있다. 외형적으로 보기에는 편안하고, 조용한 레스토랑 같지만, 실은 도처에 위험이 도사리고 있다. 특히 연회장 근무자와 Bar 근무자들을 각별히 유의해야 하며, 일반 레스토랑 근무자들도 안전사고에 항상 대비하고, 유사시에는 고객과 자신의 생명과 자산을 보호할 수 있는 대비태세를 갖추고 있어야 한다.

1. 레스토랑의 안전관리

1) 일반적인 사항

레스토랑의 모든 시설물들은 자격이 있는 안전점검자의 점검을 받아야 하며, 이때 안전을 위협하는 모든 요인은 제거해야만 한다. 그리고 영업장에서 일어난 모든 사고는 기록하여, 같은 사고가 재 발생되지 않도록 하여야 하며, 신입사원의 교육 자료로 사용할 수도 있다. 출입구, 복도, 작업대 등에도 적당한 조명이 설치되어 있어야 한다.

2) 각종 cart의 안전한 사용

식음료 부서에서 사용하는 다양한 종류의 카트는 용도뿐만 아니라, 크기도 다양하므로 다음과 같이 주의를 요하고, 서비스를 하는데 없어서는 안 될 중요한 장비라고 할 수 있다. 따라서 이상 유무 점검을 생활화하고, 사용하지 않는 것은 통행에 지장이 없는 안전한 장소에 보관한다.

카트를 사용할 때는 용도에 맞게 선택을 하고, 과적은 금물이며, 이동시 시야가 확보되어야 한다. 출입문턱, 카펫이음, 엘리베이터 출입 시에는 일단 정지 후 서서히 통과를 해야 카트에 있는 내용물이 넘어지거나 쏟아지지 않는다.

카트 이동 시 천천히 운행하되, 방향 전환 시 물건이 쏠리지 않도록 주의를 해야 한다. 또한 빈 카트에 탑승하는 일이 없도록 하고, 문을 통과할 때는 카트로 문을 열지 않아야 한다.

3) 보행시 안전사고 예방

급한 마음과 행동은 보행 안전사고에 주원인 된다. 그러므로 레스토랑이나 연회장의 경우는 일정한 공간에 직원과 손님 등 많은 사람이 이동을 하므로 보행 시 주의해서 이동을 해야만 안전사고를 예방할 수 있다.

특히, 보행 시에는 불필요한 행동을 하지 않고, 전방의 시야를 확보해야 하며, 주방이나 영업장 뒤편의 좁은 공간과 코너에서는 급회전을 금한다. 계단이나, 통로, 출입구, 비상구 등에는 불필요한 물건을 적재하는 일이 없도록 해야 한다. 보행 시 움직이는 물체를 보면 안전거리를 유지한다.

4) 계단 보행시 안전사고 예방

계단에서는 절대로 뛰어서는 안 되며, 계단을 내려갈 때는 난간을 잡고 이동하되, 주머니에 손을 넣고 보행해서도 안 된다. 계단으로 물건을 옮길 때 기름, 물, 모래 등을 떨어트리면 매우 위험함으로 주의해야 하며, 추락이나 굴러 떨어지는 없도록 각별히 신경을 써야한다.

5) 주방이나 backside에서 안전사고 예방

조리사들이 일하는 주방의 바닥은 항상 물기가 있으므로 매우 위험하다. 또한 칼이나 기계류, 뜨거운 음식물이 주위에 있기 때문에 장난은 절대 금물이며, 접근을 자제하는 것이 좋다. 그리고 요리 중에 발생하는 음식물 찌꺼기나 잔여물을 정해진 곳에 정확히 버려야 한다.

6) 요통사고 예방

요통사고는 물건의 중량, 작업 자세, 작업 시간, 작업의 강도에 의해 결정된다. 그러므로 요통사고를 예방하기 위해서는 항상 근무 자세를 바르게 하는 습관을 가져야 한다. 아무리 가벼운 물건이라도 조심스럽게 들어 올려야 한다. 특히 연회부 직원들은 무거운 장비를 많이 취급하므로 각별히 허리부상을 조심하여야 하며, Bar와 레스토랑에 근무하는 직원 역시 주류상자 등을 운반 시 신경을 써야 한다.

2. 레스토랑의 화제예방

호텔의 레스토랑은 항상 불이 가까이 있고, 가스, 전열기구류를 사용해야 하는 주방과 접해 있어 화재발생에 많이 노출되어 있다. 이러한 여러 가지 조건이 호텔에서의 화재는 대형사고로 이어질 수 있으므로, 전 직원은 항상 화재에 대한 예방정신을 가지고 근무를 임해야 한다.

1) 위험요인 제거

레스토랑은 국적 불문의 불특정 다수의 고객이 방문하므로 폭발물이나 위험물질 반입이 있는지 주의 깊게 관찰할 필요가 있다. 또한 근무 장소 주변의 가연물 방치 여부 및 인화물질 방치를 하고 있는지 확인하고, 담배꽁초도 완전히 불이 꺼졌는지 확인한다.

2) 방제관련 기구 점검

화재 시 연소 확대를 방지하는 방화문의 작동을 수시로 확인하며, 소화기구 주위 및 비상구에 장애물 적재를 금지한다. 또한 전기기구의 사용 전·후에 항상 점검한다.

3) 소방훈련 및 점검

화재발생 시 진압 훈련 및 인원대피 요령 등을 매뉴얼(manual)에 포함시켜 평소 직원교육에 활용하며, 소화기, 소화전 사용법과 위치를 숙지하여 비상시 대비한다. 또한 최종 퇴근자는 담당구역을 점검하고 퇴근한다.

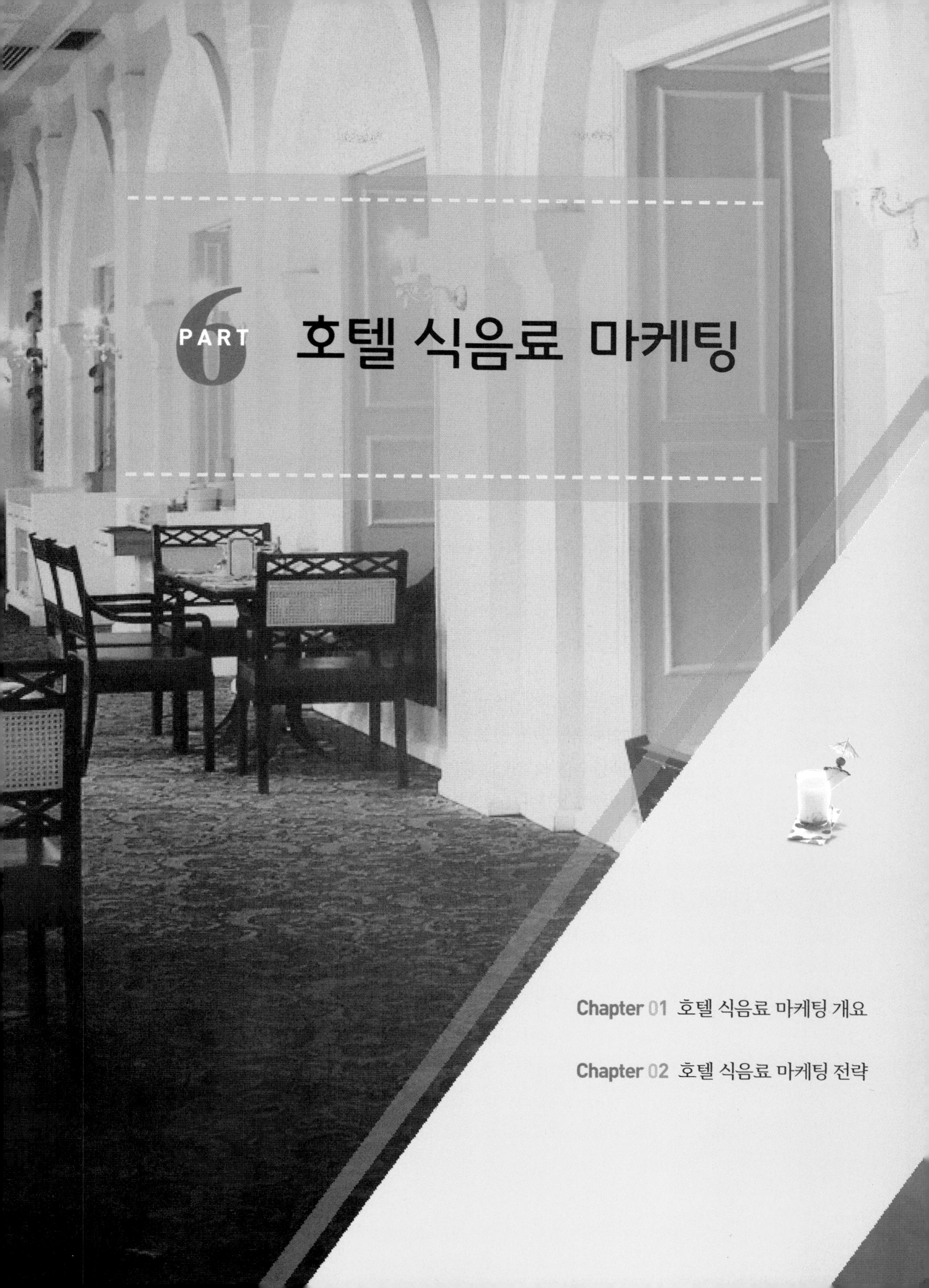

PART 6 호텔 식음료 마케팅

호텔 식음료 마케팅 개요

제 1 절 호텔 식음료 마케팅 개요 및 본질

1. 호텔 식음료 마케팅 개념

현대적 마케팅의 정의는 생산자로부터 고객으로의 상품, 서비스흐름을 지휘하는 기업 활동의 수행이라는 종래의 정의에서 확대되어, 고객과 기업의 목표를 만족시키는 교환을 창조하기 위하여 아이디어, 재화, 서비스, 가격, 판매촉진, 유통 등을 계획하고 실시하는 과정으로 기업의 사회적 마케팅과 고객만족이라는 넓은 의미를 포함하는 개념으로 정의하고, 마케팅의 기능과 역할은 수요를 창조하는데 있다고 할 수 있다. 그러므로 마케팅의 기본은 고객 본위적 사고를 기본이념으로 삼아 고객의 필요와 욕구를 충족시킴으로서 수요를 창출하는 것이라 할 수 있다.

식음료 마케팅은 식음료업장 고객의 편의와 서비스를 위한 경영활동으로, 고객이 원하는 것에 일치시키기 위해 기획을 수립하고, 그 업무를 집행하는 일이다. 즉, 고객이 요구하는 서비스나 방법, 기대에 부응하는 요리, 어울리는 장소에서 식음료를 제공하는 활동을 전개하는 것으로 경제적인 측면뿐만 아니라, 환경이나 생활 변화에 따른 지역사회에 기여하고, 문화시설로서의 상징적인 존재가 되어야 한다.

따라서 호텔식음료 마케팅은 식음료 고객의 편의와 서비스를 위한 경영활동으로, 아이디어, 재화, 서비스, 가격, 판매촉진, 유통 등을 계획하고 실시하는 과정이며, 서비스 흐름을 지휘하는 호텔기업 활동의 수행이라 할 수 있다.

2. 호텔 식음료 마케팅의 변화

1) 생산 중심

생산 중심은 수요가 공급을 초과하는 경우에 적용되었던 단계인데, 1900년대 초에서 1930년대까지라 할 수 있으며, 어떠한 제품이든 만들면 팔리는 시대이다. 이 시대는 호텔에서도 이용자인 고객의 수요에 호텔규모가 따라가지 못하던 시대이므로, 특정고객을 제외한 일반고객은 문턱이 높던 시대이다.

2) 제품 중심

제품 중심도 생산만 하면 팔리던 시대이긴 하지만, 소비자의 선호도를 찾아 우수한 제품을 생산하고 개발함에 중심을 두는 시대이다. 이 시대는 소비자인 고객의 욕구충족에 중심을 둔다는 점에서 한 단계 발전한 것이라 할 수 있다. 호텔 역시 대형화로 변화하면서 고객이 원하는 것이 무엇인지에 중심을 두는 시대로 레스토랑의 발전 단계라 할 수 있다.

3) 판매 중심

판매 중심을 공급과 수요가 비슷하여, 기업이 판매하는데 노력을 기울이지 않으면 동종 경쟁업체보다 판매량이 뒤떨어 질 수 있으므로 판매에 중심을 두는 시대이다. 호텔에서도 고객의 수요충족을 위해 객실뿐만 아니라, 레스토랑도 대형화되고, 레스토랑 수가 늘어나는 시대이다.

4) 마케팅 중심

마케팅 중심은 1950년대 이후 나타난 새로운 경영이념으로, 소비자인 고객의 만족과 기업의 목표달성을 위하여, 표적시장인 고객의 현재욕구와 잠재욕구 예측에 중심을 두는 시대이다. 즉, 호텔도 다양한 레스토랑이 생겨나고, 많은 고객이 한 번에 한 장소에서 행사를 할 수 있도록 하여 경쟁호텔보다 효과적이고, 효율적인 서비스를 제공하는 바람직한 만족에 중심을 두는 시대이다.

5) 사회지향적 중심

사회지향적 중심은 마케팅중심보다 더 구체화된 마케팅 개념이라 할 수 있다. 이는 표적시장을 정하고, 표적에 대한 현재욕구와 잠재욕구를 충족시킴으로서 고정고객과 충성고객이 증가할 뿐만 아니라, 그로 인한 일정 이익을 사회에 환원함으로서 소비자와 사회공공복리 증진에 만족을 제공하는데 중심을 두는 시대이다. 호텔 식음료부서에서는 판매에 중심을 두기보다는 이벤트 등을 통하여, 지역사회 주민이 참여할 수 있는 기회를 제공함에 중심을 두는 시대이다.

3. 호텔 식음료 마케팅의 본질

판매와 마케팅의 차이는 의미 그 이상의 것이다. 판매는 판매하는 측이 초점이지만, 마케팅은 고객의 욕구가 초점이 되기 때문이다. 그러므로 판매는 호텔레스토랑의 상품을 현금으로 바꾸려는 판매자의 욕구가 선행되며, 마케팅은 식음료 상품을 통해서 고객의 욕구를 만족시켜 주려는 생각과 그 상품을 생산, 분배, 소비하게 하는 일에 관련된 제반 사항을 의미한다. 식음료 마케팅의 본질을 제품 지향적 개념과 고객 지향적 개념으로 나누어 보면 다음과 같다.

1) 제품 지향적 판매개념

어느 기업이든 제품을 개발하면 촉진전략과 판매 전략을 통해 구매자를 찾고, 설득하고자 한다. 그러므로 모든 것이 제품판매를 목적에 두고 있다. 그러므로 제품 지향적인 판매개념의 진행은 생산에서 제품, 제품에서 촉진 즉, 판매량을 통하여 이익을 얻는다.

2) 고객 지향적 마케팅개념

고객 지향적 마케팅개념은 고객 또는 잠재고객에게 초점을 두며 그가 정확하게 무엇을 찾고 있으며, 어떠한 욕구를 충족시키려고 하는지를 알아야 한다. 고객이 무엇을 원하는 가, 그리고 왜 그것을 원하는가를 연구한 후 고객욕구를 만족시킬 수 있는 독특한 제품과 서비스를 개발하여야 한다. 그러므로 고객 지향적인 마케팅 개념은 이익이 판매량으로부터 발생하는 것이 아니라, 지속적인 고객의 만족을 통해서 발생하는 것에 중심을 두는 것이다.

4. 호텔 식음료 마케팅의 목표

호텔 식음료 마케팅의 목표로는 이미지 개선, 판매목표 달성, 수익목표 달성, 시장점유 율, 상품 확대, 이용률 제고, 성수기 연장, 운영수지 개선 등을 생각할 수 있는데, 중요한 것은 목표에 대한 우선순위라 할 것이다. 일반적으로 식음료 마케팅의 목표는 항상 세분 화되어 문서로 정확히 기술되어야 하며, 호텔의 각 레스토랑은 기본 목표와 일치하는가, 상호 중복 및 마찰은 없는 가 등을 주기적으로 관찰하여 문제가 생겼을 때에는 그 목표 가 상호 조화될 때가지 수정, 보완되어야 한다. 일반적인 식음료 레스토랑경영에서 목표 설정 시 고려되는 잠재적 요인은 앞의 표와 같다.

● 표 6-1 목표설정 시 고려되는 잠재적 요인

잠재적 요인	내 용
시장 잠재성	·경기변동 ·시장동향 ·기업 활동을 위한 시장 확대 능력여부 ·호텔기업의 시장상황
경제적 잠재성	·금융수단 ·여신증대 가능 여부 ·예치금
기술적 잠재성	·운영에 대한 노하우(know how) ·기술축적의 정도
인적자원 잠재성	·구성원의 재능 ·전문적인 자질 ·구성원 수와 활용성
조직 잠재성	·조직구조의 성격 ·조직의 가능성
경영 잠재성	·최신경영기법 도입 ·융통성 및 경험 ·전문적인 자질 및 미래지향성

제 2 절 호텔 식음료시장 세분화

1. 시장세분화

1) 시장세분화

전체시장을 공통적 특징을 지닌 잠재 고객을 그룹으로 나누는 것을 시장세분화라고 하고, 마케터가 그러한 그룹의 하나 혹은 몇 개에 대해 촉진(promotion) 메시지를 전달하려고 할 때, 그 과정을 표적마케팅(target marketing)이라고 한다.

마케터는 전체시장을 세분화함으로서 몇 개의 유형으로 나누고, 그 구매자에게 노력을 집중할 수 있다. 그리고 그들이 초점을 두고 있는 세분시장을 표적시장(target market)이라고 부른다.

2) 시장세분화 이점

① 시장기회를 보다 쉽게 발견할 수 있다.
② 마케팅믹스를 보다 효과적으로 조합할 수 있다.
③ 시장 수요의 변화에 보다 신속하게 대처할 수 있다.

2. 시장세분화 기준

시장세분화를 하는 데는 학자들마다 다양한 시장세분화 기준을 가지고 있는데, 그렇다고 어느 하나의 방법이 옳은 것은 아니며, 대부분 혼합된 기준을 사용하고 있다. 일반적으로 시장세분화에서는 다음과 같은 시장세분화 기준을 사용한다.

◉ 표 6-2 시장세분화 기준

세분화 기준	변 수
지리적 변수	지역, 도시의 크기, 인구밀도, 기후
인구통계학적 변수	성별, 나이, 직업, 소득, 종교, 교육수준, 가족규모
심리분석적 변수	활동, 관심, 생활패턴, 개성, 개인가치, 사회적 계층
행동분석적 변수	사용량, 충성도, 추구편익

3. 표적시장 세분화 전략

시장세분화의 목적은 마케팅 믹스를 효과적으로 활용하는데 있는 것인 만큼, 목적 달성을 위해서는 가장 적절한 세분화 방법이 이루어져야 한다. 또한 시장세분화는 서비스 기업이 직면하고 있는 세분된 시장에서의 사업 기회를 발견할 수 있게 하고, 서비스 기업이 얼마나 많은 세분시장을 선택할 것이며, 어떻게 가장 바람직한 세분시장을 찾아낼 것인가를 결정해야하는데, 그러기 위해서는 다음과 같은 전략을 세워야 한다.

1) 차별화 전략

서비스 기업은 여러 세분시장을 표적시장으로 삼아 이들 각각에 독특한 상품을 제공하는데, 이러한 접근 방식을 차별화전략이라고 한다. 다양한 소비자의 욕구에 맞추어 여러 가지 상품을 다양한 가격으로 제공하고, 복수의 유통경로를 통하여 다양한 촉진을 실시하므로 차별적 마케팅은 보다 많은 소비자들을 고객으로 확보하게 된다.

2) 비 차별화 전략

기업은 세분시장의 특성을 무시하고 한 자지 제품을 가지고 전체시장에서 영업을 하기로 결정할 수 있는데, 이러한 접근 방법을 비 차별화 전략이라고 부른다. 이것은 고객의 욕구에 어떠한 차이점이 있는가 보다는 공통점이 무엇인가에 초점을 맞추려는 것이다. 따라서 구매자에게 호소할 수 있는 제품과 마케팅 프로그램을 설계해야 한다.

3) 집중화 전략

어떤 서비스 기업이 자사제품을 쉽게 의사전달 할 수 있는 하나의 세분시장을 찾아낸 경우 그리고 그 세분시장의 욕구가 제품과 일치하는 경우, 그 기업은 집중적 시장세분화 전략을 채택할 수 있다 이와 같이 세분화 시장에 집중함으로써 높은 점유율을 확보하려고 하는 방법이다.

CHAPTER 2

호텔 식음료 마케팅 전략

제1절 호텔 식음료 마케팅 전략

1. 호텔 식음료 마케팅 전략

호텔식음료 마케팅조사는 호텔을 이용한 고객이나 이용예정 고객을 대상으로 하는 조사이다. 그러므로 일정지역을 무작위로 조사한 후 수집한 자료를 분석하여 어떻게 마케팅을 할 것인지에 대한 전략적 조사라고 할 수 있다.

마케팅전략은 시장의 여건과 기업의 역량을 접합시키기 위한 장기적인 기본 전략이다. 마케팅전략은 설정된 마케팅 믹스의 틀 위에 설정되어야 한다. 이를 위한 구체적인 수단으로 4P's라는 마케팅 믹스를 사용한다. 고객에 대한 정보, 상품의 성격, 목표설정, 경쟁사의 영업방침 등의 정보를 고려한 다음 마케팅 믹스의 제요소들을 조합하여 적용하는 것이 마케팅전략이다. 특히, 호텔에서 식음료 마케팅에서는 실제적이어야 하고, 정확하고, 적극적인 전략을 세워서 실행을 해야 한다. 왜냐하면 주의의 내·외부환경에 쉽게 영향을 받기 때문이다.

1) 상품(product)전략

호텔상품은 식음료, 객실, 인적서비스, 부대시설 등으로 이루어져 있지만, 여기서는 호텔 식음료에 대하여 살펴보기로 한다. 호텔서비스는 고객에게 제공되는 인적, 물적, 시스템적 서비스로 구성되어 있는데, 인적 서비스는 숙련된 레스토랑이나 연회장, 바와 같은 식음료직원들의 서비스를 지칭한 것이며, 물적 서비스는 식음료, 부대시설의 구조, 인테리어, 기물, 비품 등으로 구성되어 있다. 또한 시스템적 서비스는 식음료 영업부서에서의 서비스 시간, 불평처리, 예약 등을 처리하는 것과 같은 시스템 제도 등을 말한다.

(1) 식음료상품의 특성

① 무형성
② 복합성
③ 생산과 소비의 동시성
④ 저장의 불가능성

(2) 식음료상품 다양화의 목적

① 수익 및 기업전반의 안전화 목적
② 효과적인 마케팅 목적
③ 호텔기업의 인적, 물적 자원을 보다 효과적으로 활용할 목적

(3) 식음료상품 정책 시 고려사항

① 환경조건
② 유행
③ 세분화 시장
④ 소비자의 습관
⑤ 사회적인 환경
⑥ 소비자의 행동
⑦ 정치, 경제적 추세

2) 가격(price) 전략

(1) 가격탄력 정책(price flexibility policy)

① 단일가격 정책

② 균일가격 정책

③ 관습가격 정책

④ 재판매가격 유지 정책

⑤ 기타가격 정책

(2) 차별가격 정책

① 판매원의 차이와 판매경로의 유지에 따른 차별매매 정책(할인가격, 현금할인, 영업할인, 조정가격, 수량할인)

② 수요의 가격 탄력성에 따른 차별가격 정책(고객별, 용도별, 시기적, 지리적 차별가격)

(3) 가격수준 정책(price level policy)

① 정가 정책

② 고가 정책

③ 저가 정책

3) 유통(distribution) 전략

(1) 유통형태 선택 시 고려사항

① 유통정책의 목표

② 판매지역

③ 잠재고객

④ 현재의 잠재력

(2) 유통 판로의 선택

① 시장의 위치

② 판매비용

③ 판매지역

④ 고객구조

⑤ 결합의 구조

(3) 서비스 정책

① 고객요구에 대한 대응

② 불평의 접수, 검토 및 해결

③ 시장지향적인 경고와 시정

④ 정보의 수집과 전달

4) 촉진(promotion) 전략

촉진은 고객들에게 자사의 상품을 알리고, 고객들이 경쟁상품보다는 자사의 상품을 선택하게 하려는 마케팅 커뮤니케이션이라고 정의할 수 있다. 따라서 자사상품을 고객에게 알리고 이에 대한 호의적인 태도를 가지도록 설득하며, 최종적으로는 구매행동을 이끌어 내는 것이 촉진의 기능이라 할 수 있다.

(1) 촉진의 종류

① 광고(advertising)

② 홍보(publicity)

③ 인적판매(personnel selling)

④ 판매촉진(sales promotion)

(2) 광고의 장·단점

① 장점

✿ 정해지고 통제된 메시지를 전달한다.

✿ 적은 비용으로 많은 잠재고객을 유도한다.

✿ 인적판매가 불가능한 고객에게까지 영향을 미친다.

✿ 제품제시에 도움이 된다.

✿ 신제품을 신속히 도입시킨다.

② 단점

✿ Timing이 문제가 된다.

✿ 반복적이어야 하므로 경비가 많이 소요된다.

✿ 광고의 메시지가 한정될 수 있다.

✿ 일반고객들이 광고의 내용을 충분히 믿으려 하지 않는다.

(3) 광고 매체

① 신문

연령, 소득, 도시간의 격차가 없이 파급되며, 긴급히 전달된다는 장점과 비용이 많이 들고 광고의 수명이 짧다는 단점이 있다.

② 잡지

거의 모든 시장계층에 도달되며, 지역별 편집으로 융통성이 있으며, 인쇄술의 발달에 따른 혜택을 활용할 수 있다는 장점이 있는 반면, 광고의 마감이 60일 내지 90일이라는 점 때문에 시간적 제약을 많이 받는다는 단점이 있다.

③ 라디오와 TV

가. 장점

✿ 즉시 기회를 제공하기 때문에 어떠한 행사와도 즉시 연결시킬 수 있다.

✿ 지역적인 융통성이 높기 때문에 광고주는 방송국이 있는 시장을 목표로 할 수 있다.

✿ 방송 프로그램 시간을 통하여 시청자들이 선택할 수 있다.

✿ 음성과 장면, 동작을 추가하여 상품을 제시할 수 있기 때문에 어떤 매체보다도 가정에 가까이 갈 수 있다.

나. 단점

✿ 광고의 수명이 대단히 짧다.

✿ 광고 이용 시간이 방송국의 시간에 의해 제약을 받는다.

✿ 라디오는 세분화되고 특수한 청중을 갖기 어렵고, TV는 비용부담이 크다.

(4) 서신광고

① 장점

✿ 특수시장이나 선택된 고객에 우월감을 줄 수 있다.

✿ 원하는 시기를 선택하기 쉽다.

✿ 고객이 친밀감을 느낀다.

✿ 양식이 무제한 적이다.

✿ 완벽한 정보제공이 가능하다.

✿ 상품이나 가격, 기타요소들을 사전에 광범위하게 테스트 해볼 수 있다.

② 단점

✿ 주소록, 우편료 등을 계산하면 비용이 높은편이다.

✿ 최초에 주소록을 확보하기가 어렵다.

2. 홍 보

1) 홍보의 개념

홍보란 고객들의 의견과 태도를 결정하도록, 고객들이 관심 있는 정책을 펴내 고객의 이해와 자의를 얻기 위한 행동계획을 실시하는 관리기능을 말한다. 그러므로 홍보는 어떠한 목표그룹과 의사소통하기 위해 사용될 수 있는 주요한 판촉 수단이라 할 수 있다.

2) 홍보의 형태

① 뉴스 릴리스(news release)

② 특집기사(feature article)

③ 기자회견(press conference)

④ tape & film

⑤ 기사물(editorials)

3) 홍보의 특징

① 홍보사항에 대한 통제가 용이하다.
② 다른 촉진수단보다 신임도가 높다.
③ 권위와 위신이 높다
④ 접근 고객층이 높다.
⑤ 광고와 비교하여 예산이 적게 든다.

제 2 절 인적판매(Personnel Selling)

1. 인적판매의 중요성

① 정확하게 예상고객을 발견할 수 있다.
② 특정의 반대고객을 만족시킬 수 있다.
③ 우호관계의 유지에 효과적이다.
④ 각종 서비스 활동을 광범위하게 전개할 수 있다.

2. 판매촉진(Sales Promotion)

판매촉진은 판매지점에서 판매업자들을 보호하거나, 소비자가 구매결심을 하게 하는 모든 대책을 내용으로 한다. 따라서 소비자의 구매나 판매점의 효율화를 자극하는 것과 같은 전시, 실황 등 기타의 반복적인 판매노력이 여기에 포함된다.

1) 기 능

① 판매원과 중간업자간의 동기화 작용을 한다.
② 현재고객과 새로운 상품과의 이용연결을 돕는다.
③ 상품이용률을 높인다.

2) 장 점

① 상품에 대한 적극적인 태도 유도
② 직접 동기화가 가능하다.
③ 융통성이 있다.

3) 단 점

① 수명이 짧다.
② 단독 판매촉진은 효용이 적다.
③ 과다한 판촉은 상품의 이미지를 해칠 우려가 있다.

7 호텔 식음료 직원의 인적관리

CHAPTER **1**

호텔 식음료의 인사관리

제 1 절 레스토랑의 인사관리

1. 인사관리의 정의 및 기능

경영학에서 인사관리(personal management) 또는 현대 인적관리(modern human resources management)는 인력에 대한 과제를 연구하는 경영관리중 하나의 분야라고 할 수 있다. 관리란 조직에서 관리목표를 달성하기 위한 기능(function)으로 해석할 수 있으며, 이 관리기능은 관리과정을 포함하고 있다. 관리과정은 연구에 따라 약간의 차이는 있는데, Gulick은 planning, organizing, staffing, directing, coordinating, reporting, controlling, budgeting으로 분류하고 있다. 한편 Koontz은 계획, 조직화, 충원, 지휘, 통제로 분류하였으며, 조직의 목표달성을 위한 관리는 자원을 분배하고, 이용하는 기능들로 구성하며, 환경에 적응하는 과정이라 정의하였다.

그러므로 인사관리는 조직의 목표달성을 위한 인적자원의 확보, 개발, 보상, 유지 등을 위한 환경적 조건을 위하여, 계획, 조직, 지휘, 조정, 통제를 하는 관리체계라 정의할 수 있다.

그러므로 인사관리를 연구하는 것은 조직에서 구성원들이 인식하는 근로생활의 질을 향상시킬 수 있는 구체적인 원리와 지침을 찾고자 함에 있다.

1) 인사관리의 본질

인사관리는 기업체마다 특별한 사정이나 환경이 다르기 때문에, 다르게 관리되어 질 수 있다. 그러나 인사에 대한 문제는 사람이 사람을 관리하는 것이므로 의문에 대한 제기를 받을 수 있고, 불만이 있을 경우 비판을 받을 수 있으므로, 이를 납득시켜 나갈 수 있어야 한다. 특히, 식음료 부서에서의 인사관리는 부서 조직이 여러 업장으로 구성되어 있는 만큼 인사에 있어서는 각 업장의 직원들로부터 납득할 수 있는 규정이 구체화되어 있어야 한다. 오늘날의 인사관리는 다음과 같은 사항을 담당하는 내용들로 구성되어 있다.

① 직원의 채용과 배치 및 이동과 승진
② 인사조직과 작업방법의 관리
③ 교육과 훈련
④ 노동시간 관리와 임금관리
⑤ 노사관계
⑥ 복지 후생관리
⑦ 안전 및 위생관리
⑧ 요구불만 및 노동의욕 향상관리
⑨ 인사관리의 방침 및 정책 확립

2) 인사관리의 기능

기업이 필요로 하는 사람을 채용, 배치하고 노동시간이나 조건을 개선하여 노동 능률을 최고로 발휘할 수 있도록 인간적으로 배려하며, 노사관계를 원만히 처리하는 것은 인사관리의 주된 기능이다. 기업 내의 대인적 관계를 기업의 목적에 부합되도록 정리하고 체계화해서 원활하게 운영하는 것이라 하겠다.

최근에는 내부고객 특히, 서비스 기업의 현장 직원들을 대상으로 하는 내부지향적 마케팅(internal marketing) 활동도 중요하다는 인식이 증가하고 있으며, 내부고객의 동기부여를

통해 직원들의 욕구를 충족시키는 경영능력에 따라, 최종고객의 욕구를 충족시키는 능력이 결정된다는 생각이 뿌리를 내리고 있으므로 인사관리의 기능은 한층 더 중요성을 갖는다 하겠다.

따라서 인사를 담당하는 부서에서는 직원들이 갖고 있는 기량을 최대한 발휘할 수 있도록 뒷 받침해주는 것이, 결국은 호텔의 발전으로 이어질 수 있으므로, 인사담당 부서는 인사관리의 본질적인 기능을 충실히 수행하여야 할 것이다. 그러기 위해서는 경영자 층의 직원들에 대한 인식의 전환이 이루어져야 하며, 고객의 만족과 감동을 위해서는 내부고객인 직원이 만족하는 근무환경 조성과 고객을 감동시킬 수 있는 환경을 만드는 사내조직이 이루어져야 할 것이다.

3) 식음료 인사관리의 정의

우리나라에서 인사관리는 기업과 근로자 간의 노사관계를 대상으로 행하여지는 여러 가지 경영 시책을 의미하며, 노무관리, 근로관리 또는 인사노무관리 등으로 사용되고 있다.

일반적으로 인사관리라고 하면 직원을 채용하여 교육, 배치, 이동, 승진, 퇴직, 후생복지 등 직원을 위한 일련의 인사행정을 의미한다. 그러므로 노동조건이나 노사관계, 후생복지 등 전 영역을 포함하는 광의의 해석과 인사행정, 교육훈련, 인간관계 등의 의미를 포함하고 있다.

특히 호텔의 조직 내에서 식음료 인사관리는 일반 기업이나 제조업에서의 인사관리와는 민감한 부분이 많다. 왜냐하면 레스토랑 고객을 대상으로 직원을 채용하고 교육하며, 전보, 승진을 모두 담당하기 때문이다. 채용할 때부터 식음료직원으로서의 적격자를 가려내야 하는 어려움이 있기 때문이다. 외형적으로 나타나는 것뿐만 아니라, 레스토랑 직원으로서의 서비스 마인드, 품위, 식음료의 기능적인 실력, 외국어 능력 등 다방면에서의 인재를 선출해야 하기 때문이다.

따라서 식음료 인사관리는 식음료 서비스에 적합한 직원을 선발, 교육, 부서지정, 근태관리, 승진, 전보, 급여책정, 후생복지 등을 관리하며, 직원으로 대고객을 위하여 최상의 서비스를 할 수 있는 환경을 만들어 주는 행정업무라 할 수 있다.

2. 인사관리의 기본목표

기본목표를 위해서는 첫째, 생산성 목표와 인적자원 유지 목표와의 균형을 이루어야 한다. 산업화시대에는 생산성 극대화로 투입단위당 최대의 산출이 목표였는데, 합리적인 자원의 활용을 통해 그 목표를 최대로 달성하려 한다는 의미에서 과업목표가 되었다. 인사관리의 책임은 목표달성을 위한 정책과 절차를 개발하고 제시하여 선발, 배치, 교육훈련, 개인의 성과를 측정 할 수 있는 수단을 개발하고, 조직 전체의 생산성에 기여한 공헌도가 조직의 안정을 유지하는 환경을 조성한다고 하였다. 하지만 생산성을 중요시하면 인간소외와 불만을 야기 시키고, 최소 인적자원 유지만을 중시하면 조직 목표달성이 어려우므로, 이 양자를 적절히 통합 관리할 수 있는 지혜가 필요하다.

둘째, 인사관리를 함에 있어서는 연공서열 주의와 능력주의의 조화를 이루는 것이 중요하다. 연공서열 주의는 근무연수, 연령, 학력과 같은 요소들을 우선시 하는 것으로, 장점으로는 객관적인 측정이 가능하고 구성원들에게 안정감을 제공한다. 반면 단점으로는 자기개발에 있어 의욕을 저하시키고, 능력 있는 직원의 사기저하와 조직 자체에 활력이 떨어진다. 어떻게 보면 생산성이 떨어지고 인건비는 증가하는 것 같이 보일 수 있다. 그러므로 인공서열의 장점을 살리면서, 젊고 능력 있는 직원이 늘어나는 능력주의를 조화롭게 도입할 필요도 있다.

셋째, 직원들의 생활의 질을 향상시키는데 있다. 근로 생활의 질이라는 용어는 1960년대 후반부터 사용하기 시작하였는데, 근로자와 작업환경과의 관계를 광범위하게 포괄한다는 뜻으로 사용되어 왔다. Walton, R. E는 근로생활의 질(QOWL: Quality of Working Life)의 요소와 수준을 공정한 보상, 안전하고 건전한 작업조건, 인간능력의 활용과 개발, 지속적인 성장과 안전을 위한 기회, 작업조직에서의 사회적 통합, 직장생활과 사생활, 소속 직장에서의 사회적 적합성으로 설명하였다.

3. 직원채용 계획 및 직무분석

1) 인력의 계획

기업에서 필요로 하는 인력의 수요예측은 미래에 소요되는 인력의 양과 질을 추정하는 과정이라 할 수 있다. 결근이나 인력의 내부이동, 승진, 노동시간과 같은 작업조건의 변경 등을 고려한 기업 내부에서의 이용 가능한 인력의 양(내부 노동시간 측면)을 예측하는 것과 조직의 외부로부터 공급받을 수 있는 인적자원(외부 노동시간 측면)의 예측 즉, 공급원이라는 측면에서 생각해 볼 수 있다.

인적자원을 계획함에 있어서는 수요와 공급의 원칙에 따라 인력확보 변화를 예측할 수 있다. 필요한 인력의 수요와 공급이 균형을 이루고 있는지, 공급이 수요를 초과하는지, 수요가 공급을 초과하는지에 따라 계획은 바뀔 수 있기 때문이다. 그러므로 인력의 확보관리는 인력의 희소성과 과다성의 개념에서 출발하며, 인적자원에 대한 인력계획(manpower planning), 인적자원계획(human resources planning)이라 할 수 있는데, 인력확보를 위한 인력계획은 조직의 목표달성에 필요한 사람의 수와 종류를 미래에 적시적소에 고급하기 위한 과정이다.

이러한 인력의 계획에는 필요한 인력을 예측하고, 필요한 인력이 담당해야 할 직무를 분석해야 할 뿐만 아니라, 적정한 인력을 선발한 후 선발된 인력을 관리해야 하는 네 가지 영역을 포함한 계획이 이루어져야 한다.

2) 직원채용

우수한 직원을 선발하고 교육하여 회사가 추구하고자 하는 방향으로 나아가고자 함은 어느 기업이나 같을 것이다. 그러나 모든 직원은 누구나 개인차가 있고, 아무리 훌륭한 교육제도를 갖고 있다 하더라도 모든 구성원에게 동일한 교육의 효과를 거둘 수는 없을 것이다. 하지만 훌륭한 교육제도, 일관성 있는 서비스 교육, 뛰어난 임금과 복지제도, 미래의 비젼을 제시할 수 있는 훌륭한 정책과 제도만이 무한 경쟁시대에 우위를 점할 수 있음을 경영자와 직원들은 깨달아야 할 것이다.

(1) 직원채용 및 배치

① 채 용

채용이라 함은 기업 활동을 위하여 직무에 적합한 자격요건을 갖춘 적격자를 정해진 수만큼 계획적으로 채용하는 조직적 조치라고 할 수 있다. 호텔 식음료부문에서의 채용은 식음료 업장을 경영함에 있어, 필요한 자질을 갖춘 노동력을 적재적소에 조달할 것을 목적으로 인적자원을 선출하는 것을 말한다. 따라서 각 식음료업장에서 필요로 하는 직원채용을 위해서는 지원자에 대한 정확한 분석이 요구된다. 직무의 특성에 적합한 인물인지, 업무를 수행하는데 문제는 없는지를 평가하여 선출하는 것이다. 직원을 채용함에 있어 채용관리의 범위는 다음과 같다.

- 필요로 하는 전체 직원 수
- 부문별 직무를 수행함에 있어 부족한 직원 수
- 직무에 부합되는 능력
- 일정수준 이상의 능력이 있는 응모자 모집
- 일정기준에 의한 선발

② 채용 계획

채용을 계획함에 있어서는 채용을 우선적으로 생각하는 적정 인원수를 계획할 수도 있지만, 실력을 겸비한 능력 있는 인원을 보충하려는 양면을 생각하지 않을 수 없다. 채용계획을 수립할 때의 요건은 다음과 같다.

- 장기적 인력수급을 분석하여, 필요로 하는 노동력을 질과 양적인 면에서 계획한다.
- 인력을 직접 채용할 것인가 아니면, 외부 인력공급 업체(outsourcing)의 협력을 받을 것인가 아니면 기계화 또는 자동화를 통해 인력을 감축할 것인가를 결정한다.
- 경력자로 할 것인가, 미 경력자로 할 것인가를 결정하는 것이다.
- 정규직으로 할 것인가, 아니면 비정규직으로 할 것인가.
- 정기적으로 채용할 것인가, 부정기적으로 할 것인가.
- 신규채용과 수시채용에 대한 계획수립과 지출될 인건비에 대한 계획이 필요하다.

채용이 합리적인 것이 되기 위해서는 소요노동의 직종과 인원을 과학적 내지 합리적으로 결정해야 한다. 질적으로는 직무분석, 양적으로는 시간과 동작연구에 의한 표준작업량을 기초로 해서 정원을 산출하게 된다.

③ 채용의 원칙

채용을 원활하게 하기 위해서는 다음과 같은 원칙을 세워두어야 필요로 하는 직원을 공정하고도 정확하게 채용할 수 있다.

🔹 공개경쟁: 적재적소에 우수한 인력을 확보하기 위해서는 공개적으로 공모를 한다.

🔹 정확한 평가: 기업이 목표에 원하는 공헌할 수 있는 유능한 직원을 채용하기 위해서는 정확하고 올바른 평가가 이루어져야 한다.

🔹 직무의 명확화: 채용할 직원이 담당하고 수행해야 할 직무나 역할을 명확히 제시해줌으로써 자질향상과 지표가 되도록 한다.

🔹 다단계 면접: 일반적으로 서류전형과 필기시험을 거쳐 합격자에 대한 면접을 보지만, 면접을 다단계로 함으로써 어느 한 사람의 의견에 의해 채용되는 일이 없도록 한다.

🔹 정확한 계약: 채용하는 측과 채용되어지는 측과의 오해소지를 없애기 위하여, 임금과 직책에 대한 정확한 계약이 이루어져야 한다.

🔹 적성검사 실시: 서비스업 중 특히 식음료 업장에 근무하는 직원의 능력은 학업성적과 일치하지 않는 경우가 많다. 학교성적이나 외국어 실력이 좋은 사람이라도 적성이 맞지 않을 수 있으므로, 좋은 인성을 가진 직원을 채용할 수 있도록 해야 한다.

④ 배 치

엄격한 선발기준을 거쳐 채용된 직원은 자신의 능력과 적성에 맞는 영업장에 배치되어야 한다. 적재적소 배치는 개인의 근무의욕을 고취시키는 중요한 요소가 되므로 신중하게 처리하는 것이 중요하다. 하지만 채용되어 배치된 직원은 일정기간 시간이 지나면, 업무를 태만하게 하거나 업무에 흥미를 잃어버릴 수 있으므로 각별히 유의해야 한다.

정기적인 평가에 의한 이동배치와 승진은 그 직원으로 하여금 새로운 의욕을 가지고 근무할 수 있는 동기를 부여하므로 엄격한 규정과 절차에 의한 정책을 시행해야 한다. 많은 직원들이 호텔 내 각 부서에서 경험을 쌓고 싶어 하나, 여러 가지 사정에 의해 어려움을 겪고 있다. 하지만 식음료 부서는 객실부나 조리부보다는 어느 정도 부서 내 업장을 돌아가며 근무하는 형태가 이루어지고 있는 것이 현실이다. 이렇게 여러 영업장을 경험하도록 함으로써 얻은 폭넓은 기술과 지식 습득은 식음료 부서의 발전으로 이어질 수 있기 때문에 많은 직원에게 기회가 주어져야 할 것이다.

몇몇 체인호텔의 경우, 한 분야에서 전문가를 육성한다는 전제하에 부서 이동배치를 부정적으로 보는 경우도 있으나, 사정이 허락하는 범위에서 이동배치는 직원들에게 근무의욕을 고취시킨다는 점을 감안할 때 참고할 필요가 있다. 직원 개개인들이 좁은 시야를 가지고 한 곳의 지식만 쌓을 것이 아니라, 넓은 시각으로 미래를 향해 많은 영업장의 경험을 쌓을 수 있도록 노력을 해야 할 것이다.

3) 직무분석

(1) 직무분석의 의의

직무분석(job analysis)은 합리적인 인사관리의 기초로서, 직무에 관한 정보를 수집, 분석하여 내용을 파악한 다음, 각 직무 수행에 필요한 지식, 능력, 숙련, 책임 등 모든 요건을 명확히 하는 일련의 과정이다.

(2) 직무분석의 절차

효율적인 직무분석을 위해서는 기초자료를 충실히 수집해야 한다. 직무분석의 기초자료에는 직무기술서와 직무명세서가 대표적이다. 호텔조직 내에 존재하는 부서 간의 관계와 계층 간의 관계를 명시해 놓은 조직도나 각 부서별로 담당하고 있는 업무활동을 명시해 놓은 SOP(standard operation procedure)도 좋은 자료가 될 수 있다.

직무분석의 절차는 예비단계, 실시단계 그리고 직무기술서와 직무명세로 작성하는 것이다.

직무분석의 예비단계는 분석목적의 결정수준과 주관부서의 설치, 분석자의 선정, 사내 협력업체의 확립, 예비조사의 실시로 이루어진다. 직무분석의 실시단계는 직무분석표의 작성, 직무정보의 수집, 직무정보의 분석이다. 직무정보의 분석은 평상시 직원들이 직무수행하는 것을 관찰하여 기록·분석하는 가장 보편적인 관찰법(observation method), 면접을

그림 7-1
직무분석의 절차

예비단계
· 분석목적결정
· 주관부서설치
· 분석자선정
· 협력체제확립
· 예비조사

실시단계
· 직무분석표 작성
· 직무정보수집
· 직무정보분석

직무기술서 　　　　　　　　　　직무명세서

통하여 직무를 분석하는 면접법(interview method), 직무의 내용, 목적, 작업조건, 사용 장비, 직무요건(지식, 능력, 경험, 학력 등)에 관하여 직무담당자로 하여금 자세하게 기술하게 하는 질문지법(questionnaire method), 직무분석 담당자가 분석대상 직무를 직접 수행해 봄으로써 직무의 내용과 직무가 요구를 하는 특성 등을 자신의 경험을 통하여 분석하는 체험법(empirical method)으로 정보를 수집할 수 있다.

(3) 직무기술서와 직무명세서

직무분석의 절차는 예비단계와 실시단계를 거쳐, 직무기술서와 직무명세서를 작성하는 과정으로 이루어진다. 직무 유형별 직무분석은 직무기술서와 직무명세서 나누어 분석할 수 있다.

① 직무기술서(job description)

직무기술서는 직무분석의 결과에 의해 그 직무의 내용·성격·수행방법 및 직무에 기대되는 결과 등을 간략하게 정리해 놓은 서식으로서 직무 해설서라고도 한다. 이것은 직무의 능률적 수행을 위해 직무분석의 결과 그 개선점을 고치고 정리한 후 그 요점을 기술한 것이다.

또한 직무기술서는 구성원의 모집과 배치의 적정화와 직무의 능률화를 목적으로 개개인 직무의 책임과 의무 그리고 활동의 정도 및 범위를 설명한 문서로서 직무평가의 기초 자료가 된다.

② 직무명세서(job specification)

직무명세서는 특정한 직무를 만족스럽게 수행하는데 필요한 작업자의 지식·기능·능력 및 기타 특성 등 직무수행을 위해 필요한 인적요건을 기술해 놓은 문서를 말한다. 직무명세서는 그 직무 자체의 내용을 파악하는데 초점을 둔 것이 아니라, 직무를 수행하는 사람의 인적 요건에 초점을 맞춘 것이다.

따라서 직무명세서를 작성할 때에는 직무기술서의 내용을 토대로 하여 그 직무의 수행에 적합한 인적 특성을 도출할 수 있다. 호텔에 따라서는 직무명세서를 따로 작성하지 않고, 직무수행 요건을 직무 기술서에 합쳐서 작성하기도 한다. 이러한 경우는 단순히 직무 기술서라고 한다.

● 그림 7-2
직무기술서와 직무명세서의
구성내용 비교

직무분석

모든 직무에 적절한 제사실을
발견하기 위한 연구과정

직무기술서	직무명세서
직무명(job tile) 위치(location) 직무개요(job summary) 의무(duties) 기계, 도구, 장비 (machines, tools, equipment) 원료와 형태의 이용 (materials and forms used) 감독이나 피감독 (supervision given or received) 작업조건(working conditions) 위험(hazards)	교육(education) 경험(experience) 판단(judgment)이나 이니시아티브(initiative) 육체적 노력(physical) 육체적 숙련(physical skill) 책임(responsibilties) 커뮤니케이션의 기술 (communicationskill) 정서적특성등(emotional characteristics) 의 정도와 능력 및 수준에 관한 사항과 오관의 사용도와 필요도

제 2 절 인사고과

호텔의 식음료산업에서 인사고과는 식음료부서가 의도하는 생산성 향상이라는 목적을 실현하기 위해, 생산의욕의 향상 및 능률의 증진을 기하는 적극적인 수단으로 활용되고 있으나, 이는 결코 생산량이나 품질 등의 객관적인 자료에 대신하는 것도 아니다. 인사고과는 본질적으로 주관적인 것이며 절대 정확한 것은 아니다.

모든 제도가 그러하듯이 인사고과제도도 하나의 관리제도로서 이것이 성공하기 위해서는 공정한 객관성이 있어야 하며, 신뢰성이 있고 기업 특성과 실정에 맞는 독자성이 있어야 한다. 정확하고 객관적인 인사고과의 결과는 직원 평가는 물론, 승진과 전보에도 영향을 주게 되므로 신중하게 행해져야 한다.

1. 인사고과의 의의

인사고과는 평가철학에 기초를 두고 조직에서 구성원 개개인의 능력, 성격, 근무태도, 업적 등을 평가하고 능력을 개발하려는 제도를 인사고과라고 하는데, 현대적 의미로서 인사고과는 성과평정이라 하는데, 업적을 중심으로 평가하는 것을 업적평가라 한다.

인사고과는 조직에서의 평가수단으로서 가장 중요할 뿐만 아니라, 현대의 인적자원관리의 모든 영역에 영향을 미치는 능력개발을 위한 기초자료, 업적향상을 위한 기초자료, 직원의 처우를 위한 기초자료로 사용한다.

이러한 중요성을 가지고 있는 인사고과는 책임감, 협동성, 근면성, 직무지식 등이 어느 정도인지를 평가함으로써 개인의 성격, 적성, 장래성 등을 알아보려는데 있으며, 인사고과를 다음과 같이 생각해 볼 수 있다.

① 인사고과는 조직 내의 인간을 대상으로 한다. 물론 채용고과를 하는 경우에는 외부의 인간이라 생각할 수 있지만, 이것 역시 미래의 조직구성원으로 볼 수 있다. 직무평가는 직무자체의 가치결정을 하는데 비하여, 인사고과의 본질적으로 인간을 대상으로 그 가치를 평정하는 것이다.

② 인사고과는 사람과 직무와의 비교를 원칙으로 한다. 즉, 직원이 직무를 수행함에 나타나는 업적을 중심으로 파악한다. 그러므로 직무와 직무를 비교해서 직무의 가치를

평가하는 것이 직무평가인데 반하여, 인사고과는 사람과 직무의 관계를 평가한다.

③ 인사고과는 상대적인 평가이다. 그러므로 인사고과의 결과를 절대적인 인사관리의 길잡이로 삼고 인력관리를 해서는 안 된다. 인사고과는 인사관리 시스템의 한 부분으로서, 그의 위치와 한계를 지니고 있다는 점을 이해해야 한다.

④ 인사고과는 객관성을 높이기 위하여 특정목적에 적합하도록 조정되는 경향이 있다. 예컨대 직접보상(임금)을 위해서는 업적을 중심으로 하고, 장차의 승진 및 교육훈련을 위해서는 능력을 중심으로 해야 한다. 이때 전자를 '업적평가'라고 하고, 후자를 '능력평가'하고 한다.

2. 인사고과의 목적

인사고과는 호텔 식음료부서 직원의 근무실적이나 능력, 성격, 적성 등 모든 근무성적을 질서 있게 조직적으로 파악해서 평가하는 절차이며, 인사관리상의 모든 문제해결에 대한 자료를 만들어 직원의 자질향상과 사기앙양을 도모하는데 그 목적이 있다.

인사고과는 통제적 목적으로 사용되는 것이 아니라, 직원의 근무의욕의 향상과 업무수행 능력을 개선 발전시키는데 있다. 또한 업적과 목표에 영향을 주는 요소나 비중의 결정은 제도의 운영 면에서 신중히 검토해야 한다.

3. 인사고과자의 자세

인사고과를 하는 방법에는 여러 가지 방법이 있으나, 가장 중요한 것은 그 방법들을 이용하여 직접 고과에 참여하는 고과자의 자세일 것이다.

고과를 하는 방법 중에서 어떻게 점수를 산정하느냐 보다는 어떤 항목에 비중을 두고 평가할 것인가와 그 평가된 자료를 어떻게 적용할 것인가가 중요하다는 것이다. 실제로 고과를 하는 방법을 보면 자기 평가를 거쳐, 제1 평가자의 평가가 있고, 다음으로 제2 평가자의 평가가 있어야 한다. 최종적으로 평가의 결과를 피 평가자에게 보여 주면서 면담을 실시한 다음 피 평가자의 동의를 얻어야만 평가가 완료되는 것이다.

그러나 대부분의 호텔 식음료부문 직원의 평가는 일률적으로 상사의 평가로 이루어지고 있으며, 피 평가자는 자신이 어떻게 평가되었는지 알지 못한다. 실제로 고과라는 제도를 통해 직원 상사간의 커뮤니케이션이 이루어져야 하며, 평소의 문제점 및 향후 계획을 서로 이야기함으로서 서로간의 사소한 오해를 해결할 수 있고, 직원에게 꾸준한 관심을 보이고 있다는 점을 알릴 수 있는 대화의 장이 되어야 한다는 것이다. 다음은 정확한 인사 고과를 위한 고과자의 유의사항이다.

① 고과기준을 정확히 알아야 한다.
② 사실에 입각하여 객관적인 평가를 한다.
③ 분위기를 편안한 상태로 조성하여야 한다.
④ 각각의 고과항목을 평가할 때 다른 항목과 정확히 구별되어야 한다.
⑤ 단기간 내에 고과를 하여야 한다.
⑥ 지난 평가 때, 피 평가자가 계획했던 사항의 면밀한 검토와 토의가 있어야 한다.
⑦ 고과자는 평소의 근무태도 및 리더십을 통해 피 평가자의 신뢰를 얻고 있어야 한다.
⑧ 평가항목 이외의 사항도 파악하여 직원의 직장생활에 대한 고충처리에 만전을 기할 수 있어야 한다.
⑨ 평가의 결과는 해당자 외에는 반드시 비밀을 유지한다.

1) 인사 고과자

전통적으로 인사고과는 피고과자의 상사에 의해 실시되는 경우가 많았다. 그러나 최근 들어 인사고과의 정확성과 객관성을 제고하기 위해 피고자의 직속상사뿐 아니라, 직속상사의 상사, 동료, 부하, 본인, 인사위원회, 인사부 직원 등으로 인사고과자의 범위가 확대되고 있다. 이러한 인사고과자의 유형들 가운데 대표적인 몇 가지 특징을 살펴보고자 한다.

(1) 직속상사에 의한 평가

직속상상에 의한 평가는 가장 많이 사용되는 평가이다. 부하를 평가할 수 있는 권한을 조직으로부터 부여받았다는 합법성과 실시의 용이함이라는 장점을 가지고 있다. 한편 직속상사에 의한 평가는 피 평가자들에 의한 통제 때문에 피 평가자들을 위협하는 수단으로 사용될 수도 있지만, 평가결과로 인해 부하들이 받을 좋지 못한 결과를 감안하여 평가하기를 꺼린다는 단점이 있을 수 있다. 한편 부하들은 상사의 평가에 대한 신뢰성에 의문을 제기하기도 한다.

(2) 차상급자(직속상사의 상사)에 의한 평가

제2차 고과자에 의한 평가라고도 하며, 이는 직속상사(제1 고과자)에 의한 평가로만 이루어질 경우 그의 견해가 지나치게 반영되는 것을 견제하기 위해 사용된다. 그러나 차상급자는 직속상사보다도 평가정보를 얻을 수 있는 기회가 매우적다. 즉 행동을 관찰할 기회가 적고, 차상급자는 평가할 부하 직원들이 많기 때문에 평가의 정확성을 기하기 어렵다. 따라서 평가결과에 대한 신뢰성이 더욱 떨어진다.

(3) 본인에 의한 평가(자기평가)

자기평가는 직무수행과 직무성과에 관련된 정보의 양이 풍부하다는 장점이 있다. 또한 직무만족을 향상시키고, 평가과정에 대한 불만이 적으며, 성과검토에 있어서 방어적인 자세를 취하지 않는다는 장점이 있다. 그러나 자신의 성과를 다른 평가자들보다 높게 평가하는 경향을 보일 수 있다는 것이다. 이러한 과대평가를 감안할 때 자기평가를 유일한 고과방법으로 사용할 것이 아니라, 단지 보완적인 수단으로 활용하는 것이 바람직할 것이다.

(4) 동료에 의한 평가

이 평가는 미래의 성공을 잘 예측해 주는 것으로 보고되고 있으며, 개발목적으로 사용되는 경우가 많다. 상사에 의한 평가보다 신뢰도와 타당도가 높은 것으로 알려져 있다. 그러나 동료 간의 우정이나 친밀감 등으로 인해 평가에 영향을 미칠 가능성이 있으며, 경쟁적인 상황에서는 솔직하지 못한 평가를 할 가능성 있다는 단점이 있다.

(5) 부하에 의한 평가(상향식 평가)

상향식 평가(upward appraisal) 또는 부하평가(subordinate appraisal)는 부하가 상사의 업무수행태도, 능력, 부하와의 관계 등을 평가하는 것이다. 상향식 평가를 채택하는 기업이 최근 들어 증가하고 있으며, 부하평가는 주로 다면평가의 일부분으로 생각하고 보완적인 방법으로서 다른 고과방식과 병행해서 사용된다.

(6) 외부인의 평가

외부인에 의한 평가는 상대적으로 객관성 확보가 필요한 상황에 매우 유용하다. 외부인은 주로 고객 또는 외부관련업체로서 외부인이 체계적인 방법으로 자료를 수집하고, 대표성 있는 행위를 평가한다면 매우 유용한 자료를 제공할 수 있다.

이와 같이 평가방법은 여러 가지가 있으나, 가장 많이 사용되고 있는 것은 직속상사에 의한 평가이다. 직속상사 이외에 차상급자가 제2차 고과자로서 인사고과에 참여하고, 그 다음 인적자원부서의 직원이 전체 조직체의 인사고과결과를 종합·조정하는 과정에서 인사고과에 간접적으로 참여하고 있다. 하지만 고과자의 범위가 직속상사 이외에 부하나 동료 간의 평가로 확대되는 것은 보다 정확하고, 공정한 인사고과를 실현하는데 도움이 될 수 있다.

인사고과에서 가장 중요한 고과자는 직속상사이다. 직속상사는 자기 부하를 가장 잘 이해하고, 부하의 행동과 업무실적을 항상 관찰하여 그 결과를 승진이나 보상 등의 인적자원관리 의사결정에 공정하게 연결시킬 수 있는 위치에 있기 때문이다. 그리고 조직체의 목적을 부하의 성과목표에 반영하고, 일상 업무를 관리하며, 인사고과를 통하여 부하의 동기를 유발하고, 성과 지향적 행동을 유도하며, 효과적으로 부하를 지도·육성할 수 있기 때문이다.

2) 인사고과 절차

인사고과에서 일반적 고과절차는 피고과자가 자기 신고서와 자기 평가서를 작성하고 나면 고과자가 평가를 한 후 인사 담당부서는 고과결과를 검토하여 인사명령을 고시한다.

① 피고과자는 자기 신고서와 자기 평가서표에 기입 및 자기 평가하여, 1차 고과자에게 제출한다.

② 1차 고과자는 피고과자의 자기 신고서 및 자기 평가표를 참조하고, 피고과자와의 면담을 통하여 평가한다.

③ 1차 고과자는 평가 후 즉시 피고과자의 자기신고서 및 자기 평가표를 2차 고과자에게 제출하고, 고과표는 인사담당부서로 송부한다.

④ 2차 고과자는 1차 고과자를 경유한 피고자의 자기 신고서 및 자기 평가표를 참조하고, 면담을 통하여 평가한다. 2차 고과자는 평가 후 즉시 고과표에 피고과자의 신고서 및 자기 평가표를 첨부하여 인사 담당부서로 송부한다.

⑤ 인사 담당부서는 1차 고과자에 의한 고과와 2차 고과자에 의한 고과결과를 조정하여 점수화 하고, 피고과자에게 피드백 한다.

⑥ 고과결과의 조정 시 1차 고과자에 의한 고과결과와 2차 고과자에 의한 고과결과가
현저한 차이를 나타내면 인사담당 부서장은 공개적 면담을 통하여 직접 고과한다.

4. 인사고과의 문제점과 개선방향

인사고과의 수행에는 고과자, 피고과자, 고과제도 및 사회문화적 상황 등에 따른 문제
점이 발생하고 있다. 인간은 시간과 공간의 지배를 받고 불안전하기 때문에, 자기의 평가
와 판단에는 상황에 따라 오류가 있을 수 있다. 그러므로 고과자에 의한 문제점과 피고과
자에 의한 문제점으로 나누어 살펴보고자 한다.

1) 고과자에 의한 문제점

고과자는 고과과정에서 다음과 같은 오류를 범함으로써, 고과오차를 발생시킨다. 따
라서 경영자는 이러한 오류를 사전에 예방하고, 보다 공정한 인사고과가 되도록 대책을
강구해야 한다.

(1) 현혹 효과(halo effect)

현혹 효과는 고과자가 피고과자의 어떠한 한 면을 기준으로, 다른 것까지 평가하는 것
을 말한다. 즉, 피고과자의 한 가지 장점 때문에 다른 것을 모두 좋게 평가하거나, 반대로
한 가지 단점 때문에 모든 것을 나쁘게 평가하는 것을 말한다. 이는 인사고과의 타당성과
객관성을 파괴하는 중대요인이 되며, 이를 제거하기 위해서는 고과자의 훈련과 고과방법
의 기술적 활용 및 고과방법의 개선 등이 요구된다.

(2) 관대화 경향(leniency tendency)

관대화 경향은 피고과자의 실제 능력이나 실적보다도 더 높게 평가하는 것을 말한다.
이와 같은 경향은 부하를 나쁘게 평가하여 대립할 필요가 없다는 것, 자기부하가 타부문
의 직원에 비하여 나쁘게 평가되는 것을 피하기 위한 것, 나쁜 평가가 고과자 자신의 책임
으로 간주될 수 있다는 것을 들 수 있다.

(3) 중심화 경향(central tendency)

중심화 경향은 평가의 결과가 중간으로 나타나기 쉬운 경향을 말한다. 이러한 경향 원인은 관대화 경향과 비슷하나, 이를 해결하기 위해서는 강제할당법과 서열법 등을 활용할 수 있다.

(4) 시간적 오류(recently errors)

시간적 오류는 고과자가 피고과자를 평가함에 있어서, 쉽게 기억할 수 있는 최근의 실적이나 능력중심으로 평가하려는 데서 생기는 오류이다.

(5) 대비오류(contrast errors)

대비오류는 고과자 자신이 지닌 특성과 비교하여 피고과자를 평가하는 경향을 말한다. 특히 고과자의 편견과 상투적인 태도에서 볼 수 있다.

(6) 상동적 태도(stereotyping)

고정관념에 속한 것으로, 피고과자가 속해있는 사회적 속성, 즉 출신지역, 출신학교, 종교, 성별, 연령 등에 대한 지각적인 편견을 갖는 것을 말한다. 이러한 편견은 대인지각의 문제점뿐 아니라 평가의 공정을 잃을 수 있게 한다. 그러므로 제3자를 고과자로 활용하면 상동적 태도를 줄일 수 있다.

2) 고과제도에 의한 문제

고과제도의 미비와 고과제도 운영의 미숙의 차이로 인하여 인사고과에 문제가 발생할 수도 있다.

(1) 직무분석 미시행

인사고과는 직무분석을 통한 다각적이고, 객관적인 근거 위에서 조직구성원이 지니는 조직에 대한 공헌도와 현재 및 장래의 유용성을 평가하는 것이다. 그런데 직무분석이 시행되지 않은 상태에서 인사고과를 시행한다면 고과자의 주관과 편견 등 많은 문제가 발생한다. 따라서 직무분석은 인사고과의 선행요건이다. 즉 직무분석을 통해 직무와 구성원의 관계를 명확히 규정하고, 피고과자의 업적과 능력을 평가해야 한다.

(2) 고과결과의 공개문제

인사고과결과의 공개 여부는 조직의 상황과 고과의 목적, 직무의 성격, 직원의 자질 등에 따라 결정되지만, 고과결과에 대한 피드백과 이에 따른 개선을 위해 공개적인 고과가 바람직하다. 인사고과의 비공개주의는 상사와 부하 사이에 위화감이나 불신감이 생길수 있고, 의사소통에 문제가 생기며, 궁극적으로는 인사고과제도 자체를 불신할 우려도 있다.

(3) 인사고과 신뢰도 문제

인사고과가 얼마나 정확하고, 공정하게 실시되었는가는 인사고과의 신뢰도와 관계가 깊다. 그러므로 인사고과의 신뢰도를 높이기 위해서는 인사고과의 설계, 실시, 평가, 결과에 대한 피드백, 상벌, 고과요소의 선정, 고과자의 교육훈련 등에 대한 세심한 배려가 인사고과의 신뢰도를 높일 수 있다.

(4) 연공서열에 대한 선호

연공서열에 대한 선호 때문에 능력과 업적에 대한 공정한 평가가 어려울 수 있다.

3) 인사고과의 개선방향

인사고과의 효과를 극대화하기 위한 인사고과의 개선방향을 살펴보면 다음과 같다.

(1) 고과자의 훈련

인사고과제도의 공정성이란 목적을 달성하기 위해서는 고과자에 대한 체계적인 교육훈련이 반드시 필요하다. 주요내용으로는 인사고과제도의 목적, 고과방법, 고과면접 유형 및 절차, 경청기술 등이 포함된다. 인사고과는 더 이상 상급자가 갖는 통제권 중심의 고유권한으로 인식되어서는 안 되며, 철저한 교육을 통하여 인사고과에 대한 피 평가자의 수용성을 높이려는 노력이 필요하다.

(2) 인사권의 일선 부서에 위양

고과제도의 효율화를 위해서 인사권의 위양이 필요하다. 특히 중간 및 하부 관리자의 권한을 대폭 확대시킬 것이 요구된다. 왜냐하면 그들로 하여금 직원을 자신의 의도대로 지시와 통솔하고, 그를 통하여 경영성과를 향상시키기 위해서는 권한이 있어야 하기 때문이다.

(3) 성과적 평가중심의 고과

전통적 인사고과는 성격 중심형 평가였다. 이는 업무 그 자체보다도 업무를 담당하는 직원의 성격, 근무태도, 의욕 등에 초점을 맞추어 평가하는 것이다. 이에 비해 최근의 인사고과의 중심은 직원의 가치를 평가하는 대신 직무상의 업적 결과를 평가하는데 있다. 그것도 과거 지향적 업적이 아닌 미래 지향적 업적에 치중한다.

제3절 승진 및 징계관리

1. 승진관리

1) 승진의 의의

사람들이 직장을 다니는 이유는 두 가지로 생각해 볼 수 있는데, 하나는 생계를 위한 수단일 것이며 다른 하나는 자신의 발전을 통한 의욕성취와 자아실현일 것이다. 그러므로 사람은 누구나 가지고 있는 능력과 공헌도에 따라 종합적인 평가를 받아 승진할 기회와 권리를 갖고자 한다. 회사의 입장에서 직원을 최대한 활용해야 하지만, 직원의 입장에서는 자기 발전을 극대화해야 하는 원칙을 생각해 볼 수 있기 때문에 합당한 직위의 승진은 가장 이상적일 것이다.

승진(promotion)은 전직과는 달리 보다 중요성을 갖는 높은 수준의 직위로, 수직적으로 상향 이동하는 것을 의미한다. 승진으로 인해 책임이 증가하며, 위신이나 지위가 격상하고, 임금이 증가한다. 이외에도 근무환경이나 근무조건을 위시하여 직위의 상징물이 달라진다. 이러한 승진과 밀접한 관계가 있는 것으로는 승급(upgrading)을 들 수 있다. 승급은 소규모의 승진으로 동일한 직무 내에서 보다 책임이 중하고, 임금이 높은 직무로의 이동을 의미한다. 일반적으로 승급에 있어서도 책임과 임금수준은 올라가지만 그 정도가 승진에는 미치지 못한다.

인적자원의 확보라는 차원에서 볼 때, 승진은 인력수요의 충원을 의미한다. 더불어 인력자원의 개발이라는 관점에서도 의미를 가진다. 그러므로 일정기간 한 업무를 수행한 직원이 그 업무에 대하여 많은 경험과 지식을 갖게 되고, 보다 더 넓은 업무를 수행할 수 있는 능력을 갖추게 되었을 때 상급직으로 올라간다면 그의 업무가 경영에 도움 되어 회사 발전에 유익할 것이다. 그러나 다른 한편으로는 한 업무를 오래 근무하다 보면 의욕상실과 개선의지를 찾아볼 수 없어, 동료들에게 좋지 않은 영향을 미치는 경우도 있으므로, 승진의 기회는 동기부여의 자극제가 되어 많은 능력을 발휘할 수 있는 좋은 기회와 경쟁사로의 이직을 방지함으로서 또 다른 효과를 얻을 수 있다.

그렇다고 모든 직원에게 승진의 기회가 주어지는 것은 아니므로, 얼마만큼 회사의 경영이념을 이해하고 이에 상응하는 업무실적을 쌓아 상사로부터 신뢰를 구축해 놓아야 할 것이다. 뿐만 아니라 근무고과의 높은 평점을 받도록 노력해야 할 것이다.

2) 호텔의 일반적 승진기준

승진기준은 승진에만 적용되는 것이 아니라, 배치·전환·교육훈련·인사고과 등 인적자원 관리 전반에 영향을 미친다. 또한 호텔에 따라 승진기준은 조금씩 다르게 적용되지만 대체로 일반화된 몇 가지 요건을 보면 다음과 같다.

① 업무평가의 결과
② 연공서열주의
③ 학력
④ 외국어 실력
⑤ 경력
⑥ 교육훈련의 기록
⑦ 인사기록

3) 호텔의 승진심사 규정

① 승진후보자 선정

✿ 부서장의 추천자 중에서만 승진 검토한다.
✿ 인사부는 부서장 추천자에 대하여 승진검사기준에 의거해 검토한 내용을 임원회의에서 심의 결정토록 상정한다.

② 다음 5개 항목을 검토한 후, 회사차원의 필요성, 상급자의 유무 등을 고려한다.

✿ 업적
✿ 능력
✿ 근무자세
✿ 승급연한
✿ 상벌사항

③ 업적 및 능력, 근무자세 등의 평가는 개인 업무평가표에 의한다.
④ 승진평가 기준에 따르되 다음 표와 같다.

◉ 표 7-1 승진평가 기준

구 분	배 점	비 고
현직근속	10	근속별 점수
입사근속	5	근속별 점수
학력	5	학력별 점수
고과	40	인사고과 결과
외국어	20	부문별 결과
상벌	5	표창: +/ 징계: -
교육이수	5	수료: +/ 미수료: -
적성	5	채용적성검사 결과
건강	5	
계	100	

2. 징계관리

1) 징계의 의의

모든 조직을 질서 있게 운용하기 위하여 필요한 규칙을 설정하고 있으며, 조직의 구성원은 설정된 규칙이나 규율의 범위 내에서 행동하도록 요청받고 있다. 호텔조직은 취업규칙 등의 사규로서 질서를 유지하고 있는데, 이러한 규칙이 지켜지지 않으면 조직의 질서는 무너진다. 그러므로 위반행위를 규제하기 위한 수단으로 징계조치(disciplinary action)가 필요하게 된다.

징계는 구두경고, 서면경고, 강등, 정직, 징계해고 등이 있는데, 징계조치는 객관적이고, 공정한 방침에 의해 이루어져야 한다. 그렇지 못한 경우는 직원의 사기가 저하되고, 이의가 제기되며 때로는 소송이 일어나기도 한다.

2) 징계대상

호텔뿐만 아니라 기업의 대부분 직원들은 조직의 목적달성에 기여하고 있고, 조직체와 동료 구성원들의 기대수준에 맞는 행동을 한다. 그러나 소수의 구성원들은 일반적인 행동에 어긋나게 행동을 함으로써, 조직체의 목적달성과 구성원간의 상호관계에 위협을 줄 수 있다. 따라서 조직체에서는 역기능적 행동을 억제할 목적으로 징계조치를 강구한다.

피고스와 마이어스(P. Pigors & C. M. Myers)는 징계대상 행위를 다음과 같이 보고 있다.

① 부당한 파업, 사보타지(sabotage: 노동자의 생산방해 해위) 또는 이와 관련된 행위, 특히 단체 협약사항이나 중재사항을 이행하지 않고, 이러한 행동에 참여하거나 선동하는 행위

② 상사에 대한 부당한 또는 의도적인 불복종이나 반항행위

③ 서류나 정보자료의 위조

④ 고용계약에 합의된 사항을 이행하지 않거나 성과가 극히 부진한 행위

⑤ 반복된 지각과 결근

⑥ 근무 중 음주나 마약을 소지 또는 복용하는 행위

⑦ 근무 중 과격한 언행, 폭행 또는 공격하는 행위

⑧ 절도행위

⑨ 근무 중 도박행위

⑩ 조직체의 자산에 대한 의도적인 파손행위

⑪ 안전 및 건강관리 규정에 위반행위

3) 징계의 목적

징계는 부당한 행위를 처벌하고자 하는 효과만 있는 것은 아니다. 어떠한 조직체이건 이를 효과적으로 사용하면 기강 확립은 물론이고, 더 견실한 조직체를 만들 수 있다. 따라서 징계는 이러한 효과를 목적으로 하고 있으며, 다음과 같은 효과를 얻을 수 있다.

(1) 예방효과

징계방침과 규정을 정함은 징계대상 행동이 발생되지 않도록, 사전에 충분한 주의를 촉구함으로써 사전에 예방할 수 있다.

(2) 개선효과

위반행위를 하거나 그러한 증상이 보이는 직원에게 징계규정을 중심으로 상담, 지도를 함으로써, 그의 행동을 바람직한 방향으로 개선할 수 있다.

(3) 처벌효과

예방이나 개선효과가 불가능하다고 판단될 경우 최종적으로 이를 개선하거나 재발을 방지할 목적으로 벌칙을 적용하여 강력한 제재조치를 강구한다.

<h2>제4절 임금 및 후생복지</h2>

1. 임금

1) 임금관리

인사관리에서 가장 어렵고도 중요한 문제는 임금관리일 것이다. 직원들이 받은 임금은 사회생활을 하는데 기본요건을 갖추게 되는 요소가 될 뿐만 아니라 가족의 생계가 직접적으로 영향을 받게 되므로, 직원의 임금만족과 기업의 저임금을 통한 최대의 창출하고자 하는 목표의 타협점을 찾는 것은 쉬운 일이 아닐 것이다.

우리나라의 근로기준법 제18조에 따르면 임금이란 '사용자가 근로의 대가로 근로자에게 임금, 봉급, 기타 어떠한 명칭이든 지급하는 일체의 금품'이라고 정의하고 있다.

2) 봉사료

호텔의 임금제도는 일반적인 회사의 것과는 다른 특색을 갖고 있다. 즉 'service charge'라고 하는 봉사료 때문이다. 봉사료는 호텔 이용 후 지불해야 하는 요금 외에 별도로 팁을 주어야 한다는 고객의 부담감을 덜어준다는 취지에서 생겨났지만, 현재는 호텔직원이나 고객 모두가 당연한 제도로 받아들이고 있다.

호텔의 임금제도는 타 산업에 비하여 낮은 기본급으로 시작하여, 봉사료에 의한 의존도가 높아져 임금은 어느 정도 높아졌다고는 하지만, 봉사료의 투명성과 배분문제로 노사갈등이 생긴 것은 사실이다. 하지만 현재는 대부분의 호텔에서 봉사료를 기본급화 하는 제도로 정착되었다. 그리고 잉여금에 대한 부분만큼은 재분배하는 형태로 그동안의 문제를 해결되었다고 할 수 있다. 직원들은 매월 일정한 수준의 임금을 보장받으므로 계획성 있는 생활을 영위할 수 있고, 회사는 매년 대두되어야 하는 임금문제에 대한 노사갈등을 해소하는 계기가 되었다고 할 수 있다.

3) 임금제도

정규직원의 감소와 임시직 또는 계약직, 인턴사원의 증가추세에 따른 임금제도의 변칙

운용 등 많은 문제점을 가지고 있는 봉사료 문제가 실질적이고도 효과적으로 직원들에게 분배되고, 의구심 없는 제도로 정착되기 위해서는 원활한 노사관계의 정착과 투명성 있는 경영자의 운영과 정확한 자료의 고개를 통한 신뢰의 구축이 절실히 요구된다.

최근의 노동관계 법령의 개정으로 종래의 근무패턴에 커다란 영향을 주면서 이에 따른 임금문제 많은 영향을 주는 것이 사실이다. 임금이라는 영역에 각종 수당들도 포함되고 있는 만큼, 변형 근로제, 탄력 근로제, 파견 근로제, outsourcing 등과 같은 운용의 형태로 불합리한 제도가 시행되고 있다고 직원들은 생각할 수 도 있으므로 경영자와 근로자들은 서로의 문제 해결점을 찾아봐야 할 것이다.

2. 후생복지

기업에서 후생복지란 직원의 복지향상을 위하여 시행하는 임금 이외의 간접적인 여러 혜택을 의미한다. 직원의 후생복지를 위한 제반시설 및 제도는 노동력의 재생산을 위한 보조적 수단이라 할 수 있다. 기업의 후생복지 내용이 노사관계의 발전과 관계가 있으며, 후생복지의 시설이나 제도는 근로조건의 결정방법, 노동보호법, 사회보장 제도의 주요발전이 후생복지의 발전으로 생각할 수 있다.

연중무휴로 영업을 해야 하는 호텔의 특성상, 호텔산업은 타산업의 후생복지나 근무환경 보다 더욱 중요하다고 하겠다. 호텔은 일반 제조업에 비해 근무환경은 좋은 편이라 할 수 있지만, 일반 영업부의 경우 서서 근무하는 경우가 대부분이고, 바쁘게 움직이고, 무거운 것을 이동해야 하는 식음료부서 직원의 근무환경은 육제적인 어려운 부분도 있을 뿐만 아니라, 대고객 서비스를 위한 고도의 심리적 부담감을 느끼면서 판매증진을 요하는 매우 힘든 직종이다. 게다가 강한 체력을 유지하고, 실력향상을 위해 지속적인 노력을 해야만 하는 직업이므로, 호텔경영자는 식음료부문의 특성을 정확히 파악하여, 직원의 근무환경 및 복지향상에 많은 관심을 보여주어야 할 것이다.

직원의 복지를 증진시킨다는 것은 오늘날 널리 강조되고 있는 기업의 사회적 책임이기도 한데, 후생복지 제도의 기본원리와 목표는

첫째, 공동체 원리에 입각한 경영 공동체의 기반을 구축하는 것이며

둘째, 보조 원리로서 지원원리에 입각한 노동력 재생산을 위한 직원의 확보와 유지 및 노사관계 개선을 들 수 있다. 그러므로 후생복지가 직원과 사용자에게 주는 익을 살펴보

면 그림 <표 7-2>과 같다.

● 그림 7-3
후생복지의 구분

- 보건위생시설
  - 위생시설
  - 영양급식시설
  - 의료시설
  - 휴양시설
  - 운동시설
  - 작업환경시설

- 경영관계 시설
  - 안전 및 재해방지시설
  - 가정 및 생활시설
    - 주거시설
    - 일용품공급시설
    - 운동시설
    - 보육시설
  - 문화시설
    - 교육시설
    - 오락시설
    - 기타시설

후생복지의 구분

- 경영관계 제도
  - 노사관계의 제도
  - 재무관계의 제도
  - 보장관계의 제도
  - 인간관계의 제도

자료: [호텔인사관리], 김충호, 형설출판사, 1986, P.185

● 표 7-2 후생복지가 주는 이익

직원에 대한 이익	사용자에 대한 이익
· 근로의욕과 사기가 높아진다. · 안정감이 향상된다. · 불만의 원인이 감소한다. · 경영자와의 관계가 개선된다. · 고용이 안정되고, 수입이 증가된다. · 건설적으로 참가하는 기회 등이 늘어난다. · 호텔의 방침 및 목적에 대한 이해가 증진된다.	· 생산성 향상과 원가절감이 이루어진다. · 팀웍이 높아진다. · 결근, 지각, 사고, 이직이 감소한다. · 인간관계가 개선된다. · 채용과 훈련비용이 절감된다. · 직원과 건설적으로 일할 기회가 많아진다. · 호텔의 방침과 목표를 알릴 기회가 많아진다. · 호텔을 홍보할 기회가 늘어난다.

CHAPTER 2 호텔 식음료부서의 교육훈련

제 1 절　교육훈련의 의의

1. 교육훈련의 의의

　　호텔 식음료 직원의 자질을 개발하고, 직무에 대한 적응성을 높임으로써 보다 나은 직무와 자격을 갖출 수 있도록 조직적이고도 체계적으로 유도하는 것이 교육이다. 그러므로 교육훈련은 현장의 최하위 직원으로부터 감독자, 관리자, 경영자에 이르기까지 부서내의 모든 사람들에게 필요하며, 철저한 계획 하에 지속적으로 실시되어야 한다.

　　현대의 호텔 식음료부서의 인력관리 추세를 보면 정식직원의 감소와 인턴 또는 일용직의 증가세가 뚜렷하다. 그만큼 전문적인 지식과 기술을 지닌 직원들이 줄어들고 있다고 할 수 있다.

　　경영적인 측면에서는 원가비중의 증가, 질적 수준을 위한 적정 재료비, 원가비율의 유지 등을 생각하면 경영자가 손쉽게 선택할 수 있는 방법은 인건비의 절약이다. 하지만 식음료부문의 경영에서는 경험을 요구하는 서비스부문이 많기 때문에, 경험 많은 직원을 얼마나 확보하느냐가 중요하다고 할 수 있다. 그렇다고 경력자만 채용할 수 도 없는 일이며, 새로운 직원을 채용함으로써 기대할 수 있는 분위기 쇄신, 새로운 감각의 상품개발도 중요하기 때문이다. 그러므로 신입사원에게는 오리엔테이션부터 교육을 시작하여, 서비스, 실무, 전화매너 등의 교육이 있을 수 있고, 경력자에게는 재교육 또는 새로운 기술의 교육과 훈련이 요구된다.

따라서 교육훈련은 '목표달성을 위하여 직무를 보다 잘 수행하고, 필요한 모든 능력은 훈련을 통하여 터득시킴으로써 생산성을 높이고자 하는 것'이라고 할 수 있다.

2. 교육훈련의 중요성

불특정 다수의 고객과 함께해야 하는 서비스부문에 종사하는 직원으로서의 자질과 능력을 갖추고, 맡은 바 직무를 수행한다는 것은 그리 쉬운 일은 아니다. 그러므로 호텔에서도 고객에게 직접 서비스를 해야 하고, 음식을 제공해야 하는 식음료부문에 근무하는 직원은 서비스와 관련된 일정시간의 교육을 이수해야 하며, 일정한 자격을 갖추기 위한 끊임없는 교육을 통해, 능력을 개발하고 습득을 해야 한다.

대 고객 접점서비스를 해야 하는 직원입장에서는 자기개발과 더불어 능력을 갖추고, 능동적으로 근무에 임하는 것이야 말로, 조직 내에서의 자신의 존재가치를 인식시키고, 직무에 대한 강한 동기부여와 직무수행의 원활화를 기하여 사기를 진작시킬 뿐만 아니라, 자아실현에도 도움을 줄 수 있다. 한편, 호텔이라는 기업의 측면에서는 다른 산업에 비해 원자재의 의존도가 낮고, 인적 서비스의 의존도가 높아, 서비스제공이 핵심적인 상품이므로, 생산성과 경쟁력을 높이기 위한 전문성 있는 인적자원 확보를 위한 인재육성 즉, 교육을 통한 인적자원개발이 필수적이라 할 수 있다. 그러므로 교육훈련은 현장에 근무하는 직원으로부터 관리자, 경영자에 이르기까지 호텔 내 모든 직원들에게 필요하며, 일정기간 마다 계속적으로 실시해야 한다.

서비스제공이라는 호텔의 특수성을 비추어 볼 때, 교육훈련은 다음과 같은 내용이 포함되어야 한다. 첫째는 서비스를 제공하는 사람으로서의 인격향상을 위한 교육이며, 둘째는 현재 경영에서 중시하는 고객 지향적 사고에 대한 교육, 셋째는 판매향상을 위한 서비스 및 인간적 기술, 넷째는 판매중인 것과 판매예정인 상품지식이다.

3. 교육훈련의 효과

교육훈련은 신입사원과 재직 중인 직원으로 나누어 진행하는 것이 효과적일 수 있으므로, 그에 따른 효과도 각각으로 나누어 생각해 볼 수 있다. 먼저 신입사원을 위한 별도의 호텔 및 식음료 부서에 대한 오리엔테이션 이후 교육훈련은 조직에서의 방침이나 규칙에 익숙하게 될 것이다. 둘째, 재직 중인 직원들은 기술을 증진시켜, 내부 이동에 대비한 기능을 다양화 및 승진에 대비한 능력의 질적 향상을 꾀할 수 있다. 셋째, 새로 도입되는 신기술이나 기법에 대하여 직원들의 신속한 적응을 도모할 수 있다. 마지막으로 훌륭한 교육훈련은 직원의 능력을 최대한으로 발휘할 수 있도록 하기 때문에 직원의 불만, 결근률, 이직률 등을 감소시키는 효과를 얻을 수 있다.

교육훈련은 직원의 지식·기술·태도를 향상·발전시켜서 직원들로 하여금 그들의 직무에 만족을 갖게 하고, 직무수행능력을 더욱 발전시켜 그들로 하여금 한층 더 중요한 직무를 수행할 수 있도록 하는데 있다.

제 2 절   교육훈련 과정

인간을 교육훈련 한다는 것은 상당히 어려운 일이다. 각기 다른 개성을 가진 구성원들을 하나의 목적을 달성하기 위하여 일정한 교육을 일률적으로 실시하여 효과를 얻기 위함은 쉬운 일이 아니다. 그러므로 호텔이나 식음료부문의 교육계획자는 철저한 교육계회과 분석을 실시하여 호텔기업, 직원 모두에게 유익한 교육훈련을 실시할 수 있도록 해야 한다.

1. 교육훈련의 필요성 분석

교육훈련을 함에 있어 그에 대한 필요성(needs) 분석은 크게 나누어 조직, 과업, 개인으로 구분할 수 있으며, 다음 세 가지로 내용을 분석할 수 있다.

1) 조직

조직의 목표·자원·환경 등을 검토함으로써, 훈련의 강조점을 어디에 둘 것인지 결정하고, 훈련이 필요한 위치를 파악한다.

① 조직 내부요인: 인적자원 정책, 조직 분위기, 복직률, 훈련 소요시간 등
② 조직 외부요인: 법률, 정부규제, 공공정책 등

2) 과업

직무기술서와 직무명세서를 검토함으로써, 프로그램 내용과 훈련방법 선택 등을 과업에 완벽한 수행에 필요한 내용과 관련하여 기초사안들을 결정한다.

3) 개인

직무담당자들에게 필요한 기술·지식·태도와 현재 담당하고 있는 과업성과의 적정성 여부 및 개인이나 집단의 특성 등을 결정하고 연구한다.

2. 교육훈련 프로그램

호텔의 교육부나 연수부에서는 전 직원을 대상으로 하는 교육을 실시하며, 각 부서별 교육의 방침이나 계획 등을 지원하고 협조한다. 다음 그림은 호텔 전제적으로 실시하는 교육 프로그램으로 OJT, Off JT, 해외연수교육 등으로 나누어 생각해 볼 수 있다. 식음료 부서의 교육훈련 역시 큰 차이는 없다.

그림 7-4
교육훈련 계획 순서

1) OJT

OJT(on the job training: 직장 내 교육훈련)는 직장훈련 또는 직무상 훈련으로서, 훈련의 담당자는 현장의 직속상사를 주축으로 한다. 즉, OJT란 직장에서 구체적인 직무에 임하여 직속 상사가 부하에게 직접적으로 개별지도를 하고 교육훈련을 시키는 방식을 말한다. 이는 실무상의 교육훈련으로써 기회교육이며, 체험학습이다. 상사는 자기 부하직원에 대하여 일상의 모든 기회와 장소를 이용하여 계획적으로 직무 수행에 필요한 지식, 기능 및 태도에 대한 교육을 실시하여 부하의 능력개발 향상에 노력해야 한다. 이 훈련방식은 호텔 등의 서비스직 직원에게 많이 이용되고 있으며, 특히 고객과의 접점서비스가 이루어지고 있는 식음료 서비스에 적합한 교육방법이다.

- 신입사원 orinentation
- 고객 예절 교육
- 서비스 정신 교육
- 어학교육(영어, 일어, 중국어 등)
- 소방/ 안전 교육
- 위생교육
- 교양교육
- 단계별 교육(사원, 중간관리자, 부서장)
- 와인서비스 및 와인 감별 교육
- 매출증대 및 서비스 교육
- 타 부서와의 communication 관련 교육
- 식음료 기물 및 장비취급 교육
- Beverage knowledge 교육
- Service standard 및 procedure 교육

2) Off JT

Off JT(off the job training: 직장외부의 교육훈련)는 직장 외 훈련 또는 직무 외 훈련을 말한다. 이는 현장의 직업과는 직접적인 관련을 갖지 않는 보편적인 내용, 예를 들면 일반적인 작업에 대한 사고방식이나 작업의 개선방식 및 인간관계 등의 중요성 등과 같은 교육훈련을 하는데 적합하다. 이는 현장작업과 관계없이 예정된 계획에 따라 훈련을 할 수 있다는 장점이 있으나, 그 결과를 현장에서 활용하기 어렵다는 단점이 있다.

- 조직 활성화 교육
- 관광공사 위탁 교육
- 교육담당자 교육
- 노동부주관 위탁보수 교육

3) 해외연수 교육

⚙ 정기적인 해외연수
⚙ 우수사원 해외연수(Incentive)
⚙ 어학시험 우수자 해외연수
⚙ 각종 경시대회 참가 및 견학

3. 교육훈련의 결과 및 분석

직원에 대한 모든 교육 자료는 교육 참가여부와 함께, 결과를 개인 신상기록이나 교육 이수관련 파일에 기록하여, 차후 상벌을 결정하는 자료로 사용될 수 있다. 특히 진급이나 승급의 심사 시 참고 자료로 사용함으로써 객관적인 심사 자료로 이용될 수 있다. 물론 직원 개개인에게 교육의 중요성을 깊이 인식시켜, 교육 참가 시 노력하는 습관을 가질 수 있도록 해야 한다.

직원 개개인의 교육관련 및 어학시험의 결과는 비밀이 보장되어야 하고, 교육관련 기록은 본인이 언제든 볼 수가 있어 기재 오류의 가능성을 사전에 배제해야 한다. 반면에 이수해야 할 교육을 타당한 이유 없이 이수하지 않는 경우에는 어떠한 형태로든 불이익이 돌아가도록 제도화함으로써, 회사 또는 부서에서 이행하는 교육은 어떠한 경우라도 이수해야 한다는 인식을 갖도록 해주어야 한다. 교육이 수료되면 교육에 대한 정확한 분석과 기록이 유지되어 한정된 프로그램을 반복해서 이수하는 일이 없도록 해야 한다. 그리고 교육담당자는 피교육자의 수준 및 이해도 등을 면밀히 검토하여, 교육 프로그램을 수정한다든가 아니면 교육 횟수 또는 시간을 늘리는 방법을 강구하여, 교육이 실전에 활용할 수 있도록 하여야 한다.

최근의 호텔기업은 구조조정을 통하여 인원 감축으로, 근무하고 있는 직원의 노동 강도는 크다고 할 수 있다. 대신에 부족인원을 단기 계약직이나 외부 용역업체의 일용직 직원으로 대신하는 만큼 서비스의 질이 떨어질 수 있다. 따라서 일관성 있는 서비스를 제공하기 위해서는 정해진 교육훈련 이후 교육 결과에 의한 분석과 보완을 통하여 호텔에서 원하는 일정수준 이상의 서비스 질을 높이고자 노력을 해야 한다.

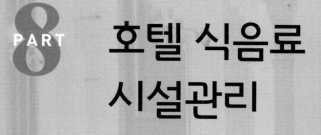

PART 8

호텔 식음료
시설관리

CHAPTER 1 호텔 식음료 시설관리

제 1 절 식음료 영업장의 시설관리

1. 식음료 영업장의 시설관리

호텔 식음료부서는 레스토랑, 카페 등 고객을 부대 영업장과 같은 공간이 다양한데, 식음료 영업장의 경우 최고 품질과 서비스를 제공하기 위해서는 인적서비스도 중요하지만 최상의 시설과 설비를 갖춘 공간이 제공되어야 한다. 이러한 시설은 고객에게 만족감에도 영향을 미친다고 할 수 있겠다. 즉, 식음료 영업장의 시설과 설비는 식음료 자료가 신선하게 준비되어, 최상의 맛을 내는데 기초가 되며, 이렇게 준비된 식재료가 고객에게 신속·정확하게 서비스되도록 식음료 영업장의 시설은 설계되어야 한다.

식음료영업장은 호텔의 품위를 결정짓는 공간이기도 함으로 음식의 맛 이상으로, 깨끗한 분위기 연출이 우선시 되어야 한다. 그러므로 식음료영업장의 청소는 영업시작 전과 후에 이뤄지며, 점심영업이 끝난 시점에 업장 바닥을 진공 청소하여 저녁영업을 준비한다. 저녁영업 종료 후 야간 청소 담당자는 카펫 샴푸, 테이블, 의자, 장식품, 출입문, 가구류,

선반, 창문 등을 청소하게 된다. 이때 영업장 내의 꽃꽂이나 화분 등을 점검하는 것도 잊지 말아야 한다.

2. 식음료 영업장의 식재료 보관관리

대부분의 식음료 영업장과 조리실에는 대형 냉장고와 냉동고를 설치하여, 식재료의 부패를 막는 데 최선을 다한다. 외부공기의 유입과 배출이 잘 되는 곳에 제빙기와 냉장고, 냉동고가 설치되어야 하며, 전기누전이나 차단과 같은 고장 시 가능하면 전원이 비상발전기로 자동 전환되는 시스템으로 바뀌도록 설치되어야 한다.

특히 식재료 보관을 위한 시설은 열차단 효과가 완벽하고, 문을 자주 여닫아도 온도변화가 거의 없어야 한다. 이상과 같은 냉장 시스템은 우수한 단열효과, 위생적인 식자재 관리유지가 전제되어야 한다.

3. 식음료 영업장의 조명관리

호텔 식음료 영업장은 호텔품격에 맞는 최상의 공간으로 꾸며지어야 하며, 식음료 서비스를 위한 실내조명은 레스토랑 서비스의 품질을 높일 수 있다. 푸른색으로 된 벽지는 붉은 색의 음식을 돋보이게 하는데, 이는 벽지의 색상에 갔던 눈이 음식을 보게 되면서 색상의 조화를 이루기 때문이다.

강한 조명은 눈을 부시게 하며, 종업원의 업무능률 또한 저하시키게 된다. 그리고 강력한 조명 뒤편 그림자 효과는 사고의 원인이 되기도 한다. 그러므로 영업장의 반짝이는 흰색 타일과 스테인리스 철판은 반사하므로 영업장 내에 설치할 때 고려해야 한다. 따라서 영업장 내 조명을 장식할 때는 바닥, 천장, 벽, 가구 등 영업장과 조화도 신경을 써야 한다.

4. 식음료 영업장의 소음관리

호텔고객에게 쾌적한 환경을 제공하기 위해서는 식음료 영업장 소음을 관리해야 한다. 이를 위해서는 영업장 공사를 진행 진행될 때부터 소음이 흡수되는 소재를 선별하여 설치해야 한다. 즉, 레스토랑 내부에서 들리는 고객들 간의 대화는 타인의 대화를 방해할 수 있으므로, 대화의 예의도 중요하지만 소음관리를 위한 시설도 갖추어야 한다.

5. 바(Bar) 시설관리

바(Bar)의 분위기는 일반 레스토랑과 다르게 라이브(Live) 음악이나 악기가 연주되기도 한다. 그러므로 바의 내부시설과 장식은 시각적인 분위기를 내는 것도 중요하지만 주의의 소음환경에도 신경을 써야한다. 따라서 바 내부의 벽, 바닥, 천장, 조명, 설비 및 부속물 등 전체의 전·후방 부문을 포함 한 모든 요소를 계획하고 설비 및 배치해야 한다.

바의 실내장식을 하기 전 고려해야 할 사항은 실내장식과 설비배치상의 고려할 부분을 인식해야하고, 바 부분을 설비하는 데는 다음과 같은 요건을 고려해야 할 것이다.

① 고객이 이용하기 편리한 위치에 출입구 설치
② 영업장의 특색에 알맞은 구조와 디자인 구성
③ 영업장의 특성에 알맞은 조명과 음향설비 구성

이상과 같은 요건이 고려된다면 고객이 만족할 수 있는 서비스가 제공되는 시설이 갖추어질 수 있다고 할 수 있다. 그리고 바(Bar) 카운터 데스크와 각종 음료를 전시할 수 있는 가구도 갖추고 있어야 한다. 또한 회원을 위한 음료 등을 보관하는 음료 보관함(bottle keep box) 시설도 갖추어야 한다.

제2절 연회장 시설관리

1. 연회장 시설관리

연회장에서 행사를 하는 고객들 간의 교류는 친분과 교류뿐만 아니라 정치, 경제, 사회, 문화, 교육, 예술, 외교적인 측면에서 만남의 장이 이뤄지고 있다. 이러한 교류를 통해 서로의 관계를 유지하며, 토론과 상호이해, 협조하여 공동의 발전을 모색하는 곳이라 하겠다. 이상과 같은 연회를 원활하게 진행하기 위한 장비 지원은 필수하고 하겠다. 즉 국제회의를 위해서는 동시통역시설과 장비, 무선랜과 같은 통신시설, 음향과 조명 등의 시설이 요구된다. 뿐만 아니라 동시에 많은 인원이 모이게 되므로 고객들의 안전관리에 만전을 기해야 한다.

2. 연회장 행사 준비

연회행사는 행사시간이 정해져 있고, 많은 인원이 동시간대에 입장하게 되므로 행사의 성격에 맞게 준비해야 할 것이다. 먼저 연회장은 카펫이 깔려 있으므로 진공청소기를 이용하여 청소를 해야 하는데, 진공청소는 행사 전·후에 하게 되고 상황에 따라 샴푸도 해야 한다. 행사 중에 더렵혀진 부분은 약품이나 세제를 이용하여 상태가 더 나빠지지 않도록 부분 샴푸하여 조치를 취한다. 그리고 입구 대리석은 항상 광택이 나도록 관리를 해야 한다.

그리고 행사장 전의 실내온도를 적절히 유지하기 위해서 충분한 시간을 두고 냉·난방을 켜두며, 조명과 음향 역시 행사 30분 전에 확인해야 한다. 또한 전반적인 행사를 진행하기 위해서는 엔지니어가 연회지시서(Function Order)에 명시된 내용을 숙지하고 이를 이행한다. 가끔 야외행사가 이루어질 때는 무대, 의자, 음향, 조명, 연회장비 등도 주체 측과 협의 하에 사전 준비가 이루어져야 한다.

3. 연회장 행사 장비관리

연회장 행사는 적게는 10명 이하에서 수천 명에 이르기까지 행사장을 사용함으로 다양한 장비를 사용하게 된다. 따라서 완벽한 행사를 치르기 위해서는 철저한 장비가 준비될 수 있도록 각 부서에서 업무를 위한 지원이 있어야 된다. 특히 연회부서는 다수의 연회장과 넓은 공간에 비치된 다양한 장비를 언제든 사용할 수 있도록 완벽하게 준비를 하고 있어야 한다. 무엇보다도 시설관리부서의 지원을 가장 많이 받게 되는데, 완벽한 연회서비스를 위해서는 사전에 점검하고, 정기적인 관리를 할 수 있는 체계를 갖추고 있어야 한다.

가족모임, 세미나, MICE(Meeting, Incentives, Convention, Events & Exhibition) 등은 연회와 회의, 식사 등을 수반하므로, 연회행사에 필요로 하는 각각의 프로그램을 진행할 수 있도록 시설관리를 담당하는 부서 역할이 행사의 성공을 좌우하게 된다. 그러므로 각종 연회장에서 필요로 하는 장비로는 일반 기자재, 시청각 시스템, 조명 시스템 등이 있다.

1) 일반 기자재

회의실 장비는 행사의 명칭, 시간, 장소 등을 안내하는 안내판을 비롯하여 조립식 무대, 무대 위에 설치하는 카펫, 연설대, 브리핑에 사용하는 화이트 보드(white board), 피아노, 만국기 등이 있다.

2) 시청각 시스템

시청각 기자재로는 마이크(microphone), 빔 프로제트(Beam Projector), 레이저 포인터(Laser Pointer) 등이 있다.

3) 조명 시스템

호텔 연회장에는 연회장의 규모와 목적에 따라 다양한 조명시설이 설치되어 있으며. 라이브 고영과 같은 특별한 행사에는 여기에 맞는 조명이 추가로 설치된다. 조명들의 종류로는 대상물, 등장인물 무대 위쪽 테두리를 비춰주는 조명뿐만 아니라, 무대 위쪽과 무대 중앙에 안개를 뿜어내는 Fog Machine 등이 있다.

CHAPTER 2 호텔 조리 시설관리

조리실의 시설관리

1. 조리실의 시설관리

호텔 레스토랑에서 고객에게 식음료를 서비스하기 위해서는 식음료상품을 만들어 공급할 수 있는 생산체계를 갖추고 있어야 한다. 그러기 위해서는 최상의 시설과 시스템을 운영할 수 있는 능력을 갖춘 조리사가 있어야 맛있는 음식이 제공될 수 있을 것이다.

조리실 시설은 조리사들이 근무하는 주방공간에서의 이동선이 확실해야 하지만 각종 조리기구와 저장설비를 사용하여 기능적·위생적으로 생산하게 된다. 조리시설의 활용과 기능을 최적화하기 위해서는 시설의 통합적 운영이 필요하다. 이를 통해 안전성을 담보할 수 있고, 수준 높은 식음료상품을 생산할 수 있게 되므로, 조리실 내의 에너지원을 공급하는 시설관리부서의 효율적인 시설관리가 필요하다고 하겠다. 그러기 위해서는 다음 사항을 고려하여 시설과 설비를 하게 된다.

① 안전을 고려한 소화전 설치

② 내·외부 공기를 순환하는 환기시설

③ 충분한 밝기의 조도 유지

④ 전기, 상·하수도, 온수 등의 원활한 공급체계

2. 조리실의 장비관리

1) 조리실의 필요장비

조리실에는 육류와 생선, 야채, 제과제빵, 기물관리 등의 시설과 장비가 설치되어 있으며, 조리법과 조리형태에 따라 취사도구, 냉·온장고, 오븐, 레인지, 보일러, 그릴 등을 설치하게 된다.

2) 조리실의 장비 배치

조리실의 장비 배치는 사용자의 편리성과 안전성을 최우선으로 하며, 조리와 서비스시간을 절약할 수 있는 동선을 고려하여 배치한다. 즉, 동선의 최종목표는 고객지향적인 서비스라고 할 수 있으며, 장비 배치에는 일렬 배치, 병렬 배치, 사각 배치, L자 배치, U자 배치 등이 있다.

(1) 일렬 배치

조리실의 작업대가 조리부의 벽면을 바라보고 한 줄로 되어 있으며, 배치해야 할 조리장비를 일렬로 배열한다. 이 방법은 작업의 능률을 높이고, 의사소통이 편하며 많이 활용되고 있다.

(2) 병렬 배치

병렬 배치는 두 줄로 배치하는 것으로 중앙에 통로를 제공하게 되어 웨이터들이 주방에서 음식을 가져갈 때 용이하다. 병렬 배치된 조리대는 주방 중앙에 긴 조리작업 동선을 갖게 되므로 작업대 앞뒤에 조리기기를 배치하게 된다.

(3) 사각 배치

사각 배치 조리실은 동선이 길어 통행시간이 증가되고, 조리사들 사이에 충돌이 있을 수 있다. 그러나 규칙적인 작업을 수행할 수 있으며, 각각 조리대를 독립시켜 운영할 수 있다. 이 형태의 조리실은 레인지, 오븐, 브로일러, 그릴 등을 적절하게 배치할 수 있는 것이 장점이다.

(4) L자 배치

L자 조리 배치는 일자 조리대를 변형시켜 L자형으로 조리 기구를 배치하게 된다. 이 방법은 단거리 동선이 장점이며, 조리실 전체를 한눈에 볼 수 있어 관리가 용이하고 여러 면에 조리기를 배치할 수 있다는 장점이 있다.

(5) U자 배치

U자 배치는 일자 배치와 L자 배치를 겸하는 것이며, U자의 내부 공간을 합리적으로 이용하는 방법이다. U자를 이루고 있는 조리실은 다른 동선에 지장을 받지 않고 일정한 공간을 이용할 수 있는 장점이 있다.

3) 조리실의 조명관리

조리실의 조명은 메뉴상품을 생산하는데 중요한 역할을 한다. 조명은 조리사가 식재료 색상 식별에 용이할 뿐만 아니라 근무 중 피로를 덜어주는 효과도 있다. 조리실에는 주로 백열등을 사용하게 되는데, 이는 식재료나 음식의 색이 잘 보이도록 해야 하기 때문이다. 반면에 벽면에는 형광등으로 설치하게 되는데, 이는 형광등이 전기 소모율 낮은 것에 비해 조도가 높기 때문이다. 그리고 조리실은 다른 지역과 비교하여 안전과 위생에 신경을 써야하기 때문에 조명관리 역시 중요하다고 하겠다.

제2절 조리실의 상·하수도관리

1. 조리실의 상수도 관리

조리실에서 급수는 매우 중요한데 조리가 이뤄지는 동안 물이 제때 공급되어야 조리업무가 원활하게 이루어질 것이다. 조리실에서 사용되는 물은 수질이 좋아야 하고, 수질을 엄격히 규제하는 것은 일반화되어 있다. 지방자치단체에서는 기간별로 식수 등의 물에 관해 수질검사를 하게 되어 있다. 이는 고객의 건강을 위해 필히 이행해야 할 것으로, 일반 세균, 대장균, 잔류염소에 관해 매월 1회 검사를 실시하게 된다.

수돗물의 공급과 보관이 어떤 형태로 이뤄지든 간에 조리용으로 공급되는 물에는 다음과 같은 깨끗한 물이어야 한다.

① 탄수화물, 지방질, 단백질 등이 함유한 유기물이 풍부한 물
② 병원 미생물에 오염되지 않은 물
③ 물의 맛이나 탁도 등 심미적 영향을 주지 않는 물
④ 건강에 무해한 영향을 미치는 물

2. 조리실의 하수도관리

조리실의 배수시설은 조리실 내부의 청결을 유지하는데 중요한 요인이 된다. 게 된다. 하수구로 배출되는 물은 냄새가 날 수 있기 때문에 역류되지 않도록 설비가 되어야 한다. 뿐만 아니라 배수로 흐르는 하수에는 미생물이 풍부하여 세균과 해충 등이 번식 될 수 있다. 따라서 청결유지는 물론 해충 등이 번식할 수 없도록 항균 설비가 갖추어져 위생에 만전을 기해야 한다. 배수관은 급수관보다 반경이 커야하고, 배수로는 청소하기 쉽도록 단면은 U자형으로 설치되어야 한다. 특히 배수관은 배수의 양에 따라 크기와 형태가 결정되어야 하고, 청소하기 쉽도록 설치되어야 한다.

배수관을 설치할 때 가능하면 실내를 가로지르는 것을 최소화하고, 겨울철 동파방지를 위해 단열재로 마감되어야 한다. 배수로에는 부유물 유입 방지, 음식 찌꺼기 유입을 차단할 수 있도록 배수덮개(트랜치-trench)를 설치한다.

제**3**절　조리실의 안전관리

　　조리실는 타부서에 비하여 많은 장비를 사용하고 있고, 가스, 불, 전기 등을 이용하여 조리를 하는 곳이므로 항상 사고의 위험에 노출되어 있다. 그러므로 조리실의 안전을 위해서 안전예방에 위한 교육을 정기적으로 실시하여야 하며, 안전을 위해 조명, 안전장비들을 설치하고, 전기 안전차단기를 설치해야 한다. 가스관은 수시로 점검하고, 기계장비의 작동여부를 기록하여 사고를 미연에 방지할 수 있다. 안전사고는 근무자들의 부주의가 가장 큰 원인이며, 불의 취급은 물론 음식조리에서 취급하는 기계에 안전수칙을 철저히 이행하고, 안전관리를 하므로 사전에 방지할 수 있게 된다. 조리실에서 발생하는 긴급사태에 대해 시설관리부서에서 신속하게 조치할 사항은 다음과 같다.

1. 가스누출

　　조실실내에 있는 중간 및 메인 밸브를 차단하고 환기를 시키고, 소화기를 이용한 불씨를 제거하며, 사내 방화관제 시스템 또는 관련기관에 신고하여 진단을 받는다.

2. 누전점검

　　누전 차단기 및 과전류 차단기가 작동된 경우 먼저 차단기 작동 원인을 파악하여 과전류에 의한 작동인지를 반드시 확인하고, 측정기로 전기배선을 점검한다. 이때 전선 과열이 발생하지 않는지를 확인한 후 원상복구 후에도 교대 근무자에게 인계하여 재발 시 중점점검사항을 인계하도록 한다.

3. 위생과 조리기구

　　조리실 위생 관련해서는 영업 중단을 가져올 수 있으므로 예방이 우선 되어야 한다. 그리고 조리기구에는 냉장 온도, 주방 전열기구, 기타 칼과 팬 등 주방기구 등의 사용부주의나 고장신고가 있을 때 엔지니어에게 우선적으로 처리하도록 한다.

제 4 절 조리실의 안전수칙

조리실은 근무 특성 상 식재료 손실 중 베임 또는 잘림 사고, 미끄러짐, 화상, 감전 등 위험요인의 노출이 많아 안전사고 사례가 발생하고 있다. 그러므로 안전한 조리실을 위해서 지켜야 할 수칙들이 많다. 따라서 조리실 안에서 놓치기 쉬운 습관에 대하여 살펴보면 다음과 같다.

1. 조리실 안전수칙

① 조리실 바닥은 미끄러지지 않게 항상 물기나 기름기를 제거
② 조리실에서의 뛰어다님은 금물
③ 조리실에서 칼 이동 시는 칼끝을 아래로, 칼등을 앞으로 하여 이동
④ 칼을 사용 시는 정신을 집중하고, 안정된 자세로 작업
⑤ 칼 같은 위험한 장비는 눈에 보이는 곳에 두며, 기물 속에 담그지 않음
⑥ 칼을 사용하지 않을 경우 안전함에 넣어서 보관
⑦ 캔은 캔 오프너로 열고, 칼 또는 다른 기구로 열지 않기
⑧ 뜨거운 용기나 국물을 옮길 때는 주위 사람들에게 환기

2. 조리 시 안전수칙

① 불을 사용할 때 : 점화불로 점화하고, 성냥이나 라이터의 사용을 금지
② 물건을 옮길 때 : 무거운 것은 두 사람이 함께 운반
③ 긴 기구를 다룰 때 : 손잡이가 통로 쪽을 향하지 않도록 조심
④ 튀김요리를 할 때 : 기름이 밖으로 튀지 않도록 재료를 옆으로 밀어놓음
⑤ 기름을 다룰 때 : 가스레인지 위에서는 기름이 튀지 않게 주의
⑥ 뜨거운 것을 잡을 때 : 뜨거운 것은 각별히 조심하고, 반드시 마른 수건을 이용
⑦ 끓는 것을 조리할 때 : 뚜껑을 멀리서 조심하여 열고, 김이 날 때는 반대쪽으로 열기
⑧ 소화기의 위치 : 소화기의 위치는 비상시 즉시 사용할 수 있는 장소에 비치

3 호텔 식음료위생 시설관리

제1절 식음료위생 시설관리

위생에 있어 시설관리 장비는 없어서는 안 될 매우 중요한 요소이다. 용도에 적합하지 않게 디자인된 장비나 시설을 이용하다보면 여러 부분에서 위생적으로 청결하지 않을 때 발생한다. 청결이란 먼지나 자국 또는 쓰레기가 눈에 보이지 않는 것을 말하는데, 호텔 조리실의 장비와 시설을 위생적으로 관리하기 위한 우선 조건은 청소를 쉽게 할 수 있어야 한다. 즉 표면검사와 청소가 어렵지 않아야 한다.

일반적으로 식음료 영업장 시설은 식품위생법령에 따라 규정하고 있는데, 위생에 필요한 조건은 건축가나 실내 디자이너가 위생법규에 적합한 기준에 맞는가를 먼저 검토하여야 한다. 이때 위생과 관련한 설계도 검토는 매우 중요한데, 설계도 설계 배치도, 기계설계도 그리고 시설과 고정 장비 등의 설치 할 수 있는 계획안 등이 포함해야 한다.

1. 식음료영업장의 위생적인 시설관리

레스토랑 등 식음료 영업장을 디자인하거나 리모델링할 때는 시설물 및 장비들을 쉽게 청소하고 관리할 수 있는가를 고려해야 한다. 실내 건축자재를 선택할 때 중요한 것은 영업장을 청소 및 관리하기에 얼마나 쉬운가 하는 점이다. 깨끗하게 청소되지 않을 경우 미생물이 식품과 접촉하게 되면 심각한 문제를 일으킬 수 있다. 따라서 영업장을 디자인할 때는 다음과 같은 사항을 고려해야 한다.

① 오염을 예방하고 청소하기에 쉽도록 디자인
② 장비 및 내부시설은 위생상 표준에 맞도록 배치
③ 식품오염이나 해충을 막을 수 있도록 쓰레기 처리
④ 청소하기 쉬운 자재를 선택

1) 바닥재

바닥 재료의 선택과 가격은 제한이 없으나 탄력을 견딜 수 있는 능력에 따라 구별한다. 그리고 좀 더 중요하게 여길 점은 흡수성의 등급인데, 액체를 흡수하지 않아야 한다. 액체가 스며들 경우 바닥이 손상되면, 미생물 제거는 거의 불가능하기 때문이다. 그러므로 식재료를 준비하는 장소는 흡수성이 없는 재료를 사용해야 하며, 강한 세척제에 견딜 수 있어야 한다.

영업장에서 자주 발생하는 사고 원인은 미끄러지거나 넘어지는 경우가 때문에 직원들이 많이 이용하는 통로나 주방 바닥은 미끄러지지 않는 재료를 사용한다. 특히 주방바닥은 대리석이나 채석장 타일을 사용하며, 흡수성이 없고 쉽게 물청소할 수 있는 재료를 사용한다. 타일의 경우 깨졌다면 바로 바꾸어 해충 또는 사고를 방지해야 하고, 카펫의 경우 식음료 영업장은 적절하나, 주방바닥으로는 청결유지가 어렵다.

2) 벽재와 천장재

스테인리스 스틸은 습기에 강하고 튼튼하므로 음식을 준비하는 주방에서 자주 사용되고 있다. 페인트를 칠한 벽이나 콘크리트 벽은 청소할 수 있도록 적절하게 봉합되어 있어야 한다. 그러나 이런 벽은 음식물이나 기름을 튀기는 장소에서는 부적당하다. 그리고 바닥·벽·천장 역시도 평탄해야 하며, 흡수성이 없어야 하고, 청소하기 쉬워야 한다.

2. 식음료 자재의 특정시설 고려사항

1) 식음료 건조저장소

식음료 건조저장소 설비는 쉽게 청소할 수 있는 자재를 사용해야 하며, 바닥은 습기가 스며들지 않는 콘크리트나 타일을 사용한다. 이상적인 건조저장소는 다음과 같은 조건의 지침을 따른다.

① 선반 위 저장소(Storage)는 스테인리스 또는 식품용 플라스틱 재료 사용
② 공기순환을 위해 선반에 물건을 너무 많이 채우지 않도록
③ 해충을 막기 위해 바닥의 부서지거나 금이 간 곳은 없어야
④ 곤충류를 방지를 위해 자동문 설치
⑤ 창문은 불투명유리로 하여 식품의 질을 해치는 태양광 차단
⑥ 저장소에는 식품의 품질에 영향을 미치는 스팀 파이프 노출금지
⑦ 식품 오염을 발생하는 저장소 위 이물질 샘 방지

2) 화장실

화장실은 고객에게 편리해야 하고, 위생적으로 손을 씻을 수 있는 곳 이어야 한다. 또한 화장지나 일회용 타월 및 뚜껑 있는 쓰레기통을 준비해야 하며, 뜨거운 공기가 나오는 손 드라이어를 포함해 일회용 타월이 떨어졌을 경우를 대비해야 한다. 그리고 직원과 고객의 화장실은 분리되어 있는 것이 이상적이다. 어떤 상황에서도 고객이 식품을 준비하는 곳을 거쳐 화장실을 가서는 절대로 안 된다. 식재료나 식품이 접촉되는 표면이 화장실을 오고 가는 동안 고객으로 인해 오염될 수 있기 때문이다.

3. 주방장비 설치

식재료와 접촉이 되는 장비는 박테리아와 해충의 영향을 받을 수 있다. 그러므로 식품을 다루는 장비의 환경은 위생적으로 만들어야 한다. 따라서 주방과 식음료 영업장에서 사용하는 모든 장비는 설치 시 다음과 같은 항목에 신경을 써야 한다.

1) 냉장고와 냉동고

냉장고와 냉동고는 쉽게 청소할 수 있는 것이 매우 중요하다. 식음료 영업장에서 사용하는 냉장고와 냉동고는 알루미늄과 혼합한 스테인리스 스틸로 되어 있으며, 플라스틱이나 아연도금을 사용하고, 문을 여닫는 사용 횟수가 많아도 견딜 수 있도록 만들어져야 한다.

워크인 냉장고(저온창고)는 사람이 안으로 들어갈 수 있는 대형 냉장고로, 냉장고 안에서 작업 후 안전하게 문을 열 수 있는 장치가 있어 종사원들로 하여금 안에 나올 때 갇히는 일이 없도록 한다, 워크인 냉장고나 냉동고는 창문이 문에 있어 밖에서 안의 내용물을 관찰할 수 있으므로 필요 없이 문을 열지 않고, 꼭 필요할 때만 사용할 수 있게 하였다. 얼음이 녹은 물은 내부로부터 배수할 수 있어야 한다. 또한 사용자가 원한다면 전기가 나갔을 경우에 냉동기나 냉동기에 경고알람을 설치해 울리게 할 수도 있다. 냉장고와 냉동고를 구입할 때는 다음 사항들을 고려해야 한다.

① 충분한 저장 공간이 있어야 적절한 바람의 순환과 냉장온도 유지
② 냉장고와 냉동고는 저장하고 있는 식품의 가장 적절한 온도를 유지
③ 내부는 날카로운 가장자리나 코너가 없어야
④ 내부의 불 밝기는 라벨을 읽을 수 있을 정도
⑤ 식품을 보호를 위해 얼음물이 식품에 떨어지지 않도록 유의
⑥ 워크인 냉장고는 벽과 바닥을 봉합하여 습기나 해충발생 유의
⑦ 바닥재는 무거운 무게를 잘 견딜 수 있는 재료를 사용

2) 식기 세척장비

식기 세척장비란 대형 시설의 경우 기계를 분해하지 않고 별도의 세척액 및 위생처리액 탱크를 자동으로 연결시켜 설치된 장소에서 세척을 완료시키는 시스템을 말한다. 즉 이 세척장비는 세제용액, 린스, 위생처리용액을 순차적으로 통과시켜 세척하고, 위생처리하게 디자인된 것이다. 식기 세척은 매일 이루어져야 하며, 다음과 같은 지침을 따른다.

① 세척 및 위생처리 용액은 정해진 시간만큼 장비 안에서 사용되어야.
② 모든 식기는 음식이 담기는 접촉표면에서 처리
③ 세척과 헹굼, 위생처리용액은 세척 이후 완전하게 배출되어야

3) 냉각기

호텔연회장과 같은 주방에서는 냉각기와 같은 특별한 장비를 설치해 음식물을 빨리 식히고, 따뜻하게 하는 데 사용한다. 음식물을 식히는 장치는 급속냉각기와 회전냉각기의 두 종류가 있다. 급속냉각기는 냉장고나 냉동기 원리와 비슷한데, 음식물을 90분 이내에 냉각시킬 수 있다. 회전냉각기는 자동이므로 작동함으로 식품과의 접촉수가 적으며, 콘베이어 벨트같이 되어 있으며 액체음식물이나 끈기 있는 음식 냉각에 좋다.

제 2 절 공익시설

식음료 영업장에서 사용되는 공익시설은 급수·배관·전기·조명·환기와 같은 시설이 포함된다. 이러한 시설들을 위생적으로 디자인할 때에는 공익시설로 인해 절대로 식품이 오염되어서는 안 된다.

1. 급수

비위생적인 물은 식물병원균을 옮길 수 있으므로 안전한 물의 공급은 식음료 영업장에서 있어 매우 중요하다. 그러므로 영업장에서 사용되는 물은 마실 수 있어야 하며, 식기 세척기와 같은 세척시설을 가동할 수 있을 만큼 충분한 수압을 가지고 있어야 한다. 마실 수 없는 물의 사용은 에어컨에 사용하는 물이나 식품냉각용 장비의 냉각, 소화전 등 극히 제한적이다.

2. 배관

식음료 영업장에서 관리되지 않은 배관은 마실 수 없으며, 바이러스로 인하여 기타 위장의 질환을 일으킬 수 있다. 따라서 자격을 갖춘 배관공이 배관 시스템을 설치하고 관리해야만 한다. 물의 안전에 대한 가장 큰 위협은 교차연결이다. 교차연결은 하수관·배수 또는 오염물질이 마실 수 있는 수도관으로 들어가는 물리적인 연결을 말한다. 교차연결은 역류를 발생시키기 때문에 위험하다. 역류란 교차연결을 통해 마실 수 있는 물 시스템으로 오염물질이 흘러 들어가는 것을 말한다, 역류는 안전한 급수관의 수압이 오염된 급수의 압력보다 떨어질 때 발생할 수 있다.

3. 전기

식음료 영업장이나 주방의 경우는 물을 많이 사용하기 때문에 전기는 누전에도 주의를 해야 한다. 그러므로 콘센트와 배선은 안전해야 하며, 냉각·세척·가열·조리 등 영업장의 전기 사용량과 필요에 따라 적절해야 한다.

장비의 전기선은 낡거나 풀리면 안 되고, 젖어도 안 되며, 플러그 역시도 손상이 없어야 한다. 플러그와 전기선은 정기적으로 장비를 감독하는 전기 담당자가 검사하고, 이상이 있을 경우 즉시 시설공급자 또는 전기기술자에게 수리를 받는다. 전기배선은 청소와 안전문제가 연관되어 있으므로 퓨즈나 스위치 박스로 전기배선이 보이지 않도록 하는 것도 중요하다.

4. 조명

영업장의 적절한 조명은 업무효율을 높이고, 일하기에 안전한 환경을 마련해 주어 종사원들이 만족한 업무를 수행할 수 있다. 조명은 먼지와 얼룩이 보일 정도로 밝아야 하며, 종사원들의 그림자가 영업장에 생기지 않도록 해야 한다. 조명을 잘 설치하면 그림자로 인해 보이지 않는 먼지를 방지할 수 있다. 그러므로 적절한 조명배치는 전구나 형광등에서 발생하는 물리적 오염을 감소시킬 수 있으므로 중요하다고 할 수 있다. 식재료 저장장소, 냉장 또는 진열시설, 기물과 장비, 영업장, 조리실 등을 청소할 때 전구로 인한 문제가 발생되면 안 된다. 따라서 식자재를 보호할 수 있는 커버를 씌우는 것도 하나의 방법이다.

5. 환기

환기 시스템은 오염을 일으킬 수 있는 가스·먼지·곰팡이 등을 제거하기 위하여 식음료 영업장 내의 공기를 환기시켜 준다. 환기는 냄새·가스·연기·습기를 줄이기 위해 필수적이다. 그러므로 다음과 같은 요인을 감소시킬 수 있다.

① 기름으로 인한 화재의 가능성을 감소
② 음식물 조리 시 벽과 천장에서 떨어지는 응축물과 공기로 인한 오염을 제거
③ 식품을 준비하는 곳에 쌓이는 먼지를 감소
④ 냄새와 가스 및 연기를 감소

⑤ 습기를 감소시키므로 곰팡이의 성장 역시도 감소

환기시키려면 창문을 열거나 문을 열어서 하는 것이 일반적이긴 하지만 해충이 업소 안으로 들어오므로, 기계로 된 환기장비는 가열조리, 튀김, 식기세척기 위에 꼭 설치해야 한다. 환기는 일상과제이므로 환기장비는 쉽게 청소할 수 있어야 한다.

환기 시스템은 주어진 시간 안에 얼마나 공기량이 바뀌는가에 따라 측정할 수 있는데, 많은 양의 공기가 빨아들이는 후드로 순환되므로 깨끗한 공기로 순환시킬 때는 바람을 일으키지 말아야 하며, 자연적인 흐름에서 공기를 순환시키거나 공기를 순환시키는 기구를 사용한다.

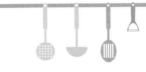 

참 / 고 / 문 / 헌

- 강인호·김상호·김광철(2005), 식음료 경영과 실무, 기문사
- 고치원·유윤종(1999), 칵테일 교실, 동신출판사
- 김기영·추상용·채영철(2002), 호텔·외식산업 식음료 실무론, 대왕사
- 김상진·안치호·유행주(2005), 호텔경영이해, 백산출판사
- 김은희(2007), 외식경영 위생관리실무, 대왕사
- 김의근·이정실(2000), 주장관리론, 대왕사
- 김진수·홍웅기(2000), 호텔식음료 관리론, 학문사
- 나정기(1994), 메뉴 계획과 디자인의 평가에 관한 연구, 박사학위논문, 경기대학교
- 나정기(1998), 호텔식음료원가관리론, 백상출판사
- 레져산업진흥연구소(1999), 호텔용어사전, 백산출판사
- 박성부·이정실(1999), 호텔식음료 관리론, 기문사
- 박영기(2018), 호텔경영론, 이프레스
- 박영기(2018), 호텔인적자원관리, 범한
- 손재근·하채헌(2007), 연회실무론, 세림출판
- 쉐라톤 워커힐 조리부 메뉴
- 안대희 외 5인(2005), 와인 앤 소믈리에, 지식인
- 오승일 외 4인(2001), 식음료사업경영, 백산출판사
- 원철식·박대환(2020), 호텔시설관리론, 백산출판사
- 윤대순·금경호(1999), 주장경영론, 대왕사
- 이석기(2001), 와인 가이드, 버델스만
- 이순구·서원석(2008), 호텔인사관리론, 대왕사
- 이정학(2008), 호텔 식음료 실습, 기문사
- 이현우·정구현(1991), 마케팅 원론, 형설출판사
- 이희천·신정화·한진수, 호텔경영론, 형성출판사
- 조현석(2000), 식음료 실무관리론, 형설출판사
- 진양호·강종헌(2000), 원가관리론, 지구문화사

- 차길수·윤세목(2006), 호텔경영학원론, 학현사
- 최병호·유도재(2005), 호텔경영의 이해, 백산출판사
- 최풍운(2005), 호텔경영학원론, 백산출판사
- 최학수·김광우·전용수·정승환(2014), 실전외식산업경영론, 한올
- 하동국·고상동(2000), 호텔경영과 실무, 한올출판사
- 하동헌외 4인(2010), 현대호텔 식음료 경영론, 한올출판사
- 홍영택·최태영(2000), 실무 칵테일 백과, 삼지사
- Mahood A. Khan, "Menus and Menu Planning", in Manmood A. Khan, Michael D. Olsen and Turgut Var, eds., VNR's Encyclopedia of Hospitality and Tourism(N.Y.: VNR, 1993), p. 91.
- Mahood A. Khan(1991), Concepts of Food Service Operations and Management, 2nd ed., VNR, p. 41 ; Idem(1993), VNR's Encyclopedia of Hospitality and Tourism(N.Y.: VNR, 1993), p. 89.
- Jack D. Ninemeier(1984), Principles of Food and Beverage Operations, AH & MA, P. 115., Idem(1986), F & B Control, AH & MA, p. 91., Anthony M. Rey and Ferdinand Wieland(1985), Managing Service of Food and Beverage Operations, AH & MA, p. 44.
- Lother A. Kreck(1984), Menu: Analysis and Planning, 2nd ed., CBI Book, p. 30.
- Pigors, P. & C. A. Myers, Personnel Administration, McGraw-Hill, 1981

저자소개

♣ 박 영 기
· 경희대학교 대학원 경영학석사(호텔경영전공)
· 경원대학교 대학원 경영학박사(호텔 · 외식경영전공)
· 밀레니엄 서울힐튼 지배인
· 경원대학교 관광경영학과 겸임교수 역임
· 한국 관광 학생 평생회원 한국 관광품질인증 평가위원
· 현) 청운대학교 호텔관광대학 호텔관광경영학부 교수(학부장)

♣ 하 채 헌
· 경희대학교 관광대학원 석사(호텔경영전공)
· 순천향대학교 대학원 박사(관광경영전공)
· 식음료학회 선임이사 역임
· 밀레니엄 서울힐튼호텔 식음료부 지배인
· 경희대학교 호텔관광대학 강사역임
· 동국대학교 전산원 강사역임
· 서울시 교육청 교육심의위원회 위원역임
· 연성대학교 호텔조리학과 겸임교수 역임
· 현) 밀레니엄 서울힐튼호텔 식음료부 지배인
· 현) 백석예술대학교 호텔관광학부 겸임교수

호텔 식음료 경영론

초판 1쇄 발행   2012년 3월 12일
4판 1쇄 발행   2022년 2월 10일

저   자   박영기 · 하채헌
펴낸이   임 순 재
펴낸곳   (주)한올출판사
등   록   제11-403호
주   소   서울시 마포구 모래내로 83(성산동 한올빌딩 3층)
전   화   (02) 376-4298(대표)
팩   스   (02) 302-8073
홈페이지   www.hanol.co.kr
e-메일   hanol@hanol.co.kr
ISBN   979-11-6647-182-7